discovery and insight of sociology

社会学 発見と洞察

李 為[著]

ミネルヴァ書房

まえがき

　長年にわたり大学で社会学の教鞭をとってきたが，講義に適した教材テキストを見つけることの難しさを痛感してきた。これまでの講義ノートを整理し，本書を執筆するに至ったのは，この課題に対する一つの解答を提示したいという思いからである。

　近年，特定分野に限定した社会学のテキストが多く見られるが，本書は社会学の本質に立ち返り，特定の分野に偏ることなく，社会学の全体像を包括的に提示することを目指している。このアプローチにより，読者は社会学の幅広い応用の可能性を知り，さまざまな社会現象を分析する際の統合的な視点を獲得することができるだろう。

　本書は，社会学の基礎から応用まで幅広く網羅した包括的な入門書として構成されている。社会学という学問の本質を理解し，現代社会の諸問題を分析する力を養うことを目的としており，全15章から成り立っている。各章は相互に関連しながら，社会学の主要な概念や理論，そして現代社会の重要なテーマを解説している。

　本書の構成は，大きく五つの部に分類することができる。第一部（第1章から第3章）では，社会学の基礎的な概念と方法論を扱っている。第二部（第4章から第6章）は，社会構造と日常生活における相互作用に焦点を当てている。第三部（第7章から第9章）は，社会制度と文化的要素の相互作用を扱っている。第四部（第10章から第12章）は，社会的不平等と多様性に関する問題を扱っている。第五部（第13章から第15章）は，グローバルな視点から現代社会の課題と未来を展望している。

　2024年1月にフロリダ州が社会学の授業を州立大学の卒業要件から除外するという決定を下したことは，社会学をめぐるイデオロギー的対立が深刻化していることを示している。しかし，この決定は社会学に対する深刻な誤解に基づいている。社会学を「左翼イデオロギー」とするフロリダ州当局の見方は，学問の本質を歪めるものであり，教育の質を低下させる危険性がある。

　社会学は「左翼イデオロギー」ではなく，客観的な科学的方法論を用いて社

会現象を分析する学問である。保守的な理論家から進歩的な思想家まで、幅広い視点を学ぶ機会を提供している。例えば、エミール・デュルケームやマックス・ウェーバーなどの古典的理論家の思想は、必ずしも左派的ではない。社会学は、イデオロギーを押し付けるのではなく、社会を多角的に理解するためのツールを提供することを目的としている。

　社会学の排除は、批判的思考の抑制につながる危険性がある。社会学は、批判的思考力を養う重要な機会を学生に提供する。社会現象を多角的に分析し、既存の前提や通念に疑問を投げかけることを学ばせる。例えば、メディアの報道や政府の政策を批判的に検討する能力は、民主主義社会の市民にとって不可欠である。社会学を排除することは、この重要なスキルの発達を妨げることになる。結果として、学生は複雑な社会問題に対して表面的な理解しか得られず、情報を鵜呑みにしてしまう危険性が高まる。これは長期的に見て、社会全体の知的レベルの低下につながる可能性がある。

　さらに、社会学の排除は社会問題の理解を阻害する。社会学は、人種、階級、ジェンダーなどの社会問題を体系的に分析するツールを提供する。現代社会においてこれらの問題は極めて重要であり、その複雑性を理解することが不可欠である。例えば、貧困の問題を個人の怠惰だけでなく、社会構造の観点から分析する能力は、効果的な政策立案につながる。社会学を排除することで、学生はこれらの問題を表面的にしか理解できなくなる恐れがある。結果として、将来の政策立案者や市民が、社会問題の根本原因を見逃し、効果的な解決策を見出せなくなる可能性がある。

　そして、特定の学問分野を政治的理由で排除することは、学問の自由を脅かす危険な前例となる。学問の自由は、知識の進歩と民主主義社会の基盤として不可欠である。政府が特定の学問を「望ましくない」と判断して排除できるようになれば、他の分野も同様の運命をたどる可能性がある。これは、大学が真理の探究と知識の普及という本来の使命を果たすことを妨げる。長期的には、イノベーションの抑制や社会の進歩の停滞につながる恐れがある。学問の自由を守ることは、社会全体の利益につながる。

　本書は、このような状況下で、特定のイデオロギーや政治的立場に偏ることなく、社会学の科学的手法と客観的な分析を重視している。社会現象を多角的

に洞察し，異なる理論や視点を公平に紹介することで，読者自身が批判的思考を養い，自ら結論を導き出せるよう構成されている。

社会学は，社会を客観的に分析し理解するための重要な学問である。本書を通じて，読者の皆様は社会学に対する誤解や偏見を解き，その本質的な価値を認識し，社会学的想像力，複雑な社会現象を多角的に分析する力を養うことができるだろう。それは今日の複雑化する社会を生き抜く上で不可欠なスキルとなるはずである。

社会は常に変化し続けている。本書がこの複雑で動的な社会を理解し，よりよい未来を創造するための一助となることを願っている。特に，気候変動問題をはじめとする現代の喫緊の課題に対して，社会学的視点から取り組む重要性を認識し，行動を起こすきっかけとなれば幸いである。資金提供者，ジャーナリスト，政策立案者も，社会科学者の気候変動に対する見解を共有するためにもっと多くの取り組みを行うべきであり，本書がそのような動きを促進する一助となることを期待している。

本書は，社会学を学ぶ学生のみならず，現代社会の諸問題に関心を持つ一般読者にとっても，有益な知見を提供するものと考えている。そして，社会学的なまなざしを活かし，よりよい社会の実現に向けて具体的な行動を起こすことができれば，それは社会学という学問の真の価値が実現された証となるだろう。本書がそのような社会変革の一助となることを，著者として心より願っている。

社会学
―― 発見と洞察 ――

目　次

まえがき

第1章　社会学とは何か … 1
1. 社会学とは … 1
2. 社会学的想像力 … 4
3. 社会学の評判とその実際 … 7
4. 社会学の特異性とその意義 … 9
5. 社会学における正常現象と異常現象の区別 … 11
6. 社会現象に対する解釈方法 … 13
7. 社会現象に対する理解と説明 … 14
8. 社会学の三つのパラダイム … 16

第2章　文化としての人間社会 … 20
1. 文化と人間社会の関係性 … 20
2. 文化の定義とその特性 … 22
3. 文化の機能と役割 … 25
4. 文化の多様性と普遍性 … 28
5. 文化変容とグローバリゼーション … 30
6. 言語と文化の関係 … 33
7. 文化相対主義と文化普遍主義 … 35
8. 現代社会における文化の課題と展望 … 37

第3章　人間形成の社会的プロセス … 42
1. 人間社会と生物学的な「私」 … 42
2. 社会学的な「私」と自己の形成 … 44
3. 社会化のプロセスと社会的役割 … 47
4. アイデンティティおよびその流動性 … 49
5. 再社会化とアイデンティティの再構築 … 52
6. 多様なアイデンティティの共生 … 55
7. 社会と個人の相互関係 … 58
8. 未来社会と社会化 … 60

目　次

第4章　社会構造とシンボリック相互作用 …………………………… 64
1　社会構造の基礎 …………………………………………………… 64
2　シンボリック相互作用論 ………………………………………… 66
3　日常生活における相互行為 ……………………………………… 69
4　社会的行為の原理 ………………………………………………… 71
5　社会的行為の機能 ………………………………………………… 73
6　社会参加の方法 …………………………………………………… 77
7　集団規模の相互作用 ……………………………………………… 79
8　社会構造と相互行為の相互影響 ………………………………… 82

第5章　逸脱行動と社会統制のメカニズム …………………………… 87
1　逸脱行動の定義と本質 …………………………………………… 87
2　逸脱行動の誤解と多様性 ………………………………………… 89
3　社会統制のメカニズム …………………………………………… 92
4　逸脱の社会的機能 ………………………………………………… 94
5　逸脱と社会機能の破綻 …………………………………………… 97
6　逸脱行動の理論的視点 …………………………………………… 99
7　ラベリング論と逸脱の過程 ……………………………………… 101
8　逸脱行動への対応とその後 ……………………………………… 104

第6章　現代社会における家族と世帯の変容 ………………………… 108
1　家族の定義と基本的特徴 ………………………………………… 108
2　家族の歴史的変遷と現代社会 …………………………………… 110
3　家族の構造と類型の多様性 ……………………………………… 112
4　家族のライフサイクル …………………………………………… 115
5　家族の多面的機能とその社会的意義 …………………………… 118
6　現代社会における家族の変容 …………………………………… 119
7　家族研究の理論的進化 …………………………………………… 121
8　現代社会における家族と世帯の変容と課題 …………………… 123

第7章　教育と宗教 ……… 128
   1 教育と宗教の定義と社会的役割 ……… 128
   2 教育と宗教の歴史的背景と発展 ……… 131
   3 社会化機能 ……… 133
   4 社会統制と道徳教育 ……… 135
   5 選別・配分と社会階層 ……… 137
   6 同化と文化的アイデンティティ ……… 140
   7 革新と保守の緊張関係 ……… 142
   8 教育と宗教の未来の展望 ……… 144

第8章　メディアと集合行動 ……… 149
   1 集合行動の定義と特徴 ……… 149
   2 集合行動の発生条件 ……… 151
   3 大衆行動と集合行動 ……… 154
   4 マス・メディアの機能と役割 ……… 156
   5 マス・メディアの効果論の歴史 ……… 158
   6 マス・メディアの新しい効果理論 ……… 161
   7 政治的社会化と政治的無関心 ……… 163
   8 政治文化と社会関係資本 ……… 165

第9章　経済と政治 ……… 170
   1 権力と政治の基本概念 ……… 170
   2 国家と政府の形態 ……… 172
   3 経済体制の変遷 ……… 174
   4 資本主義と社会主義 ……… 176
   5 儒家倫理と東アジア的商業精神 ……… 178
   6 グローバル経済と国際関係 ……… 181
   7 経済政策と政治的意思決定 ……… 183
   8 現代の経済・政治的課題 ……… 185

目　次

第10章　社会階層と不平等 …………………………………… 190
1　社会階層の概念と歴史的背景 ……………………………… 190
2　現代社会における階層構造 ………………………………… 192
3　20対80社会の到来と不平等の拡大 ………………………… 194
4　教育と社会階層 ……………………………………………… 196
5　職業と階層 …………………………………………………… 198
6　文化資本と社会的不平等 …………………………………… 200
7　社会移動とその影響 ………………………………………… 203
8　不平等の解消 ………………………………………………… 205

第11章　ジェンダーと社会的性別役割 ……………………… 210
1　生理的性差の生物学的基盤 ………………………………… 210
2　社会的性別役割の形成 ……………………………………… 212
3　第一波フェミニズム（市民革命期〜20世紀初頭）……… 214
4　第二波フェミニズム（1960年代〜1980年代）…………… 217
5　マルクス主義フェミニズム ………………………………… 219
6　第三波フェミニズム（1990年代以降）…………………… 221
7　仕事におけるジェンダー格差 ……………………………… 223
8　ジェンダー役割の未来 ……………………………………… 225

第12章　ネイション，エスニシティ，ナショナリズム ……… 230
1　ネイションと国家機構の区別 ……………………………… 230
2　エスニック・グループとエスニシティの概念 …………… 232
3　ナショナリズムの理論とその多面的な視点 ……………… 235
4　移民政策と社会統合の課題 ………………………………… 238
5　サイードのオリエンタリズムと異文化表象 ……………… 241
6　日本におけるエスニック・グループの現状と歴史 ……… 243
7　現代のメディアと国民意識の変容 ………………………… 246
8　未来のエスニシティとナショナリズム …………………… 248

第13章 人口，健康，環境 …………………………………… 252
1 人口学の基礎とその重要性 …………………………………… 252
2 人口動態と健康の相互作用 …………………………………… 254
3 人口転換と公衆衛生の発展 …………………………………… 258
4 世界の人口問題と健康格差 …………………………………… 261
5 環境変化と人口移動 …………………………………………… 264
6 都市化と健康・環境問題 ……………………………………… 266
7 人口高齢化と持続可能な医療システム ……………………… 269
8 持続可能な未来に向けて ……………………………………… 271

第14章 都市化とコミュニティの変遷 …………………… 275
1 近代都市の出現 ………………………………………………… 275
2 都市化の進展とコミュニティの変容 ………………………… 277
3 ポストモダン都市の特徴と社会構造の変化 ………………… 280
4 グローバル都市とローカルコミュニティの関係 …………… 283
5 都市計画とコミュニティ形成の挑戦 ………………………… 286
6 都市問題と社会的排除 ………………………………………… 289
7 未来の都市コミュニティと持続可能な発展 ………………… 292
8 都市の多様性と創造性 ………………………………………… 294

第15章 社会変動の理論とグローバル経済秩序 ………… 298
1 社会変動の多元的要因 ………………………………………… 298
2 社会変動理論の多様性 ………………………………………… 300
3 急速な変化と歴史的遺産 ……………………………………… 302
4 グローバル経済の構造的不平等と社会変動 ………………… 304
5 近代化の多元的影響 …………………………………………… 306
6 収斂論の興亡 …………………………………………………… 309
7 ポスト工業社会の多元的変容 ………………………………… 310
8 経済成長と社会構造の変容 …………………………………… 312

目　次

あとがき
人名索引
事項索引

第1章

社会学とは何か

　社会学は人間社会とその相互作用を体系的かつ客観的に研究する学問である。それは単なる日常的な社会観察や常識的理解とは一線を画し，科学的な手法と理論的枠組みを用いて社会現象を分析する。本章では，社会学の本質と方法論について，その歴史的展開と現代的意義を踏まえながら考察を深める。具体的には，社会学の学問的特性，社会学的想像力の意義，研究の三つのレベル（ミクロ・中間・マクロ），正常現象と異常現象の区別，社会現象の解釈方法と理解・説明の手法，そして三つのパラダイム（機能論・紛争論・シンボリック相互作用論）について詳細に検討する。これにより，社会学が持つ独自の視点と分析手法を明らかにし，現代社会の諸課題に対する社会学的アプローチの意義を示す。

1　社会学とは

　社会学は，人間社会とその相互作用を体系的かつ客観的に研究する学問である。社会を単一の全体としてではなく，個人，集団，組織といった構成要素が，それぞれ異なる価値観や動機を持つことを明らかにする。社会学の主要な目的の一つは，この多様性を理解し，分析することである。

　社会学は研究において科学的手法を重視する。これは，社会現象の理解が主観的判断や信念，あるいは伝聞に依拠するのではなく，客観的かつ再現可能な証拠に基づくべきであるという原則に立脚している。歴史的に見れば，多くの哲学者や文学者が人間と社会の関係について洞察を提供してきた。例えば，シェイクスピアの戯曲やヴォルテールの著作，ディケンズの小説は人間関係や社会システムについて鋭い見解を示している。しかしながら，これらの洞察は

あくまで文学的，哲学的なものであり，社会学的研究はこれらの視点を超えて，科学的証拠に基づいた体系的な理解を目指すものである。

社会学者は，自然科学における技術や方法論を参考にしつつ，科学的方法を用いて社会現象を研究する。これは，研究過程において客観性を維持し，感情や偏見に左右されないようにするためである。この科学的方法の適用により，社会学は文学，宗教学，哲学などの人文学とは異なる，独自の学問領域として位置づけられる。

しかしながら，人間を研究対象とする社会学において，完全な客観性を保つことは容易ではない。研究者自身も人間であり，感情や道徳的価値観を持っているため，研究対象や方法に制約が生じることがある。例えば，社会学者は倫理的理由から，人間の発達と社会との関係性を検証するために子供の愛情を制限する実験を行うことはできないし，戦争を引き起こしてその影響を観察することもできない。このような制約を克服するために，社会学者は自然科学の方法を修正し，社会学独自のアプローチを発展させてきた。

社会学のもう一つの特性は，科学的手法と人文学的視点の融合である。多くの社会学者は，自然科学的な厳密さだけでは人間社会の複雑な経験を十分に捉えきれないと考え，人文学的な視点も取り入れている。これは，科学的なデータ収集と分析に加えて，哲学的な考察や文化的な理解をも包含するものであり，社会学を独特で魅力的な学問分野としている。

さらに，社会学はその研究対象が身近なものであるため，一般の人々にも理解しやすいという特性を持つ。例えば，離婚や犯罪といった社会問題は誰もが関心を持ち，経験する可能性があるテーマである。しかし，社会学者はこれらの問題を単に個別の事例としてではなく，広範な社会的背景や構造と関連づけて分析する。これにより，個々の出来事や現象の背後にある複雑な社会的要因を明らかにすることができる。

日本や西洋の多くの学者は，一般に社会学を近代西洋の科学と市民社会の発展の産物から生まれた学問であると考えている。また，西洋においては比較的新しい学問分野であり，日本にとっては外国から伝わったものであると見なされている。社会学の入門書では，オーギュスト・コント（Auguste Comte, 1798-1857）が社会学の創始者として，カール・マルクス，エミール・デュル

ケーム，マックス・ウェーバー，アレクシ・ド・トクヴィル，ゲオルク・ジンメルなどが近代社会学の基礎を築いた人々として紹介されている。同時に，社会階層，社会移動，社会変動など古典的な社会学の分野に加え，民族紛争，経済発展，社会運動，政党，産業と労働，都市と農村，福祉国家，公衆衛生，グローバル化，宗教と世俗化，国際関係と戦争，マス・コミュニケーション，文化，人口と移民，環境，ジェンダー，アイデンティティ，政治，家族，教育，スポーツ，組織とネットワーク，人間関係と社会心理，犯罪，科学と芸術などの現代の社会現象に関する多くの分野も社会学の対象として取り上げられている。

　この社会学理解は間違っているわけではない。なぜなら，それは近代西洋における社会学の発展過程と事実を反映しているからである。しかし，このような理解では社会学のより本質的な側面を捉え損ねている。社会学の核心とは，物事の見方や分析の仕方に独自の視点があることにあり，この視点は近現代西洋人が作り出したものではなく，人類に普遍的な認知の特徴である。社会学は常に，現実の生活や自身の経験に当てはめられることで，人々が社会的世界（つまり，社会がどのように構成されているのか）を発見する視点を大きく変えさせる。

　社会学は社会問題に関心を持ち，以下のような問いを研究することができる。なぜ雇用機会が先進国から発展途上国に移るのか，どのような社会的力が偏見を助長するのか，人々を社会変革の運動に参加させる要因は何か，情報技術の普及が不平等をどのように減らすのか，また日本とアメリカで男女関係がどのように異なるのか。つまり，社会学とは社会における人々の行動と集団を体系的に研究する学問であり，社会関係が人々の態度や行動に与える影響，社会の構築と変化の過程を主に研究する。

　社会における人々の行動を理解するために，社会学者たちは独自の創造的思考様式に依拠している。つまり，人間の行動を個人の意思決定や行動として捉えるのではなく，社会的な文脈や構造の中で理解することで，社会的な力や構造，規範，文化，歴史的背景などが人間の行動に影響を与えると考える。

　社会学は社会現象に対して新しい視点を提供し，新たな発見を生み出そうとする学問的探究である。社会学者は，社会現象に対して客観的な視点を持ち，

従来の常識や先入観にとらわれず，社会の実態を深く理解しようとする。そのような想像力を駆使して，社会について新たな知見を生み出し，社会の発展や改善に貢献することが期待されている。

社会学の研究対象は大きく三つのレベルに分けられる。第一に，ミクロレベル，すなわち「人と人との関わり方」であり，個人間の相互作用を指す。例えば，対人関係，家族関係，夫婦関係，恋愛関係などがこれに当てはまる。これは個人と個人の相互行為を扱うため，最も基礎的な分析単位である。第二に，中間レベル，すなわち「人と社会との関わり方」であり，個人と社会集団，組織，制度などとの関係を指す。例えば，家族や職場，地域社会との関係，学校制度や宗教制度，企業組織などとの関係が含まれる。個人が社会のさまざまな側面とどのように関わっているかを扱う。第三に，マクロレベル，すなわち「社会と社会との関わり方」である。これは社会全体の中で，さまざまな社会構成要素がお互いにどのような関係性を持っているかを指す。例えば，文化的要素と制度的要素の関係，社会階層，エスニシティ，ジェンダーなどの社会的カテゴリー間の関係など，社会の構成そのものに関わる関係である。

社会学では，このように個人レベル，集団レベル，社会レベルでの構成要素の相互関係に着目し，それぞれのレベルで人間社会の実態とその動態を解明しようとする。社会学的な視点の特徴とは，このように人間社会を階層構造として多角的に捉えていることにある。この点で，ミクロ的側面に焦点を当てる社会心理学や人間関係論とは異なる特徴があり，より包括的で構造的な視点を持っていると言える。

とりわけ，社会学の学びを通して，物事の根本原因を探ることが常に求められる。「なぜそのようなことが起きたのか」が社会学の根本的な問いである。社会学は特に，社会問題を発見し，その本質を洞察することを重視する。そして同時に，発見された問題をどのように解決できるかについても関心を持っている。

2　社会学的想像力

社会学的想像力とは，個々の経験や出来事をより広範な社会的文脈の中で理解する能力を指す。この概念は，アメリカの社会学者チャールズ・ライト・ミ

ルズ（C. Wright Mills, 1916-1962）によって提唱されたもので，個人の問題が実は社会的な問題と深く関連していることを明らかにするための視点を提供する。社会学的想像力を活用することで，個々の経験がどのようにして社会構造や歴史的背景に影響され，またそれに寄与しているのかを理解することができる。

　ミルズは，「社会学的想像力」を通じて，個人の経験が広範な社会構造と結びついていることを理解する重要性を説く。この能力により，問題を単なる個人的なものではなく，社会的文脈に位置づけて理解できる。例えば，失業は個人の問題としてだけでなく，経済政策や労働市場の構造といった社会的な要因と関連づけて考えるべきである。これにより，失業が個人的な失敗や能力不足の結果ではなく，広範な社会的現象の一部であることが見えてくる。同様に，離婚の問題も，夫婦間の個人的な問題としてだけでなく，社会全体の婚姻制度や性別役割の変化，経済的な圧力などを背景に理解することができる。

　社会学的想像力を持つことで，個々の問題が実際には広範な社会的文脈の一部であるという認識を持つことができ，これらの問題がどのようにして社会全体に影響を及ぼし，また影響を受けるのかを見極めることができる。これは，社会現象の表面的な理解を超えて，その根底にある構造的な要因を明らかにするために重要である。また，社会学的想像力は，個々の経験を超えて，異なる時代や場所の社会を比較する視点も提供する。例えば，現代の日本社会における高齢化問題を理解するためには，他国の高齢化社会や過去の日本社会における家族構造の変化を比較検討することが有効である。この比較によって，現代の問題がどのようにして発生し，どのような解決策が考えられるのかをより深く理解することができる。

　社会学的想像力を養うためには，社会学の理論や方法論を理解することが不可欠である。エミール・デュルケームやカール・マルクス，マックス・ウェーバーといった社会学の古典的理論家たちの研究は，社会構造や社会変動の理解に重要な洞察を提供している。デュルケームは社会的連帯の概念を通じて，社会の安定と変動を説明し，マルクスは階級闘争を通じて社会の変革を論じた。ウェーバーは，合理化や官僚制の発展を通じて，現代社会の特性を解明した。これらの理論を基に，社会学者は現代社会の複雑な問題を分析し，解決策を提

案する。

　社会学的想像力はまた，個人が自己の位置づけを理解し，自己の行動が社会全体にどのような影響を与えるかを認識するための視点も提供する。例えば，消費者としての行動が環境に与える影響や，市民としての政治的参与が社会に及ぼす影響を考える際に，社会学的想像力は重要な役割を果たす。これにより，個人は自己の行動が社会全体の一部であり，その行動が社会変革の一助となることを理解することができる。

　社会学的想像力を構成する重要な要素の一つは，自己の社会を第三者の視点から観察する能力である。これは，個人的な経験や文化的な狭い見方だけにとらわれず，多様な視点から社会現象を捉えることを意味する。例えば，ある文化においては一般的なスポーツが，別の文化においては奇異なものと映るかもしれない。このように，多様な視点から物事を観察することで，異文化理解が深まり，社会現象の背景にある構造的な要因が浮き彫りになる。

　社会学の目指すところは，社会のあり様を階層構造として解明し，その実態を把握することである。具体的には，個人レベル，集団レベル，社会レベルの現象や状況を詳細に記述・分析し，社会の構造とそこから生まれる物語を明らかにする。例えば，社会階層の研究では，経済的不平等がどのように生じ，維持されているのかを分析する。この分析を通じて，貧困が個人の努力不足や能力の問題ではなく，社会構造の中で再生産されるものであることが明らかになる。これにより，社会政策の必要性や方向性について具体的な示唆が得られる。

　社会学的アプローチの特徴は，社会を分析する際の独自の切り口にある。社会学は，社会現象を個別の事例としてだけでなく，広範な社会構造や歴史的な文脈の中で位置づけて理解しようとする。これにより，社会問題の背後にある根本的な要因を明らかにし，社会変革の可能性を探ることができる。例えば，ジェンダーの問題を考える場合，個々の差別事例を取り上げるだけでなく，歴史的なジェンダー役割の形成やそれが現代社会においてどのように再生産されているかを分析する。このようにして，社会学的アプローチは，個別の問題を広範な社会構造と関連づけて理解し，より深い洞察を得ることを可能にする。

　社会学的想像力を実際にどのように活用できるかを具体的な例で考えてみよう。例えば，都市問題を研究する場合，都市の貧困層が抱える問題を単に個々

の生活困難として見るのではなく，都市計画，住宅政策，経済的な変動，さらにはグローバルな経済状況といった多角的な視点から分析する。このように多層的に考えることで，貧困の問題が単なる経済的な問題だけでなく，社会全体の構造的な問題であることが見えてくる。また，教育の格差について考える場合，家庭環境や学校の教育資源の違いが子供たちの学業成績に与える影響を考察するだけでなく，教育制度全体の構造，地域社会の経済状況，さらには国の教育政策の影響をも考慮する。これにより，教育格差の解消には，個々の学校や家庭の問題解決だけでなく，社会全体の構造的な変革が必要であることが理解できる。

このように，社会学的想像力は，個々の問題を広範な社会的文脈の中で理解し，それに基づいて新たな知見や発見を生み出すための重要なツールである。それを通じて，社会の持続可能な発展に寄与し，よりよい社会を築くための洞察を提供することができる。

3　社会学の評判とその実際

社会学は，その学問的評価において多様な見解が存在する分野である。一部の人々は，社会学が反抗心を掻き立て，社会秩序を転覆させる力を持つと見なしている。彼らは社会学を過激な学生運動と結びつけ，社会の安定を脅かすものと考える傾向がある。しかし，この見方は多くの場合，社会学の本質的な目的や方法論に対する理解不足から生じている。

他方で，大学で社会学を学ぶ学生の中には，この学問を実用性に欠ける退屈なものと捉える者もいる。彼らは，社会学が学生を街頭運動に駆り立てるどころか，むしろ難解な専門用語で学生を極度に退屈させてしまうと考えている。このような両極端な見方の中で，社会学は科学的アプローチを採用しながらも，自然科学とは異なる独自の目的と方法論を持つ学問として存在している。

社会学に対する誤解の一因は，その研究対象が日常生活や身近な社会現象であることにある。「社会学は明白な事実を高額な費用で研究するだけの学問だ」という批判も聞かれるが，これは表面的な理解に過ぎない。実際には，社会学は日常的な現象の背後にある複雑な社会的要因や構造を明らかにする重要な役割を果たしている。

社会学者は，個々の現象を単に記述するのではなく，それらが社会全体とどのように関連しているかを科学的に分析する。例えば，失業や犯罪といった問題は，表面的には個々の出来事として認識されがちだが，社会学的視点からは経済構造，教育制度，法制度などの広範な社会要因と密接に関連していることが明らかにされる。

　社会学の重要な特徴の一つは，その科学的手法にある。社会学者は，自然科学に倣い，客観性と再現性を重視する。これにより，社会現象の研究は個人的な直感や信念に頼ることなく，厳密なデータ収集と分析に基づくものとなる。エミール・デュルケーム（Émile Durkheim, 1858-1917）の自殺研究は，この科学的アプローチの典型例である。デュルケームは，自殺が単なる個人的な行為ではなく，社会的要因によって影響される「社会的事実」であることを，統計データを用いて示した。

　このような科学的アプローチが，社会学を文学や哲学とは異なる独自の学問として位置づかせている。文学や哲学が人間の経験や価値観を深く探究するのに対し，社会学はこれらの経験や価値観を科学的に分析し，その背後にある社会構造やプロセスを明らかにする。

　しかし，社会学の科学的手法に対する批判も存在する。特に，人間の行動や社会現象は自然現象と異なり，完全に客観的に測定することが難しいとされる。社会学者自身も感情や価値観を持つ人間であり，その研究には主観的な要素が入り込む可能性がある。このため，社会学では自然科学の方法論を修正し，質的研究やエスノグラフィーといった方法も取り入れている。これにより，社会現象をより総合的に理解することが可能となる。

　社会学の研究成果は，しばしば一般の人々にとって直感的には理解しにくいことがある。例えば，ジェンダー研究や人種差別の研究は，日常的な常識に反する結果を示すことがある。これは，社会学が表面的な理解を超えて，深層的な構造やプロセスを明らかにしようとするためである。こうした研究は，社会の既成概念や偏見を覆す新しい視点を提供し，社会改革の一助となる。

　日本のメディアでは，コメンテーターとして登場する社会学者は非常に稀である。これは，社会学の複雑で専門的な内容が一般視聴者に理解されにくいこと，社会学的分析が理論的で抽象的な部分が多く，短時間で説明することが難

しいこと，そして社会学に対する一般的な認識がまだ十分に浸透していないことなどが原因として考えられる。

　社会学の批判的な性質は，必ずしもこの学問が不名誉であることを意味するものではない。むしろ，社会学がこのような性質を持つのは，私たち一人一人に深く関わる問題，つまり社会における重大な対立や論争の種となる問題を扱っているからである。社会学の研究は，現代社会が直面している根本的な問題を明らかにすることを目的としている。

　社会学が直面する理論的・実践的課題は多元的様相を呈しているが，その学術的成果は社会の構造的発展に対して本質的な貢献をする可能性を内包している。特に現代社会における技術的・社会的変容の文脈において，社会学的分析の重要性は一層顕在化している。具体的には，人工知能およびビッグデータ分析の社会的実装がもたらす新たな構造的問題の理論的解明や，グローバリゼーションの進展に伴う文化的多元性の構造的理解と異文化間の対話的関係性の構築など，社会学的パースペクティブが果たすべき理論的・実践的機能は，より一層の重要性を帯びている。

　社会学の学問的意義は，社会現象を科学的に解明し，その背後にある構造的な要因を明らかにすることにある。これにより，社会問題の根本原因を探り，解決策を提示することができる。社会学が科学の体裁を取ることには批判もあるが，その科学的なアプローチは，社会現象を客観的に分析し，理論的な枠組みを提供するために重要で不可欠なものである。

4　社会学の特異性とその意義

　社会学は，研究対象と方法論において独特な学問分野である。単純に包装を開ければ中身がわかる贈り物とは異なり，その性質上，多くの議論を内包している。これは社会学の大きな特徴であり，他の社会科学分野，例えば人類学，経済学，心理学，歴史学と同様に，社会学もこの議論を通じて進化し，新たな視点を生み出している。

　社会学の特異性とその意義は，独自の方法論と研究対象の広範さにある。人間社会の構造と機能を科学的に分析し，社会現象の背後にあるメカニズムを解明することが社会学の目的である。これは他の人文学や自然科学とは異なるア

プローチを持ち，独自の特徴と重要性を有する。

　まず，社会学の特異性は，その科学的手法にある。先述したように社会学者は，データ収集と分析において科学的な厳密さを追求する。これには，統計分析，調査研究，実験，観察などの多様な方法が含まれる。社会学は人間の行動や社会現象を体系的かつ客観的に理解するための科学的手法を採用している。

　また，社会学はその研究対象の広さにおいても特異である。社会学者は，家族，教育，宗教，経済，政治，犯罪，ジェンダー，移民，都市化など，あらゆる社会現象を研究する。これにより，社会のあらゆる側面を総合的に理解することが可能となる。例えば，離婚の問題を研究する際，社会学者は個々の夫婦関係だけでなく，経済的背景，文化的価値観，法制度の影響も考慮する。このように，社会学は個々の現象を広範な社会的文脈の中で捉えることで，より深い理解を提供する。

　社会学における議論に終わりはなく，その解決策についても一致した見解が通常ない。この状況に惑わされた人々は，これが社会学の未熟さの表れだと考えがちである。しかし，社会学が持つ多様な議論は，学問としての成熟を示すものであり，むしろその柔軟性と適応力の証でもある。

　社会学が自然科学のように，検証可能な一般原則の集合を形成することを望む声もある。しかし，社会学が自然科学をそのまま模倣すべきだという考え方，または社会学を社会に関する自然科学と見なす考え方は適切ではない。認識すべきは，自然科学の方法と目標が人間社会の行動研究と全く無関係ではないということである。社会学は実際に観察可能な事象を研究対象としており，経験的研究に依拠し，それらの事実を説明する理論と一般的な枠組みを提示しようとしている。

　人間は自然界の物質とは異なる。いくつかの極めて重要な点において，人間の行動の研究は自然現象の研究とは全く異なるものでなければならない。自然科学は，物理的現象や生物学的過程など，比較的予測可能で再現性のある現象を扱う。一方で，社会学が対象とする人間社会は，個々の行動や社会構造が複雑に絡み合い，予測困難な要素が多い。この複雑性と不確実性が，社会学をユニークかつ挑戦的な学問分野としている。

　社会学の意義は，その洞察が現実の社会問題の解決に役立つ点にある。例え

ば，貧困や不平等，犯罪，環境問題など，現代社会が直面する多くの問題に対して，社会学的研究はその原因を解明し，効果的な解決策を提案する。

さらに，社会学は社会の変動や発展を理解するための枠組みを提供する。産業革命や都市化，グローバリゼーションなど，大規模な社会変動が人々の生活に与える影響を分析することで，社会学者は社会の未来を予測し，持続可能な発展のための戦略を提案することができる。例えば，都市化の進展に伴う社会問題を研究することで，より住みやすい都市計画の立案に貢献することができる。

加えて，社会学は個人の自己理解と社会参加を促進する点に意義がある。社会学的な視点を持つことで，個人は自分の経験や行動が社会全体の一部であることを認識し，社会への関与を深めることができる。例えば，消費者行動が環境に与える影響や，政治参加が社会に及ぼす影響を理解することで，個人はより責任ある行動を取ることができるようになる。社会学は個人の意識を高め，社会の持続可能な発展に寄与することができる。

5　社会学における正常現象と異常現象の区別

社会学において，正常現象と異常現象の区別は，社会の安定と変動を理解するための重要な基盤である。この概念は，社会の秩序と変化を分析する枠組みを提供し，社会学研究の核心的な要素となっている。

正常現象とは，社会の大多数によって共有され，受け入れられている行動や出来事を指す。例えば，日常的な礼儀作法や法令遵守などがこれに該当する。デュルケームが指摘したように，これらの共通規範や価値観は社会の連帯感を強化し，安定性を維持する重要な要因となる。

一方，異常現象は社会の規範や価値観から逸脱した行動や出来事を意味する。犯罪行為や社会的反乱などがこれに該当し，しばしば社会問題として認識される。異常現象は社会の安定を脅かす可能性がある一方で，社会変革の兆候ともなり得る。

この区別は社会の健康状態を評価する指標としても機能する。正常現象が支配的な社会は一般的に安定していると見なされ，異常現象が頻発する社会は不安定で変動しやすいと考えられる。また，この区別は社会変動のプロセスを理

解する手がかりを提供し，社会政策の策定にも寄与する。

正常現象と異常現象の概念は，社会学の理論的基盤に深く根ざしている。デュルケームの社会的連帯理論やロバート・マートン（Robert King Merton, 1910-2003）のアノミー理論は，この区別を理論的に発展させた例である。マートンは，社会構造が個人の目標達成手段を制約するときに逸脱行動が増加すると論じ，社会規範と逸脱行動の関係を明らかにした。

さらに，この区別は社会学的想像力を育む重要な視点を提供する。個々の行動や出来事を広範な社会的文脈の中で位置づけることで，より深い社会理解が可能となる。例えば，個別の犯罪行為を単なる個人的問題としてではなく，社会構造や制度の問題として捉えることができる。

社会学者は，現象が正常か異常かを判断する際，客観的な徴候を見出し，それに基づいて現象の実態を認識することが重要である。偏った視点にとらわれない，冷静な分析と多角的な視点が求められる。

正常現象と異常現象の識別は，社会学的分析において本質的な課題を提起する。ある現象が一般的か例外的かを判断することは分析の端緒となるが，「正常」を静態的均衡状態と同一視することは方法論的な誤謬をもたらす可能性がある。マクロ的視座からすれば，正常現象もまた動態的な変容過程に位置づけられ，正常性と異常性を判断する準拠枠組み自体が社会変動に応じて再構成されることに留意が必要である。

さらに，特定の社会における現象の正常性と異常性の判断基準は，当該社会の発展段階および社会構造との有機的連関のもとで形成される。すなわち，社会現象の分析においては，社会の発展過程における構造的位相を理論的準拠点として組み込むことが方法論的に要請される。

実践的な観点からは，事象の原因を洞察し，現象がどうなるかだけでなく，なぜそうなるのかを理解することが，正常と異常の区別に役立つ。正常現象の原因がわかれば，異常現象や例外的な現象についても理解が深まるだろう。

しかし，正常現象と異常現象を区別する明確な基準があるかどうかは，依然として議論の余地がある。社会の複雑性と動態性を考慮すると，この区別は常に再検討と更新を必要とする動的なプロセスであると言える。

正常現象と異常現象の区別は，社会学が科学的結論を導き出し，社会の改善

に寄与するための重要な基盤となる。この区別を通じて，社会学はその価値を発揮し，社会に具体的な貢献をすることが可能となる。同時に，この概念の適用には慎重さと柔軟性が求められ，常に社会の変化と発展を考慮に入れる必要がある。

6　社会現象に対する解釈方法

　社会学における社会現象の研究は，観察と解釈という二つの重要な段階を経て進められる。観察段階では，感覚を通じて事実に関するデータを収集し，解釈段階では収集したデータを整理し，社会現象について説明を行う。この過程を通じて，社会現象の複雑性と多様性を理解するための多角的なアプローチが採用される。

　社会学者は，社会現象を解釈する際に定量的方法と定性的方法を併用する。定量的方法は社会現象を数値化し，統計的に分析する手法であり，調査データの収集と分析，実験，社会統計の利用などが含まれる。例えば，デュルケームの自殺研究では，自殺率の統計データを用いて社会関係の変動を分析し，社会的要因との関連性を明らかにした。一方，定性的方法は社会現象の深層的理解を目指し，観察，インタビュー，エスノグラフィーなどが用いられる。これにより，数値では捉えきれない人々の意識や感情，社会的背景を詳細に把握することができる。

　社会現象の解釈には，因果分析と機能分析という二つの主要なアプローチがある。因果分析は特定の社会現象が生じた原因を探究し，機能分析はその現象が社会においてどのような役割を果たしているかを分析する。これらの方法は，社会現象の理解を深め，その意義を明らかにするために不可欠である。しかし，因果関係と機能は別個の概念であり，混同してはならない。ある現象の存在理由が原因であり，その現象の果たす作用が機能である。

　社会学的解釈のもう一つの重要な側面は，多角的視点を持つことである。一つの現象を複数の理論的枠組みや方法論を用いて分析することで，より包括的な理解が可能となる。例えば，犯罪現象は機能主義的視点，紛争論的視点，シンボリック相互作用論の視点からそれぞれ異なる解釈ができる。

　統計学は社会学において極めて重要な役割を果たしている。一見個人的な理

由による規則性のように見える現象でも，実際には集団の状態を表していることが多い。例えば，自殺率の分析を通じて，個別のケースの背景にある社会的要因を明らかにすることができる。

歴史的視点もまた，社会現象の理解と説明において重要である。社会現象は時代や場所によって異なる文脈の中で発生するため，その歴史的背景を考慮することが必要である。比較の方法も，社会現象の理解と説明に有効である。異なる文化や社会制度を持つ国や地域を比較することで，特定の社会現象の普遍性や特殊性を明らかにすることができる。

さらに，批判的視点も社会現象の理解と説明において不可欠である。既存の理論やデータに対する批判的な検討を行い，新たな視点や方法を導入することで，従来の理解を超えた洞察を得ることができる。このように，社会学は独立した学問分野であり，特定の哲学的流派に属するものではない。社会学の研究対象は社会現象そのものであり，これらは客観的な事実である。個人の主観や心理状態から社会現象を説明するのではなく，他の客観的な社会現象に基づいて分析する必要がある。

社会現象の解釈には，批判的視点も必要である。既存の理論やデータを批判的に検討し，新たな視点や方法を導入することで，従来の理解を超えた洞察が得られる。例えば，ジェンダー研究やポストコロニアル研究は，従来の社会学的視点を批判し，新たな理論的枠組みを提供してきた。

このように，社会現象の解釈は多面的で複雑なプロセスであり，多様なアプローチと方法論を組み合わせることで，より深い理解と洞察を得ることができる。社会学者は，これらの手法を駆使し，常に批判的かつ創造的な視点を持つことが求められる。

7　社会現象に対する理解と説明

社会学は社会的行為と研究方法の二つを研究対象として含んでいる。社会学の研究方法は理解と説明に焦点を当て，多くの人々は実証主義的手法が最も適していると考えている。しかし，解釈的社会学は人間の社会的行為の主観的な意味づけを明らかにすることを目指している。社会学は経験科学であり，その対象は主観的な意味づけに基づく目的合理的な社会的行為である。言い換えれ

ば，社会学は人間の行為が目的合理的であるという前提に立っている。

　社会学における意味理解は，行為者の主観的な意味づけを探り，その行為の意味の文脈を構築することを目指している。理解には直接的な観察による理解と解釈的理解の二つの側面がある。直接的な観察による理解では，行為者の動機を理解する必要はなく，観察者の立場から行為者の主観的意味を推測するだけでよい。一方，解釈的理解は行為者自身に移入して，その行為に与えられた主観的意味を直接探り，行為者の実際の行動過程を説明することを目指している。

　ただし，社会学的な知識は行為者自身の動機だけに基づいて構築されるべきではない。なぜなら，主観的な動機と目的との間には，必ずしも合理的な対応関係があるとは限らないからである。そのため，社会学の説明には因果関係の妥当性も必要とされる。つまり，意味のあるプロセスが一定の頻度または類似した方法で発生することを証明する必要がある。

　社会学の法則は，社会学的理解と説明を通じて構築され，単に主観的な意味づけを構築するだけでなく，因果関係も含まれる。意味関連については，統計的手法で検証する必要がある。社会学者は社会を観察する際に「パラダイム」と呼ばれる理論的な枠組みを使用する。パラダイムは，社会を研究するための理論的な枠組みであり，社会学者たちは機能論，紛争理論，シンボリック相互作用論などの基本的なパラダイムを使用して世界を理解している。

　社会現象に対する理解と説明は社会学の中心的な課題であり，社会学者は多様な方法論と理論を駆使してこれを達成しようとする。社会現象を理解するためには，その現象が発生する背景や文脈を考慮し，個々の出来事や行動が広範な社会構造やプロセスとどのように関連しているかを明らかにする必要がある。社会学者は，社会現象を理解するためにデータ収集と分析を行い，定量的な方法として統計分析や調査研究を用いる。

　社会現象を説明するためには，理論的枠組みの適用が不可欠である。社会学にはさまざまな理論があり，それぞれが異なる視点から社会現象を説明する。例えば，機能主義は社会の各部分がどのようにして全体の安定と秩序を維持するかを説明し，紛争理論は社会内の対立や競争がどのようにして社会変動を引き起こすかを焦点とする。シンボリック相互作用論は，個々の行動や社会的相互

作用がどのようにして社会の意味を構築するかを探究する。

　社会学は多様な方法と視点を用いて社会現象の理解と説明に取り組んでいる。定量的・定性的手法，理論的枠組み，歴史的視点，比較の方法，批判的視点などを駆使することで，複雑な社会現象をより深く，多角的に理解し説明することが可能となる。

8　社会学の三つのパラダイム

　社会学には，機能論，紛争論，シンボリック相互作用論という三つの主要なパラダイムが存在し，それぞれが独自の視点から社会を理解しようとする。これらのパラダイムは，社会を理解するための多様なレンズを提供し，研究者が社会現象を探究する際の方法論や視座を示唆する。

　機能論は社会を相互に関連する部分から成るシステムとして捉え，マクロな視点を持つ。この理論では，社会は人体のように，不均衡が生じるとそれを修正する力が働き，バランスを取り戻すと考える。デュルケームの研究は機能主義の基礎を築き，社会的連帯の概念を通じて社会の統合と秩序の重要性を強調した。例えば，教育制度が社会規範の伝達や労働市場に適応するためのスキル提供という機能を果たすことを示した。

　紛争論は，社会が常に限られた資源をめぐって闘争している状態にあると考え，これもマクロな視点を持つ。このパラダイムは複雑な利益集団間の権力闘争に焦点を当て，特に富と権力の不平等を重要なテーマとする。例えば，貧富の差が人々の社会的機会に与える影響を研究し，特権階級と貧困家庭の子供たちの機会の不平等を浮き彫りにした。カール・マルクス（Karl Marx, 1818-1883）の理論が紛争論の出発点と言えるが，彼は社会を支配階級と被支配階級の間の闘争と捉え，経済的不平等が社会変革の要因であると考えた。

　シンボリック相互作用論は，個人が社会を構築する過程に焦点を当て，主にミクロな視点を持つ。このパラダイムは個人の行動やコミュニケーションに影響を与える「象徴」の使用に注目し，言葉やジェスチャーが人々の行動や相互作用にどのような影響を与えるかを探究する。ジョージ・ハーバート・ミード（George Herbert Mead, 1863-1931）はこの理論の基盤を築き，人々がシンボルや言語を通じて意味を共有し，社会的現実を創造する過程を示した。アルフ

レッド・シュッツ（Alfred Schütz, 1899-1959）も「生活世界」という概念を提唱し，人々が共有する日常的な現実の枠組みを解明しようとした。

　これらのパラダイムは，社会学者が社会現象を理解し解釈するための枠組みを提供する。特定の社会問題に取り組む際には，各パラダイムを組み合わせて包括的な分析を行うことが重要である。例えば，犯罪現象の研究において，機能主義は犯罪が社会の規範や秩序を再確認し強化する役割を果たすと見なし，紛争論は犯罪を社会の不平等や抑圧に対する反応と解釈し，シンボリック相互作用論は犯罪行為の社会的文脈における意味づけを探究する。

　これらの研究パラダイムを通じて，社会学者は社会の複雑性を探究し，様々な社会現象の根本的な理解に迫る。そして，その理解を基に社会の改善や問題解決に向けた提言を行うことができる。これらのパラダイムは，互いに補完し合う関係にある。

　社会学の研究において，これらのパラダイムはそれぞれ独自の価値を持ち，社会現象の理解と説明に貢献する。機能主義は社会の安定と秩序を強調し，社会の各部分がどのように協働して全体の機能を維持するかを示す。一方，紛争論は社会内の対立と変動を強調し，不平等や権力闘争が社会変革の鍵であるとする。シンボリック相互作用論は，日常の相互作用が社会の意味をどのように形成するかを探究し，人々の行動や認識が社会現象に与える影響を明らかにする。

　これらのパラダイムを通じて，社会学は社会の多面的な理解を可能にし，複雑な社会現象を解明するための重要なツールを提供している。社会学者はこれらの視点を適切に組み合わせることで，より深い洞察を得ることができ，社会のさまざまな側面を包括的に分析することが可能となる。例えば，グローバル化の分析において，国際システムの相互依存，経済格差，文化的アイデンティティの変容といった側面を複合的に考察できる。このアプローチにより，社会の複雑性をより正確に捉えることが可能となる。

　このような多角的なアプローチは，社会問題の解決や政策立案にも有用な知見をもたらす。例えば，教育の不平等問題を考える際，機能論的視点からは教育制度が社会の安定にどのように寄与しているかを分析し，紛争論的視点からは教育機会の格差がどのように社会的不平等を再生産しているかを考察し，シ

ンボリック相互作用論的視点からは教室内での相互作用が学習成果にどのように影響を与えているかを探ることができる。

　また，これらのパラダイムは社会変動の理解にも適用される。例えば，グローバル化の影響を研究する際，機能論は国際システムの相互依存性を強調し，紛争論は国家間や階級間の権力闘争に注目し，シンボリック相互作用論は文化的アイデンティティの変容過程を分析する。

　さらに，これらのパラダイムは社会学の発展とともに進化し，新たな理論や方法論を生み出している。例えば，ネットワーク理論は機能論と紛争論の要素を組み合わせ，社会的つながりの構造と影響力の分布を分析する。また，構造化理論は，マクロな社会構造とミクロな個人の行為の相互作用を探究し，これらのパラダイムを統合しようとする試みである。

　機能論，紛争論，シンボリック相互作用論という三つのパラダイムは，社会学的思考の基盤を形成し，社会現象の多面的な理解を可能にする。これらのパラダイムを適切に活用し，組み合わせることで，社会学者は複雑な社会問題に対してより包括的な分析と洞察を提供することができる。そして，この多角的なアプローチは，社会の発展と改善に向けた実践的な提言にもつながり，社会学が学術的のみならず社会的にも重要な役割を果たすことを可能にしていると言える。

本章のポイント

社会学の起源と発展　社会学は近代西洋の科学と市民社会の発展から生まれたものであり，日本には外国から伝わった学問である。

主要な社会学者　オーギュスト・コントが社会学の創始者とされ，マルクス，デュルケーム，ウェーバー，トクヴィル，ジンメルなどが近代社会学の基礎を築いた。

社会学の対象分野　社会階層，社会移動，社会変動，民族紛争，経済発展，社会運動，政党，労働運動，福祉国家，公衆衛生，グローバル化，民主化，宗教と世俗化，専門職化，国際関係，コミュニケーション，文化，人口と移民，環境，ジェンダー，アイデンティティ，政治，家族，教育，スポーツ，組織とネットワーク，人間関係と社会心理，犯罪，科学と芸術などが含まれる。

社会学の本質　社会学には独自の物の見方や分析方法がある。この社会学的な考え方を日常生活や自分の経験に当てはめることで，私たち人間が作り上げてきた社会を新しい目で見直す

ことができる。これにより，社会を見る私たちの視点が大きく変わる。
社会学的想像力 チャールズ・ライト・ミルズの「社会学的想像力」は，個人と社会の間に存在する関係を鋭く観察する能力であり，個人的な社会体験が広範な社会構造とどのように結びついているかを理解することを助ける。
社会学の研究レベル 社会学は三つのレベルで研究対象を捉える。ミクロのレベル（人と人との関わり方），中間のレベル（人と社会との関わり方），マクロのレベル（社会と社会との関わり方）。
社会学の意義と特異性 社会学は，その本質から必然的にさまざまな意見や解釈を生み出す学問であり，多様な議論を含んでいる。この特性が，社会学の柔軟性と適応力につながっている。

参考文献

オーギュスト・コント（田辺寿利訳）1938年『実証的精神論』岩波書店
カール・マルクス（城塚登／田中吉六訳）1964年『経済学・哲学草稿』岩波書店
アルフレッド・シュッツ（森川眞規雄／浜日出夫訳）1980年『現象学の社会学』紀伊國屋書店
チャールズ・ライト・ミルズ（鈴木広訳）1995年『社会学的想像力』紀伊國屋書店
見田宗介ほか編1998年『社会学文献事典』弘文堂
N・アバークロンビー／S・ヒル／B・S・ターナー（丸山哲央監訳）2005年『新しい世紀の社会学中辞典』ミネルヴァ書房
エミール・デュルケーム（宮島喬訳）2018年『自殺論』中央公論新社
ジョージ・ハーバート・ミード（山本雄二訳）2021年『精神・自我・社会』みすず書房
ロバート・マートン（森東吾ほか訳）2024年『社会理論と社会構造（新装版）』みすず書房

第2章

文化としての人間社会

　人間社会は文化的所産の総体として理解することができる。文化は人類の長い歴史の中で創造され，蓄積され，伝承されてきた行動様式や生活様式の複合体であり，社会構造を形成する本質的要素である。本章では，文化が人間社会に果たす機能と役割を多角的に考察する。具体的には，文化の定義とその特性，文化の機能と役割，文化の多様性と普遍性，文化変容とグローバリゼーション，言語と文化の関係，文化相対主義と文化普遍主義といった観点からの分析を展開する。これらの検討を通じて，現代社会における文化の課題と展望を理論的に考察し，多文化共生社会の実現に向けた示唆を得ることを目指す。特に，グローバル化が進展する現代社会における文化の変容と，その社会学的含意について詳細な分析を行う。

1　文化と人間社会の関係性

　人間社会は，長い歴史の中で創り上げてきた文化的所産の総体である。社会学の視点では，人間社会は人々の相互関係によって築かれた独特の世界であり，文化という人為的な構築物の総体である。

　文化とは，人間が学習によって身につけた行動様式や伝統的な生活様式を指す。言語，宗教，芸術，道具の使用法，価値観，規範など，私たちの日常生活に深く関わるあらゆるものが文化的所産である。人類は長い歴史の中で，さまざまな文化を育んできた。

　人間が文化を持つ理由は，人間が社会的存在として，他者と共有する意味の体系を通じてコミュニケーションを行い，共同生活を営むためである。文化は人間が自己と他者を理解し，共通の価値観や行動規範を持つことを可能にし，

社会の調和と秩序を維持する役割を果たす。例えば，共通の言語を持つことは，効果的なコミュニケーションを可能にし，共通の価値観や規範を持つことは，社会的な協力や連帯感を生み出す。これにより，個々の行動が社会全体の利益に寄与するように調整され，社会の安定と発展が促進される。

　文化はまた，社会のメンバーが世代を超えて学習し合うことで形成・継承される行動様式のことを指す。つまり，文化は学習された行動そのものなのである。人間は生まれながらに文化を持っているわけではない。赤ちゃんが生まれた時点では，特定の文化的行動パターンは備わっていない。しかし，人間は驚くべき学習能力を備えており，周りの大人から文化的規範を徐々に学んでいく。

　文化には，社会においてメンバーに求められる行動を規定する「規範」と，望ましい行動を決定する「価値観」が含まれる。これらの規範と価値観は，個々人の行動や意思決定に大きな影響を与え，社会全体の調和と秩序を維持する機能を果たす。例えば，誠実であること，他者を尊重すること，時間を守ること，礼儀正しく振る舞うことなど，多くの社会で共通して重要視される規範や価値観がある。これらは家庭や学校，職場など，さまざまな場を通じて次世代へと伝達されていく。

　子供は，まずは家庭の中で親から基本的な生活習慣や価値観を学ぶ。次に学校に通うようになると，教師や級友から文化的規範をさらに学習して身につけていく。その後，就職して社会に出ると，職場で通用する文化的規範を同僚から習得することになる。

　このように，人間は生涯にわたり，さまざまな場面で文化的行動を学び続ける。学習されない文化は存在せず，文化がなければ人間社会は成り立たない。

　多くの文化的行動は，社会のメンバーによって強く意識されることなく，無意識のうちに実践されている。例えば，あいさつの仕方，会話の作法，食事のマナーなど，日常生活に溶け込んだ習慣的な振る舞いは，文化的行動そのものである。

　このような習慣は，至ってごく自然なものに感じられがちであるが，実はそれぞれの文化に固有の規範に基づいている。日本人にとってはお辞儀が自然だと感じられるが，欧米人からすれば不自然なのである。逆に，欧米人にとって握手が自然なあいさつの方法であるが，日本人からみると違和感があるかもし

れない。

　つまり，習慣的に実践する行動規範は，人間が所属する文化社会によって異なる。自分の文化に馴染んだ行動は自然に感じられるが，異文化の行動は不自然に映ってしまうのが一般的である。しかし，このような違和感は，文化的行動が単に学習の違いに起因するものだと理解すれば，解消されるはずである。

　文化的規範は，社会の秩序を保つための潤滑油の役割を果たしている。規範がなければ，社会は混乱に陥ってしまう。例えば，交通規則という規範がなければ，道路は大混乱に陥るはずである。また，窃盗やいじめなどの反社会的行為を規制する規範がなければ，社会は機能不全に陥ってしまう。

　このように，規範や価値観といった文化的要素は，社会のメンバーの行動を調整し，秩序と調和の実現に貢献している。絶えず変化を続けながらも，社会の持続性を支える役割を担い続けることが文化の本質である。

　文化はまた，個人や集団のアイデンティティの形成においても重要な役割を果たす。人々は文化を通じて自己を理解し，他者との関係を構築する。例えば，言語や宗教，伝統的な儀式や習慣は，個人や集団のアイデンティティを形成し，強化する要素となる。また，文化的なアイデンティティは，個人や集団が社会の中で自らの位置を認識し，自分たちの歴史や価値観を他者と共有するための基盤となる。このように，文化はアイデンティティの一部として個人や集団の存在意義を支える重要な要素である。

　以上のように，人間社会と文化は不可分の関係にある。文化は人間社会の基盤であり，同時に人間社会によって形成され，変容し続けるものである。社会学が目指すのは，このような人間社会と文化の関係性を多角的に分析し，その複雑な相互作用を解明することである。そして，その理解を通じて，より調和のとれた社会の実現に貢献することが，社会学の重要な使命となる。

2　文化の定義とその特性

　文化の定義と特性を理解することは，人間社会の本質を把握する上で不可欠であるが，文化という概念は非常に複雑で多岐にわたる意味内容を持っている。もともと「文化」という語は，ラテン語の動詞「colere（耕す）」に由来し，後に個人的趣味や精神，知能などを培養するという意味まで派生した。

1871年，イギリスの人類学者エドワード・タイラー（Edward Burnett Tylor, 1832-1917）は Primitive Culture（『原始文化』）で，初めて文化という概念を体系的に提示した。彼は「文化あるいは文明とは，広義の民族誌学において，人間の知識，信仰，芸術，法律，道徳，風習を含めて，社会成員としての人間が獲得したその他のさまざまな能力や習慣の複雑な総体である」と定義した。この広範な定義は，後の研究者たちがさまざまな視点から文化を分類し，分析する際の基礎となった。

　20世紀の文化人類学者クリフォード・ギアーツ（Clifford Geertz, 1926-2006）は，文化をさらに深い次元から捉え，「広義の民族誌学的文脈において，社会成員としての人間が獲得する知識体系，信念体系，芸術的実践，法的制度，道徳規範，慣習的行為，その他の能力および習慣の複合的総体」として理論的に定位した。ギアーツの見方に従えば，文化とは単に行動様式の集まりではなく，象徴的な意味の体系であり，人々はその意味に基づいて生活している。

　ポーランド出身の機能主義的文化人類学者であるブロニスワフ・マリノフスキー（Bronisław Malinowski, 1884-1942）は，文化を物質文化，非物質文化，制度文化の三つに分類した。物質文化には道具や機械，交通手段などの具体的な物体が含まれ，非物質文化には芸術や宗教，科学理論などの抽象的な概念が含まれる。そして制度文化には慣習法などの社会規範が含まれる。マリノフスキーは機能主義者として，特に法制度の役割を重視し，文化が社会の維持にどのように寄与するかを分析した。

　ドイツの社会学者アルフレート・ウェーバー（Alfred Weber, 1868-1958）は，歴史の展開を社会過程，文明過程，文化運動の三つのレベルで把握しようとした。特に重要なのは文明過程と文化運動の区分である。文明過程は科学や技術の流れを指し，連続的かつ蓄積的に進歩するという特徴を持つ。それに対して文化運動は宗教や理念，芸術などの精神文化の動きを指し，連続性や蓄積性が弱いという特徴がある。この区分は，文化の進展と変容を理解するための重要な視座を提供している。

　アメリカの文化人類学者ラルフ・リントン（Ralph Linton, 1893-1953）は，文化を「学習された行動とその成果の統合形態であり，その構成要素は，特定社会の成員によって分有され，伝達されているもの」と定義した。リントンはさ

らに文化に対する個人の関わり方により、文化を普遍的文化、特殊的文化、任意的文化の三つに分類した。普遍的文化は言語や共通の道徳、基本的な生活様式など全員が関わる文化を指す。特殊的文化は女性の化粧法など特定の性・階級・職業の者が関わる文化を指す。任意的文化は芸術やファッションの流行など、支持や選択が自由な文化を指す。

　これらの研究者の視点を統合すると、文化の特性として以下の点が挙げられる。まず、文化は学習されるものである。人間は生まれながらにして特定の文化を身につけているわけではなく、成長過程で周囲の人々から学習し、内面化していく。次に、文化は共有されるものである。個人的な習慣や嗜好とは異なり、文化は社会のメンバーによって広く共有される。さらに、文化は象徴的である。言語や芸術、儀式などの文化的要素は、特定の意味や価値を象徴的に表現している。

　また、文化は適応的である。環境の変化や新たな課題に直面した際、文化は徐々に変容し、適応していく能力を持っている。文化は統合的でもある。文化の各要素は互いに関連し合い、全体として一貫したシステムを形成している。そして、文化は機能的である。マリノフスキーが指摘したように、文化は社会の維持と発展に寄与する機能を持っている。

　文化についての重要な考え方の一つに、文化相対主義がある。これは、各文化をそれぞれの文脈の中で理解し、評価しようとする考え方である。一方で、文化普遍主義という考え方も存在し、すべての文化に共通する普遍的な要素や価値観が存在するとする立場もある。

　文化は静的なものではなく、動的で変化し続けるものである。アルフレート・ウェーバーが指摘するように、科学技術の発展（文明過程）と宗教や芸術などの精神文化の変容（文化運動）は異なるペースで進行し、それが文化の複雑な動態性を生み出している。グローバリゼーションの進展や技術の発展により、文化の変容のスピードは加速している。異なる文化間の接触が増え、文化の融合や新たな文化の創造が起こっている。

　同時に、文化には一定の持続性もある。急激な変化は社会の安定を脅かす可能性があるため、文化は緩やかに変化しながらも、核となる要素は比較的長期にわたって維持される傾向がある。

リントンの分類が示すように、文化は社会全体で共有される普遍的な要素から、個人の選択に委ねられる任意的な要素まで、多様な階層を持っている。この多様性は、文化の豊かさを生み出すと同時に、文化間の対立や誤解の原因にもなり得る。

文化の定義と特性を理解することは、異文化理解や国際協調の基盤となる。文化の多様性を尊重しつつ、普遍的な価値観を模索することで、グローバル社会における調和的な共生につながる。また、自文化を相対化し客観的に捉える視点を養うことで、より豊かな文化交流が可能となる。

文化は人間社会の根幹をなす要素であり、その定義と特性を深く理解することは、社会学や人類学、心理学など、多くの学問分野において重要な課題である。文化の複雑性と多様性を認識しつつ、その普遍的な側面にも目を向けることで、より包括的な文化理解が可能となる。そして、この理解は現代社会が直面するさまざまな課題、例えば異文化間の対立や文化の均質化、伝統文化の喪失などの問題に対処する上で、重要な示唆を与えるものとなる。

3　文化の機能と役割

文化の機能と役割を理解することは、人間社会の構造と動態を把握する上で極めて重要である。文化は単なる生活様式の集合体ではなく、社会の維持と発展に不可欠な多様な機能を果たしている。

まず、文化の最も基本的な機能は、社会の成員に共通の行動規範と価値観を提供することである。これにより、社会の秩序と調和が維持される。例えば、礼儀作法や道徳規範は、人々の相互作用をスムーズにし、社会的摩擦を減少させる役割を果たす。また、法律や慣習法といった制度的な規範は、社会の秩序を維持し、紛争を解決するための基盤となる。

文化は、社会の成員にアイデンティティを提供する機能も持っている。言語、宗教、伝統、芸術などの文化的要素は、個人や集団が自己を定義し、他者との関係を構築する際の重要な基盤となる。例えば、国民文化は国家のアイデンティティの形成に寄与し、地域文化は地域社会の結束を強める。このアイデンティティ形成機能は、グローバル化が進む現代社会において、特に重要性を増している。

さらに，文化は社会の適応メカニズムとしての機能を持つ。環境の変化や新たな課題に直面した際，文化は柔軟に変容し，社会がそれらに適応するための方法を提供する。例えば，技術革新に伴う生活様式の変化や，気候変動に対応するための新たな価値観の形成などが，この適応機能の例として挙げられる。

　文化の重要な機能の一つに，知識や技術の蓄積と伝達がある。言語や教育システムを通じて，社会は過去の経験や知恵を次世代に伝え，それを基盤として新たな知識や技術を生み出していく。この機能により，人類は文化的進化を遂げ，環境に適応し，社会を発展させてきた。

　また，文化は社会の統合と結束を強める機能を持つ。共通の価値観，信念，習慣は，社会の成員に所属感と連帯感を与える。祭りや儀式，国民的行事などの文化的イベントは，この統合機能を強化する役割を果たす。

　文化は，社会の成員に世界観や現実の解釈の枠組みを提供する機能も持つ。宗教や哲学，科学的パラダイムなどは，人々が世界を理解し，意味づけるための基盤となる。これにより，社会の成員は共通の理解と解釈を持つことができ，コミュニケーションや協力が促進される。

　文化はまた，異文化間の交流や対話は，相互理解を深め，国際的な協力関係を構築するための基盤となる。文化交流や文化外交は，国家間の関係改善や世界平和の促進に重要な役割を果たしている。

　さらに，文化は創造性と革新の源泉としての機能を持つ。芸術や科学，技術などの文化的領域は，新たなアイデアや表現方法を生み出す場となる。この創造的機能は，社会の発展と進歩の原動力となる。

　文化は，ストレス解消や娯楽の提供という機能も果たしている。音楽，スポーツ，祭り，娯楽産業などの文化的要素は，人々に楽しみや気晴らしの機会を提供し，社会的ストレスを軽減する役割を果たす。

　また，文化は社会的階層や権力構造を正当化し，維持する機能も持っている。特定の文化的価値観や慣習が，社会の階層構造や権力関係を支持し，再生産することがある。この点に関して，文化研究の新たな潮流としてのカルチュラル・スタディーズが重要な視点を提供している。

　カルチュラル・スタディーズは，イギリスのリチャード・ホガート（Richard Hoggart, 1918-2014），レイモンド・ウィリアムズ（Raymond Williams, 1921-

1988),スチュアート・ホール(Stuart Hall, 1932-2014)などが中心となって発展させた研究アプローチである。これは政治・経済的要因に基づいて文化を研究する立場であり,文化を単なる表象の問題としてではなく,権力関係や社会構造と密接に関連づけて分析する。カルチュラル・スタディーズの視点は,文化が社会的階層や権力構造の維持にどのように寄与しているかを批判的に検討する上で重要な枠組みを提供している。

　文化の重要な機能の一つに,社会的コントロールがある。文化的規範や価値観は,個人の行動を社会的に望ましい方向に導く役割を果たす。これには,法律や制度による公式なコントロールだけでなく,社会的期待や道徳観による非公式なコントロールも含まれる。カルチュラル・スタディーズの視点からは,このような社会的コントロールの機能が,特定の権力構造や社会秩序の維持にどのように寄与しているかが批判的に検討される。

　さらに,文化は社会の変革や革新のための触媒としての機能も持つ。新しい思想や価値観,芸術運動などは,既存の社会秩序に挑戦し,変革を促す力となる。カルチュラル・スタディーズは,このような文化の変革機能についても,権力関係や社会構造との関連で分析を行う。

　文化は,異なる集団や社会間の境界を定義し,維持する機能も果たしている。言語,習慣,価値観の違いは,集団のアイデンティティを強化し,他集団との区別を明確にする。これは,文化的多様性の維持に寄与する一方で,文化間の対立や誤解の原因ともなり得る。カルチュラル・スタディーズの視点からは,このような文化的境界がどのように形成され,維持されているか,そしてそれがどのような権力関係を反映しているかが分析の対象となる。

　また,文化は社会の成員に生きる意味や目的を提供する機能を持つ。宗教,哲学,イデオロギーなどの文化的要素は,人々に人生の意味や目標を与え,精神的な支えとなる。カルチュラル・スタディーズは,このような意味や目的の提供が,特定の社会構造や権力関係の維持にどのように寄与しているかを批判的に検討する。

　これらの多様な機能と役割を通じて,文化は人間社会の基盤を形成し,その維持と発展に不可欠な役割を果たしている。カルチュラル・スタディーズの視点を含め,文化の機能を多角的に理解することは,社会の動態を把握し,現代

社会が直面するさまざまな課題に対処する上で重要な視点を提供する。

4 文化の多様性と普遍性

　文化の多様性と普遍性は，人類学や社会学において重要な研究テーマとなっている。文化は地域や民族によって多様な形態を示す一方で，人間社会に共通する普遍的な要素も存在する。この多様性と普遍性の両面を理解することは，グローバル化が進む現代社会において特に重要である。

　文化人類学の発展において，さまざまな研究者たちが文化の概念を深化させてきた。フランスの社会学者エミール・デュルケーム（Émile Durkheim, 1858-1917）は社会的事実という概念を提唱し，個人の外部に存在し，個人に対して拘束力を持つ集合的な現象として文化を捉えた。この視点は，文化を個人の意識や行動を超えた社会的な実在として理解する上で重要な基礎となった。

　アメリカの文化人類学者フランツ・ボアズ（Franz Boas, 1858-1942）は，文化相対主義の概念を発展させた。ボアズは，各文化はそれぞれの歴史的背景や環境の中で独自に発展してきたものであり，他の文化との優劣を単純に比較することはできないと主張した。この考え方は，文化の多様性を尊重し，文化間の平等な理解を促進する上で大きな影響を与えた。

　文化の多様性は，人類が異なる環境や歴史的背景の中で生き残り，適応してきた結果として生まれたものである。例えば，食文化は地域の気候や利用可能な食材によって大きく異なる。寒冷地域では脂肪分の多い食事が好まれる傾向があるのに対し，熱帯地域では軽い食事が一般的である。同様に，住居の形態も気候や利用可能な建材によって異なり，イグルーやユルタから高層ビルまで，多様な形態が存在する。

　言語の多様性も顕著である。世界には約6000の言語が存在すると言われており，それぞれが独自の文法構造や語彙体系を持っている。言語の多様性は単なるコミュニケーションの手段の違いにとどまらず，世界観や思考様式の違いにも反映されている。例えば，時間の概念一つをとっても，直線的な時間観を持つ文化もあれば，循環的な時間観を持つ文化もある。

　宗教や信仰体系の多様性も文化の重要な側面である。世界の主要宗教から地域固有の民間信仰まで，人類は多様な形で精神性や超越性を追求してきた。こ

れらの宗教や信仰は，人々の価値観や行動規範に大きな影響を与えている。

社会組織の形態も文化によって多様である。核家族制が一般的な社会もあれば，拡大家族制が主流の社会もある（第6章参照）。また，政治システムも民主制から君主制，さらには部族制まで，さまざまな形態が存在する。

芸術表現の多様性も顕著である。音楽，舞踊，絵画，文学など，芸術の形態は文化によって大きく異なる。これらの芸術形態は，その文化固有の美意識や価値観を反映している。

一方で，文化の普遍性も存在する。人類学者のドナルド・E・ブラウン（Donald E. Brown, 1934-）は，すべての文化に共通して見られる要素として，言語の使用，親族関係の認識，禁忌の存在，身体装飾，贈与交換，ジョークとユーモア，神話と民間伝承，数の概念，時間の概念などを挙げている。これらの普遍的要素は，人間の生物学的特性や社会生活の基本的要求から生じたものと考えられる。

例えば，すべての文化において，近親相姦の禁止や殺人の禁止といった基本的な倫理規範が存在する。これらは人類の遺伝的多様性の維持や社会の安定に寄与するものであり，文化を超えた普遍性を持つ。

また，感情表現にも普遍性が見られる。心理学者のポール・エクマン（Paul Ekman, 1934-）の研究によれば，喜び，悲しみ，怒り，恐れ，嫌悪，驚きの六つの基本感情は，文化を超えて普遍的に認識され，表現されるという。

さらに，神話や民間伝承の中にも普遍的なテーマが見られる。例えば，洪水伝説や英雄譚は，世界中の多くの文化に共通して存在する。これらは人類共通の経験や心理的欲求を反映していると考えられる。

文化の多様性と普遍性は，文化相対主義と文化普遍主義という二つの立場を生み出した。ボアズによって発展した文化相対主義は，各文化をそれぞれの文脈の中で理解し，評価しようとする立場である。この立場は，文化の多様性を尊重し，一つの文化の基準で他の文化を判断することを避けようとする。

一方，文化普遍主義は，すべての文化に共通する普遍的な価値や規範が存在するとする立場である。この立場は，人権や民主主義といった概念が文化を超えて普遍的に適用可能であると主張する。

デュルケームの社会的事実の概念は，文化の普遍性と多様性の両面を理解す

る上で重要な視点を提供している。文化は個人の意識や行動を超えた社会的な実在として存在し，個人に対して拘束力を持つ。この視点は，文化がいかに個人の行動や思考を形作り，同時に文化がいかに社会全体によって維持され，変容していくかを理解する上で重要である。

現代社会においては，グローバリゼーションの進展により，文化の均質化が進む一方で，文化的アイデンティティの再確認や伝統文化の復興といった動きも見られる。この文化の均質化と多様化の同時進行は，現代の文化研究における重要なテーマとなっている。

文化の多様性を尊重しつつ，普遍的な価値観を模索することは，国際社会における相互理解と協力を促進する上で重要である。異なる文化背景を持つ人々が共存し，協力していくためには，ボアズが主張したように文化の多様性を認識し尊重すると同時に，人類共通の価値観や倫理観を見出していく努力が必要である。

このように，文化の多様性と普遍性の理解は，グローバル化が進む現代社会において，異文化理解や国際協調の基盤となる。それは単に学術的な関心にとどまらず，現実の国際関係や社会政策にも大きな影響を与える重要な課題である。デュルケームやボアズをはじめとする先駆的な研究者たちの洞察は，今日でも文化研究の基礎となり，私たちが複雑な文化現象を理解し，文化間の対話を促進する上で重要な指針を提供し続けている。

5 文化変容とグローバリゼーション

文化変容とグローバリゼーションは，現代社会において密接に関連する重要な現象である。文化は静的なものではなく，常に変化し続けるが，グローバリゼーションの進展により，その変容のスピードと範囲は過去に例を見ないほど加速している。

グローバリゼーションとは，人・モノ・カネ・情報などが国境を越えて行き交う現象のことを指す。この現象は，20世紀後半から急速に進展し，21世紀に入ってさらに加速している。情報技術の発達，交通手段の発達，国際貿易の拡大などがその主な要因となっている。

近年では，グローバリゼーションの進展に伴い，文化の混交や融合に注目が

集まっている。インドの文化人類学者アルジュン・アパデュライ（Arjun Appadurai, 1949-）は，グローバル化時代の文化の流動性と多様性を分析し，「エスノスケープ」「メディアスケープ」「テクノスケープ」などの概念を提唱した。これらの概念は，現代社会における文化の複雑な動態を理解する上で重要な視座を提供している。

「エスノスケープ」は，人々の移動や流動性に関する概念で，観光客，移民，難民，外国人労働者などの移動が文化に与える影響を指す。「メディアスケープ」は，情報やイメージの世界的な流通と，それが人々の世界観や文化的想像力に与える影響を表す。「テクノスケープ」は，技術の国境を越えた移動と，それが文化や社会に及ぼす影響を指す。これらの概念は，グローバル化した世界における文化の複雑な流れと相互作用を理解する上で有用なツールとなっている。

グローバリゼーションが文化に与える影響は多岐にわたる。まず，文化の均質化が挙げられる。世界中で同じブランドの商品が消費され，同じ映画やテレビ番組が視聴され，同じ音楽が聴かれるようになっている。例えば，アメリカのポップカルチャーは世界中に広まり，若者文化に大きな影響を与えている。

しかし，同時に文化の多様化も進んでいる。グローバリゼーションにより，これまで接触する機会の少なかった異文化との交流が活発化し，新しい文化的要素が取り入れられている。

文化変容の形態としては，文化接触によるアカルチュレーション（文化変容），文化伝播，文化融合などがある。アカルチュレーションは，異なる文化を持つ集団が継続的に直接接触することによって，一方または双方の文化に変化が生じる過程を指す。文化伝播は，ある文化要素が他の文化に伝わり，取り入れられる現象を指す。文化融合は，異なる文化が混ざり合って新しい文化が生まれる現象を指す。

グローバリゼーションの影響は，言語の分野でも顕著に見られる。英語が国際共通語としての地位を確立し，ビジネスや学術の場で広く使用されるようになっている。

また，食文化の変容も著しい。ファストフードチェーンの世界的な展開により，各地の伝統的な食文化が変容している。同時に，エスニック料理の人気が

高まるなど，食を通じた文化交流も活発化している。例えば，タイのトムヤムクンやメキシコのタコスが世界中で人気を博し，各国の食文化に取り入れられていることなどが挙げられる。

　グローバリゼーションは，伝統的な価値観や生活様式にも大きな影響を与えている。例えば，個人主義や消費主義といった西洋的な価値観が世界中に広まる一方で，伝統的な家族観や共同体意識の変容が見られる。

　メディアとインターネットの発達は，文化変容とグローバリゼーションを加速させる重要な要因となっている。アパデュライの「メディアスケープ」の概念が示すように，ソーシャルメディアを通じて，個人レベルでの国際的な文化交流が可能になり，新しい文化的トレンドが瞬時に世界中に広まるようになった。

　グローバリゼーションがもたらす文化変容には，正と負の両面がある。正の側面としては，異文化理解の促進，文化的視野の拡大，新しい文化的創造の機会の増加などが挙げられる。負の側面としては，伝統文化の衰退，文化的アイデンティティの喪失，文化の画一化などがある。

　これらの課題に対応するため，ユネスコを中心に文化多様性の保護と促進のための取り組みが行われている。2001年に採択された「文化の多様性に関する世界宣言」や，2005年の「文化的表現の多様性の保護及び促進に関する条約」などがその例である。

　一方で，グローバリゼーションに対する反動として，ローカリゼーションの動きも見られる。地域の伝統文化や言語の復興，地域固有の産業の振興などが各地で行われている。このグローバルとローカルの相互作用は，「グローカリゼーション」という概念で捉えられることもある。

　文化変容とグローバリゼーションは，アイデンティティの問題とも深く関わっている。アパデュライの「エスノスケープ」の概念が示すように，グローバル化が進む中で，国家や民族によるアイデンティティだけでなく，トランスナショナルなアイデンティティや複合的なアイデンティティの形成が見られるようになっている。

　また，アパデュライの「テクノスケープ」の概念が示唆するように，デジタル技術の発展により，バーチャル空間での文化的活動や交流が活発化している。

これは新たな形の文化創造や文化変容をもたらし,現実世界とバーチャル世界の境界を曖昧にしている。

　文化変容とグローバリゼーションは,今後も続く重要な社会現象である。文化の流動性と多様性を理解し,グローバルな相互理解と協力を促進することが,現代社会における重要な課題となっている。この課題に取り組むためには,文化の動態性を理解し,柔軟かつ創造的な対応が求められる。

6　言語と文化の関係

　言語と文化の関係は,人類学,社会学,言語学などの分野で長年にわたり研究されてきた重要なテーマである。言語は単なるコミュニケーションの道具ではなく,文化の核心的な要素であり,文化を形成し,伝達し,維持する上で不可欠な役割を果たしている。

　言語と文化の関係を理解する上で,サピア＝ウォーフの仮説(言語的相対性原理)は重要な視点を提供している。アメリカの言語学者エドワード・サピア (Edward Sapir, 1884-1939) と彼の弟子ベンジャミン・リー・ウォーフ (Benjamin Lee Whorf, 1897-1941) によって提唱されたこの仮説は,言語が思考や世界観を形作るという考え方を示している。サピアは,言語と文化が互いに強く影響し合っていると考えた。言語は文化を表現し,伝達する手段であるだけでなく,文化的な思考様式や世界観を反映するものでもある。ウォーフはこの考えをさらに発展させ,言語が思考を決定するという強い主張を展開した。

　サピア＝ウォーフの仮説には強い仮説と弱い仮説がある。強い仮説は,言語が思考を完全に決定するという立場であり,弱い仮説は,言語が思考に影響を与えるが完全には決定しないという立場である。現代の言語学者や心理学者の多くは弱い仮説を支持している。

　この仮説の具体的な例として,日本語と中国語における人称代名詞の使用の違いが挙げられる。日本語の場合,一人称と二人称の代名詞が非常に多様であり,状況や話者の社会的立場,対話者との関係性によって使い分けられる。例えば,一人称では「私」「僕」「俺」「わたくし」など,二人称では「あなた」「君」「お前」「貴方」などがある。これらの使い分けは,日本社会の階層的な人間関係や場面に応じた言語使用の重要性を反映している。

一方，中国語の人称代名詞は比較的単純である。一人称は主に「我（wǒ）」，二人称は「你（nǐ）」（親しい間柄や目下の人に対して）や「您（nín）」（敬意を表す場合）が使用される。日本語ほど細かな使い分けはないが，それでも年齢や社会的地位に応じた使用の違いがある。

　さらに，日本語では二人称代名詞「あなた」がしばしば省略されるのに対し，中国語では明確に表現する必要がある。この違いは，日本語が文脈依存型のコミュニケーションを好む傾向があるのに対し，中国語がより直接的な表現を好む傾向があることを示している。

　これらの違いは，単に言葉を知るだけでなく，その言語が使用される社会の文化的文脈を理解することの重要性を示している。日本語の複雑な人称代名詞システムは，日本社会の「タテ社会」的性質や「場」の重要性を反映している。中根千枝（Chie Nakane, 1926-2021）が指摘するように，日本の集団文化では個人の「資格」よりも「場」が重視される。一方，濱口恵俊（Yoshitoshi Hamaguchi, 1931-2022）の「間人主義（かんじんしゅぎ）」の概念は，日本人が「他者との関係」を重視し，「他者との関係そのものが自分自身なのだ」と考える傾向があることを示している。

　中国語の比較的単純な人称代名詞システムは，より直接的で平等主義的なコミュニケーションスタイルを反映している可能性がある。ただし，中国社会にも階層的な要素は存在し，それは敬語表現や呼称の使用などに現れる。

　このような言語使用の違いは，サピア＝ウォーフの仮説が示唆するように，それぞれの文化の思考様式や世界観の違いを反映している可能性がある。日本語話者と中国語話者では，自己と他者の関係性や社会的文脈（文化）の捉え方が異なる可能性がある。

　言語は文化的アイデンティティの形成においても重要な役割を果たす。母語は単なるコミュニケーションの手段ではなく，個人や集団のアイデンティティの核心的な部分を形成する。多言語社会や移民社会では，言語の選択や使用が文化的アイデンティティの表現や維持と密接に関連している。

　言語と文化の関係は，非言語コミュニケーションの領域にも及ぶ。身振り手振り，表情，空間の使い方など，非言語的な要素も文化によって大きく異なり，言語と密接に結びついている。例えば，アイコンタクトの適切さや，人との距

離の取り方は文化によって異なる規範がある。

　言語の習得過程も文化と深く関わっている。子供は言語を習得する過程で，同時にその言語が反映する文化的規範や価値観も学んでいく。これは第二言語習得の場合も同様で，言語学習は同時に文化学習でもある。

　グローバリゼーションの進展は，言語と文化の関係に新たな側面をもたらしている。英語のグローバル言語としての台頭は，国際的なコミュニケーションを促進する一方で，言語の均質化や文化の画一化を引き起こす懸念もある。このため，少数言語や地域言語の保護・振興の動きも活発化している。

　言語と文化の関係は，翻訳や通訳の分野でも重要な課題となっている。言語間の翻訳は単に語彙や文法の置き換えではなく，文化的文脈や概念の翻訳も必要となる。ある文化では当然とされる概念や表現が，別の文化では全く異なる意味を持つ可能性があり，これが異文化コミュニケーションの障壁となることがある。

　このように，言語と文化は相互に深く結びついており，一方を理解することは他方の理解にもつながる。グローバル化が進む現代社会において，言語と文化の関係を理解することは，異文化理解や効果的なコミュニケーション，さらには文化の多様性の保護において重要な意義を持っている。日本語と中国語の人称代名詞の例が示すように，言語は単なるコミュニケーションのツールではなく，世界を理解し，経験を組織化し，アイデンティティを形成する上で中心的な役割を果たしている。

7　文化相対主義と文化普遍主義

　文化相対主義と文化普遍主義の議論を理解する上で，具体的な事例は非常に有効である。その一例として，和式トイレの使用方向に関する日本と中国の文化的差異が挙げられる。この事例は，文化相対主義的視点から見た文化の多様性と，同時に人間の普遍的な心理や行動パターンを示している。

　日本に長年住んでいる中国人である筆者が慣れないものの一つとして，奥向きの和式トイレがある。和式トイレ自体は日本だけでなく，アジアの他の地域でも使用されているが，日本と中国では大便時のしゃがむ方向が全く逆である。日本では壁の方向（奥向き）を向くのに対し，中国では扉の方向（外向き）を向

く。

　この違いは，単なる習慣の違いではなく，それぞれの文化における心理的な要因や価値観の違いを反映している。中国人にとって，お尻を外（扉）に向けることは，不安と恥ずかしさという心理をもたらす。もし誰かが間違ってドアを開けたら，すぐに対応できない不安と，お尻を見られることに対する恥ずかしさがある。中国の文化では，顔を見られるよりもお尻を見られることの抵抗感が強い。

　一方，日本人の場合，特に女性たちの反応は異なる。日本人にとっては，顔を見られることの方が，お尻を見られることよりも恥ずかしいとされる。これは，「私」が誰なのかがわからなければ恥ずかしさは生じないという考え方に基づいている。顔を見られることで「恥」という社会的装置が作動する傾向がある。

　この事例は，文化相対主義の重要性を示している。トイレの使用方向という一見些細な違いが，実は深い文化的意味を持っていることを理解するには，それぞれの文化の文脈を考慮する必要がある。日本と中国の文化では，「恥」の概念や個人のプライバシーに対する考え方が異なっており，それがトイレの使用方法にまで反映されている。

　同時に，この事例は文化普遍主義的な視点も提供している。両文化とも，プライバシーの保護や恥の感覚という普遍的な人間の心理に基づいて行動しているという点で共通している。トイレ使用時の不安や恥ずかしさは，文化を超えて存在する感情である。

　アメリカの人類学者ルース・ベネディクト（Ruth Benedict, 1887-1948）の言葉を借りれば，この事例は奥向きの恥ずかしさと外向きの恥ずかしさの「パターン」の違いを示している。ベネディクトの「文化の型」の概念は，各文化が独自の一貫したパターンを持っているという考えを提唱し，文化相対主義的な視点を強調している。

　しかし，この事例が示すように，私たちはトイレそのものに対する反応というよりも，「恥ずかしさ」という意味に対して反応している。しかも同じ意味の「恥ずかしさ」に対する反応にも異なるパターンが存在している。これは，文化の多様性と普遍性が同時に存在することを示している。

この事例は，文化相対主義と文化普遍主義のバランスの重要性を示している。文化の違いを尊重し，理解しようとする姿勢（文化相対主義）と，人間の普遍的な心理や行動パターンを認識する視点（文化普遍主義）の両方が，異文化理解には不可欠である。

グローバル化が進む現代社会において，このような文化の違いを理解し，尊重することは極めて重要である。同時に，文化の違いの背後にある普遍的な人間性を認識することも，異文化間のコミュニケーションや相互理解を深める上で重要である。

文化相対主義と文化普遍主義は，一見対立する概念のように見えるが，実際にはこの二つの視点を適切に組み合わせることで，より豊かな文化理解が可能となる。トイレの使用方向のような具体的な事例を通じて，私たちは文化の多様性を尊重しつつ，人間の普遍的な側面も認識することの重要性を学ぶことができる。

8　現代社会における文化の課題と展望

現代社会における文化の課題と展望を考察するにあたり，21世紀に入ってからの急速な変化と，それに伴う文化の多様性とエスノセントリズム（自文化中心主義）の問題に注目する必要がある。グローバリゼーションの進展により，文化の均質化と多様化が同時に進行するという複雑な状況が生まれている。

エスノセントリズムは，自分の文化を絶対視し，他の文化を自分の文化の規準で判断してしまう傾向を指す。人間は誰もが特定の文化に属しており，その文化を通じて世界を理解し，行動する。しかし，自分の文化に馴染んでいるがゆえに，多くの人はその文化を「当然のもの」と受け止め，他の文化を理解する際にも自文化の基準を無意識のうちに適用してしまう。

例えば，日本人が幼い頃から身につけるお辞儀の習慣は，日本文化では自然な行為として受け止められるが，他の文化圏の人々からは不自然に映るかもしれない。同様に，言語や宗教，服装や食文化などの側面でも，自分の文化に馴染んだ行動は自然に感じられ，異なる文化的背景を持つ人の行動は奇異に映ることがある。

このようなエスノセントリズムの克服は，グローバル化が進む現代社会にお

いて重要な課題となっている。異なる文化的特性を持つ他者を理解し、受け入れる姿勢を育むことが、多文化共生社会の実現には不可欠である。

一方で、文化的多様性の維持も重要な課題である。グローバリゼーションがもたらす文化の均質化に対抗し、各文化の独自性を保持しつつ、異文化間の対話と交流を促進することが必要とされている。文化的多様性は、文化が社会的に構築されたものであることを示しており、環境や経験によって形作られる文化の可塑性を表している。

この文脈において、イギリスの社会人類学者ヴィクター・ターナー（Victor Turner, 1920-1983）が提唱した「コミュニタス」の概念は重要な示唆を与える。ターナーは、儀礼や祭りの過程で生じる一時的なコミュニタス（平等状態）が、社会の結束を強化し、文化の継承と革新を促進する役割を果たすと論じた。この視点は、文化の動態的な側面を理解し、エスノセントリズムを超えた文化間の交流の可能性を示している。

また、パレスチナ系アメリカ人の文学理論家エドワード・サイード（Edward Said, 1935-2003）の「オリエンタリズム」の概念は、文化研究における権力構造や表象の問題に新たな光を当てている。サイードは、西洋による非西洋文化の表象と権力関係を批判的に分析し、文化間の不平等な関係性を明らかにした。この視点は、エスノセントリズムの克服と文化的多様性の尊重の重要性を強調している。

現代社会における文化の重要な課題の一つに、文化的アイデンティティの問題がある。グローバル化が進む中で、国家や民族（第12章参照）によるアイデンティティだけでなく、トランスナショナルなアイデンティティや複合的なアイデンティティの形成が見られるようになっている。この文化的アイデンティティの複雑化は、多文化共生社会の実現という課題をもたらしている。

言語の分野でも、グローバリゼーションの影響は顕著に見られる。英語が国際共通語としての地位を確立する一方で、少数言語の衰退も懸念されており、言語の多様性の維持が課題となっている。これは文化的多様性の維持とも密接に関連している。

教育の分野（第7章参照）では、グローバル化時代に対応した文化教育のあり方が課題となっている。異文化理解教育や多文化共生教育の重要性が増す一

方で，自国の文化や伝統をどのように教え，継承していくかという問題も浮上している。エスノセントリズムを克服しつつ，自文化への理解と誇りを育むバランスの取れた教育が求められている。

環境問題と文化の関係も，現代社会における重要な課題の一つである。気候変動や環境破壊が進む中で，持続可能な文化のあり方が問われている。伝統的な知識や実践の中に，環境と調和した生活様式のヒントを見出そうとする動きも見られる。これは，文化的多様性の価値を再認識する機会にもなっている。

デジタル技術の発展も，文化に大きな影響を与えている。インターネットやソーシャルメディアの普及により，文化の伝播や交流のあり方が大きく変化している。デジタル空間での文化的活動や交流が活発化し，新たな形の文化創造や文化変容が起きている。これは，エスノセントリズムを超えた文化交流の可能性を広げる一方で，デジタルデバイドによる新たな文化的格差の問題も生み出している。

現代社会における文化の課題は多岐にわたり，複雑化している。エスノセントリズムの克服と文化的多様性の維持は，グローバル化時代の重要な課題である。これらの課題に対応しつつ，文化の多様性を維持し，新たな文化創造の可能性を追求していくことが求められている。

今後の文化研究は，ターナーやサイードらが提供した視点を含む多様な理論を統合しつつ，急速に変化する現代社会の中で文化がどのように形成され，変容し，機能しているかを探究していくことが求められるであろう。文化は常に変容し続けるものであり，その変化に柔軟に対応しながら，より豊かで調和の取れた文化形成を目指すべきである。

エスノセントリズムに陥らず，文化的多様性を理解し尊重することは，単に異文化に対する寛容性を身につけるだけでなく，自分自身の文化をより深く理解する機会にもなる。自文化と異文化を対比させることで，改めて自分の文化の特性や背景を見つめ直すことができる。

多様性を理解することは，単に他者を理解するだけでなく，自己を発見し，自己の文化的アイデンティティを確立する契機にもなる。文化的多様性を受け入れ，相互理解を深めていくことは，グローバル化した現代社会において，人類が共生していくために欠かせない視点である。同時に，文化の普遍的要素を

認識し，それを基盤として異文化間の対話と理解を促進していくことも重要である。

本章のポイント

文化相対主義 各文化をそれぞれの文脈の中で理解し，評価しようとする立場である。フランツ・ボアズによって発展させられた概念で，文化の多様性を尊重する基盤となる。

サピア＝ウォーフの仮説（言語相対性仮説） 言語が思考や世界観を形作るという考え方である。言語と文化の密接な関係を示し，異文化理解における言語の重要性を強調する。

エスノセントリズム（自文化中心主義） 自分の文化を絶対視し，他の文化を自分の文化の規準で判断してしまう傾向である。グローバル化時代における克服すべき課題の一つとされる。

グローバリゼーション 人・モノ・カネ・情報などが国境を越えて行き交う現象である。文化の均質化と多様化を同時に進行させ，文化変容を加速させている。

アカルチュレーション（文化接触による文化変容） 異なる文化を持つ集団が継続的に直接接触することによって，一方または双方の文化に変化が生じる過程である。グローバル化時代の文化変容を理解する上で重要な概念である。

コミュニタス ヴィクター・ターナーが提唱した概念で，儀礼や祭りの過程で生じる一時的な平等状態を指す。社会の結束強化や文化の継承・革新に寄与するとされる。

オリエンタリズム エドワード・サイードが提唱した概念で，西洋による非西洋文化の表象と権力関係を批判的に分析するものである。文化研究における権力構造や表象の問題を明らかにした。

文化的アイデンティティ 個人や集団が特定の文化に属しているという意識や帰属感を指す。グローバル化により複雑化し，トランスナショナルや複合的なアイデンティティの形成が見られる。

文化普遍主義 すべての文化に共通する普遍的な価値や規範が存在するとする立場である。文化相対主義と対比される概念で，両者のバランスが重要とされる。

エスノスケープ アルジュン・アパデュライが提唱した概念で，人々の移動や流動性に関するものである。観光客，移民，難民などの移動が文化に与える影響を指す。

参考文献

エドワード・タイラー（比屋根安定訳）1962年『原始文化』誠信書房
中根千枝（1967年）『タテ社会の人間関係』講談社
ルース・ベネディクト（長谷川松治訳）1972年『菊と刀』社会思想社
ラルフ・リントン（清水幾太郎／犬養康彦訳）1952年『文化人類学入門』創元社
エミール・デュルケーム（宮島喬訳）1978年『社会学的方法の規準』岩波書店

濱口恵俊（1982年）『間人主義の社会日本』東洋経済新報社
西嶋定生（1983年）『中国古代国家と東アジア世界』東京大学出版会
クリフォード・ギアーツ（吉田禎吾ほか訳）1987年『文化の解釈学』岩波書店
P・エクマン／W・V・フリーセン（工藤力訳）1987年『表情分析入門』誠信書房
エドワード・サイード（今沢紀子訳）1993年『オリエンタリズム（上・下）』平凡社
エドワード・サピア（安藤貞雄訳）1998年『言語——ことばの研究序説』岩波書店
スチュアート・ホールほか編（柿沼敏江ほか訳）2001年『カルチュラル・アイデンティティの諸問題』大村書店
ドナルド・ブラウン（鈴木光太郎／中村潔訳）2002年『ヒューマン・ユニヴァーサルズ——文化相対主義から普遍性の認識へ』新曜社
アルジュン・アパデュライ（門田健一訳）2004年『さまよえる近代』平凡社
ブロニスワフ・マリノフスキー（増田義郎訳）2010年『西太平洋の遠洋航海者』講談社
フランツ・ボアズ（大村敬一訳）2011年『プリミティヴアート』言叢社
ヴィクター・ターナー（冨倉光雄訳）2020年『儀礼の過程』筑摩書房

第3章

人間形成の社会的プロセス

　人間形成のプロセスは，個人と社会の動態的な相互作用によって展開される複雑な現象である。個人は生物学的存在として誕生するが，社会的相互作用を通じて人間としての特質を獲得し，社会の成員として成長していく。この過程において，個人は社会から価値観や規範を内面化すると同時に，主体的な存在として社会に働きかけ，新たな意味や関係性を創出する。本章では，この双方向的なプロセスを，生物学的基盤，社会学的自己の形成，社会化のメカニズム，アイデンティティの流動性と再構築，多様性の共生という視点から多角的に考察する。特に現代社会におけるデジタル化やグローバル化の進展が，人間形成のプロセスにもたらす影響と課題についても検討し，未来社会における社会化の可能性を展望する。

1　人間社会と生物学的な「私」

　人間社会と生物学的な「私」の関係を理解することは，現代を生きる私たちにとって重要である。このテーマは，社会学，生物学，心理学，哲学など多様な学問の交差点にあり，私たちが何者で，どのように成長し，社会でどのような役割を果たすかを考える上で不可欠である。

　人間の社会性と自己意識の進化的起源について考えると，生命の誕生から現代人類の出現までの長い道のりが，私たちの「こころ」の形成に深く関わっていることがわかる。約250万年前を生きたホモ・ハビリスは，現生人類の半分程度の脳容量しかなかったが，道具を使う能力を持っていた。これは単なる環境操作ではなく，問題解決や創造性の萌芽と捉えられ，後の高度な認知能力の進化につながったと考えられる。

さらに興味深いのは、約2万年前に絶滅したネアンデルタール人である。イラクのシャニダール洞窟で発見されたネアンデルタール人の骨に大量の花粉が付着していたことから、彼らが死者を花で埋葬する儀式を行っていたと推測される。この発見は、ネアンデルタール人が死の概念を理解し、感情的な絆や共感、さらには象徴的思考を持っていた可能性を示している。つまり、「私」の基盤である自己意識や感情的な結びつきは、少なくとも6万年前には存在していたと考えられる。

オックスフォード大学の進化人類学者ロビン・ダンバー（Robin Dunbar, 1947-）は、人間の社会性の進化的基盤に関する理論的仮説を提起し、社会構造の形成メカニズムに関する本質的洞察を提供した。ダンバーは霊長類の大脳新皮質（neocortex）の相対的容積と社会的集団規模の間に構造的相関関係が存在することを実証的に解明し、人類における自然発生的な社会的集団の最適規模が約150名（ダンバー数：Dunbar's Number）に収斂することを理論的に定位した。

この進化過程で、言語の発達も決定的な役割を果たした。言語は単なる情報伝達の手段ではなく、自己や他者、社会関係を象徴的に表現し、理解する認知ツールでもある。言語によって、私たちは過去や未来、仮想的な事象について思考し、他者の心理状態を推測し、複雑な社会規範や文化的価値観を共有できるようになった。つまり、言語は社会学的な「私」の形成と、社会的現実の構築に不可欠な要素である。

社会化のプロセスと人間の生物学的特性は密接に関連している。人類は、他の動物と比較して、幼年期と少年期が非常に長い。人生の15％から25％の期間を親に依存して過ごすことになる。この長い依存期間は、文化的意味や社会的スキルを学び、他者や社会全体との生涯にわたる社会的・感情的つながりを確立するための時間となっている。

もし人間が強力な社会本能や遺伝的に固定された行動パターンを持っていたら、社会化のプロセスは不要だったかもしれない。しかし、人間はこれらの本能を欠いており、代わりに文化が重要な役割を果たしている。生存と発展のために、人間は文化的パターンを学ばなければならない。これが社会化プロセスの目的である。

低等動物は本能に頼って集団生活を送り，幼い頃から独立して生活できる。動物の幼体は最初に見た動く物体を「母親」と認識する刷り込み（インプリンティング）が見られる。しかし，人間の赤ちゃんは本能が欠如しているため，保護がなければ他の新生動物よりも生存の可能性が低い。一方，動物は本能に依存することで行動パターンが固定的になる。

　脳の構造と機能から，理性と感情の関係，そして自己形成における両者の役割を考えると，従来の西洋哲学で対立的に捉えられてきた理性と感情の関係に疑問が投げかけられる。近年の脳科学の知見によれば，感情は生存と適応のための生物学的ガイダンスシステムとして機能している。例えば，扁桃体は快・不快の基本的感情を生成し，過去の経験と結びついた「ソマティック・マーカー」として，現在の意思決定に影響を与える。つまり，理性的判断は，実は感情的な土台の上に成り立っている。

　一方，大脳新皮質，特に前頭葉は高次の認知機能を担う。意思決定，計画，言語能力，そして感情制御などは前頭葉の機能である。しかし，これらの機能は感情領域と切り離せない。例えば，言語能力の発達は感情表現や共感能力の発達と密接に関連している。また，前頭葉の機能不全は，社会的判断力の低下や衝動性の増大をもたらすことがある。

　このように，生物学的な「私」は理性と感情の緊密な協働によって形成される。さらに，脳の可塑性は自己形成と社会との関係を示唆している。愛情豊かな養育は前頭葉の発達を促進し，自制心や共感能力の基盤を形成する。逆に，ネグレクトや虐待は脳の発達を阻害し，情動調整や社会的認知の障害につながる。つまり，生物学的な「私」の発達は，家族や教育などの社会的環境に大きく依存している。

2　社会学的な「私」と自己の形成

　社会学的な「私」とは，個人が社会との相互作用を通じて自己を認識し，形成していくものを指す。この概念の基礎を築いたのは，アメリカの哲学者・心理学者・社会学者であるジョージ・ハーバート・ミード（George Herbert Mead, 1863-1931）である。ミードは，自己（self）が社会的プロセスの中で形成されると主張した。彼の理論によれば，自己は「I」（主体としての私）と「Me」（客

体としての私）の二つの側面を持つ。「I」は自発的で創造的な側面であり，「Me」は他者の視点から見た自分自身，つまり社会的な期待や規範を内面化した自己である。この「Me」の形成には，「重要な他者（significant others）」と呼ばれる親や教師，友人など身近な人々の影響が大きいとされている。

自己形成に影響を与える主な社会的要因として，家族，教育，文化，経済が挙げられる。まず，家族は個人の自己形成において最初の，そして最も重要な社会的環境である。愛着理論の創始者であるジョン・ボウルビー（John Bowlby, 1907-1990）が述べたように，親子関係は子供の社会性や情緒的発達に深い影響を与える。安定した愛着関係は，自尊心や他者への信頼感の形成の基礎となり，後の人間関係や自己実現に影響する。

教育も自己形成に重要な役割を果たす。フランスの社会学者ピエール・ブルデュー（Pierre Bourdieu, 1930-2002）は，学校が知識や技能だけでなく，社会的な価値観や行動様式も伝達する「文化資本」の再生産の場であると論じた。つまり，学校は社会階層を再生産する機能を持ち，個人の社会的地位や自己認識に影響を与える。また，アメリカの心理学者エリク・エリクソン（Erik Erikson, 1902-1994）は，学校時代を自我同一性（アイデンティティ）の形成期と位置づけ，この時期の経験が自己の統合感や社会的役割の認識に重要だと述べている。

文化も自己形成に大きな影響を与える。文化人類学者のクリフォード・ギアツ（Clifford Geertz, 1926-2006）は，人間を「意味の網の中に懸かっている動物」と定義し，その意味の網こそが文化であると述べた。つまり，私たちの自己理解や世界観は，生まれ育った文化的文脈によって形作られる。例えば，個人主義的な西洋文化と集団主義的な東洋文化では，自己の概念や自己実現の形態が異なる。

経済的要因も自己形成に影響する。マルクス主義の視点からは，個人の自己意識や生活様式は，その人が属する社会階級によって大きく左右される。貧困や経済的不平等は，教育機会の制限や社会的排除につながり，自己実現の可能性を狭める一方，経済的安定や社会的地位の上昇は，自己効力感（self-efficacy）を高め，より積極的な自己実現を促進する可能性がある。

自己は社会的相互作用の産物であるが，単に社会の影響を受動的に受け入れ

るだけの存在ではない。社会学者アンソニー・ギデンズ（Anthony Giddens, 1938-）の構造化理論では，個人は社会構造によって制約されつつも，同時にその構造を再生産し，変化させる能動的な主体（エージェンシー）として描かれる。つまり，私たちは社会的規範や制度に従いながらも，それらを解釈し，時には挑戦し，新たな社会的現実を創造する力を持っている。

この視点は，自己実現の概念と密接に関連する。心理学者アブラハム・マズロー（Abraham Maslow, 1908-1970）は，自己実現を「人間の欲求五段階」の最上位に位置づけた。しかし，社会学的な視点からは，自己実現は単なる個人的な達成以上のものである。それは，社会の中で自分の能力を活かし，他者や社会全体に貢献することで，自己の価値と意義を見出すプロセスである。

社会化のプロセスは，個人が社会の価値観，規範，行動様式を学び，内面化していく生涯にわたるプロセスである。ミードによれば，このプロセスは主に三つの段階を経る。模倣の段階では，子供は親や周囲の大人の行動を単純に模倣する。プレーの段階では，子供は役割取得を始め，他者の視点から自分を見る能力を発達させる。そして集団プレー段階では，子供は複数の役割を同時に考慮し，「一般化された他者」の視点から自己を理解するようになる。

これらの段階を通じて，個人は社会的自我を形成していく。チャールズ・クーリー（Charles Cooley, 1864-1929）の「鏡に映った自己」理論によれば，私たちは他者の反応を通して自己イメージを形成する。つまり，他者が私たちをどのように見ているかを想像し，それに基づいて自己評価を行う。

社会化のプロセスは，個人が社会の一員として適応し，独自の「私」を形成していく過程である。このプロセスは，複雑な社会的相互作用によって形作られる。個人は常に新しい状況や関係性の中で自己を再定義し続けている。

しかし，社会化は単に個人を社会に適応させるだけのプロセスではない。それは同時に，個人が社会を形作り，変革していくプロセスでもある。個人は社会化を通じて社会の規範や価値観を内面化するが，同時にそれらを解釈し，時には挑戦し，新たな社会的現実を創造する力も持っている。

このように，社会学的な「私」と自己の形成は，個人と社会の複雑な相互作用の産物である。家族，教育，文化，経済など，多様な社会的要因が自己認識と自己実現の過程に影響を与える。同時に，個人は社会構造を再生産し変革す

る能動的な主体でもあり，自己実現は社会への貢献を通じて達成される。この過程を通じて，私たちは社会の中で自己を形成し，社会そのものを形作っていく。

3　社会化のプロセスと社会的役割

　社会化のプロセスと社会的役割は，人間の発達における核心的な要素である。個人が社会の一員として適応し，独自の「私」を形成していく過程は，複雑な社会的相互作用によって形作られる。この過程を形作る重要な要素が，社会化の媒介である。

　まず，家族は社会化の最初の，そして最も影響力のある媒介者である。子供は両親や兄弟姉妹との相互作用を通じて，基本的な価値観，言語，社会的スキルを学ぶ。例えば，親の職業選択や政治的見解は，子供の将来の職業観や政治的態度に影響を与えることがある。また，家族内の役割分担は，子供のジェンダー役割の認識に影響する。

　学校もまた，知識や技能の習得の場であるだけでなく，重要な社会化の場である。教師は知識の伝達者であると同時に，規範や価値観の伝達者でもある。同級生との交流は，協調性，競争心，リーダーシップなどの社会的スキルを育む。さらに，部活動やクラブ活動は，特定の役割を通して責任感やチームワークを学ぶ機会を提供する。

　友人グループは，特に青年期において重要な社会化の媒介となる。この時期，多くの若者は親からの影響よりも友人からの影響を強く受けるようになる。友人グループは特定の価値観や行動様式を共有し，メンバーとしてそこに属することで各個人の自己定義が行われる。例えば，ある若者が環境保護に熱心な友人グループに属すると，その価値観を内面化し，自らも環境活動家として自己を定義するかもしれない。

　成人期に入ると，職場が重要な社会化の場となる。ここでは，特定の業界や組織の文化，倫理規範，行動規範を学ぶ。例えば，営業職に就いた人は，顧客第一主義や目標達成志向といった価値観を内面化するかもしれない。また，上司や同僚との関係性は，職業的自己の形成においてリーダーシップスタイルや問題解決アプローチなどの確立に影響する。

メディアの影響力は現代社会において無視できない。テレビ，映画，SNSなどは，理想の生活様式，美的基準，成功の定義などを提示する。例えば，SNSにおける「インフルエンサー」の活動は，若者の自己表現やキャリア選択に影響を与えている。ニュースメディアは，政治的イデオロギーや社会問題に対する見解を形作る上で重要な役割を果たす。

　これらの社会化の媒介は，私たちが担う社会的役割と密接に関連している。社会的役割とは，社会的地位や立場に応じて期待される行動パターンである。私たちは多様な役割（例：親，子供，学生，教師，上司，部下）を同時に担っており，それぞれの役割に応じて異なる行動が求められる。

　役割は自己の形成と表現に深く関わる。まず，役割は自己の一部となる。例えば，教師として働く人は，知識の伝達者，道徳的模範，カウンセラーなどの役割を担う。これらの役割を遂行することで，「教育者」としての自己が形成される。同様に，親としての役割は，保護者，教育者，愛情の提供者などの側面を含み，「養育者」としての自己を形成する。

　また，役割は自己を他者に表現する手段でもある。リーダーの役割を担う人は，決断力や責任感を示すことで，「有能なリーダー」としての自己を他者に表現する。これにより，チームメンバーからの信頼や尊敬を獲得できる。ボランティア活動に参加する人は，「社会貢献者」としての自己を表現し，コミュニティからの承認を得ることができる。

　役割の遂行と自己表現は，社会的アイデンティティの確立につながる。社会的アイデンティティとは，特定のグループや役割に基づく自己定義である。「医師」としてのアイデンティティは，専門知識，倫理観，社会的地位などを包含する。このアイデンティティは，医師自身の自尊心や自己効力感を高めるだけでなく，患者からの信頼や社会からの尊敬を得ることにもつながる。

　しかし，役割と自己の関係は常に単純ではない。時に，異なる役割間で葛藤が生じることがある。キャリア志向の強い女性が母親になった場合，「成功したキャリアウーマン」と「献身的な母親」の役割期待が衝突することがある。この葛藤の解決過程は，より複雑で統合的な自己の形成につながる。

　また，社会的役割の変化も自己の再定義を促す。退職は「社会人」から「退職者」への移行を意味し，新たな役割を通して自己を再定義する機会となる。

子供の独立は親の役割の変化をもたらし,「空の巣」症候群や新たな自己探しにつながることがある。

社会化のプロセスと社会的役割の獲得は,個人の幸福と社会の健全性に大きな影響を与える。肯定的で適応的な自己を形成することは,個人の心理的健康やレジリエンスに寄与する。また,社会的役割を通じて獲得される帰属感や貢献感は,社会的結束力や市民参加を促進する。

したがって,社会化の媒介や役割期待を時に批判的に検討し,個人の多様性と社会的結束のバランスを取ることが重要である。現代社会の課題——グローバル化,メディアの影響,雇用形態の変化——に対応しつつ,個人の自律性と社会的責任を両立させる自己形成を促進することで,私たちは自己と社会の両方を豊かにすることができる。

4 アイデンティティおよびその流動性

アイデンティティとその流動性は,現代社会における自己形成の中心的なテーマである。人間の自己認識と社会的存在としてのあり方は,現代社会の複雑な変化の中で大きな転換を迎えている。アイデンティティの流動性と多面性という観点から,現代における自己形成と社会構造の変容を考察することが重要である。

アイデンティティの流動性は,20世紀後半の社会科学におけるパラダイムシフトを反映している。従来,アイデンティティは比較的安定した,一貫性のある自己認識と捉えられていた。しかし,ポストモダン思想家や社会構築主義者はこの見方に疑問を投げかけた。

例えば,社会学者のアーヴィング・ゴッフマン(Erving Goffman, 1922-1982)は「自己の演技論」で,私たちが日常生活でさまざまな「役割」を演じることを指摘した。職場での「プロフェッショナルな自己」,家庭での「親密な自己」,友人との「遊び心のある自己」など,状況に応じて異なる「自己」を提示する。この視点では,アイデンティティは固定された「内面」ではなく,社会的相互作用の中で構築される「パフォーマンス」として理解される。

また,心理学者のケネス・ガーゲン(Kenneth J. Gergen, 1935-)は「飽和された自己(saturated self)」という概念を提唱した。現代のテクノロジーとグ

ローバル化により，私たちは膨大な情報と多様な人々に接触している。この結果，私たちは多様な価値観，役割期待，自己イメージにさらされ，単一で一貫したアイデンティティを維持することが難しくなっている。むしろ，状況に応じて異なるアイデンティティを採用し，時には矛盾した自己認識を持つことがある。

　アイデンティティの多面性は，個人的アイデンティティと社会的アイデンティティの相互作用によっても理解できる。エリクソンは，アイデンティティを「自己アイデンティティ（personal identity）」と「自我アイデンティティ（ego identity）」の二面から理解した。自己アイデンティティは，個人の唯一無二の特性，経験，価値観を指す。一方，自我アイデンティティは，社会的に認められた役割や集団への帰属感を通じて形成される。

　この区分は，社会心理学者のヘンリー・タジフェル（Henri Tajfel, 1919-1982）の「社会的アイデンティティ理論」と共鳴する。タジフェルは，私たちのアイデンティティが「個人的アイデンティティ」（個人の特性）と「社会的アイデンティティ」（集団所属）から成ると述べた。例えば，ある人が「クリエイティブな問題解決者」（個人的アイデンティティ）であり，同時に「IT 企業の従業員」（社会的アイデンティティ）である場合，これらは相互に影響し合う。職場での創造的な貢献は個人的特性を強化し，逆に企業文化は個人の創造性の発揮方法に影響を与える。

　しかし，個人的・社会的アイデンティティの間には緊張関係も存在する。例えば，LGBTQ＋の個人が保守的なコミュニティに属する場合，個人的アイデンティティと社会的期待の間に葛藤が生じることがある。この葛藤の解決過程は，アイデンティティの再構築や社会変革につながることがある。

　グローバル化は，アイデンティティの流動性と多様性を加速させている。国際移動の増加，グローバルメディアの普及，多国籍企業の台頭により，私たちは異なる文化的アイデンティティに日常的に接触する。例えば，海外で働く日本人は，日本的な「和を重んじる自己」とグローバルビジネスの「主張する自己」の両立を求められることがある。また，移民の子供たちは，家庭の文化的伝統と居住国の主流文化の間で「ハイブリッドアイデンティティ」を形成することがある。

社会学者のアルジュン・アパデュライ（Arjun Appadurai, 1949-）は，このような現象を「グローバルな文化フロー」として分析した。彼は，人，メディア，技術，資本，イデオロギーの国境を越えた流れが，ローカルなアイデンティティを変容させると述べている。例えば，Kポップやアニメのグローバルな人気は，音楽や視覚文化を通じた新しいアイデンティティ形成の例である。

　一方，グローバル化への反動として，ナショナリズムや宗教的原理主義の高まりも見られる。これは，複雑化するアイデンティティに対する単純化と固定化の欲求を反映している。しかし，このような動きは多様性を抑圧し，社会的分断を深める危険性がある。

　デジタル技術とソーシャルメディアの普及は，アイデンティティの流動性に新たな次元を加えている。オンライン空間では，物理的・社会的制約から解放され，より自由にアイデンティティを構築・実験できる。例えば，オンラインゲームやSNSでは，現実とは異なる性別，年齢，職業のアバターを作ることができる。これは単なる「なりすまし」ではなく，多面的な自己探しや抑圧された側面の表現の機会となる。トランスジェンダーの人々がオンラインで望む性別として自己表現することは，その一例である。

　また，デジタル空間は新しい集団的アイデンティティの形成を促進する。オンラインコミュニティは地理的・社会的境界を越えて，共通の関心や経験を持つ人々を結びつける。例えば，希少疾患患者のグローバルネットワークは，医学的情報交換だけでなく，「患者としてのアイデンティティ」の共有と強化の場となる。

　一方，テクノロジーはアイデンティティの断片化とも関連する。異なるプラットフォームで異なるペルソナを持つことで，統合的な自己感覚が失われる危険性がある。また，フィルターバブル（filter bubble）やエコーチェンバー効果（echo chamber effect）は，偏った情報に基づく狭いアイデンティティ形成を助長することがある。

　フィルターバブルとは，インターネット上で利用者が興味を持ちそうな情報のみがアルゴリズムによって選別され，その結果，利用者が自分の意見や信念を強化する情報しか見ない状態を指す。この現象は，検索エンジンやソーシャルメディアのアルゴリズムが利用者の過去の行動や好み，クリック履歴などを

基に，個々の利用者に最適化された情報を提供することで発生する。エコーチェンバー効果は，同じ意見や信念を持つ人々が集まることで，その意見が反復され，強化される現象を指す。これは，ソーシャルメディアのグループやフォーラム，特定のニュースサイトなどで見られる。人々は，自分と同じ考えを持つ他者と交流する傾向があり，その結果，同じ意見や信念が反響するように繰り返される。

　アイデンティティの流動性と多面性は，現代社会の複雑性と可能性を反映している。グローバル化，技術進歩，社会構造の変化により，私たちはより多様で状況依存的なアイデンティティを持つようになった。これは，個人の成長，創造性，適応力の源泉となるが，同時に断片化や葛藤のリスクも伴う。重要なのは，流動的アイデンティティと社会的調和のバランスを取ることである。個人レベルでは，多面的な自己を統合的に理解し，状況に応じて適切な側面を活かす「アイデンティティ・インテリジェンス」の育成が求められる。組織レベルでは，多様なアイデンティティを尊重しつつ，共通の目的意識を醸成する「包括的なリーダーシップ」が重要である。社会レベルでは，多様性を社会的資源と捉え，対話と相互理解を通じて「多元的な共生社会」を構築する必要がある。

5　再社会化とアイデンティティの再構築

　再社会化とアイデンティティの再構築は，個人が新たな社会的役割や環境に適応するための重要なプロセスである。再社会化とは，既存の価値観や規範を捨て去り，新しい価値観や規範を学び直す過程を指す。このプロセスにより，個人は新しい社会的役割や環境に適応し，アイデンティティを再構築する。特に，移住や転職などの人生の転機において，このプロセスは重要な意味と意義を持つ。

　再社会化は，個人が新しい環境や状況に適応するための重要なプロセスであり，社会における役割や地位の変化に対応するために不可欠である。これは単なる知識や技能の習得にとどまらず，個人の思考や行動のパターンに根本的な変化をもたらすことがある。

　再社会化のプロセスは，いくつかの段階を経て行われる。まず，個人は既存

の価値観や規範を認識し，それを捨て去る必要がある。次に，新しい価値観や規範を学び，それを自分のものとして内面化する。この過程では，学習や経験が重要な役割を果たし，新しい知識やスキルを身につけるだけでなく，新しい考え方や行動パターンを取り入れることが求められる。

再社会化の過程では，アイデンティティの再構築も同時に行われる。アイデンティティは，個人が自己をどのように認識し，他者との関係の中で自分の役割や位置をどのように理解するかに関わるものである。再社会化を通じて，個人は新しい社会的役割や環境に適応するために，自分のアイデンティティを再構築する必要がある。

移住は，再社会化の典型的な例である。異なる文化や社会に移住する際には，その社会の価値観や規範を学び，新しい社会的役割を受け入れる必要がある。移住者は，母国での価値観や規範を一部または完全に捨て去り，新しい環境に適応するための知識やスキルを習得する。この過程で，アイデンティティの再構築が行われ，新しい環境での自己の位置づけや役割を再定義することが求められる。

転職も再社会化の一例である。新しい職場においては，その職場特有の価値観や規範，業務プロセスを学び直す必要がある。新しい職場環境に適応するためには，既存の仕事に対する考え方や方法を見直し，新しい職場の文化や期待に応えるためのスキルや態度を身につけることが求められる。この過程で，個人は職業アイデンティティを再構築し，新しい役割や責任に適応する。

再社会化の極端な例として，全面的な制御機関における再社会化がある。ゴッフマンが提唱した全制的施設（total institutions）は，個人の人格，価値観，自己アイデンティティを根本的に変えるために，24時間体制で管理者の完全なコントロール下に置かれた場所を指す。軍隊の基礎訓練は，比較的穏やかな全面的制御機関の例である。

軍隊の基礎訓練の目的は，入隊者の市民としての自己イメージを軍人としての自己イメージに変えることである。このプロセスは二つの段階を経る。まず，入隊者は市民的環境から切り離され，閉鎖的な軍事基地に入る。ここで，古い自己を体系的に取り除く「剝奪」または「禁欲」のプロセスが始まる。入隊者は市民の服を脱ぎ，統一された髪型にし，個人名の使用を制限され，「兵士」

や「水兵」，階級名で呼ばれるようになる。以前の友人や親戚との接触も制限され，長時間の肉体労働や睡眠剝奪を経験する。その結果，過去のアイデンティティが弱まり，全面的制御機関への依存が高まる。

第二段階では，新しい軍人としての自己が再構築される。入隊者は敬礼，整った外見，無条件の命令遂行など，一連の行動パターンを教え込まれ，期待される役割モデルが強化される。数週間前には市民だった者が，今や兵士や水兵になる。

つまり，軍隊訓練は市民的価値観を弱め，個人の行動の自由などに代わって，権威への服従という価値観を植え付けることに成功している。これは新しい役割にとって重要である。

しかし，再社会化は必ずしも成功するとは限らない。例えば，監獄や比較的軽度の制御下にある精神病院では，しばしば効果的な再社会化に失敗する。ゴッフマンの全面的制御機関理論は，この失敗についての洞察も提供している。失敗は，囚人や一部の精神病患者が自発的に再社会化を受け入れていないことに起因して起こる可能性がある。これは，軍隊の入隊者や多くのカルト教団のメンバーには当てはまらない。一方で，戦争捕虜の「洗脳」の成功例もある。これは，再社会化が主体の同意なしでも効果的になり得ることを示している。

監獄やその他の全面的制御機関の失敗は，元の自己アイデンティティと価値観を効果的に剝奪し抑制するものの，新しい価値観や自己アイデンティティのための肯定的な役割モデルや強化をほとんど提供しないことにその原因がある。

再社会化は，個人にとって挑戦的なプロセスである。既存の価値観や規範を捨て去ることは容易ではなく，新しい価値観や規範を学ぶことは時間と努力を要する。また，再社会化には感情的なストレスや混乱も伴うことがある。しかし，このプロセスは同時に，個人が成長し，自己を再評価し，新たな可能性を開く機会でもある。

再社会化の過程を支援するためには，教育，訓練，カウンセリングなどの支援が重要である。例えば，移住者には言語教育や文化適応プログラムが提供されるべきであり，転職者には新しい職場環境に適応するためのトレーニングやメンタリングが役立つ。これらの支援は，個人が再社会化の過程を円滑に進め，新しい環境で成功するための重要な要素である。

再社会化とアイデンティティの再構築は，個人が新しい社会的役割や環境に適応するための重要なプロセスである。移住や転職などの人生の転機において，このプロセスは特に重要であり，個人が新しい価値観や規範を学び直し，自己を再評価し，再構築することが求められる。再社会化の過程は挑戦的であるが，同時に個人の成長と発展の機会でもある。教育や訓練，カウンセリングなどの支援を通じて，個人が再社会化を円滑に進め，新しい環境で成功することができるよう支援することが重要である。

6 多様なアイデンティティの共生

現代社会は多様性に満ちており，個人のアイデンティティは多面的で複雑である。多様なアイデンティティの共生とは，異なる文化，民族，宗教，価値観などが共存し，それぞれの個人が自分のアイデンティティを大切にしながら社会生活を営むことを指す。

この共生において，個々のアイデンティティは相互に影響し合い，個人は他者とのつながりを持ちながら自己認識を深めることができる。社会の多様性を尊重することは，個人が自分のアイデンティティを大切にしつつ，他者との違いを理解し，共生する力を育む一助となる。

多様なアイデンティティの共生は，社会における多文化主義や社会的包摂の重要な要素である。多様な価値観や行動が調和しながら社会全体の発展を促進し，互いに尊重し合うことで，社会の進歩や調和が生まれる。これにより，相互理解が進み，社会の豊かさや発展につながるのである。

異なるアイデンティティの共生が社会に及ぼす影響は，多岐にわたる。まず，文化的多様性がもたらす創造性と革新が挙げられる。異なる背景を持つ人々が共に働き，生活することで，新たな視点やアイデアが生まれ，社会全体の創造性が高まる。これは，ビジネスの分野においても，イノベーションの源泉となる。多様なアイデンティティが共存する社会では，異なる視点が交わることで，新しい商品やサービスの開発が促進される。

次に，社会的包摂の強化が挙げられる。多様なアイデンティティを尊重し，共生する社会では，すべての人々が自己の価値を認められ，受け入れられると感じることができる。このような社会的包摂は，個人の幸福感を高めるだけで

なく，社会全体の安定と平和にも寄与する。差別や偏見が少ない社会では，社会的な対立や紛争も減少し，調和が促進される。

また，多様なアイデンティティの共生は，教育や学習の分野にも重要な影響を与える。異なる文化や価値観を持つ人々との交流を通じて，学生はより広い視野を持ち，批判的思考や共感力を養うことができる。これは，グローバル化が進む現代社会において，特に重要である。異文化理解や異なる視点の尊重は，国際的な協力や共存の基盤となるからである。

さらに，健康や福祉の分野においても，多様なアイデンティティの共生は重要である。多様な背景を持つ人々が共に生活する社会では，異なる健康習慣や治療法が共有され，医療や福祉の分野での知見が広がる。これにより，より包括的で効果的な医療や福祉サービスが提供される可能性が高まる。

もちろん，多様なアイデンティティの共生には挑戦も伴う。異なる価値観や文化の間での摩擦や誤解が生じることもある。しかし，これらの課題は対話と教育を通じて乗り越えることができる。相互理解を深め，共通の目標に向かって協力することで，これらの摩擦を解消し，より強固な社会を築くことができる。

日本における社会化の例を見ると，多様なアイデンティティの共生の重要性がより明確になる。日本では，「三つ子の魂百まで」という言葉があるように，幼少期からの社会化が非常に重視されている。日本の子どもたちは，年長者への敬意や集団への帰属意識を早くから学び，これが日本社会の調和を支える基盤となっている。

しかし，グローバル化が進む現代社会では，このような伝統的な価値観と，個人の多様性や国際的な価値観との間でバランスを取ることが求められている。例えば，日本の教育システムでは，集団の調和を重視しながらも，個々の生徒の個性や創造性を育むことが課題となっている。

多様なアイデンティティの共生を促進するためには，教育システムの改革が重要である。従来の教育は，国民国家や特定の職業に基づく固定的なアイデンティティの形成を目指してきた。しかし，グローバル化と技術変革の時代には，より柔軟で多面的なアイデンティティが求められる。

教育学者のジェームズ・バンクス（James Banks, 1941-）が提唱する「多文

化教育」は，この課題に対する一つの解決策となり得る。これは，さまざまな文化的視点を学ぶことで，自己と他者のアイデンティティを相対化し，グローバル市民としてのアイデンティティを育むアプローチである。例えば，歴史を多角的に学ぶことで，生徒は自国の歴史観の相対性を理解し，より包括的なアイデンティティを形成できる。

　また，「21世紀型スキル」の育成は，流動的なアイデンティティ・マネジメントに直結する。批判的思考，創造性，協働性などのスキルは，さまざまな状況と役割に適応し，多面的な自己を活かす能力である。プロジェクトベースの学習やグローバル交流プログラムは，このようなスキルとアイデンティティの育成に寄与する。

　組織ガバナンスの面でも，多様なアイデンティティの共生は重要な課題となっている。従来，企業は従業員に，「我が社の人間」としての強い組織アイデンティティを求めてきた。しかし，ギグエコノミーの拡大やリモートワークの普及により，この構図が変化している。

　多くの社会学者や心理学者の理論や研究が背景にある「アイデンティティワークスペース（identity workspace）」の概念は，この新しい現実に対応するものである。これは，個人が自己のアイデンティティを求め，構築，修正できる心理的・社会的な空間を指す。先進的な企業は，従業員に多様なアイデンティティワークスペースを提供することで，創造性とウェルビーイングを促進している。

　多様なアイデンティティの共生は現代社会において不可欠であり，社会全体の豊かさと発展に大きく寄与するものである。異なる背景を持つ人々が共に生活し，協力することで，創造性や革新が生まれ，社会的包摂が強化され，教育や健康の分野でも新たな知見が広がる。多様なアイデンティティを尊重し，共生する社会を築くことは，私たちの社会をより豊かで調和のとれたものにするために重要である。このような社会の実現には，教育システムの改革，組織ガバナンスの新しいアプローチ，そして個人と社会の両方における意識の変革が必要となる。

7　社会と個人の相互関係

　社会と個人の関係を明確にすることは，社会学において重要なテーマである。社会と個人は，相互に深く関連している。この関係を理解することで，社会の構造や個人の行動をより深く理解することができる。

　社会と個人の関係を進化論的な視点から見ると，個人は人類全体の一部であり，水が海に，一輪の花が庭園にあるような関係にある。つまり，個人は社会や遺伝を通じて生命の糧を得ており，人類集団から独立して存在することはできない。遺伝と教育が個人の人生を形作っている。

　例えば，ある読書家が「ロビンソン・クルーソー」の主人公のような孤島生活に憧れ，いつかそうした生活をしてみたいと思っていると仮定する。彼は日用品，衣類，本などを十分に用意するであろう。しかし，そのような生活を長く続けることはできないだろう。孤独な生活では，本から得た知識を表現する機会がなく，自分の価値を実感できなくなり，憂鬱になり自殺を考えるかもしれない。現実的に考えても，いずれ文明社会に戻り，生活用品を購入しなければならなくなるだろう。もはや木の葉を着て生の物を食べて生活することはできない。

　人は社会集団から切り離せない存在であるが，逆に社会集団も個人個人に依存して成り立っている。海は水滴一つ一つから成り立ち，庭園は一本一本の花の集まりである。ある程度，社会は一人一人に依存している。なぜなら，一人一人がかけがえのない役割を担い，全体に貢献しているからである。

　社会と個人とは別々のものを指すのではなく，同一のものの二つの側面，つまり個人的な面と集団的な面を示していると考えるべきである。これは硬貨の表裏の関係に例えられる。最近では一般的な見方として，社会と個人を分離し対立させる考え方があるが，これは非常に不合理なものである。個人の要素を切り離し，集団の要素を二次的で付随的なものと見なすのは，個人主義的な物質観に基づく考え方である。さらに，社会と個人を完全に独立した存在と捉える二元論的な見方は，社会学の基本的な認識と相容れない。この考え方は，社会と個人の密接な相互関係を見落としており，現実の社会現象を適切に説明できない。

　「社会機能論」と呼ばれる考え方は，社会が個人の一部を含み，しばしば固

定された部分を含むと主張しているが，これも適切ではない。なぜならば，そうすると社会的本性と個人的・非社会的本性とが分けられてしまうからである。人間の感情を社会的か非社会的かに分けることはできない。人間は完全に社会的存在であり，人類の普遍的生活の一部なのである。カール・マルクス（Karl Marx, 1818-1883）が「人間の本質は社会関係の総体である」と言ったように，人間は社会環境に作られた存在である。

　社会と個人の関係について，いくつかの重要な点を指摘できる。まず，社会は個人から成り立っている。個人がいなければ社会も存在しない。次に，社会全体は個人を超えたものである。社会は個々の個人を超える存在として，制度や文化，価値観などの形で個人に影響を与える。また，人間のすべてには社会的・歴史的意味があり，その意味で個人は社会の産物である。個人は社会から切り離せるように見えるかもしれないが，実際には社会とのつながりを失えば人間らしさを失い，単なる賢い動物に過ぎなくなる。

　さらに，個人には一定の自由があるが，それは絶対的なものではなく，他者と協力して機能を果たす機能的な自由に過ぎない。機能的自由とは，他者と協力しながら，自分なりの方法で役割を果たす自由を意味する。個人は社会の中で自由を享受しながらも，社会の一部としての役割を果たす必要がある。

　現代社会における自己形成には，グローバル化とデジタル革命が大きな影響を及ぼしている。これらの変化は，自己と社会の関係を根本から変えつつあり，自己形成に新たな課題をもたらしている。特にソーシャルメディアは，自己表現と社会的ネットワークの新たな場を提供する一方で，「フィルターバブル」や「エコーチェンバー」効果により，社会的分断を深める危険性もある。

　ジグムント・バウマン（Zygmunt Bauman, 1925-2017）の「リキッド・モダニティ」の概念は，現代社会の流動性と不確実性を示しており，自己形成に対する新たな視点を提供している。伝統的な社会規範や人生のモデルが崩壊し，個人は絶えず自己を再定義することを迫られている。この状況は，自己実現の新たな機会を提供する一方で，アイデンティティの不安定化や社会的疎外のリスクも高めている。

　このように，社会と個人は相互に依存し，補完し合う関係にある。社会は個人によって成り立ち，個人は社会によって形作られる。この相互関係を理解す

ることで，社会の構造や個人の行動をより深く理解できる。社会と個人の関係を明確にすることは，社会学における重要な課題であり，社会全体の発展と個人の成長に寄与する。現代社会の複雑な課題に対応するためには，この相互関係を踏まえつつ，個人の自律性と社会的責任のバランスを取ることが求められている。

8 未来社会と社会化

未来社会とそれにおける社会化の形を考察するには，現代社会における自己形成の課題を踏まえつつ，技術の発展が社会と個人の関係にもたらす影響を探ることが重要である。グローバル化とデジタル革命は，自己と社会の関係を根本から変えつつあり，自己形成に新たな課題をもたらしている。

特に，人工知能（AI）とビッグデータの発展により，個人の嗜好や行動を予測・操作する技術が生み出され，自己決定や自由意志の概念に挑戦が投げかけられている。私たちの選択が本当に自由意志に基づくものなのか，それともアルゴリズムの影響を受けているのか，という問いは，自己の本質に関わる重要な問題となっている。AIが個人のデータを分析し，その人に最適な選択肢を提示するようになった一方で，その選択が本当に自分の意志によるものかどうかの判断が難しくなっている。

しかし，これらの技術は同時に，自己実現と社会的連帯の新たな形を提示している。グローバルなオンラインコミュニティは，地理的・文化的境界を超えた共感と協力を可能にし，個人化された学習システムやヘルスケアは，個々の生物学的・社会的ニーズに適した自己発達の道筋を提供する可能性がある。これにより，自己の実現と社会的つながりを両立させる新しい方法が模索されている。

未来の社会では，情報技術の進化とともに，ますます高度な社会化のプロセスが必要になると予想される。AI技術やロボット工学の発展によって，労働の自動化が進むと考えられる。これにより，労働力の一部がAIやロボットに代替されることで，人々はより創造的で知的な仕事に従事することが可能となり，人々の専門性や創造性の活用が一層重視されるようになる。

さらに，環境問題や社会問題の解決に向けたグローバルな協力と共同作業の

重要性が増し，国際的な連携と文化や言語の多様性の尊重が求められる社会が形成されると予想される。このような社会では，多様な背景を持つ人々が協力し，創造的な解決策を生み出すことが求められる。そのため，社会化のプロセスにおいても，異文化理解や協調性，批判的思考力などのスキルの育成がより重要になるだろう。

バーチャルリアリティ技術の進化により，現実と仮想が融合した新しい社会が実現されるかもしれない。これにより，仮想空間でのコミュニケーションや協力がより自然に行われ，現実と仮想の境界が曖昧になることで，新しい社会的関係が生まれる可能性がある。このような環境下では，個人のアイデンティティや社会的役割も，現実と仮想の間を流動的に移動することが予想される。

未来の社会では，人間とAIの共存が進み，人々の生活がより多様化し，創造性や知識の共有が活発になるであろう。この中で，社会化のプロセスも進化を遂げると考えられる。

しかし，技術の発展によって人々の価値観や社会構造が大きく変わる一方で，伝統的な人間性や価値観，文化は残ると考えられる。社会学者が言及する社会化のプロセスは，個人が文化や価値観を内在化し，それに基づいて社会の一員として適応していく過程である。この過程は，個人と社会との関わり合いの中で形成されるものであり，技術の進化による変化があっても根本的な人間性の部分は保たれると考えられる。

未来社会の社会化のプロセスは，情報技術の進化に伴って変化し，新しい価値観や態度が求められることが予想される一方で，社会化における人間的な要素の重要性も再認識されるかもしれない。例えば，感情的な反応や倫理的な判断など，AIが完全に代替することが難しい能力の育成が，より重視されるようになる可能性がある。また，技術の進歩に伴い，デジタル・リテラシーや情報倫理の教育も，社会化の重要な要素となるだろう。

さらに，生涯学習の概念がより重要になると予想される。技術の急速な進歩により，個人は常に新しい知識やスキルを習得し，自己を更新し続ける必要がある。そのため，社会化のプロセスは子供時代に限定されるものではなく，生涯を通じて継続的に行われるものとなるだろう。

また，未来社会における社会化は，より個別化・カスタマイズ化されたもの

になる可能性がある。AIや機械学習の発展により，個人の特性や学習スタイルに合わせた教育プログラムが提供されるようになるかもしれない。これにより，個人の潜在能力を最大限に引き出し，社会に貢献する方法を見出すことが容易になるかもしれない。

　未来の社会は高度な情報化が進んで多様性に富み，人々の創造性や知識の活用が活発に行われる社会であり，AIと共存する新たな形態が求められる。技術の進化によって社会が変容する一方で，人間の伝統的な価値観や文化，社会化のプロセスが保たれることも重要である。このような社会の中で，私たちは自己と社会の関係を常に問い直し，健全な発展を目指す必要がある。

　未来社会における社会化は，技術の発展と人間性の調和を図りながら，個人の自己実現と社会の持続可能な発展を両立させることを目指して進化するものとなるだろう。そのためには，教育システムの革新，生涯学習の促進，多様性の尊重，倫理的判断力の育成など，多面的なアプローチが必要となる。私たちは，この変化の中で人間性の核心と社会的つながりの価値を大切にしながら，新たな社会化のあり方を探究し続けなければならない。

本章のポイント

社会化のプロセス　個人が社会の価値観，規範，行動様式を学び，内面化していく生涯にわたるプロセスのことである。

アイデンティティの形成　個人が自己を認識し，社会との相互作用を通じて自己像を構築していく過程である。

再社会化　既存の価値観や規範を捨て去り，新しい社会的役割や環境に適応するために新たな価値観や規範を学び直すプロセスである。

多様なアイデンティティの共生　異なる文化，民族，宗教，価値観を持つ個人が互いを尊重しながら共存する状態を指す。

社会と個人の相互関係　社会が個人を形作り，同時に個人が社会を構成するという双方向的な影響関係である。

全面的な制御機関　個人の人格，価値観，自己アイデンティティを根本的に変えるために，24時間体制で管理者の完全なコントロール下に置かれた場所や制度である。

構造化理論　個人が社会構造に制約されつつも，同時にその構造を再生産し変化させる能動的な主体であるという考え方を指す。

第3章　人間形成の社会的プロセス

リキッド・モダニティ　現代社会の流動性と不確実性を示す概念である。伝統的な社会規範や人生のモデルが崩壊し、個人が絶えず自己を再定義することを迫られる状況を指す。

未来社会における社会化　技術の発展に伴い、AIとの共存、バーチャル空間での経験、生涯学習などが社会化のプロセスに組み込まれていく可能性がある。

デジタル・リテラシーと情報倫理　デジタル技術の適切な利用能力と情報社会における倫理観。技術の進歩に伴い、社会化の重要な要素として注目される。

参考文献

チャールズ・H・クーリー（大橋幸訳）1970年『社会組織論』青木書店

アーヴィング・ゴッフマン（石黒毅訳）1974年『行為と演技——日常生活における自己呈示』誠信書房

エリク・H・エリクソン（小此木啓吾訳編）1973年『自我同一性——アイデンティティとライフ・サイクル』誠信書房

クリフォード・ギアツ（吉田禎吾ほか訳）1987年『文化の解釈学』岩波書店

アブラハム・H・マズロー（小口忠彦訳）1987年『人間性の心理学（改訂新版）』産業能率大学出版部

ピエール・ブルデュー（石井洋二郎訳）1990年『ディスタンクシオン——社会的判断力批判（Ⅰ・Ⅱ）』藤原書店

アンソニー・ギデンズ（松尾精文ほか訳）2009年『社会学（第5版）』而立書房

ジグムント・バウマン（森田典正訳）2001年『リキッド・モダニティ——液状化する社会』大月書店

ジョン・ボウルビィ（二木武監訳）1993年『母と子のアタッチメント——心の安全基地』医歯薬出版

ジェームズ・A・バンクス（平沢安政訳）1996年『多文化教育——新しい時代の学校づくり』サイマル出版会

アルジュン・アパデュライ（門田健一訳）2004年『さまよえる近代——グローバル化の文化研究』平凡社

サラ・ブラファー・ハーディ（塩原通緒訳）2005年『マザー・ネイチャー——「母親」はいかにヒトを進化させたか（上・下）』早川書房

ロビン・ダンバー（藤井留美訳）2011年『友達の数は何人？——ダンバー数とつながりの進化心理学』インターシフト

ロビン・ダンバー（松浦俊輔／服部清美訳）2024年『ことばの起源——猿の毛づくろい、人のゴシップ（新版）』青土社

ジョージ・ハーバート・ミード（山本雄二訳）2021年『精神・自我・社会』みすず書房

第4章

社会構造とシンボリック相互作用

　社会構造とシンボリック相互作用は，社会学の二つの重要な理論的視座である。社会構造は，人々の行動や社会関係を規定する持続的なパターンとして理解され，その分析は社会の秩序と変動を説明する基盤となる。一方，シンボリック相互作用は，人々の日常的な相互行為を通じて社会的現実が構築されるプロセスに焦点を当てる。本章では，これら二つの理論的視座の関係性と相互影響を考察する。具体的には，社会構造の基本的性質，シンボリック相互作用の理論的展開，日常生活における相互行為の諸相，社会的行為の原理と機能，社会参加の多様な形態，そして集団規模が相互作用に与える影響について詳細に検討する。これにより，マクロな社会構造とミクロな相互作用が，いかに社会的現実の構築に寄与するかを理解することを目指す。

1　社会構造の基礎

　社会構造は社会学の中心的な概念であり，人間社会の本質を理解するための鍵となるものである。社会構造とは，社会を構成する要素間の関係性のパターンを指し，これらの関係性は比較的安定しており，世代を超えて継承される傾向がある。社会構造の概念を理解することで，個人の行動がどのように社会全体の機能に影響を与え，逆に社会全体の機能が個々の行動にどのように影響を及ぼすかを把握することができる。

　社会構造の重要性は，それが社会の安定性と継続性を維持する役割を果たすことにある。社会構造は，個人や集団の行動に一定のパターンを与え，社会生活に予測可能性をもたらす。例えば，教育制度という社会構造は，知識の伝達と人材の育成を通じて社会の発展に貢献している。学生，教師，事務職員と

いった役割が明確に定義され、それぞれの役割に応じた行動が期待されることで、教育システムが円滑に機能する。

社会構造の基本的な単位として、身分、役割、集団、組織が挙げられる。身分（status）は、社会内の特定の位置を指し、獲得的なものと生得的なものに分類される。獲得的身分は個人の努力によって獲得されるもので、職業や学歴などがこれに該当する。一方、生得的身分は生まれながらに与えられるもので、性別や人種などがこれに含まれる。役割（role）は、特定の身分に対して期待される行動パターンを指す。例えば、医師という身分には、患者を診察し治療するという役割が期待される。

集団は、共通のアイデンティティや目標を持つ二人以上の人々の集まりである。家族、友人グループ、学校のクラスなどが集団の例である。組織は、特定の目的を達成するために意図的に構築された、より大規模で複雑な集団を指す。企業、政府機関、大学などが組織の例として挙げられる。これらの単位は相互に関連し合い、社会構造全体を形成している。

社会制度と社会的環境は、社会構造を支える重要な要素である。社会制度は、社会の基本的なニーズを満たすための安定した構造的要素の集合体を指す。例えば、家族制度は社会化と再生産の機能を、経済制度は生産と分配の機能を、政治制度は権力の分配と意思決定の機能を果たしている。社会的環境は、これらの制度を具体化する組織や慣行を指し、学校、企業、政党などがこれに該当する。

社会類型の観点から見ると、社会は大きく共同体社会（Gemeinschaft）と利益社会（Gesellschaft）に分類される。共同体社会は、個人間の関係が親密で、多くの社会関係が個人的な知り合いや親族関係に基づいている社会を指す。この社会では、労働の専門化の程度が低く、家族が最も重要な社会制度となっている。一方、利益社会は、多くの社会関係が形式的、契約的、非人格的、専門的である社会を指す。この社会では、労働の分業が進み、経済や政治などの専門化された制度が重要な役割を果たしている。

共同体社会から利益社会への移行は、近代化の過程で見られる重要な社会変動の一つである。この移行に伴い、社会関係の性質や個人の役割、社会制度の機能などが大きく変化する。例えば、伝統的な農村社会（共同体社会の典型）で

は，個人の役割が固定的で，家族や地域共同体が中心的な役割を果たしていた。しかし，近代的な都市社会（利益社会の典型）では，個人の役割がより流動的になり，専門化された組織や制度が社会の中心となる。

社会構造の理解は，マクロレベルでの社会現象を分析する上で不可欠である。例えば，社会階層や不平等（第10章参照）の問題を考える際，社会構造の視点から洞察を提供することが重要となる。社会の各層における機会の分配や資源へのアクセスの差異は，社会構造によって形作られ，世代を超えて再生産される傾向がある。同様に，ジェンダー（第11章参照）や人種に基づく差別の問題も，社会構造の観点から分析することで，その根深さと持続性を理解することができる。

しかし，社会構造は固定的なものではなく，時間の経過とともに変化する可能性がある。社会変動は，技術革新，文化的変化，人口動態の変化，政治的変革などによって引き起こされる。これらの変化は，既存の社会構造に圧力をかけ，新たな構造の形成を促す。例えば，情報技術の発達は，仕事の性質や組織構造，さらには個人間の相互作用のパターンにまで影響を及ぼしている。

社会構造の研究は，社会学の他の分野とも密接に関連している。例えば，シンボリック相互作用論は，個人レベルでの相互作用が社会構造にどのように影響を与えるかを探究している。同様に，機能主義や紛争論などの社会学理論は，社会構造の機能や変動のメカニズムを異なる視点から分析している。

2　シンボリック相互作用論

第1章で述べているように，シンボリック相互作用論は，社会学の主要な理論的視点の一つであり，日常生活における人々の相互作用を通じて社会的現実が構築されるプロセスを考察するものである。この理論は，アメリカの社会学者ジョージ・ハーバート・ミード（George Herbert Mead, 1863-1931）の思想を基礎とし，後にハーバート・ブルーマー（Herbert Blumer, 1900-1987）によって体系化された。シンボリック相互作用論は，個人の主観的な意味解釈と他者との相互作用に焦点を当て，マクロな社会構造ではなく，ミクロな日常的相互作用の重要性を強調する。

シンボリック相互作用論の基本原理は，人々は物事や状況に対して持つ意味

に基づいて行動するという考えである。この理論によれば，意味は社会的相互作用を通じて生み出され，個人の解釈過程を経て修正される。ブルーマーは，この理論の三つの主要な前提を示した。第一に，人々は物事に対して持つ意味に基づいて行動する。第二に，これらの意味は他者との相互作用から生まれる。第三に，これらの意味は解釈のプロセスを通じて処理され，修正される。

シンボリック相互作用論において，「自我」の概念は中心的な位置を占める。ミードは，自我を「I（主体としての自我）」と「Me（客体としての自我）」の二つの側面から構成されるものとして捉えた。「I」は主体としての自我であり，「Me」は客体としての自我，つまり他者の視点から見た自己である。この二重の自我概念は，人々が自分自身と「会話」し，自己を客観的に観察し評価する能力を説明するものである。

役割取得は，シンボリック相互作用論のもう一つの重要な概念である。これは，他者の立場に立って考え，その人の視点から状況を理解する能力を指す。役割取得を通じて，個人は他者の期待を理解し，適切な行動を取ることができる。例えば，教師は生徒の立場に立って考えることで，より効果的な教育方法を選択することができる。

状況の定義（definition of the situation）は，シンボリック相互作用論のパラダイムにおける基底的概念として位置づけられる。ウィリアム・アイザック・トーマス（William Isaac Thomas, 1863-1947）が提起した「状況の定義が現実のものとなる（If men define situations as real, they are real in their consequences）」という理論的命題は，行為主体による状況の主観的解釈が，当該状況における社会的行為の生成過程を規定することを理論的に定式化したものである。具体的には，特定の社会的文脈が「危機的状況」として定義される場合，行為主体はその解釈枠組みに基づいて防衛的行動様式を採用する蓋然性が高まる。この理論的視座は，社会的現実が行為主体による間主観的な意味解釈のプロセスを通じて構築される動態的性質を有することを体系的に解明するものである。

共有された意味は，シンボリック相互作用論の中核を成す概念である。社会的相互作用を通じて，人々は物事や状況に対する共通の理解を発展させる。これらの共有された意味は，スムーズな社会的相互作用を可能にし，社会の秩序を維持する。例えば，赤信号が「停止」を意味するという共通理解は，交通シ

ステムの円滑な機能を支えている。

シンボルの使用は，人間の社会的相互作用の特徴的な側面である。言語，ジェスチャー，表情などのシンボルは，意味を伝達し，相互理解を促進する。シンボリック相互作用論者は，これらのシンボルがどのように用いられ，解釈されるかに注目する。例えば，握手という行為は，文化によって友好や契約の締結など，異なる意味を持つことがある。

自己呈示も，シンボリック相互作用論の重要な概念の一つである。人々は他者に対して特定の印象を与えようと努力し，状況に応じて自己を適切に表現しようとする。アーヴィング・ゴッフマン（Erving Goffman, 1922-1982）の演劇論的アプローチは，この概念を詳細に考察している。ゴッフマンは，日常生活を舞台に例え，人々がさまざまな「役割」を演じていると考えた。

相互行為の秩序は，シンボリック相互作用論が注目する重要な側面である。日常生活における相互作用は，多くの場合，暗黙のルールや期待に基づいて秩序立って行われる。これらのルールは，社会化を通じて学習され，相互作用をスムーズに進行させる。例えば，会話の順番取りや適切な物理的距離の維持などがこれに該当する。

シンボリック相互作用論は，社会変動のプロセスを理解する上でも重要な視点を提供する。社会の変化は，人々の相互作用パターンの変化を通じて生じると考えられる。新しい技術の導入や文化的価値観の変化は，人々の相互作用の方法を変え，結果として社会構造の変化をもたらす可能性がある。

この理論は，ミクロレベルの相互作用に焦点を当てるため，マクロな社会構造や権力関係を十分に説明できないという批判もある。しかし，シンボリック相互作用論者は，マクロな社会現象も結局のところ個人間の相互作用の集積であると主張する。例えば，制度や組織も，個人間の相互作用を通じて意味が付与され，維持されると考える。

シンボリック相互作用論の研究方法は，主に質的なアプローチを採用する。参与観察，深層インタビュー，ライフヒストリーの分析などが一般的である。これらの方法を通じて，研究者は人々の主観的な意味世界を理解し，相互作用のプロセスを詳細に分析することができる。

また，シンボリック相互作用論は，教育，医療，犯罪学，組織研究など，さ

第4章　社会構造とシンボリック相互作用

まざまな分野に応用されている。教育研究では，教師と生徒の相互作用が学習成果にどのように影響するかを分析する際にこの理論が用いられる。医療分野では，医師と患者の関係性や病気の意味づけを理解する上で有用である。

3　日常生活における相互行為

日常生活における相互行為は，社会学，特にミクロ社会学の重要な研究対象である。人々の日々の交流や関係性を通じて，社会の基本的な構造や規範が形成され，維持される。本節では，日常生活における相互行為のさまざまな側面について詳しく探っていく。

ミクロ秩序は，日常生活における相互行為の基盤となる重要な概念である。これは，小規模な社会的状況における人間間のつながりのパターンを指す。ミクロ秩序は，文化的規範，社会的期待，個人的適応の三者の融合によって生み出され，自発的反応と慎重な配慮によって成立する。例えば，エレベーター内での振る舞い方や，レストランでの注文の仕方など，日常的な場面での行動パターンはミクロ秩序によって規定されている。

文化的規範は，ミクロ秩序を形成する重要な要素の一つである。これらの規範は，特定の社会や集団において適切とされる行動の基準を提供する。例えば，日本では公共の場での静粛さが重視されるが，他の文化圏ではそうではない場合もある。これらの規範は，家庭，学校，職場などさまざまな社会化の場を通じて個人に内面化される。

非言語コミュニケーションも，日常的な相互行為において重要な役割を果たす。表情，ジェスチャー，姿勢，身体的距離などの非言語的な要素は，言葉以上に多くの情報を伝えることがある。例えば，アイコンタクトの頻度や持続時間は，文化によって大きく異なり，親密さや敬意の表現として機能する。また，個人的空間の概念も文化によって異なり，適切な対人距離は社会的関係性や状況によって変化する。

印象操作と自己呈示は，日常生活における相互行為の重要な側面である。人々は他者に対して特定の印象を与えようと意識的，無意識的に努力する。これは，ゴッフマンの演劇論的アプローチによって詳細に分析されている。例えば，就職面接では応募者は自身の能力や適性を最大限にアピールしようとし，

一方で面接官は公平で専門的な印象を与えようとする。このような印象操作は，社会的関係を円滑に進める上で重要な役割を果たす。

　表舞台と裏舞台の概念も，ゴッフマンによって提唱された重要な理論である。表舞台は，人々が公の場で演じる役割や行動を指し，裏舞台は私的な空間での本来の姿を指す。例えば，レストランのウェイターは客の前では丁寧で専門的な態度を示すが（表舞台），厨房では同僚とくだけた会話を交わす（裏舞台）。この区別は，社会的役割の複雑性と，個人が異なる状況で異なる「自己」を呈示する能力を示している。

　日常生活における相互行為は，さまざまな社会的文脈の中で行われる。家庭，職場，公共空間など，それぞれの場面で期待される行動や規範は異なる。例えば，家庭内での親子関係は，愛情と権威のバランスによって特徴づけられる。一方，職場では階層的な関係や専門性に基づく相互作用が一般的である。公共空間では，見知らぬ人々との一時的な相互作用が主となり，「礼儀正しい無関心」と呼ばれる行動パターンが観察される。

　相互行為の儀式的側面も，日常生活において重要な役割を果たす。あいさつ，謝罪，感謝の表現など，日々の社会的儀式は，社会的絆を強化し，相互の尊重を示す機能を持つ。これらの儀式は，文化によって形式や意味が異なることがあり，異文化間のコミュニケーションにおいて誤解を生む原因ともなり得る。

　社会的ネットワークは，日常生活における相互行為のパターンを形成する重要な要素である。個人は家族，友人，同僚，知人などの多層的なネットワークの中で生活している。これらのネットワークは，情報の流れ，資源へのアクセス，社会的支援の提供などにおいて重要な役割を果たす。例えば，職探しや家探しなどの重要な生活イベントにおいて，社会的ネットワークが決定的な影響を及ぼすことがある。

　デジタル技術の発展は，日常生活における相互行為のあり方を大きく変えつつある。ソーシャルメディア，オンラインチャット，ビデオ会議システムなどの普及により，対面的な相互行為とは異なる新たな形態のコミュニケーションが生まれている。これらのデジタル相互作用は，時間と空間の制約を超えた交流を可能にする一方で，非言語的手がかりの欠如や匿名性による問題も引き起こしている。

相互行為における権力関係も，日常生活の重要な側面である。家庭，職場，教育機関など，さまざまな場面で権力の非対称性が観察される。これらの権力関係は，相互行為のパターンや内容に大きな影響を与える。例えば，上司と部下の会話では，上司が会話の主導権を握ることが多く，部下は慎重に言葉を選ぶ傾向がある。

日常生活における相互行為は，社会的現実の構築プロセスの中核を成す。人々は相互行為を通じて意味を擦り合わせ，共有し，修正する。つまり，お互いの考えや解釈を伝え合い，議論し，時には妥協しながら，物事の意味や価値について共通理解を形成していくのである。この過程で，社会的規範や価値観が再生産され，時には変容する。例えば，ジェンダーロールに関する日常的な相互作用のパターンの変化は，より広範な社会的態度の変化につながる可能性がある。

4　社会的行為の原理

社会的行為は，他者との関係において意味や目的を持って行われる行動であり，原理や意味のない行動とは区別される。本節では，社会的行為を理解するための三つの基本原理について考察する。すなわち，欲求充足の原理，価値による制御の原理，制度的統合の原理である。これらの原理は，個人の行動が社会的文脈の中でどのように形成され，意味づけられるかを理解する上で重要な枠組みを提供する。

欲求充足の原理は，人間が基本的な生物学的および心理的欲求を満たそうとする傾向に基づいている。この原理は，人間を生物的存在として捉え，食事，睡眠，安全，所属感などの基本的なニーズを満たすための行動を説明する。例えば，空腹を感じたときに食事を取る行動や，危険を感じたときに逃避する行動などがこれに該当する。しかし，人間社会においては，これらの基本的欲求の充足方法は単純ではなく，社会的規範や文化的要因によって大きく影響を受ける。例えば，食事の取り方や内容は文化によって大きく異なり，単なる栄養摂取以上の社会的意味を持つことがある。

価値による制御の原理は，社会的行為が特定の価値観や道徳規範によって方向づけられ，制御されることを示している。この原理によれば，個人の行動は

単なる欲求充足だけでなく，社会的に承認された価値観や理想に基づいて選択される。例えば，誠実さ，公正さ，勤勉さといった性質についての価値観は，個人の行動選択に大きな影響を与える。これらの価値観は，家庭教育や学校教育，メディアなどを通じて個人に内面化され，行動の指針となる。価値による制御は，社会の秩序維持と個人の社会化において重要な役割を果たす。

制度的統合の原理は，個人の行為が社会制度や組織構造によって統合され，規定されることを示す。この原理は，社会的行為が単に個人の意思や価値観だけでなく，より大きな社会システムの一部として機能することを強調する。例えば，職場での行動は，組織の規則や慣行，職位に応じた役割期待によって大きく形作られる。同様に，法律や教育制度，経済システムなどの社会制度も，個人の行動に対して強い影響力を持つ。制度的統合は，社会の安定性と予測可能性を高める一方で，個人の自由な行動を制限する側面もある。

これらの三つの原理は相互に関連し，影響し合っている。例えば，欲求充足の方法は価値観によって制御され，その価値観は社会制度によって支持され強化される。逆に，社会制度は人々の基本的欲求を満たすように設計され，価値観を反映している。これらの相互作用を通じて，社会的行為の複雑なパターンが形成される。

社会的行為の類型化は，これらの原理をより具体的に理解する上で有用である。マックス・ウェーバー（Max Weber, 1864-1920）は，社会的行為を目的合理的行為，価値合理的行為，感情的行為，伝統的行為の四つに分類した。目的合理的行為は，特定の目標を達成するために最も効率的な手段を選択する行為であり，経済活動や科学的探究などがこれに該当する。価値合理的行為は，特定の価値や信念に基づいて行われる行為で，宗教的実践や倫理的行動などが含まれる。感情的行為は，即時的な感情や情動に基づく行為であり，怒りや喜びの表現などがこれに当たる。伝統的行為は，長年の慣習や習慣に基づいて行われる行為で，儀式や礼儀作法などがこれに含まれる。

社会的行為の原理を理解することは，個人の行動と社会構造の関係を解明する上で重要である。例えば，環境保護活動への参加を考えてみよう。この行為は，自然環境への配慮という価値観に基づいている（価値による制御）が，同時に社会的承認や所属感の欲求も満たしている（欲求充足）可能性がある。さら

に，この行動は環境保護に関する法律や社会運動の枠組みの中で行われる（制度的統合）。このように，一つの社会的行為の中に三つの原理が複雑に絡み合っていることがわかる。

　社会的行為の原理は，社会変動のプロセスを理解する上でも重要である。社会の変化は，これらの原理のバランスや相互作用の変化として捉えることができる。例えば，産業革命は，経済的欲求充足の方法を大きく変え，新たな価値観（例：効率性，生産性）を生み出し，新しい制度（例：工場システム，労働組合）を創出した。このような変化は，社会全体の構造と個人の行動パターンを根本的に変革した。

　また，社会的行為の原理は文化によって異なる側面も持つ。例えば，個人主義的な文化では欲求充足の原理がより強調される傾向があるのに対し，集団主義的な文化では価値による制御や制度的統合がより重視される傾向がある。このような文化的差異は，グローバル化が進む現代社会において，異文化間の相互理解や協力を考える上で重要な視点を提供する。

　社会的行為の原理は，社会問題の分析と解決策の提案にも応用できる。例えば，犯罪行為を考える際，単に法的制裁（制度的統合）を強化するだけでなく，社会的価値観の教育（価値による制御）や基本的欲求の充足（欲求充足）にも注目することで，より包括的なアプローチが可能となる。同様に，教育政策を考える際も，知識の伝達（制度的統合）だけでなく，学習意欲の喚起（欲求充足）や道徳教育（価値による制御）のバランスを考慮することが重要である。

5　社会的行為の機能

　社会的行為の機能は，社会学において重要な研究テーマの一つである。本節では，社会的行為がどのように社会システムに影響を与え，その維持や変化に寄与するかを考察する。特に，正機能と負機能，顕在的機能と潜在的機能という概念を中心に，社会的行為の多面的な影響を検討する。

　ロバート・マートン（Robert K. Merton, 1910-2003）は，機能を正機能と負機能に分類した。正機能は社会システムの適応や統合に貢献する結果をもたらし，負機能はシステムの適応を阻害する結果をもたらす。さらに，マートンは顕在的機能と潜在的機能という概念を導入した。顕在的機能は意図され，認識され

る機能であり，潜在的機能は意図されず，認識されない機能である。

マートンの理論は，社会的行為や制度が持つ多面的な機能を理解する上で非常に有用である。例えば，宗教の機能を考える際，社会的結束の強化という正機能と，宗教間の対立という負機能を同時に考慮することができる。また，政治制度の分析では，国民の意思の反映という民主主義の顕在的機能と社会の安定化という潜在的機能を区別して考えることが可能となる。

例えば，教育制度は知識の伝達と人材の育成を通じて社会の発展に寄与するため，明らかな正機能を果たしている。教育は個人の能力開発を促進し，社会の技術的・文化的進歩を支える。同様に，法律システムは社会の秩序維持と紛争解決に貢献し，経済制度は資源の効率的な配分と生産性の向上をもたらす。これらの正機能は，社会の安定と発展に不可欠な役割を果たしている。

一方，負機能としては，例えば，過度な競争を促す教育システムは，学生のストレスや不平等を増大させる可能性があることが挙げられる。また，厳格な法執行が犯罪者の社会復帰を困難にし，結果として再犯率を高めるケースもある。経済システムにおいては，過度な利益追求が環境破壊や労働搾取につながる場合がある。これらの負機能は，社会の健全な発展を阻害する要因となり得る。

顕在的機能については，例えば，学校教育の顕在的機能は，知識の習得や社会化である。人々は一般的に，学校が子供たちに読み書きや計算の能力を身につけさせ，社会生活に必要なスキルを教える場所であると認識している。同様に，政治制度の顕在的機能は，国民の意思を反映した政策決定と実行である。これらの機能は，社会の成員によって明確に理解され，期待されているものである。

潜在的機能は，例えば，学校教育の潜在的機能として，同世代の子供たちとの交流を通じた社会性の発達や，既存の社会階層構造の再生産などが促されることが挙げられる。これらの機能は，必ずしも意図的に設計されたものではないが，結果として重要な社会的影響を及ぼしている。同様に，宗教制度の潜在的機能として，社会的結束の強化や精神的ストレスの緩和などがある。これらの潜在的機能は，しばしば社会学者によって分析され，明らかにされる。

社会的行為の機能についての概念は，予期せぬ結果や自己成就的予言の概念

とも密接に関連している。予期せぬ結果とは，ある行為が意図した結果とは異なる，あるいは予想外の結果をもたらすことを指す。例えば，交通渋滞を解消するために新しい道路を建設したが，結果として車の利用が増加し，さらなる渋滞を引き起こすといった現象がこれに当たる。このような予期せぬ結果は，社会政策の立案や実施において重要な考慮事項となる。

　自己成就的予言は，ある状況に対する人々の信念や予測が，その状況を現実のものにしてしまう現象を指す。例えば，ある企業の業績が悪化するという噂が広まると，投資家が一斉に株を売却し始め，結果として実際にその企業の株価が暴落し，経営難に陥るといった事態が起こり得る。この概念は，社会的期待が現実の形成にどのように影響を与えるかを示している。

　社会的行為の機能分析は，マクロレベルの社会現象を理解し，効果的な政策立案や社会問題の解決を図る上で極めて重要である。この分析手法により，複雑な社会現象の多面的な影響を体系的に把握することができる。

　例えば，グローバリゼーションの進展は，経済の効率化や文化交流の促進という正機能を持つ一方で，地域間の格差拡大や伝統文化の衰退といった負機能も併せ持っている。この分析により，国際協調や地域振興策の立案において，利益と弊害のバランスを考慮した戦略を策定することが可能となる。

　同様に，テクノロジーの発展は，生活の利便性向上や新産業の創出という顕在的機能を持つと同時に，プライバシーの侵害や人間関係の希薄化といった潜在的機能も有している。この理解は，技術革新の推進と並行して，デジタルリテラシー教育やプライバシー保護法制の整備など，社会的な対応策を講じる必要性を示唆している。

　このように，機能分析は社会現象の複雑な相互作用を明らかにし，より包括的かつ持続可能な社会発展の方向性を示す上で不可欠なツールとなっている。

　社会的行為の機能分析は，社会問題の解決策を考える上でも有用である。例えば，貧困問題に対処する際，単に経済的支援を提供するだけでなく，教育機会の拡大や社会的包摂の促進など，多面的なアプローチが必要となる。これは，貧困が単なる経済的問題ではなく，教育，健康，社会参加など多くの側面を持つ複合的な問題であることを認識しているためである。

　機能分析の理論的意義および方法論的限界は，社会学的研究において本質的

な考察対象として位置づけられる。機能分析というパラダイムは，社会システムにおける構造的相互依存性および制度的連関性を体系的に把握するための分析枠組みを提供する。しかしながら，この分析手法に対しては，現存する社会秩序の構造的正当化に傾斜し，社会変革の構造的必然性を等閑視する理論的傾向を内包しているという批判的指摘が存在する。さらに，社会的行為および制度的実践のすべてが必然的に機能的適合性を有するわけではなく，特定の行為や制度は逆機能（dysfunction）を呈する，あるいは機能的不全（functional impairment）に陥る蓋然性を内包している点にも留意が必要である。

さらに，社会的行為の機能は時代や文化によって変化する可能性がある。例えば，かつては家族の結束を強める機能を持っていた宗教的儀式が，現代社会では形骸化し，その機能を失っているケースもある。同様に，産業革命期に労働者の権利保護に重要な役割を果たした労働組合が，現代のグローバル経済下では新たな課題に直面している。このような機能の変化を理解することは，社会変動のプロセスを分析する上で重要である。

社会的行為の機能分析は，文化比較研究にも応用できる。同じ行為や制度であっても，異なる文化圏では異なる機能を果たす場合がある。例えば，贈与の習慣は，ある文化では社会的絆を強化する機能を持つ一方で，別の文化では社会的階層を維持する機能を持つ可能性がある。このような文化間の機能の違いを理解することは，グローバル化が進む現代社会において，異文化理解と協調を促進する上で重要である。

社会的行為の機能分析において，マートンの理論は中心的な役割を果たしている。マートンは，機能分析をより精緻化し，社会学的な分析ツールとして発展させた。彼の理論の核心は，社会的行為や制度が複数の機能を持ち，それらが社会システムに対して異なる影響を与えるという認識にある。

さらに，マートンは機能的代替（functional alternatives）という概念も提示した。これは，同じ機能を果たす複数の社会的要素が存在する可能性を示している。例えば，社会的結束という機能は，宗教，スポーツ，ナショナリズムなど，さまざまな要素によって果たされ得る。この概念は，社会変動や文化比較の分析において特に有用である。

マートンの理論は，社会問題の分析にも新たな視点をもたらした。例えば，

犯罪行為は通常，社会にとって負機能的と考えられるが，マートンの視点からは，犯罪が持つ潜在的な正機能（例：社会規範の強化，法執行機関の正当化）も考慮に入れることができる。

しかし，マートンの理論にも限界がある。機能主義的アプローチは，社会システムの安定性や均衡を強調する傾向があり，急激な社会変動や革命的変化を十分に説明できない可能性がある。また，すべての社会的行為や制度が何らかの機能を持つという前提自体も批判の対象となっている。

とはいえ，マートンの理論は社会的行為の機能分析に大きな貢献をしたことは確かである。彼の概念枠組みは，社会現象の複雑性を理解し，予期せぬ結果や自己成就的予言といった概念をより体系的に分析することを可能にした。また，この理論は社会政策の立案や評価において，意図した結果だけでなく，潜在的な影響も考慮に入れることの重要性を示している。

社会的行為の機能分析は，マートンの理論を基礎として，現代社会の複雑な現象を理解するための重要なツールとなっている。グローバリゼーション，テクノロジーの発展，文化的多様性の増大など，現代社会が直面するさまざまな課題に対して，機能分析は多面的な視点を提供し続けている。

6　社会参加の方法

社会参加とは，個人が社会の一員としてどのように社会に関与し，貢献するかを示す重要な概念である。本節では，社会参加の多様な形態と方法について詳細に探究する。特に，人格的参加と非人格的参加，中心的参加と部分的参加，ルーティンと大衆行動，そして社会ネットワークと相互作用に焦点を当てる。

人格的参加とは，個人がそのパーソナリティや内面的な動機に基づいて行動し，社会的期待に応じて自発的に行動することを指す。この形態の参加では，個人の価値観，信念，感情が行動の主たる駆動力となる。例えば，環境保護活動に参加する個人は，自然環境への深い関心や責任感から行動を起こす。同様に，地域のボランティア活動に参加する人々は，社会貢献への内発的な動機に基づいて行動している。人格的参加は，個人の自己実現や社会との深い結びつきを促進する傾向がある。

一方，非人格的参加は，個人が規則や制度に従って非情緒的に行動すること

を指す。この形態の参加では，個人の感情や動機は二次的なものとなり，外部からの規制や期待に応じて行動することが求められる。例えば，会社での業務遂行や法律の遵守などがこれに該当する。非人格的参加は，社会システムの効率的な運営や秩序維持に重要な役割を果たす。しかし，時として個人の創造性や主体性を抑制する可能性もある。

中心的参加は，個人の生活経験やアイデンティティの中核に基づいたものであり，個人にとって非常に重要な社会的役割を果たす。例えば，家族や親密な友人関係，職業上の主要な役割などがこれに該当する。中心的参加は，個人のアイデンティティ形成と密接に関連し，長期的かつ深い関与を特徴とする。この形態の参加は，個人に強い帰属意識と社会的支援を提供し，心理的な安定と自己価値感の向上に寄与する。

部分的参加は，個人の社会生活やパーソナリティの一部分のみに関係するものであり，比較的浅く，持続時間も短い関係を指す。例えば，趣味のサークルへの参加や一時的なプロジェクトへの関与などがこれに該当する。部分的参加は，個人が多様な社会的経験を積み，異なる役割や状況を探索する機会を提供する。この形態の参加は，社会的ネットワークの拡大や新しいスキルの獲得に有効である。

ルーティンは，日常生活における安定した社会活動のシステムを形成する。これは，毎日の通勤，定期的な会議への出席，日々の家事など，規則的に繰り返される行動パターンを指す。ルーティンは，社会生活に予測可能性と安定性をもたらし，個人のエネルギーを効率的に配分することを可能にする。一方で，ルーティンが過度に固定化すると，社会の柔軟性や革新性を阻害する可能性もある。

大衆行動は，不安定で組織化されていない社会参加の形態を指す。これには，暴動，パニック，流行などが含まれる。大衆行動は，社会的相互行為の情緒的な性格と偶然性を強める傾向がある。例えば，ある社会問題に対する突発的な抗議運動や，新しい流行の急速な広がりなどがこれに該当する。大衆行動は，社会変革の触媒となる可能性がある一方で，社会の安定性を脅かす要因ともなり得る。

社会ネットワークは，個人間の複雑な関係のウェブを形成し，社会参加の重

要な基盤となる。ネットワークは，家族，友人，同僚，知人などから構成され，情報の流通，資源へのアクセス，社会的支援の提供などの機能を果たす。社会ネットワークの特性は，その密度，多重性，強度などによって分析される。例えば，密度の高いネットワークは強い社会的結束をもたらす一方で，新しい情報や機会の流入を制限する可能性がある。

シンボリック相互作用は，社会参加の核心を成すプロセスである。個人は他者との相互作用を通じて，社会的規範を学び，役割を演じ，アイデンティティを形成する。相互作用には，言語的コミュニケーションだけでなく，非言語的なシグナルや象徴的な行為も含まれる。例えば，職場での同僚との会話，家族との食事，友人とのレジャー活動などは，すべて重要な相互作用の機会である。

社会参加の方法は，社会の変化とともに進化している。例えば，デジタル技術の発展により，オンラインコミュニティへの参加や社会運動のデジタル化など，新しい形態の社会参加が生まれている。これらの新しい参加形態は，従来の地理的・時間的制約を超えた社会参加を可能にする一方で，デジタルデバイドや情報の信頼性といった新たな課題も生み出している。

社会参加の方法を理解することは，社会統合や社会的包摂の問題を考える上で重要である。例えば，社会的マイノリティや弱者グループの社会参加を促進することは，社会的公正や平等の実現に不可欠である。また，高齢者や障害者の社会参加を支援することは，彼らの生活の質を向上させるだけでなく，社会全体の活力を維持する上でも重要である。

さらに，社会参加の方法は，市民社会の発展や民主主義の機能にも深く関わっている。例えば，政治参加の形態（投票，政治的議論への参加，市民運動など）は，民主主義社会の健全性を測る重要な指標となる。同様に，NPO やボランティア組織への参加は，公共サービスの提供や社会問題の解決において重要な役割を果たしている。

7　集団規模の相互作用

集団の規模は，その内部での相互作用のパターンや質に大きな影響を与える。本節では，二人組から始まり，第三者の参入，小集団のダイナミクス，そして大規模集団や組織における相互作用のパターンまで，集団規模の変化に伴う相

互作用の特徴を詳細に探究する。

　二人組の相互作用は，社会学的に最も基本的な形態の集まりとして注目される。この関係性は，直接的で密接な相互影響を特徴とする。例えば，恋愛関係にある二人や親密な友人関係などがこれに該当する。二人組の関係は非常に濃密であり，互いに深く関与し合う傾向がある。しかし，その一方で，この関係は不安定さも併せ持つ。二人の間に意見の相違や衝突が生じた場合，第三者による仲裁や緩衝がないため，関係が急速に悪化する可能性がある。

　二人組の関係では，互いの行動や反応が直接的に相手に影響を与える。例えば，一方の感情的な反応が即座に他方の行動を変化させるといった具合である。また，二人組の関係では，役割の分化が明確になりやすい。一方が主導的な役割を取り，他方が従属的な役割を取るといったパターンが形成されやすい。このような役割分担は，関係の安定性を高める一方で，時として不平等や依存関係を生み出す原因ともなる。

　第三者の参入は，二人組の相互作用のダイナミクスを大きく変化させる。第三者の存在により，新たな関係性が生まれ，既存の二人の関係も再構築される。例えば，夫婦関係に子供が加わると，夫婦の関係は親子関係という新しい文脈の中で再定義される。第三者は，調停者，利益享受者，分割統治者など，さまざまな役割を果たす可能性がある。

　第三者が調停者として機能する場合，二人の間に生じた対立や衝突を和らげ，解決に導く役割を果たす。例えば，友人同士の喧嘩を仲裁する第三者は，双方の立場を理解し，平和的な解決を目指す行動を取る。利益享受者としての第三者は，二人の関係から何らかの形で利益を得ることを目的とする。ビジネスの場面では，取引の仲介者が手数料を得るような状況がこれに該当する。「分割統治者」としての第三者は，二人の関係を巧みに操作して自分が有利な立場に立つことを目指す。これは，お互いの嫉妬や不信を利用して二人の関係を分断し，自らの支配力を強化する戦略である。

　小集団のダイナミクスは，より複雑な相互作用のパターンを示す。小集団では，メンバー間の相互作用が多方向的になり，サブグループの形成や役割の専門化が起こりやすくなる。例えば，学級やスポーツチームなどの小集団では，リーダーシップの形成，集団規範の確立，意思決定のプロセスなど，さまざま

な社会的プロセスが観察される。

　小集団における相互作用は，集団凝集性，同調圧力，社会的手抜きなどの現象を生み出す。集団凝集性は，メンバーが集団に対して感じる魅力や帰属意識を指す。高い凝集性は協力や団結を促進する一方で，集団思考（groupthink）のような問題を引き起こす可能性もある。同調圧力は，個人が集団の規範や期待に合わせて行動を変化させる傾向を指す。これは集団の一体性を高める一方で，個人の創造性や批判的思考を抑制する可能性がある。社会的手抜きは，個人の貢献が明確に識別できない状況で，個人の努力が減少する現象を指す。

　大規模集団や組織における相互作用のパターンは，さらに複雑化する。大規模な集団では，直接的な対面相互作用が減少し，代わりに制度化された規則や手続き，階層構造などが重要な役割を果たすようになる。例えば，大企業や政府機関では，公式のコミュニケーションチャネル，意思決定プロセス，権限の委譲などが相互作用を規定する。

　大規模集団では，匿名性の増大や個人の役割の専門化が進む。これにより，個人の帰属意識が低下したり，組織全体の目標と個人の目標の乖離が生じたりする可能性がある。一方で，大規模集団では，資源の効率的な利用や複雑なタスクの遂行が可能になる。例えば，大規模な科学プロジェクトや国際的な協力事業は，大規模集団の特性を活かして実現される。

　集団規模の変化に伴い，リーダーシップのスタイルも変化する。小規模集団では，カリスマ型や参加型のリーダーシップが効果的である場合が多いが，大規模集団では，より制度化された官僚的リーダーシップが必要となる場合が多い。また，集団規模の拡大に伴い，情報の流れや意思決定のプロセスも変化する。小規模集団では直接的なコミュニケーションが主流であるのに対し，大規模集団では公式の報告システムや会議体などが重要な役割を果たす。

　集団規模と相互作用の関係は，技術の発展によっても変化している。例えば，ソーシャルメディアやオンラインコミュニティの登場により，大規模集団でも直接的なコミュニケーションが可能になっている。これにより，従来の集団規模の制約を超えた新しい形態の相互作用が生まれている。

　集団規模の変化は，社会的アイデンティティの形成にも影響を与える。小規模集団では，個人間の直接的な関係性が強く，個人のユニークな特性が認識さ

れやすい。一方，大規模集団では，カテゴリー化やステレオタイプ化が進み，個人は集団の一員としての属性で認識されることが多くなる。

　さらに，集団規模は社会的影響力の強さと範囲にも影響を与える。小規模集団では，個人間の相互影響が直接的で強いが，その影響の範囲は限定的である。大規模集団では，個々の相互作用の強度は弱まるが，その影響力は広範囲に及ぶ。例えば，大規模な社会運動や政治運動は，広範囲の人々に影響を与える可能性がある。

8　社会構造と相互行為の相互影響

　社会構造と相互行為の関係は，社会学の中心的なテーマの一つである。本章の最後となる本節では，これらの要素がどのように相互に影響し合い，社会的現実を構築しているかを探究する。特に，相互行為による社会構造の再生産，社会構造による相互行為の制約，社会的現実の構築プロセス，そして社会変動と相互行為パターンの変化に焦点を当てる。

　相互行為による社会構造の再生産は，日常的な社会的交流を通じて既存の社会構造が維持され，強化されるプロセスを指す。例えば，家族内での役割分担や学校での教師 - 生徒関係などは，日々の相互行為を通じて再確認され，再生産される。この過程では，個人は社会的に期待される役割を演じ，その行動を通じて社会構造を体現する。ピエール・ブルデュー (Pierre Bourdieu, 1930-2002) の「ハビトゥス (habitus)」の概念は，この再生産プロセスを説明する上で有用である。ハビトゥスは，個人が社会化を通じて内面化した行動様式や思考パターンを指し，これが無意識のうちに社会構造を維持する機能を果たす。

　一方で，社会構造は相互行為に対して制約を課す。既存の制度，規範，権力関係などは，個人の行動の選択肢を制限し，特定の相互行為パターンを促進または抑制する。例えば，職場のヒエラルキー構造は，上司と部下の間のコミュニケーションの形式や内容に影響を与える。同様に，ジェンダーに関する社会的規範は，男女間の相互行為のあり方を規定する。このような制約は，社会の秩序と予測可能性を維持する一方で，個人の自由や創造性を制限する可能性もある。

　社会的現実の構築プロセスは，ピーター・バーガー (Peter L. Berger, 1929-

2017) とトーマス・ルックマン（Thomas Luckmann, 1927-2016）によって詳細に分析された。彼らの理論によれば，社会的現実は人々の相互行為を通じて構築される。この過程は，外在化，客体化，内面化という三つの段階を経る。外在化は，人々が自分の考えや行動を外部世界に表出する段階である。客体化は，これらの表出が社会的に認識され，独立した存在として扱われる段階を指す。内面化は，客体化された社会的現実が個人に再び取り込まれ，主観的な意味を持つようになる段階である。この循環的なプロセスを通じて，社会的現実が継続的に構築され，維持される。

社会変動と相互行為パターンの変化は密接に関連している。社会変動は，新たな相互行為のパターンを生み出し，既存の相互行為パターンを変容させる。例えば，デジタル技術の発展は，オンラインコミュニケーションという新しい相互行為の形態を生み出し，対面的なコミュニケーションのあり方にも影響を与えている。同様に，グローバル化の進展は，異文化間の相互行為の機会を増大させ，従来の文化的規範や価値観に基づく相互行為パターンに変化をもたらしている。

社会構造と相互行為の相互影響は，ミクロレベルとマクロレベルの社会現象を橋渡しする重要な概念である。アンソニー・ギデンズ（Anthony Giddens, 1938-）の構造化理論は，この関係を説明する有力な理論的枠組みを提供している。ギデンズによれば，社会構造は個人の行為を制約すると同時に，その行為を可能にする資源でもある。個人は，社会構造によって形成されると同時に，その行為を通じて社会構造を再生産し，時には変革する主体でもある。

エスノメソドロジーの視点も，社会構造と相互行為の相互影響を理解する上で重要である。ハロルド・ガーフィンケル（Harold Garfinkel, 1917-2011）によって提唱されたこのアプローチは，人々が日常生活において社会秩序をどのように作り出し，維持しているかを微視的に観察する。エスノメソドロジーは，人々が共有する「背景期待」や「常識的知識」が，相互行為を通じてどのように社会構造を支えているかを明らかにする。

ゴッフマンの「フレーム分析」も，社会構造と相互行為の関係を理解する上で有用な視点を提供する。ゴッフマンは，人々が状況を理解し，適切に行動するために用いる認知的枠組み（フレーム）に注目した。これらのフレームは社

会的に共有され，特定の相互行為のパターンを導く。例えば，「授業」というフレームは，教師と生徒の役割や適切な行動を規定する。フレームの概念は，社会構造がいかに個人の認知と行動を通じて維持されるかを説明する。

　人々の日常的な交流（相互行為）と社会の仕組み（社会構造）は互いに影響し合っているが，この関係性は特に人々のつながり（社会的ネットワーク）がどのように作られ，継続されるかという点によく表れている。マーク・グラノヴェター（Mark Granovetter, 1943-）の「弱い紐帯の強さ」理論は，異なる社会集団を結びつける「弱い」関係性が，情報の伝播や社会的機会の創出に重要な役割を果たすことを示している。この理論は，日常的な相互行為が，より大きな社会構造（例：労働市場）にどのように影響を与えるかを説明している。

　また，社会構造と相互行為の関係は，文化的再生産の過程でも顕著に可視化される。ブルデューの文化資本の概念は，特定の文化的知識や技能が，日常的な相互行為を通じてどのように獲得され，社会的地位の再生産に寄与するかを説明している。例えば，特定の言語使用や文化的趣味が，教育機関や職場での相互行為を通じて評価され，結果として社会的不平等の維持につながる過程を分析している。

　社会構造と相互行為の相互影響は，制度変化のプロセスにも見られる。制度は，繰り返される相互行為のパターンが固定化されたものと考えることができる。しかし，新たな相互行為のパターンが広まることで，既存の制度が変化する可能性もある。例えば，職場におけるインフォーマルなコミュニケーションの増加が，組織のフォーマルな構造や意思決定プロセスの変更につながるケースがある。

　グローバル化の文脈における社会構造と相互行為の関係も注目に値する。グローバルな相互行為の増加は，ローカルな社会構造に影響を与え，同時に新たなグローバルな社会構造を形成している。例えば，国際的な企業文化の浸透は，各国の労働慣行や組織構造に変化をもたらしている。一方で，これらのグローバルな影響に対する局所的な抵抗や適応も見られ，結果としてグローカリゼーションと呼ばれる現象が生じている。

第4章　社会構造とシンボリック相互作用

> **本章のポイント**

社会構造と相互作用の関係　社会構造と個人の相互作用は相互に影響し合い，社会的現実を構築している。日常的な相互作用が社会構造を再生産する一方で，社会構造は個人の行動に制約を与えている。

シンボリック相互作用論　この理論は，人々が物事や状況に対して持つ意味に基づいて行動し，その意味は社会的相互作用を通じて生み出され，修正されると主張するものである。

社会的行為の機能　社会的行為には正機能と負機能，顕在的機能と潜在的機能があり，これらが社会システムの維持や変化に寄与している。

集団規模と相互作用のパターン　集団の規模によって相互作用のパターンが変化する。二人組から大規模集団まで，それぞれ特有のダイナミクスがある。

社会参加の多様な形態　人格的参加と非人格的参加，中心的参加と部分的参加など，社会参加にはさまざまな形態があり，これらが社会統合や個人のアイデンティティ形成に影響を与えている。

社会的現実の構築プロセス　バーガーとルックマンの理論によれば，社会的現実は外在化，客体化，内面化という三つの段階を経て構築される。

役割取得と自我の形成　ミードの理論に基づき，他者の立場に立って考える能力（役割取得）が自我の形成に重要な役割を果たすとされている。この過程を通じて，個人は社会的期待を理解し，適切な行動を取ることができるようになる。

社会的行為の原理　欲求充足の原理，価値による制御の原理，制度的統合の原理という三つの基本原理が社会的行為を形作っている。これらの原理は相互に関連し，個人の行動と社会構造の関係を理解する上で重要である。

> **参考文献**

アーヴィング・ゴッフマン（石黒毅訳）1974年『行為と演技——日常生活における自己呈示』誠信書房

阿閉吉男（1976年）『ウェーバー社会学の視圏』勁草書房

ハロルド・ガーフィンケルほか（山田富秋ほか編訳）1987年『エスノメソドロジー——社会学的思考の解体』せりか書房

ピエール・ブルデュー（石井洋二郎訳）1990年『ディスタンクシオン——社会的判断力批判（Ⅰ・Ⅱ）』藤原書店

ハーバート・ブルーマー（後藤将之訳）1991年『シンボリック相互作用論——パースペクティヴと方法』勁草書房

マーク・グラノヴェター（渡辺深訳）1998年『転職——ネットワークとキャリアの研究』ミネルヴァ書房

P・L・バーガー／T・ルックマン（山口節郎訳）2003年『現実の社会的構成——知識社会学論考』新曜社

アンソニー・ギデンズ（門田健一訳）2015年『社会の構成』勁草書房
ジョージ・ハーバート・ミード（山本雄二訳）2021年『精神・自我・社会』みすず書房
ロバート・マートン（森東吾ほか訳）2024年『社会理論と社会構造（新装版）』みすず書房

第5章

逸脱行動と社会統制のメカニズム

　現代社会において，社会規範から逸れる行動，すなわち逸脱行動は重要な社会問題として認識されている。社会学は，この逸脱行動を単なる個人の問題としてではなく，社会構造や文化的背景との関連の中で理解しようと試みてきた。デュルケームのアノミー概念やマートンの構造的緊張理論，ベッカーのラベリング論など，多様な理論的アプローチによって，逸脱行動のメカニズムと社会的影響が解明されている。本章では，逸脱行動の定義と本質を明らかにした上で，社会統制のメカニズムを検討し，現代社会における逸脱行動への対応と課題について考察する。特に，逸脱が持つ社会的機能と，それが社会システムに及ぼす影響について，理論的視座から分析を行う。

1　逸脱行動の定義と本質

　逸脱行動の定義と本質を理解するには，まず基本的な概念から出発する必要がある。社会学的観点から見ると，逸脱行動とは，ある集団や社会の重要な規範に違反する行為を指す。しかし，この単純な定義では多くの疑問が残る。例えば，どのような規範が重要とみなされるのか，違反の状況はどうなのか，誰が，いつ，なぜ社会規範を破るのかといった点である。

　これらの問題を考察するために，具体的な例を挙げて検討してみよう。日本のある地域では，夜間に騒音を出すことを禁止する条例が存在する。しかし，祭りの期間中にはこの規制が緩和され，太鼓を叩く人々は逸脱者とは見なされない。このような状況は，規範の適用が時間や文脈によって変化することを示している。

　また，歩行者用信号が赤のときに道路を横断しないという社会規範がある。

しかし，深夜に人通りの少ない交差点で，車が来ていないにもかかわらず赤信号で長時間待つ行為は，むしろ「過剰同調」として周囲から奇異な目で見られる可能性がある。この場合，規範に厳格に従う行動が，状況によっては一種の逸脱と見なされ得るのである。

　逸脱の定義は時間の経過や場所の変化によって異なる。例えば，日本では2022年に成人年齢が20歳から18歳に引き下げられた。これにより，18歳と19歳の若者の行動に対する社会の見方が変化した。また，離婚に対する社会の見方も時代とともに変化してきた。かつては家族の恥とされた離婚が，現代ではより一般的に受け入れられるようになっている。

　さらに，逸脱の定義は文化によっても異なる。東京の渋谷で正常と見なされる行動が，地方の保守的な町では非難の対象になる可能性がある。また，日本で許容される公共の場での飲酒が，イスラム教国では厳しく罰せられることもある。

　逸脱行動を定義する際の重要な点は，その行為が違反行為として観察され，定義され，逸脱としてラベル付けされる必要があることである。例えば，高校生が万引きをしたところを，店員に発見されたが，ただ謝罪と返却を求められただけの場合，その高校生は逸脱者とは見なされないかもしれない。しかし，店員が警察に通報し，高校生が少年院に送られた場合，その行為は広く知られ，結果として高校生は公然たる逸脱者となる。

　ここで，逸脱と統計的異常の概念の違いを明確にしておく必要がある。統計的異常とは，単に行動の発生頻度が正常水準から多かれ少なかれ逸脱していることを指す。例えば，鉄道の切符を集めるという趣味は統計的には異常かもしれないが，社会規範に違反するものではないため，社会学者はこれを社会的逸脱とは見なさない。一方，電車内での通話や自転車の二人乗りなどは，統計的にはより一般的な現象でも，少なくとも軽度の社会的逸脱行動と見なされる。

　逸脱行動を定義するもう一つの方法として，医学的類推がある。この視点では，順応は健康的で機能的なものと見なされ，社会システムの安定に寄与すると考えられる。これに対し，逸脱は病理的で機能障害的なものとされ，社会の安定を損なうと考えられる。しかし，この定義にも問題がある。何が健康な社会であるかを客観的に理解することは困難であり，さらに何がその健康を促進

するかを特定することはより難しい。加えて、後に見るように社会学者は特定の種類の社会的逸脱行動が実際には社会の秩序を維持する機能を促進することがあると観察している。

　逸脱行動の本質を理解するためには、その行為がどのような文脈で行われるかを考慮する必要がある。例えば、青少年犯罪の本質は、社会的地位や背景によって異なる認識を受けることがある。中産階級の若者たちが他の地域で非行を働いても、地元では優等生と見なされることが多い。一方、下層階級の若者たちは同じような行為をしても厄介者とされることが多い。これにより、彼らの非行は頻繁に警察に取り締まられ、その結果、彼らの多くは成人後も逸脱行動を続けることになる。

　逸脱行動の本質はまた、社会統制のメカニズムとも密接に関連している。社会統制とは、人々を重要な社会規範に従わせることを意図した社会的メカニズムを指す。逸脱行動は、その社会統制の枠組みを明確にし、強化する役割を果たすこともある。例えば、ある行為が逸脱とされ、その行為に対して社会全体がどのように反応するかが規範を明確にする。このようにして、逸脱行動は社会規範の定義を強化し、社会の秩序を維持するための役割を果たす。

　逸脱の定義における重要な視点として、ハワード・ベッカー（Howard S. Becker, 1928-）の提案がある。ベッカーは、逸脱を特定の行動に関連する品性として定義するのではなく、ある行動をする人とその行動を逸脱と呼ぶ人との間の社会的相互作用の結果として捉えることを提案している。このラベリングの観点は、逸脱を理解する上で重要な視点を提供している。

　以上のように、逸脱行動の定義と本質は単純ではなく、社会的文脈、時代、文化、そして相互作用のプロセスを考慮に入れる必要がある。この複雑性は、逸脱行動を研究する上での挑戦であると同時に、社会学的探究の豊かな領域を提供している。

2　逸脱行動の誤解と多様性

　逸脱行動について議論を進める前に、一般的に存在する誤解を解消することが重要である。通常、「逸脱」や「逸脱者」という言葉を聞くと、多くの人々は堕落者、変態者、精神疾患のある人などを連想しがちである。しかし、これ

らの概念に対する理解を深めるためには，いくつかの重要な点を念頭に置く必要がある。

第一に，逸脱行動は必ずしも悪いことや受け入れられないことではない。「逸脱」という用語は単に「従わない」ことを意味する。つまり，創造的な天才小説家，芸術家，作曲家などもまた「従わない者」として捉えることができる。時には，ある行動が逸脱的であっても，その規則が広く受け入れられていない場合，人々はその逸脱を不道徳とは考えない。例えば，日本の歴史を振り返ると，第二次世界大戦後の闇市での活動は法的には違法であったが，多くの人々にとって生活の糧を得る手段として受け入れられていた。

第二に，逸脱とみなされる行動は常に自発的なものではない。例えば，身体障害を持つ人々が社会的に不当な扱いを受けることがある。これは，社会の規範や制度が，特定の身体的特徴や能力を「標準」として前提にしているためである。つまり，身体障害を持つ人々は，社会の規範が暗黙のうちに想定する「標準的な」身体機能や能力とは異なる特性を持つがゆえに，時として逸脱者と見なされる場合がある。

しかし，社会は身体的特徴の多様性が個人の意志で制御できないものであることを認識しているため，この種の「逸脱」は比較的寛容に扱われる傾向がある。同時に，この認識は社会の規範や制度自体の再考を促す契機ともなっている。

第三に，逸脱行動は必ずしも犯罪行為ではない。多くの犯罪行為は逸脱行動であるが，すべての逸脱行動が犯罪というわけではない。一般的に，ある行動は(1)逸脱であり，かつ犯罪である場合，(2)犯罪であるが逸脱ではない場合，(3)逸脱であるが犯罪ではない場合がある。例えば，内部告発（企業や政府内での不正行為の報告など）は広く逸脱行動と見なされるが，犯罪ではない。内部告発は社会に多くの正機能を持つ可能性がある。肥満の人，刺青を入れた人，新興宗教の信者なども逸脱者であるが，彼らの逸脱は社会規範からの逸脱であり，犯罪行為ではない。

第四に，逸脱行動は，賛同されないにもかかわらず，普遍的な文化現象である。エミール・デュルケーム（Émile Durkheim, 1858-1917）は「逸脱は，いかなる健全な社会にも不可欠な部分である」と指摘した。社会学者たちは，その

成員の多くの行動を逸脱として定義しない社会を聞いたことがない。例えば，現代の基準からすれば高度に従順な人々である江戸時代の武士階級でさえ，その成員の多くの行動が非難に値すると考えられていた。武士の間では，華美な衣装の着用や賭博への参加などが逸脱行動とされ，厳しく規制されていた。

第五に，逸脱は個人によって行われることもあれば，集団や組織によって行われることもある。横領のような特定のタイプの犯罪や逸脱は，個人の行動の結果である。一方，暴走族や極端な政治団体による犯罪行為は集団的なものである。さらに，深刻な逸脱は企業や政府機関によって行われることもある。例えば，企業が違法に有害廃棄物を投棄する場合，その企業は逸脱者となる。また，政府機関が憲法に違反して特定の個人や団体を不当に監視する場合，その機関も逸脱者となる。

逸脱行動の多様性を理解するためには，その性質や影響に応じた分類を考慮する必要がある。軽微な逸脱行動は，社会規範に反するものの比較的軽い罰則や非難を受ける行為を指す。例としては，公共の場での軽い迷惑行為や学校での軽度のルール違反などが挙げられる。これに対して，重大な逸脱行動は，法律に違反し，重い罰則や社会的な制裁を受ける行為を指す。窃盗や暴力行為，詐欺などがこれに該当する。さらに，道徳的逸脱行動は，法律には反しないが倫理的に問題があるとされる行為を指し，他人を欺く行為や不誠実な行動などが含まれる。

逸脱行動の評価は，社会的な文脈や状況によっても大きく異なる。例えば，路上での飲酒行為を考えてみよう。通常，多くの地域では路上飲酒は望ましくない行為とされるが，その評価は状況によって大きく変化する。普段の平日であれば，路上飲酒は迷惑行為と見なされ，注意や警告の対象となる可能性が高い。しかし，年末年始やお花見シーズンなど，特定の時期には同じ行為がより寛容に扱われ，むしろ祝祭的な雰囲気の一部として受け入れられることがある。一方で，未成年者の飲酒問題が社会的に注目されている時期には，路上飲酒に対する取り締まりが厳しくなり，成人であっても逮捕や罰金の対象となる可能性が高まる。このように，逸脱行動の認識は一貫しておらず，社会的な状況や時期，その時々の社会情勢や法執行の方針によって流動的である。

さらに，逸脱行動は社会の異なる階層やグループ間で異なる評価を受けるこ

とがある。例えば，外国人労働者やエスニック・グループは，その行為が同じであっても，地元の人々や多数派のグループに比べて厳しく評価されることが多い。夜の街で働く外国人女性が逮捕されやすい一方で，高級クラブのホステスはそうでない場合がある。このように，社会的地位や背景が逸脱の評価に大きな影響を与える。

以上のように，逸脱行動に関する誤解を解消し，その多様性を理解することは，より深い社会学的洞察を得るために不可欠である。逸脱は単に社会規範からの逸脱を意味するだけでなく，社会の複雑性や多様性を反映する現象として捉えることが可能となる。この理解は，社会政策や法制度の策定，さらには社会的包摂の促進にも重要な示唆を与えるものである。

3　社会統制のメカニズム

社会統制は，逸脱行動を防止し，規範遵守を促進するための社会的努力である。社会統制には主に二つの形態がある。内的社会統制と外的社会統制である。これらの統制メカニズムは，社会の秩序維持と規範の遵守に重要な役割を果たしている。

内的社会統制は，人々が自己動機づけによって遵守的に行動するように導くプロセスを指す。これは社会化の過程の一部であり，社会規範の内面化を通じて実現される。内面化が成功すると，個人は通常，誰も監視していない場合でも規範を遵守し続ける。例えば，他人の金を盗まないという行為は，逮捕や投獄を恐れるからではなく，盗むことが間違っていると信じているからである。この場合，個人の良心が社会統制の内的メカニズムとして機能している。

内面化は逸脱行動に対する社会統制の最も効果的な方法である。おそらくすべての人が逸脱衝動を経験したことがあるが，社会規範の内面化は，これらの衝動を「許容範囲内」に抑える傾向がある。人々は時に親や教師，友人に嘘をつくかもしれない。店から物を盗んだり，雇用主をだまして休暇を取ったりすることもあるかもしれない。しかし，ほとんどの場合，内面化された社会規範は自責の念や罪悪感を引き起こし，自尊心を低下させる。その結果，逸脱行動は放棄される可能性が高くなる。

内的統制の形成には，社会化の過程が重要な役割を果たす。ジョージ・ハー

バート・ミード（George Herbert Mead, 1863-1931）が提唱した社会化理論によれば，個人はその社会の文化や価値観，規範を学び，それを内面化する過程を経る。この過程は家庭，学校，職場，友人関係など，さまざまな場で行われる。例えば，家庭では親が子供に規範を教え，学校では教師がルールを守る重要性を教える。友人関係では，仲間の影響を受けて行動が形成される。

内的統制はまた，社会の安定と秩序の維持にとっても重要である。デュルケームが指摘したように，社会規範が広く内在化されることで，社会全体の一貫性と協調が保たれる。個々の行動が規範に基づいているため，予測可能であり，他者との相互信頼が形成される。これにより，社会は秩序を保ち，円滑に機能する。

一方，外的社会統制は，さまざまな公式・非公式の社会的制約を用いて人々に規範の遵守を促す外部からの圧力を指す。外的社会統制には，社会的制裁の使用が含まれる。これらの制裁の中には非公式なものもあり，日常生活で私たちと相互作用する人々の行動を通じて実現される。他の制裁は公式のものであり，特別な責任を負う社会機関を通じて実施される。

非公式の社会統制メカニズムは，主に第一次集団の機能である。チャールズ・クーリー（Charles Cooley, 1864-1929）が提唱した第一次集団の概念は，家族や親密な友人集団など，個人に直接的で強い影響を与える集団を指す。否定的な制裁の範囲は，集団の不承認の態度から完全な拒絶，さらには身体的懲罰にまで及ぶ。同輩の反応は非常に重要な非公式の社会統制メカニズムである。トラヴィス・ハーシ（Travis Hirschi, 1935-2017）の研究によれば，人々は規則を破らせようとする刺激を受けても，しばしば友人や家族からの尊敬を維持するためにそれらの衝動を抑制する。この状況は過大評価されている可能性があるが，日常生活における非公式の制裁の重要性は否定できない。

第一次集団の外では，非公式な社会統制は通常，職場で適用され，逸脱が発生したときにたまたまその場にいる人々によって使用される。例えば，ある従業員が他の従業員を叱責したり，教師が生徒の薬物使用を両親に非公式に報告したり，近所の人が他の子供をいじめている子供を叱ったりすることがある。

非公式の制裁は非常に効果的である可能性があるが，その効果はしばしば限定的である。その理由の一つは，このような制裁が通常不確実だからである。

個人の逸脱行動が発見された後，罰がある場合，彼らはどのような罰が続くのか本当にわからない。もう一つの理由は，個人的な感情，関連する社会的地位，集団の団結の絆が，人々が社会的制裁を適用する意欲と能力を減少させる可能性があることである。

親密な友人集団の団結感は，社会統制に対して矛盾する二つの方法で影響を与える可能性がある。ジョージ・C・ホーマンズ（George C. Homans, 1910-1989）の小集団研究に基づけば，逸脱は団結への脅威であるため，集団はそれを制限しようとする。しかし，逸脱した仲間に対して強い制裁を使用することを同じ意識が抑制する。研究によれば，親密な集団のメンバーは，以下の三つの場合を除いて，逸脱者を保護する傾向がある：(1)逸脱が外部から容易に察知される場合，(2)逸脱者がすぐに集団のメンバーとして認識される可能性がある場合，(3)集団がその逸脱者の行動のために深刻な罰を受ける可能性がある場合。

フォーマルな社会統制は，法制度や行政機関，司法機関などによって公式に行われる制裁を指す。これには警察，裁判所，刑務所などが含まれ，法律に基づいた罰則が適用される。マックス・ウェーバー（Max Weber, 1864-1920）の官僚制理論に基づけば，フォーマルな社会統制は，その厳格さと一貫性によって個人の行動を強力に抑制する力を持つ。例えば，交通違反に対しては罰金や免許停止といった具体的な罰則が設けられており，これが抑止力として機能する。

このように，社会統制は内的・外的メカニズムを通じて機能し，社会の秩序維持に重要な役割を果たしている。しかし，その効果は常に完全ではなく，さまざまな要因によって影響を受ける複雑なプロセスである。

4　逸脱の社会的機能

逸脱行動は一般的に社会にとって望ましくないものと考えられがちだが，社会学者たちは，逸脱が時として社会システムの機能向上や理想的な方向への変化に寄与することがあると考えている。本節では，逸脱の社会的機能について詳細に検討する。

まず，逸脱は社会規範を明確化し定義する上で重要な役割を果たす。多くの社会規範は，それが破られるまで曖昧なままである。この時，逸脱に対する集

団の反応が規範を明確にする。例えば，共同キッチンを使用する学生たちが，シンク，コンロ，冷蔵庫を清潔に保つというルールを設けたとする。しかし，「清潔」という言葉は曖昧で，各学生が具体的に何をすべきか完全には理解していない可能性がある。もし，ある学生がコンロに少し汚れを残しても誰も気にしないかもしれないが，別の学生が汚れた皿をキッチン中に散らかしたら，皆から苦情が出るだろう。このような事態を通じて，キッチンの利用者たちは「清潔」の意味をよりよく理解することができる。

次に，逸脱は集団の団結を促進する機能を持つ。ミードによれば，「違反者に対する敵対的態度は，破壊的行為に対してコミュニティの全メンバーを感情的に団結させるという特異な利点がある」。集団のメンバーは，逸脱に対してメンバーたちが共通する態度を持っていることを発見し，多くの場合，逸脱を制御し阻止するために共同行動を取る必要がある。

逸脱行動は，一見すると集団にとって問題を引き起こすように見えるが，実際には集団の団結や社会の変革に寄与する場合がある。まず，集団の団結という観点では，逸脱者の存在が逆説的に集団の結束を強める要因となることがある。集団が逸脱したメンバーを外部の批判から守ろうとしたり，そのメンバーが社会規範に適応できるよう支援したりする過程で，集団全体の連帯感が高まるのである。これらの行動は，集団の一体性を維持するための必要な投資として捉えられ，結果的に集団の絆を深める。

さらに，逸脱は社会システムに必要な変化をもたらす機能も持っている。特定の逸脱者の行動をきっかけに，他の集団メンバーが既存のルールの問題点や矛盾に気づき，それが最終的にルールの変更につながることがある。例えば，日本の公民権運動において，差別的な慣行や法律に対する非暴力的な抵抗運動は，それらの不公平さに全国的な注目を集めた。この運動は最終的に法律の改正という形で実を結んだのである。

また，意図的な社会変革運動を伴わなくても，当初は逸脱と見なされていた行動が徐々に社会に受け入れられていく例もある。例えば，ファッションとしてのタトゥーの普及や，男性の育児休業取得などが，時間の経過とともに社会に受容されていった一例である。

このように，逸脱行動は単に社会秩序を乱すものではなく，集団の団結を促

進したり，社会変革のきっかけとなったりする重要な機能を持っている。

　逸脱はまた，人々がより規範を遵守しようとする意欲を促進する機能も持っている。これは，逸脱が失敗し，罰せられる場合にのみ発生する。すべての人が規範を遵守している場合，遵守は特に美徳とは見なされない。しかし，ある逸脱者が罰せられると，規則を破らなかった人々は「報酬」を受け取る。つまり，罰せられずに「正しいこと」をしたという感覚を得る。遵守者の規則を守る意欲が強化される。

　一方で，逸脱が社会の機能不全をもたらす可能性もある。社会には大量の逸脱を吸収し，深刻な結果を免れる能力があるため，特定の逸脱行動や特定の人の逸脱が社会の機能に影響を与えることは稀である。しかし，長期的または広範囲にわたる逸脱は，いくつかの方法で社会の機能不全につながる可能性がある。

　まず，逸脱が広く蔓延すると，人々の規範の遵守への動機を弱める可能性がある。例えば，すべての友人が脱税をしているなら，なぜ正直でなければならないのか。逸脱と遵守が同じ報酬を得るのであれば，なぜ遵守する必要があるのか。

　さらに，逸脱は生活を予測不可能で危険なものにする可能性がある。すべての複雑な社会的相互作用は，人々が通常自分の役割の位置を固守するという前提に基づいている。特に高い地位の人々が，他の人々が遵守すると期待される社会規則を守らない場合，正常な社会生活の進行に問題が生じ，危険にさらされる可能性がある。例えば，ほぼすべての人が左側通行の規則を守るからこそ，私たちは高速道路で安全だと感じられる。

　社会学的視点から見ると，逸脱行動は単に否定的なものではなく，社会の変革や進歩に寄与する側面もある。逸脱行動が社会の不公平や矛盾を浮き彫りにし，その結果として社会改革が促進されるというように，逸脱行動が社会にとって必要な変化をもたらす触媒となることもある。

　逸脱の社会的機能を理解することは，社会政策の立案や実施において重要な意味を持つ。単に逸脱行動を抑制するだけでなく，その行動が社会にもたらす可能性のある肯定的な変化や影響も考慮に入れる必要がある。例えば，市民の抗議行動は短期的には社会の秩序を乱す可能性があるが，長期的には社会の不

公正を是正し，より公平な社会システムを構築するきっかけとなる可能性がある。

このように，逸脱行動は社会にとって両刃の剣であり，その影響は複雑で多面的である。社会規範の明確化，集団の団結強化，社会変革の促進，規範遵守意欲の向上といった肯定的な機能がある一方で，広範囲に及ぶ場合には社会の機能不全をもたらす可能性もある。これらの機能を理解し，バランスを取ることが，健全な社会の維持と発展にとって重要である。

5 逸脱と社会機能の破綻

社会は通常，多くの逸脱行動を吸収し，それに対処する能力を持っている。しかし，長期的または広範な逸脱行動は社会機能の破綻を引き起こす可能性がある。これが起こると，社会全体の安定と秩序が脅かされる。以下では逸脱行動が社会機能にどのような影響を与え，どのようにして社会的機能の破綻につながるかを検討する。

まず，逸脱行動が広がると，人々のルール遵守の動機が弱まり，全体的な規範意識が低下する。例えば，試験で多くのクラスメートがカンニングをしているのを知れば，他の学生も「なぜ真面目に勉強する必要があるのか」と考え始めるかもしれない。結果として，正直に努力することが無意味と感じられ，全体の学習意欲が低下する。この現象は，社会学者ロバート・マートン（Robert K. Merton, 1910-2003）が提唱した「アノミー理論」と関連している。マートンによれば，社会の文化的目標と制度的手段の間に乖離がある場合，人々は逸脱行動を選択する可能性が高まる。試験の例で言えば，良い成績という文化的目標が，正当な手段（勉強）では達成困難と感じられる場合，不正行為という逸脱行動が選択されやすくなる。

さらに，逸脱行動は生活を予測不可能で危険なものにする可能性がある。社会的なルールや規範は，人々が自分の役割を守ることを前提として機能している。もし多くの人々がこれを守らなくなると，社会生活は混乱し，危険が増す。例えば，すべてのドライバーが交通ルールを守らなければ，道路上の安全が脅かされる。また，トランポリンで遊ぶ人々は監督者が安全を確保してくれることを期待しているが，監督者がその役割を果たさない場合，重大な事故が発生

する可能性がある。このように，逸脱行動は相互信頼の基盤を弱め，社会生活の通常の流れに問題を生じさせる。

　逸脱が社会機能の破綻を引き起こすもう一つの理由は，逸脱行動が基本的な社会機関への信頼を破壊することにある。例えば，政治腐敗や企業の不正行為が広がると，政府や企業に対する信頼が失われる。これにより，市民は法や規則を守る意欲を失い，さらなる逸脱行動を誘発する悪循環に陥る可能性がある。このような信頼の崩壊は，社会全体の機能を著しく低下させる。社会学者ニクラス・ルーマン（Niklas Luhmann, 1927-1998）が指摘したように，信頼は社会システムの複雑性を縮減し，円滑な機能を可能にする重要な要素である。したがって，信頼の崩壊は社会システム全体の機能不全につながる。

　社会解体（social disorganization）とは，社会の秩序が崩壊する状態を指す。シカゴ学派の社会学者たちが提唱したこの概念は，高度に組織された社会は，多くの逸脱行動に対しても比較的安定を保つことができるが，大勢の人々が長期間にわたって逸脱行動を続けると，基本的な社会機関への信頼が深刻に損なわれることを示している。また，過度の逸脱行動だけでなく，戦争や人口変動，技術革新，自然災害なども社会解体を引き起こす可能性がある。例えば，洪水や火災といった災害は，一時的に社会の秩序を乱し，社会の再建を困難にする要因となり得る。

　社会機能の破綻はまた，逸脱行動が引き起こす社会的なコストにも関連している。逸脱行動が広がると，それを取り締まるための法執行機関や司法システムの負担が増加する。例えば，犯罪率が高まると警察や裁判所，刑務所の負担が増え，それに伴うコストも増加する。これにより，他の公共サービスへの資源配分が減少し，全体的な社会福祉が低下する可能性がある。この現象は，社会学者ジェームズ・Q・ウィルソン（James Q. Wilson, 1931-2012）とジョージ・L・ケリング（George L. Kelling, 1935-2019）が提唱した「割れ窓理論」とも関連している。この理論によれば，小さな秩序違反（例えば，窓ガラスの破損）を放置すると，より重大な犯罪を招く可能性がある。つまり，軽微な逸脱行動への対処を怠ることが，より深刻な社会機能の破綻につながる可能性がある。

　さらに，逸脱行動が長期間続くと，社会全体の倫理観や価値観が変質することがある。例えば，長期間にわたって高い犯罪率が続くと，犯罪行為が「普通

のこと」として受け入れられるようになる可能性がある。このような価値観の変質は、次世代においても逸脱行動を助長し、社会全体の倫理的基盤を揺るがす結果となる。これは、エドウィン・サザーランド（Edwin Sutherland, 1883-1950）が提唱した「分化的接触論（differential association theory）」とも関連している。この理論によれば、人々は他者との相互作用を通じて逸脱行動を学習する。したがって、逸脱行動が広く受け入れられる環境では、次世代もその行動を「正常」なものとして学習し、継承してしまう可能性が高まる。

このように、逸脱行動は社会機能の破綻を引き起こす潜在的なリスクを持っている。逸脱行動が広がると、規範遵守の動機が弱まり、生活の予測可能性が低下し、基本的な社会機関への信頼が損なわれる。さらに、逸脱行動が長期間続くことで社会全体の価値観が変質し、次世代においても逸脱行動が続く悪循環に陥る可能性がある。このようなリスクを防ぐためには、社会全体で逸脱行動の抑制と規範遵守の強化に努める必要がある。同時に、逸脱行動の根本的な原因に取り組み、社会的不平等や疎外感の解消、教育の充実など、総合的なアプローチを取ることが重要である。

6　逸脱行動の理論的視点

逸脱行動の理論的視点を理解するためには、デュルケームのアノミー概念とマートンの構造的緊張理論が重要な枠組みを提供する。これに加えて、他の研究者による多様な理論も考慮することが有益である。

まず、デュルケームは、社会が急激に変化するときに発生する状態を「アノミー」と呼んだ。アノミーとは、既存の社会規範が崩れ、個人が道徳的な指針を失う状態を指す。デュルケームの研究は、特に自殺の増加に焦点を当てており、社会的規範が失われることで個人が孤立し、絶望感を抱くことが自殺の原因となると説明している。例えば、急速な経済変動や社会的混乱が個人の生活に大きな影響を与え、結果として社会的なつながりが弱まることで、個人は孤立感を感じやすくなる。このような状況では、個人が逸脱行動に走る可能性が高まる。

次に、マートンの構造的緊張理論は、逸脱行動が社会構造と文化的目標の間の緊張から生じると主張する。この理論は、デュルケームのアノミー概念に基

づいており，社会の文化的目標と制度的手段の間に緊張や衝突があるときに逸脱行動が発生しやすいとされる。具体的には，社会が成功を強調する一方で，その成功を達成するための正当な手段が限られている場合，個人は非正統的な手段を選ぶことがある。これが逸脱行動の発生につながる。マートンは，目標達成の機会が阻まれている状況における個人の適応様式を五つに分類した。「同調」「革新」「儀礼主義」「逃避主義」「反抗」である。「同調」は文化的目標と制度的手段の両方を受け入れる適応様式である。これは社会の安定性を維持する上で重要である。「革新」は，目標を受け入れながらも正当な手段を拒否し，代わりに違法な手段を用いることである。「儀礼主義」は，目標を放棄しながらも制度的手段を固守する適応様式であり，「逃避主義」は，目標も手段も放棄して現実社会から撤退することを指す。「反抗」は，現行の文化的目標と制度的手段を拒否し，新しい価値を提示するものである。

　ベッカーのラベリング論も逸脱行動の理解において重要な視点を提供する。この理論は，逸脱が社会的相互作用の結果として生じることを強調する。ベッカーによれば，ある行為が逸脱とされるのは，社会がその行為に対してレッテルを貼る結果である。例えば，ある行為が一部の人々によって逸脱と見なされれば，その行為を行った個人は逸脱者として扱われることになる。ラベリング論は，逸脱が単なる個人の行動ではなく，社会的な反応や定義づけのプロセスによって形成されることを示している。

　リチャード・クラワード（Richard A. Cloward, 1926-2001）とロイド・オーリン（Lloyd E. Ohlin, 1918-2008）の文化伝達理論は，逸脱行動が社会環境から学習されると主張する。彼らの研究は，シカゴ近郊の犯罪率の高い地域において，新しく来た人々が既存の住民から逸脱行動を学ぶことを示している。この理論は，逸脱行動が同調の形で社会環境から学習されることを示唆している。例えば，犯罪率の高い地域に移り住んだ若者が，その地域の非行グループと接触することで犯罪的な価値観や技術を習得していく過程を説明することができる。

　ハーシの社会的絆理論も逸脱行動の理解において重要な視点を提供する。ハーシは，社会的絆が強いほど逸脱行動が減少することを主張した。彼は，愛着，コミットメント，参加，信念の四つの要素が社会的絆を形成し，これが逸脱行動の抑制に寄与することを示した。例えば，家族や友人との強い絆を持つ

人々は，逸脱行動を取る可能性が低い。この理論は，社会との結びつきが弱い個人ほど逸脱行動に走りやすいことを示唆している。

さらに，ロナルド・エイカース（Ronald L. Akers, 1939-2018）の社会学習理論も逸脱行動の理解に重要な貢献をしている。この理論は，逸脱行動が他者の行動を観察し模倣することで学習されると主張する。エイカースは，差別的強化，模倣，定義，一般的強化の四つの主要な概念を用いて，人々が逸脱行動を学習し，継続または中止する過程を説明している。例えば，若者が仲間の薬物使用を観察し，その結果得られる快感や仲間からの承認を見ることで，薬物使用という逸脱行動を学習する可能性がある。

これらの理論に加えて，ロバート・アグニュー（Robert Agnew, 1953-）の一般緊張理論も重要である。この理論は，マートンの構造的緊張理論を拡張し，より広範な種類の社会的ストレスが逸脱行動を引き起こす可能性があることを示している。アグニューは，目標の達成失敗，価値ある刺激の喪失，否定的刺激の存在という三つの主要な緊張源を特定し，これらの緊張が怒りや欲求不満を生み出し，結果として逸脱行動につながると主張している。

これらの理論は，逸脱行動を異なる角度から分析し，その複雑な性質を理解するための多様な視点を提供している。社会構造や規範の変化，社会的相互作用や環境，学習プロセス，社会的絆の強さなど，さまざまな要因が逸脱行動の発生と持続に影響を与えている。これらの理論を総合的に理解し，適用することで，社会は逸脱行動に対するより効果的な対策を講じ，健全な社会を維持するための施策を展開することができるであろう。

7　ラベリング論と逸脱の過程

ラベリング論は，逸脱行動の原因ではなく，そのプロセスに焦点を当てる独特の社会学的アプローチである。この理論は，シンボリック相互作用論（第4章参照）の考えを取り入れ，逸脱の相対性を強調する。ラベリング論者たちによれば，ある行為とその行為者は，他者によって逸脱としてレッテルを貼られたときにのみ逸脱となる。

エドウィン・レメート（Edwin Lemert, 1912-1996）は，ラベリング論を最初に研究した社会学者の一人である。レメートは二種類の逸脱を区別した。一次

的逸脱は，社会規範に違反する行為に偶発的に関与することを指し，個人の心理的イメージや社会的役割の遂行に持続的な影響を与えない。例えば，若者が一度だけ盗みを働いた場合，その行為が発覚せず，繰り返されなければ，その行為は一次的逸脱と見なされる。

　一方，二次的逸脱は，社会規範に違反する行為に関与し，他者から逸脱者としてレッテルを貼られ，逸脱者自身もそのレッテルを受け入れる場合を指す。二次的逸脱においては，逸脱者は逸脱者の役割を中心に自らの行動と自己概念を再構築する必要がある。彼らは特定の方法で服を着たり，彼ら自身しか知らない特別な俗語を使用したりするかもしれない。彼らが自分自身をより明確に逸脱者として定義すればするほど，他者からも逸脱者として扱われる可能性が高くなる。時間が経つにつれ，彼らの評判を知らない人々でさえ，彼らが呈する姿から一目で逸脱者だと判断するかもしれない。

　ラベリング論者たちは，職業的逸脱者になるプロセスを三つの主要なステップに分けている。第一のステップは，権威者や親密な関係にある人々による逸脱行動の察知である。例えば，学校の教師が生徒の不正行為を発見する場合がこれに該当する。第二のステップは，逸脱者へのレッテル貼りである。この段階では，発見された逸脱行動に対して社会が公式に反応し，逸脱者としてのレッテルを貼る。第三のステップは，逸脱集団や逸脱サブカルチャーが，その集団や文化に加入する人に逸脱行動の社会的支持を提供することである。これら三つのステップを経験すると，その人は逸脱的な方法を放棄し，規範遵守に戻ることが困難になる。このようにして個人は逸脱のキャリアを開始し，逸脱サブカルチャー内の逸脱的アイデンティティと生活様式を受け入れる。

　ベッカーは次のような指摘をしている。社会規範から逸脱した者，すなわち「逸脱者」と呼ばれる者は，そのレッテルがその人物の最も顕著な特徴となることが多い。他に際立った特徴がない場合，その人物は「逸脱者」としてのみ認識されがちである。これは重要な問いを投げかける。「どのような人物が，そのような重要な規範を破るのか」と。その答えは以下のようなものであろう。「一般的な人々とは異なる者。通常の振る舞いができない者，あるいはそうしようとしない者。それゆえ，他の重要な規範も破る可能性がある者」である。このようにして，「逸脱者」というレッテルが，その人物の行動を規定するよ

うになる。

　ラベリング論はまた，スティグマと呼ばれる概念とも深く関連している。スティグマとは，社会的な決めつけを意味し，特定の属性や状態を持つ個人がそれによって社会的に排除されたり差別されたりすることを指す。この概念を初めて社会学に取り入れたのはアーヴィング・ゴッフマン（Erving Goffman, 1922-1982）であり，彼は「スティグマの社会学」の中でこの問題を詳細に分析した。ゴッフマンは，スティグマを持つ人々が社会的にどのように不利益を被るか，そしてその背景にある社会的メカニズムを明らかにした。

　スティグマは，個人が望むアイデンティティと他者から押し付けられたアイデンティティとの間にズレを生じさせる。例えば，身体的な障害を持つ人が社会から「無能力」と見なされることが挙げられる。このような決めつけは，その人の社会的地位を低下させ，教育や仕事の機会を制限する結果となる。ゴッフマンは，社会集団の構成員がネガティブな偏見や固定観念を持たないようにすることが重要であり，スティグマを持つ人々を不公正に扱わないようにする必要があると強調した。

　ラベリング論の具体例として，学校でのいじめ問題を挙げることができる。ある生徒がいじめの被害を受け続けると，その生徒に対して不当なレッテルが貼られ，それが自己評価の低下や社会的スキルの発達阻害につながることがある。このレッテルが貼られることで，その生徒は自己評価を低下させ，社会的スキルの発展が阻害される。さらに，教師や親がその生徒を「いじめられっ子」として扱うことで，状況は悪化し，その生徒はますます孤立する可能性がある。このように，ラベリングは個人の行動や自己認識に深刻な影響を与え得る。

　ラベリング論は批判を免れているわけではない。人々に逸脱者としてレッテル付けすることが，彼らを実際に逸脱者にするという主張は，しばしば誇張されていると指摘されている。多くの犯罪行為は，主に大きな金銭的利益をもたらすため，あるいは逸脱のレッテル付けとは無関係の他の理由で行われている。例えば，経済的困窮，ピア・プレッシャー（仲間からの圧力），アディクション（依存症），あるいは単純に個人的な選択などが，犯罪行為の背景にある可能性がある。

さらに，たとえレッテル付けが逸脱行動を継続する部分的な理由になるとしても，それは最初の逸脱行動を説明することはできない。つまり，ラベリング論は，なぜ人々が最初に逸脱行動を起こすのかという根本的な問いに対して，十分な説明を提供していない。

前述のように，ラベリング論は逸脱行動が社会的にどのように形成され，持続するかを理解するための重要な視点を提供している。この理論は，逸脱行動が単なる個人的な規範違反ではなく，社会的な過程によって形作られることを強調している。逸脱行動を理解し，その影響に適切に対処するためには，社会がどのようにして逸脱行動を定義し，反応するかを深く考察する必要がある。

8 逸脱行動への対応とその後

逸脱行動への対応とその後を考察するにあたり，まず社会が変化する逸脱行動に対して柔軟に対応し，適切な統制と支援を提供することが求められることを認識する必要がある。この課題に取り組むためには，多面的なアプローチが不可欠である。

第一に，教育を通じた規範意識の育成が重要である。学校教育や家庭教育を通じて，社会規範の重要性を理解させることが必要である。これは単に規則を教え込むことではなく，批判的思考能力を養い，規範の背景にある社会的価値を理解させることを意味する。例えば，道徳教育や社会科の授業を通じて，生徒たちに社会規範の意義や逸脱行動がもたらす影響について考えさせる機会を設けることが有効である。また，ロールプレイングや事例研究などの参加型学習方法を活用することで，生徒たちが実践的に規範意識を身につけることができる。

第二に，福祉制度の整備が必要である。社会的不平等や貧困など，逸脱行動の背景にある社会的要因に対処するための支援システムが求められる。これには，失業者支援，低所得者向けの住宅支援，メンタルヘルスケアなどが含まれる。例えば，若年層の犯罪予防のために，リスクの高い青少年を対象とした職業訓練プログラムや，メンターシップ制度を導入することが考えられる。また，薬物依存者に対する治療プログラムの充実や，出所者の社会復帰支援など，包括的な福祉サービスの提供が重要である。

第三に，法制度の適切な運用が求められる。逸脱行動に対する適切な罰則や対策を講じつつ，過度に厳格にならないバランスが必要である。これには，修復的司法の概念を取り入れることが有効である。修復的司法は，犯罪者の処罰だけでなく，被害者の回復や加害者の社会復帰にも焦点を当てる。例えば，軽微な犯罪に対しては，コミュニティサービスや被害者との対話プログラムなど，代替的な処遇方法を検討することができる。また，累犯者に対しては，刑罰と社会復帰支援プログラムを組み合わせた総合的なアプローチを採用することが効果的である。

第四に，社会的包摂の促進が重要である。スティグマを減らし，多様性を受け入れる社会づくりが必要である。これには，マイノリティグループや社会的弱者に対する理解を深めるための啓発活動や，インクルーシブ教育の推進などが含まれる。例えば，企業や公共機関における多様性研修の実施や，メディアを通じた偏見解消キャンペーンなどが考えられる。また，元受刑者の雇用促進や，障害者の社会参加支援など，具体的な包摂政策の実施も重要である。

第五に，国際的な協力体制の構築が不可欠である。グローバル化に伴い，国境を越えた逸脱行動に対処するための国際的な協力体制が必要である。これには，人身売買や国際テロリズム，マネーロンダリングなどの国際犯罪に対する共同対策の強化が含まれる。例えば，各国の法執行機関間での情報共有システムの構築や，国際的な逮捕状システムの改善などが考えられる。また，途上国における法執行能力の向上支援や，国際的な犯罪防止基準の策定なども重要である。

第六に，テクノロジーの進化への対応が必要である。新たな形の逸脱行動に対応できるよう，法制度や社会システムを柔軟に更新する必要がある。例えば，サイバー犯罪や個人情報の不正利用など，デジタル時代特有の逸脱行動に対処するための法整備や専門家の育成が求められる。また，人工知能やビッグデータを活用した犯罪予測システムの開発や，ソーシャルメディアを通じた早期介入プログラムの実施など，テクノロジーを逸脱行動の予防や対策に積極的に活用することも重要である。

これらの対策を実施する上で，常に社会の変化と逸脱の概念の変化に注意を払う必要がある。かつて逸脱とされていた行動が現在では受容されるように

なった例も多く，社会の価値観の変化に応じて法制度や社会システムを柔軟に調整していくことが求められる。例えば，同性愛や一部の薬物使用に対する社会的態度の変化は，法制度の見直しにつながっている。

また，予防的アプローチの重要性も強調されるべきである。逸脱行動が発生した後の対応だけでなく，その発生を未然に防ぐための取り組みが必要である。これには，早期教育介入プログラムや，リスク要因を持つ個人や家族への支援など，予防的な施策が含まれる。

以上のような多面的なアプローチを通じて，社会は逸脱行動に効果的に対応し，より安全で包摂的な社会を実現することができるだろう。しかし，これは継続的な努力と柔軟な適応を必要とする長期的な課題である。社会の変化に応じて，逸脱行動への対応策も常に進化し続ける必要がある。

本章のポイント

逸脱行動の定義と本質 逸脱行動は社会規範に違反する行為だが，その定義は時間，場所，文化によって変化する。逸脱は単なる統計的異常とは異なり，社会的な文脈で理解する必要がある。

逸脱行動の多様性 逸脱行動にはさまざまな種類があり，必ずしも悪いことや犯罪とは限らない。創造的な天才も「逸脱者」と見なされることがある。

社会統制のメカニズム 内的社会統制（内面化された規範）と外的社会統制（社会的制裁）が存在し，これらが逸脱行動を抑制する。

逸脱の社会的機能 逸脱行動は社会規範の明確化や集団の団結強化など，一定の社会的機能を持つ。

逸脱と社会機能の破綻 広範な逸脱行動は社会の機能不全をもたらす可能性がある。

逸脱行動の理論的視点 アノミー理論，構造的緊張理論，ラベリング論など，さまざまな理論が逸脱行動を説明しようとしている。

ラベリング論と逸脱の過程 ラベリング論は，逸脱が社会的相互作用の結果として生じることを強調する。

逸脱行動への対応と未来の展望 教育，福祉制度の整備，法制度の適切な運用，社会的包摂の促進など，多面的なアプローチが必要である。

スティグマと社会的排除 スティグマは，特定の属性や状態を持つ個人が社会的に排除されたり差別されたりすることを指す。アーヴィング・ゴッフマンの研究により，スティグマが個人のアイデンティティや社会的機会に与える影響が明らかにされた。スティグマの解消は，

逸脱行動への対応において重要な課題である。

予防的アプローチと研究の重要性　逸脱行動に対しては，事後的な対応だけでなく予防的なアプローチが重要である。早期教育介入プログラムやリスク要因を持つ個人・家族への支援など，予防的施策の実施が求められる。また，逸脱行動に関する継続的な研究とその知見の政策への反映が不可欠である。エビデンスに基づく政策（Evidence-Based Policy）の推進が，効果的な逸脱行動対策につながる。

参考文献

アーヴィング・ゴッフマン（石黒毅訳）1970年『スティグマの社会学』せりか書房

宝月誠（1990年）『逸脱論の研究——レイベリング論から社会的相互作用論へ』恒星社厚生閣

見田宗介ほか編1998年『社会学文献事典』弘文堂

G・L・ケリング／C・M・コールズ（大塚尚ほか訳）2004年『割れ窓理論による犯罪防止——コミュニティの安全をどう確保するか』文化書房博文社

トラヴィス・ハーシ（森田洋司／清水新二監訳）2010年『非行の原因——家庭・学校・社会へのつながりを求めて（新装版）』文化書房博文社

日本社会学会理論応用事典刊行委員会編集（2017年）『社会学理論応用事典』丸善出版

エミール・デュルケーム（宮島喬訳）2018年『自殺論』中央公論新社

ハワード・S・ベッカー（村上直之訳）2019年『完訳アウトサイダーズ——ラベリング理論再考』現代人文社

ジョージ・ハーバート・ミード（山本雄二訳）2021年『精神・自我・社会』みすず書房

ロバート・マートン（森東吾ほか訳）2024年『社会理論と社会構造（新装版）』みすず書房

第6章

現代社会における家族と世帯の変容

　現代社会において，家族は急速な変容を遂げている。高齢化の進展，女性の社会進出，個人主義的な価値観の浸透により，従来の家族形態や機能が大きく変化している。家族社会学は，これらの変化を社会構造の変動と関連づけて分析し，理論的・実証的な研究を展開してきた。特に，構造機能主義，シンボリック相互作用論，フェミニズム理論などの多様な理論的アプローチを通じて，家族の多面的な理解を深めてきた。本章では，家族の定義と基本的な特徴を整理した上で，現代社会における家族の変容と課題を考察する。特に，少子高齢化，核家族化，家族の多様化といった現象が，いかに家族の構造と機能に影響を与えているかを詳細に検討する。

1　家族の定義と基本的特徴

　家族は社会関係の直接的な担い手であり，社会の基本的な集団である。家族は人類社会の発展とともに形成され，物質的生活条件の変化に応じて，その形式や構造を変化させてきた。血縁，婚姻，養子縁組などによって結ばれた人々の集まりとして，家族は社会の最小単位として個人と社会をつなぐ重要な役割を果たしている。

　家族の定義において重要なのは，家族が社会的に承認されたパートナーシップの約束を含むことである。この約束は通常，二人の成人間の性的関係と経済的協力を含む。しかし，現代社会では家族の形態が多様化しており，同性カップルや非婚カップルの家族など，従来の定義に収まらない家族形態も増加している。

　家族の基本的特徴として，まず親密な人間関係が挙げられる。家族は血縁や

婚姻によって結ばれ，メンバー間で深い感情的つながりを持つ。この親密さは家族の重要な機能の一つである感情的ニーズの充足につながっている。家族メンバーは互いに気遣い，支え合うことで，外部の生活での挫折から生じる苦痛を和らげ，心理的な安定を保つことができる。

次に，共同生活という特徴がある。家族メンバーは通常，同じ家庭で生活を共にし，日常的な相互作用を通じて密接な関係を築いている。この共同生活は，家族の養育機能や社会化機能を効果的に果たすための基盤となっている。経済的協力も家族の重要な特徴である。家族は社会経済の最も基本的な単位であり，生産と消費において社会での経済的な役割を果たしている。古代から現代まで，家族の財産や予算，生産と消費は常に存在してきた。現代社会では，多くの家族が生産単位としての機能を失ったが，消費単位としての役割は依然として重要である。

子供の社会化も家族の基本的特徴の一つである。家族は子供が最初に接する社会であり，社会の規範や価値観，基本的な社会スキルを学ぶ場となる。親は子供に対して，将来の「社会の世界」での生活の準備となるような教育を行う。この社会化機能は，個人を適格な社会の一員として育成する上で極めて重要である。さらに，家族には文化伝達機能がある。家族内で前の世代がその時代の文化を若いメンバーに伝えることで，世代間の文化的および心理的な絆が形成される。この機能により，人間は学んだことを蓄積し次の世代に伝えることができる。

家族の定義と基本的特徴を理解する上で，社会学の理論が重要な視点を提供している。構造機能主義論では，家族は社会の維持と存続に不可欠な機能を果たす制度として捉えられる。この理論によれば，家族は社会化，情緒的支持，経済的協力，性的規制などの機能を通じて社会の安定に寄与している。シンボリック相互作用論は，家族を日常的な相互作用を通じて意味が構築される場として捉える。家族メンバーがどのように役割を交渉し，家族の定義や意味を創造するかに注目する。例えば，「母親」や「父親」の役割がどのように解釈され，実践されるかを分析する。

システム論は，家族を相互に影響し合う要素から成る動的なシステムとして捉える。この理論では，家族メンバー間の相互依存性や，家族システムの均衡

と変化のプロセスに注目する。例えば、一人のメンバーの行動変化が家族全体にどのような影響を与えるかを分析する。生態学的アプローチは、家族を取り巻く環境との相互作用に注目する。家族が社会的、文化的、経済的な環境要因によってどのように影響を受け、同時にそれらの環境にどのように適応し、影響を与えるかを考察する。社会交換論は、家族関係を報酬と費用の交換という観点から分析する。家族メンバーは利益と負担を交換しながら関係を維持しており、この交換のバランスが家族の安定性に影響を与えると考える。

　これらの理論的視点は、家族の定義と基本的特徴を多角的に理解する上で重要な枠組みを提供している。家族は単なる個人の集まりではなく、社会構造や権力関係、文化的規範が交差する場として捉えられる。以上のように、家族の定義と基本的特徴は多面的であり、社会の変化とともに常に変容している。親密な人間関係、共同生活、経済的協力、子供の社会化、文化伝達といった特徴は、今日でも家族の核心を成している。しかし、その具体的な形態や機能は、社会経済的条件や文化的背景によって多様化している。家族を理解するためには、これらの多様性と変化を踏まえつつ、社会学的理論の視点を活用することが不可欠である。

2　家族の歴史的変遷と現代社会

　家族の歴史的変遷を理解することは、現代の家族形態や機能を深く洞察する上で極めて重要である。人類の家族形態は、多様な文化的・社会的文脈の中で変化してきた。現代の研究では、家族形態の変化は単線的な進化ではなく、それぞれの社会の経済構造、宗教、価値観などによって多様な発展を遂げていると考えられている。

　進化論的アプローチは、家族形態の変化を生物学的および社会的適応の過程として理解する。このアプローチによれば、各段階の家族形態は、その時代の環境に最も適応した形態として進化してきたと考えられる。

　家族形態の多様性を理解するために、文化人類学的アプローチが有用である。このアプローチは、異なる社会や文化における家族形態を比較研究し、家族の普遍性と多様性を明らかにする。例えば、クロード・レヴィ＝ストロース（Claude Lévi-Strauss, 1908-2009）の研究は、親族関係の構造が文化によって大

きく異なることを示している。文化人類学的アプローチは、家族形態の多様性や文化的相対性を明らかにしている。異なる社会や文化における家族形態の比較研究を通じて、家族の普遍性と多様性を明らかにし、家族形態が文化的文脈によって大きく異なることを示している。

歴史社会学的アプローチでは、産業化、都市化、近代化といった大規模な社会変動が家族形態に与える影響を考察する。例えば、ピーター・ラスレット（Peter Laslett, 1915-2001）の研究は、産業革命以前のイギリスにおいても核家族が一般的であったことを示し、家族形態が必ずしも産業化と直接的に関連しないことを明らかにし、従来の家族史観に修正を迫った。

社会構築主義的アプローチは、家族の概念や形態が社会的に構築されるプロセスに注目する。この視点では、各時代や社会における「家族」の定義や理想像が、どのように形成され、変化してきたかを分析する。例えば、「ロマンティックラブ」の概念の登場が近代的な一夫一妻制家族の形成に与えた影響などが研究対象となる。ロマンティックラブ、すなわち恋愛感情は、人間の感情の中でも特に複雑で多面的な性質を有するものである。それは特定の人物に対する強い愛着と深い感情的な結びつきを基盤とする。この感情には、相手に対する強い欲求や熱烈な感情といった情熱が伴い、同時に相手との精神的・肉体的に親密な関係を求める願望も含まれる。また、長期的な関係を築こうとする意志、つまりコミットメントも重要な要素である。

19世紀後半から20世紀初頭にかけて、家族構造が標準化された。特に、産業革命以降の西洋社会では、核家族が主流な家族形態として広く普及した。この変化は、都市化や工業化、個人主義の台頭など、近代化に伴う社会変動と密接に関連している。20世紀中期には、多くの社会学者が核家族を「標準的」な家族形態と見なし、その機能や構造に注目した研究を行った。例えば、タルコット・パーソンズ（Talcott Parsons, 1902-1979）は核家族を産業社会に最も適した家族形態として理論化した。

しかし、20世紀後半から21世紀にかけて、家族形態はさらなる多様化を遂げている。離婚率の上昇、晩婚化、非婚化、同性カップルの増加など、従来の核家族モデルでは捉えきれない多様な家族形態が出現している。これらの変化は、個人の選択の自由の拡大、女性の社会進出、価値観の多様化など、現代社会の

特徴を反映している。

このような家族の歴史的変遷は，家族が固定的な制度ではなく，社会経済的条件や文化的背景の変化に応じて常に変容する動的な存在であることを示している。同時に，家族の基本的機能である生殖，養育，社会化，情緒的支援などは，形態の変化にもかかわらず，ある程度維持されてきたことも重要な点である。家族の歴史的変遷を理解することは，現代の家族問題や課題を考える上で重要な視座を提供する。過去の家族形態を理想化したり，現代の家族の「崩壊」を嘆いたりするのではなく，家族の変化を社会変動の文脈の中で捉え，新たな家族のあり方を模索することが求められている。

3　家族の構造と類型の多様性

家族の構造と類型を理解することは，家族の多様性と社会における位置づけを把握する上で重要である。家族の構造とは，家族メンバーの世代間および血縁関係の組み合わせ状況を指し，この構造に基づいて家族はさまざまな類型に分類される。

最も基本的な家族類型は核家族である。核家族とは，夫婦と未婚の子供から成る家族のことであり，これは人類が生存し発展するために最も安定した社会の形式とされ，現代社会において広く見られる家族形態である。核家族の変形として片親家族が存在する。片親家族は，死亡や離婚によって夫婦の一方と未婚の子供だけで構成される家族を指し，父親片親でも母親片親でもこれらはすべて核家族の一形態として捉えられる。

次に直系家族がある。直系家族とは，親と一人の既婚の子供（通常は長男）およびその配偶者と未婚の兄弟姉妹が一緒に生活している家族のことである。一方，拡大家族は複数の既婚子供や親族が同居する家族形態を指す。直系家族には二組の夫婦，つまり二世代の核家族が含まれる。配偶者直系家族や片親直系家族も特異性や不完全性があるものの，直系家族に分類される。

拡大家族には異世代拡大家族と同世代拡大家族がある。異世代拡大家族とは，二組以上の異世代夫婦とその未婚の子供，および親で構成される家族のことである。同世代拡大家族は，二組以上の同世代夫婦とその未婚の子供で構成される家族である。

第6章　現代社会における家族と世帯の変容

　対偶制家族は，アメリカの人類学者ルイス・ヘンリー・モルガン（Lewis Henry Morgan, 1818-1881）が提唱した概念で，乱婚から単婚への進化の過程における過渡的な婚姻形態を指す。対偶制家族では，多数の妻の中から一人を主たる妻として承認する慣習があり，やがて一対の男女から成る婚姻形態が出現する。しかし，この婚姻形態は現代社会に見られる一夫一婦の単婚制とは異なり，夫は結婚の紐帯の義務を認めず，妻もそれを承認する権利を持たない不安定な夫婦関係であった。

　一方，複婚家族は，一夫多妻婚，一妻多夫婚，あるいは集団婚などの複数の配偶者から成る家族を指す。つまり，複婚家族は一人の配偶者が複数の配偶者と結婚する形態の家族である。対偶制家族は一対の男女から成り，複婚家族は複数の配偶者から成る。また，対偶制家族は夫婦関係が不安定であるのに対し，複婚家族は複数の配偶者間の関係に基づいている。

　これらの基本的な家族類型に加えて，文化人類学者ジョージ・ピーター・マードック（George Peter Murdock, 1897-1985）の家族類型論も重要な視点を提供している。マードックは世界中の約250の社会を調査し，家族の普遍性と多様性について理論化した。彼は家族の基本形態を核家族，拡大家族，複合家族，結合家族の四つに分類している。この分類は，核家族，直系家族，拡大家族の概念をより体系的に整理し，家族構造の多様性をより包括的に理解する助けとなる。

　マードックは，核家族がすべての社会に存在する普遍的な形態であると主張した。また，彼は家族が普遍的に持つ基本的機能として，性的機能，経済的機能，生殖的機能，教育的機能の四つを特定した。これらの機能は，家族の社会的役割を理解する上で重要な視点を提供し，システム理論や社会的交換理論とも関連づけて考えることができる。

　さらに，マードックは婚姻形態を一夫一妻制，一夫多妻制，一妻多夫制，集団婚に分類し，結婚後の居住パターンを夫方居住，妻方居住，双方居住，新居居住に分類した。これらの分類は，対偶制家族や複婚家族の概念をより広い文脈で理解する助けとなり，家族構造の文化的多様性をより深く理解することを可能にする。

　マードックの理論は，家族の普遍性を強調しつつ，その多様性も認識してい

113

る点で重要である。核家族の普遍性の主張は過度の一般化であるという批判や，現代の多様な家族形態（同性カップル，ステップファミリーなど）を十分に説明できないという限界もあるが，マードックの家族類型論は，家族の構造と機能を体系的に分類し，比較文化的な視点を提供した点で，家族研究に大きな影響を与えた。この理論は，異なる文化間の家族形態を比較する際の基礎的な枠組みとして今でも参照されており，エコロジカル・システム理論や家族発達理論と組み合わせることで，家族の構造と類型の多様性をより総合的に理解することができる。

現代社会では，これらの基本的な家族類型に加えて，新たな家族形態も増加している。例えば，再構成家族（再婚による家族），同性カップルの家族，非婚カップルの家族などが挙げられる。また，養子関係やその他の社会的要因で構成される家族もあり，これらの家族には必ずしも婚姻関係が存在しない。

システム理論では，家族を相互に影響し合う要素から成る動的なシステムとして捉える。この視点から，各家族類型は独自のシステム特性を持ち，家族メンバー間の相互作用パターンや境界の透過性が異なると考えられる。例えば，核家族は比較的閉じたシステムを形成しやすいのに対し，拡大家族はより開放的なシステムとなる傾向がある。

社会交換論は，家族構造を個人間の交換関係の観点から捉えている。この理論によれば，家族メンバーは報酬と費用を交換しながら関係を維持しており，各家族類型はこの交換のバランスの取り方が異なると考えられる。例えば，拡大家族では世代間の支援や資源の共有が重要な交換要素となる一方，核家族では夫婦間の交換関係がより中心的となる。

エコロジカル・システム論は，家族を取り巻く環境との相互作用に注目する。この理論では，家族構造が社会的，文化的，経済的な環境要因によって形成され，同時に環境に影響を与えると考える。例えば，都市化や産業化といったマクロな環境変化が核家族の増加をもたらし，それが更なる社会変動を促すという循環的な関係が想定される。

家族発達論は，家族システムの構造的特質と類型的諸相を，時系列的な変容過程として把握する理論的枠組みである。この分析パラダイムでは，家族集団が形成から解体に至る発達段階を経過する過程において，その内部構造が質的

に変容していくと措定する。具体的には，新婚期から子育て期を経て空巣期（empty nest period）へと移行する諸段階において，家族システムの構造的特性および機能的位相が再編成されていく動態的過程を分析対象とする。

シンボリック相互作用論は，家族構造を日常的な相互作用を通じて構築される意味の体系として理解する。この視点では，家族メンバーがどのように家族の定義や役割を交渉し，解釈するかに注目する。例えば，同じ核家族でもメンバーの役割解釈や家族アイデンティティの形成過程が異なる可能性を示唆する。

また，現代社会における家族構造の変化は，社会経済的要因と密接に関連している。例えば，女性の社会進出や経済的自立の増加は，従来の家父長制的な家族構造を変化させる要因となっている。同時に，高齢化社会の進行は高齢者ケアの問題を通じて家族構造に新たな課題をもたらしている。

家族の構造と類型の理解は，社会政策や福祉制度の設計にも重要な示唆を与える。多様な家族形態に対応した柔軟な政策が求められる一方で，家族の基本的機能を支援する制度的枠組みの必要性も指摘されている。家族の構造と類型は社会の変化とともに多様化し，複雑化している。これらの変化を理解し，適切に対応していくことは現代社会における重要な課題の一つである。

4 家族のライフサイクル

家族のライフサイクルは，家族倫理において重要な概念である。これは生物学の用語を借用したものであり，家族が一つの生命プロセスを経ることを説明するために使用される。家族集団は生物組織に似ており，誕生，成長，維持，衰退，死亡の過程を経る。家族のライフサイクルとは，家族の誕生から解体に至るまでの運動過程を指す。この過程は循環運動を示し，家族のライフサイクルはこの法則を反映している。

典型的な家族のライフサイクルは，形成，拡大，安定，縮小，空巣症候群，解体という六つの段階に分けられる。これらの段階は，家族の組織者の年齢が増すにつれて明確に現れ，組織者の寿命とともに進行する。エヴリン・ミリス・デュバル（Evelyn Millis Duvall, 1906-1998）の家族発達理論は，この基本的な枠組みをさらに精緻化し，八段階モデルを提唱した。デュバルのモデルは，各段階での発達課題をより詳細に説明することで，ライフサイクルの理解を深

めている。

　一方，ベティ・カーター（Betty Carter, 1929-2012）とモニカ・マクゴールドリック（Monica McGoldrick, 1943-）の家族ライフサイクルモデルは，多世代的視点を取り入れ，家族システムの垂直的・水平的ストレッサーの概念を導入している。このモデルは，家族のライフサイクルを個々の家族単位だけでなく，世代間の相互作用の中で捉える視点を提供している。

　それに対して，ユリー・ブロンフェンブレンナー（Urie Bronfenbrenner, 1917-2005）の生態学的システム理論は，家族のライフサイクルをより広い社会的文脈の中で理解することを可能にする。この理論は，家族を取り巻くミクロシステム，メゾシステム，エクソシステム，マクロシステムの相互作用を分析し，家族の発達が社会環境と密接に関連していることを示している。

　ジョーン・アルダス（Joan Aldous, 1926-2014）の家族キャリア発達理論は，家族のライフサイクルを「キャリア」として捉え，長期的な発達過程を分析する視点を提供している。家族が時間の経過とともに獲得する経験や技能に注目し，家族の発達を連続的なプロセスとして理解することを可能にしている。すなわち，家族を動的で複雑なシステムとして捉え，その発達過程を総合的に理解するための重要な枠組みを提供している。この理論は，家族研究や家族支援の分野において今なお重要な位置を占めている。

　家族のライフサイクルの各段階での移行期には，しばしばストレスが生じる。ポーリーン・ボス（Pauline Boss, 1934-）の家族ストレス理論は，このプロセスを詳細に分析し，ルーベン・ヒル（Reuben Hill, 1912-1985）が1949年に提唱したABCXモデルを基盤とし発展させられた。ストレス因子，家族の資源，ストレスに対する認知，そして適応のプロセスを体系的に説明している。これらのモデルは，家族がライフサイクルの変化にどのように対処し，適応していくかを理解する上で重要な視点を提供している。ボスの理論の中心的な概念は「曖昧性」である。特に「曖昧喪失（ambiguous loss）」という概念を導入し，家族が直面する不確実性や不明確さがストレスの主要な源となることを指摘した。曖昧喪失は，物理的には存在するが心理的に不在な場合（例：認知症患者）や，心理的には存在するが物理的に不在の場合（例：行方不明者）に生じる。

　構造機能主義的アプローチは，パーソンズの理論を基に，家族のライフサイ

クルの各段階における機能的要件や役割分化を分析している。このアプローチは，家族が社会システムの一部として果たす機能に注目し，ライフサイクルの各段階での家族の役割変化を社会的文脈の中で理解しようとしている。

シンボリック相互作用論的アプローチは，ジョージ・ハーバート・ミード（George Herbert Mead, 1863-1931）やハーバート・ブルーマー（Herbert Blumer, 1900-1987）の理論を家族研究に応用し，家族のライフサイクルの各段階での意味の交渉や役割取得のプロセスを詳細に検討している。この視点は，家族メンバーがどのように互いの役割を解釈し，家族としてのアイデンティティを形成していくかを理解する上で重要である。

ポストモダン家族理論は，現代社会における家族の多様化や流動化を踏まえ，従来のライフサイクルモデルの再構築を提案している。この理論は，核家族を前提としたモデルでは捉えきれない，再婚家族や一人親家族，同性カップルの家族など，多様な家族形態のライフサイクルを理解する必要性を強調している。

これらの理論的視点は，家族のライフサイクルをより多角的に理解することを可能にしている。しかし，現代社会における家族の多様化に伴い，従来のライフサイクルモデルの修正が必要となっている。晩婚化や少子化の傾向，平均寿命の延長などの社会経済的変化は，各段階の開始時期や期間を変化させ，新たな課題をもたらしている。

家族のライフサイクル研究は，家族支援や社会政策の立案にも重要な示唆を与えている。各段階で家族が直面する課題や必要とするサポートを理解することで，より効果的な支援策を設計することが可能となる。例えば，拡大期の家族に対する子育て支援や，空巣期の夫婦に対する生きがい創出支援など，ライフサイクルの段階に応じた政策が考えられる。

以上のように，家族のライフサイクルの概念は，家族の動態的な性質を理解し，その変化や課題に対応するための重要な視点を提供している。しかし，現代社会の複雑性と多様性を考慮すると，この概念を柔軟に解釈し，適用していく必要がある。家族のライフサイクル研究は，家族の変化を時間的な視点から捉え，各段階での課題や支援のあり方を考察する上で重要な枠組みを提供しており，今後も社会の変化に応じて発展していくことが期待される。

5 家族の多面的機能とその社会的意義

家族の機能は，社会学において中心的な研究テーマの一つである。家族はそのメンバーの生存や社会の発展に対して重大な役割を担っており，その機能は多様である。主な機能として，生殖機能，養育機能，社会化機能，文化伝達機能，経済機能，そして感情的ニーズを満たす機能がある。これらの機能を理解するためには，さまざまな理論的視点からのアプローチが必要である。

一方，フェミニスト理論は，家族機能におけるジェンダー不平等や家父長制の影響を批判的に分析する。この理論は，従来の家族機能の理解が男性中心的な視点に基づいていることを指摘し，女性の経験や視点をより重視した家族機能の再解釈を提案する。例えば，養育機能や家事労働などの無償労働が主に女性によって担われていることに注目し，これらの機能の社会的価値を再評価することを求める。また，家族内での権力関係や意思決定プロセスにおけるジェンダー不平等を指摘し，より平等な家族関係の構築を目指す。フェミニスト理論は，家族の経済機能についても，女性の労働市場参加と家庭内労働の二重負担の問題を提起し，社会政策の必要性を主張する。

アタッチメント理論は，ジョン・ボウルビー（John Bowlby, 1907-1990）の研究を基礎として，養育機能と感情的サポート機能の重要性を深く掘り下げる。この理論によれば，乳幼児期の養育者との安定した愛着関係の形成が，個人の生涯にわたる心理的健康と対人関係の質に大きな影響を与える。家族の養育機能は単なる物理的なケアを超えて，子供の情緒的・社会的発達の基盤を提供する重要な役割を果たす。また，この理論は成人期の親密な関係にも適用され，家族が提供する感情的サポートの重要性を強調する。アタッチメント理論の視点から見ると，家族の感情的ニーズを満たす機能は，個人の心理的安定と幸福感の源泉として，現代社会においてますます重要性を増している。

社会資本論は，家族機能を社会資本の形成と蓄積の観点から分析する。この理論によれば，家族は社会関係資本の主要な源泉であり，信頼，互酬性の規範，ネットワークなどの要素を通じて，社会全体の協調行動を促進する。家族の社会化機能や文化伝達機能は，この社会資本の世代間伝達に重要な役割を果たす。また，家族のネットワークは，個人にとって重要な資源となり，就職や起業などの機会へのアクセスを提供する。社会資本理論の観点からは，家族の経済機

能も単なる消費単位としてだけでなく，社会経済的地位の世代間伝達や起業家精神の育成など，より広い文脈で理解される。

　これらの理論的視点は，家族機能の多面性とその社会的意義をより深く理解することを可能にする。例えば，生殖機能は構造機能主義の観点からは社会の存続に不可欠な機能として捉えられるが，フェミニスト理論の視点からは女性の身体的自己決定権や社会的圧力の問題として再解釈される。養育機能は，アタッチメント理論によってその心理学的重要性が強調される一方で，社会資本理論の観点からは次世代の社会関係資本の基盤形成として理解される。

　社会化機能と文化伝達機能は，構造機能主義理論では社会の安定と継続性を保証するものとして捉えられるが，フェミニスト理論はこれらの機能がジェンダー規範や不平等を再生産する可能性を指摘する。一方，社会資本理論は，これらの機能を通じて形成される信頼や規範が，より広い社会的協調を可能にする基盤として機能することを強調する。

　経済機能については，構造機能主義理論が社会システムの維持における家族の役割を強調するのに対し，フェミニスト理論は家庭内の経済的意思決定や資源配分におけるジェンダー不平等に注目する。社会資本論は，家族の経済機能を社会的ネットワークや信頼関係の形成と結びつけて理解する。

　以上のように，家族の機能は多面的であり，社会の変化とともに常に変容している。しかし，生殖，養育，社会化，文化伝達，経済，感情的サポートという基本的な機能は，形を変えながらも継続して存在している。これらの機能をさまざまな理論的視点から分析することで，家族の役割や意義をより深く理解し，社会政策の立案や家族支援の実践に重要な示唆を得ることができる。現代社会における家族機能の変容を理解し，適切に対応していくためには，これらの多様な理論的アプローチを統合的に活用していくことが求められる。

6　現代社会における家族の変容

　現代社会における家族の変化は，過去数十年間で顕著になってきた。これらの変化は，社会経済的構造の変革，価値観の多様化，技術革新などの要因が複雑に絡み合って生じている。総務省統計局の「令和2年国勢調査（人口等基本集計結果）」および最新の「人口推計」は，日本社会における家族の変容を明確

に示している。

　高齢化は家族構造に大きな影響を与えている。2020年9月15日時点の「人口推計」によると，65歳以上の高齢者人口は3617万人に達し，前年（3587万人）に比べ30万人増加して過去最多となった。総人口に占める割合は28.7％と，前年（28.4％）に比べ0.3ポイント上昇し，過去最高を記録した。特筆すべきは，いわゆる「団塊の世代」（1947年〜1949年生まれ）を含む70歳以上人口が2791万人（総人口の22.2％）に達し，前年に比べ78万人増（0.7ポイント上昇）となったことである。また，75歳以上人口は1871万人（同14.9％），80歳以上人口は1160万人（同9.2％）とそれぞれ増加しており，高齢化の進行が顕著である。

　さらに，高齢化における性差も注目に値する。65歳以上の高齢者人口のうち，男性は1573万人（男性人口の25.7％），女性は2044万人（女性人口の31.6％）と，女性が男性より471万人多くなっている。人口性比（女性100人に対する男性の数）を見ると，65歳以上では77.0と女性が多くなっており，この傾向からは高齢者のみの世帯や高齢者の単独世帯の増加，特に女性高齢者の単独世帯の増加がうかがえる。

　これらの人口動態の変化は，家族による介護の問題をより深刻化させている。特に，75歳以上や80歳以上の高齢者の増加は，介護需要の急増を意味し，家族介護者への負担が増大している。同時に，高齢者夫婦のみの世帯や高齢者単独世帯の増加は，従来の家族による介護システムの限界を示唆しており，社会的な介護システムの整備がより一層重要になっている。

　家族生活のダイナミクスも変化している。特に，女性，男性，子供の役割が従来ほど明確に区分されなくなってきている。「令和2年国勢調査」によると，共働き世帯の割合は増加傾向にあり，女性の就業率も上昇している。これに伴い，家事や育児の分担が見直され，男性の家庭への参加が増加している。しかし，日本では依然として女性の家事・育児負担が大きいという課題も残されている。

　これらの変化を社会学の観点から考えてみよう。現代社会における家族の変化を，個人の選択と自己実現の増大という個人化理論の観点から見ると，結婚や出産，家族形成が個人の選択の対象となり，伝統的な家族規範からの解放が進んでいると考えられる。

リスク社会論は，現代社会の不確実性が家族のあり方にどのような影響を与えているかを分析する。雇用の不安定化や社会保障制度の変化が，家族形成や家族関係にどのような影響を与えているかを考察する。

グローバリゼーション理論は，家族の変化をグローバルな社会変動との関連で理解しようとする。この理論では，国際的な人口移動や文化交流が家族観や家族実践にどのような影響を与えているかを分析する。

ネットワーク理論は，家族を閉じた単位としてではなく，より広い社会的ネットワークの一部として捉える。この理論では，家族の境界が曖昧になり，友人や同僚などの非血縁者が家族的な機能を果たすようになる現象を分析する。

技術決定論的アプローチは，情報通信技術の発展が家族のあり方にどのような影響を与えているかを考察する。このアプローチでは，オンラインコミュニケーションやソーシャルメディアの普及が，家族関係や家族の境界をどのように再定義しているかを分析する。

これらの変化は，家族の機能や社会における位置づけにも影響を与えている。例えば，保育所や介護施設の整備により，養育機能の一部が社会化されたり，核家族化に伴い情緒的サポート機能がより重視されたりするようになっている。同時に，これらの変化は新たな社会的課題も生み出している。例えば，高齢者ケアの問題や，ワーク・ライフ・バランスの実現，多様な家族形態に対応した法制度の整備などが挙げられる。

以上のように，現代社会における家族の変化は多面的かつ複雑である。これらの変化は，単に家族の「崩壊」や「危機」を意味するのではなく，社会の変化に対応した家族の新たな形態や機能の模索として理解することが重要である。同時に，これらの変化がもたらす課題にも適切に対応していく必要がある。

7　家族研究の理論的進化

家族研究の理論的アプローチは，社会の変化とともに進化し，家族を多角的に理解するための枠組みを提供してきた。これらのアプローチは，互いに影響を与えながら発展し，時には対立しつつも，家族研究の深化に貢献している。

20世紀中頃に確立された構造機能主義は，家族を社会の基本的な制度として捉え，その機能に注目した。パーソンズらは，核家族が産業社会に最も適した

形態であると主張し，家族の社会化機能や安定化機能を強調した。しかし，この見方は，家族の多様性や変化を十分に説明できないという批判を受けることとなった。

この批判から生まれたのが，マルクス主義的アプローチとフェミニズム理論である。マルクス主義的アプローチは，家族を経済構造との関連で分析し，家族が資本主義社会を支える制度として機能していると主張した。一方，フェミニズム理論は，家族内のジェンダー不平等に焦点を当て，伝統的な家族構造が女性の従属を強化していると批判的に分析した。これらの理論は，構造機能主義が見落としていた権力関係や不平等の問題を浮き彫りにした。

しかし，これらのマクロな視点による分析には，日常的な家族の相互作用を十分に捉えきれないという限界があった。この限界を克服するために登場したのがシンボリック相互作用論である。このアプローチは，家族を日常的な相互作用を通じて構築される動的な実体として捉え，家族メンバーの役割交渉や意味創造のプロセスに注目した。

シンボリック相互作用論の発展とともに，家族をより包括的に理解しようとする試みが生まれた。システム理論は，家族を相互に影響し合う要素から成る動的なシステムとして捉え，家族メンバー間の相互依存性や家族システムの均衡と変化のプロセスに注目した。家族療法の分野で広く応用され，家族の問題をシステム全体の機能不全として理解する視点を提供した。

一方，家族の変化を長期的な視点から分析しようとする試みもあった。ライフコース理論は，個人の人生の軌跡と家族の発展を社会的・歴史的文脈の中で理解しようとした。この理論は，年齢，コホート，歴史的時期の影響を考慮に入れ，晩婚化や少子化といった現象を社会変動と関連づけて理解しようとした。

20世紀後半から21世紀にかけて，社会の急速な変化に伴い，新たな理論的アプローチが登場した。社会的構築主義アプローチは，「家族」の定義や理想像が社会的に構築されるプロセスに注目し，家族の概念そのものを問い直した。また，個人化理論は，現代社会における家族の変化を個人の選択と自己実現の増大という観点から説明しようとした。

さらに，グローバル化や情報技術の発展に伴い，家族研究の視野はより広がりを見せている。グローバリゼーション理論は，国際的な人口移動や文化交流

第⑥章 現代社会における家族と世帯の変容

が家族観や家族実践に与える影響を分析し，ネットワーク理論は，家族を広い社会的ネットワークの一部として捉える視点を提供した。

これらの多様な理論的アプローチは，それぞれ独自の視点を提供しながらも，互いに補完し合う関係にある。例えば，構造機能主義のマクロ（大局的）な視点と相互作用論のミクロ（微視的）な視点を統合しようとする試みや，フェミニズム理論とグローバリゼーション理論を組み合わせてトランスナショナルな家族のジェンダー関係を分析する研究などが行われている。

現代の家族研究では，これらの理論的アプローチを統合し，より包括的な視点から家族を理解しようとする傾向が強まっている。例えば，アンソニー・ギデンズ（Anthony Giddens, 1938-）の構造化理論やピエール・ブルデュー（Pierre Bourdieu, 1930-2002）の文化資本の概念を家族研究に応用する試みなどが見られる。また，新たな家族形態や家族をめぐる問題に対応するため，既存の理論を発展させたり，新たな理論的枠組みを構築したりする努力も続けられている。

このように，家族研究の理論的アプローチは，社会の変化と家族の変容に応じて常に進化し，互いに影響を与え合いながら発展してきた。これらのアプローチは，家族を多角的に理解し，現代社会における家族の課題や可能性を考察するための重要な道具となっている。同時に，各アプローチの限界や見落としがちな点についても批判的に検討し，より包括的で現実に即した家族理解を目指す努力が続けられている。家族研究の今後の課題は，これらの多様な理論的視点をいかに統合し，急速に変化する社会の中で家族の実態をより精確に捉え，有効な支援や政策につなげていくかにある。

8 現代社会における家族と世帯の変容と課題

家族と世帯の社会学は，社会の急速な変化に伴い，絶えず進化を遂げている分野である。この進化は，伝統的なアプローチから現代的なアプローチへの移行として特徴づけられ，家族生活の複雑性と多様性をよりよく理解しようとする試みの表れである。同時に，現代社会が直面する多様な家族問題と課題に対応するためのものでもある。現代の家族問題は，個々の家族だけでなく，社会全体に影響を及ぼす重要な課題となっている。例えば，仕事と家庭の両立の問

題は，女性の社会進出が進む中でも依然として解決されていない。共働き世帯の増加にもかかわらず，家事や育児の負担が女性に偏っている現状は，ジェンダー平等の観点からも重要な問題である。この不均衡は，女性のキャリア形成を阻害し，同時に男性の家庭生活への参加を制限している。

　子育て支援も喫緊の課題である。少子化が進行する中，子育て世代への支援は社会の持続可能性を確保する上で不可欠である。保育所の不足や待機児童問題，教育費の高騰など，子育てに関する経済的・社会的負担は依然として大きい。また，核家族化や地域コミュニティの希薄化により，子育ての孤立化も問題となっている。高齢者介護の問題も深刻化している。高齢者人口の増加に伴い，高齢者のみの世帯や高齢者の単独世帯が増加する中，家族による介護の負担が増大している。介護離職や老老介護といった問題も顕在化しており，介護サービスの充実や介護者支援の強化が急務となっている。これらの問題に加え，ドメスティックバイオレンス（DV），貧困家庭の支援，多様な家族形態への社会的理解と制度的対応など，現代の家族が直面する課題は多岐にわたる。

　家族社会学は，これらの課題に対応するため，新たな研究テーマと方法論を発展させている。例えば，トランスナショナル家族の研究は，グローバル化の進展に伴い，国境を越えて維持される家族関係や，移民家族の適応過程に注目している。この研究は，従来の地理的境界に縛られない家族の実態を明らかにし，家族の概念そのものを拡張している。また，生殖技術の発展が家族観に与える影響も重要な研究テーマとなっている。不妊治療や代理出産などの新しい生殖技術は，「親子」や「血縁」の概念を根本から問い直す契機となっている。これにより，家族の定義そのものを再考する必要性が示されている。デジタル時代における家族関係の変容も注目を集めている。SNSやオンラインコミュニケーションの普及は，家族成員間のコミュニケーションのあり方を大きく変えつつある。この研究は，テクノロジーが私たちの最も親密な関係性にまで及ぼす影響を明らかにしている。

　家族社会学の課題に対して，社会学における生態学的システム理論，社会的構築主義アプローチ，ライフコース理論，ネットワーク理論などは，家族問題を多角的に理解し，解決策を模索する上で有用な枠組みを提供している。例えば，生態学的システム理論は，家族問題を多層的な環境システムとの相互作用

の結果として捉え，ミクロ（家族内），メゾ（地域社会），マクロ（文化や制度）レベルでの介入の必要性を示唆している。社会的構築主義アプローチは，家族問題の定義や認識が社会的に構築されるプロセスに注目し，問題の捉え方自体を批判的に検討することの重要性を指摘している。

　今後の家族社会学の課題は多岐にわたる。少子高齢化への対応，多様な家族形態への制度的対応，仕事と家庭の両立支援の強化，家族の貧困対策，デジタル化時代の家族関係，グローバル化に伴う課題，災害や感染症に強い家族システムの構築，家族介護者支援の強化，生殖技術の進歩に伴う倫理的・法的課題，家族研究の方法論の革新などが挙げられる。これらの課題に取り組むためには，方法論の洗練，比較研究の深化，学際的アプローチの強化，政策との連携，新たな社会変化への対応，倫理的配慮の強化が必要である。例えば，質的研究と量的研究を効果的に組み合わせることで，マクロな社会変動とミクロな家族内相互作用の両方を捉える研究設計が可能となる。また，国際比較研究を通じて，文化的背景の異なる社会における家族の共通点と相違点を明らかにすることで，家族の普遍性と多様性をより深く理解することができるだろう。

　さらに，家族の多様化に対応した社会政策の立案と評価において，家族社会学の知見が果たす役割は大きい。研究成果を政策に反映させる方法を模索し，社会的影響力を高めていくことが求められる。例えば，多様な家族形態に対応した福祉政策や，ワーク・ライフ・バランスを促進する労働政策などの立案に，家族社会学の知見が活用されることが期待される。

　家族と世帯の社会学は，社会の根幹に関わる重要な研究分野として，現代社会の急速な変化に対応しながら発展を続けている。その知見は，個人の生活改善から社会政策の立案まで，幅広い領域に貢献する可能性を秘めている。同時に，この分野の研究者には，常に自己の前提を問い直し，社会の変化に敏感に反応する姿勢が求められる。家族は私たちの生活の中心にあり続けているが，その形態と意味は絶えず変化している。この複雑な現象を理解することは，現代社会を理解する上で不可欠な視点を提供する。家族と世帯の社会学は，今後も社会学の中核的分野として，理論的・実証的な発展を遂げていくことが期待される。その発展は，私たちの社会や個人の生活をよりよく理解し，すべての家族が安心して生活し，その機能を十分に発揮できる社会の実現に向けた重要

な基盤となるだろう。

> **本章のポイント**
>
> **家族と世帯の変容** 現代社会の急速な変化に伴い，高齢化や女性の社会進出，核家族化，地域コミュニティの希薄化などが家族構造に大きな影響を与えている。高齢化による介護の負担の増大や，共働き世帯の増加に伴う家事・育児の負担の偏りが課題となっている。また，少子化や子育て支援の必要性も大きな課題であり，保育所の不足や待機児童問題，教育費の高騰などが挙げられる。
>
> **家族社会学の新たなアプローチ** トランスナショナル家族の研究は国境を越えて維持される家族関係に注目し，生殖技術の発展による家族観の変化も重要なテーマとなっている。デジタル時代の家族関係の変容も注目されており，SNSやオンラインコミュニケーションの普及が家族のコミュニケーションのあり方に影響を与えている。
>
> **社会学理論の貢献** 生態学的システム理論は家族問題を多層的な環境システムとの相互作用として捉え，社会的構築主義アプローチは家族問題の定義や認識が社会的に構築されるプロセスに注目する。個人化理論は家族の変化を個人の選択と自己実現の増大という観点から説明し，グローバリゼーション理論は国際的な人口移動や文化交流が家族観に与える影響を分析する。
>
> **現代社会における家族の課題** 少子高齢化への対応，多様な家族形態への制度的対応，仕事と家庭の両立支援，家族の貧困対策が求められている。これらの課題に対する政策の立案と評価には，家族社会学の知見が重要な役割を果たす。
>
> **家族の多様化と社会政策** 家族の多様化に対応した社会政策の立案と評価において，家族社会学は引き続き重要な役割を果たしている。多様な家族形態に対応した福祉政策や労働政策の策定が求められている。
>
> **都市化と家族の変化** 都市化の進展に伴い，家族構造や生活様式が大きく変化している。都市部では核家族化が進み，地域コミュニティの役割が希薄化する一方で，新たな家族を支援する体制が求められている。
>
> **技術革新と家族の変容** 技術革新が家族のあり方に大きな影響を与えている。情報通信技術の発展により，オンラインコミュニケーションが広がり，家族関係が再定義されつつある。
>
> **未来の課題** 家族研究の方法論の革新と学際的アプローチの強化，比較研究の深化，社会変化を敏感に察知し，対応することが求められる。家族社会学の知見を活用し，家族の実態を精確に捉え，有効な支援や政策を考えることが重要である。

参考文献

エンゲルス（村井康男／村田陽一訳）1954年『家族，私有財産および国家の起源』大月書店
ルイス・ヘンリー・モーガン（青山道夫訳）1958年『古代社会　上巻』岩波書店
ルイス・ヘンリー・モーガン（青山道夫訳）1961年『古代社会　下巻』岩波書店
ジョージ・マードック（内藤莞爾監訳）1978年『社会構造——核家族の社会人類学』新泉社
森岡清美・望月嵩（1997年）『新しい家族社会学（四訂版）』培風館
ピエール・ブルデュー（石井洋二郎訳）2020年『ディスタンクシオン——社会的判断力批判（普及版）（Ⅰ）』藤原書店
ユリー・ブロンフェンブレンナー（磯貝芳郎／福富護訳）1996年『人間発達の生態学——発達心理学への挑戦』川島書店
クロード・レヴィ＝ストロース（福井和美訳）2000年『親族の基本構造』青弓社
T・パーソンズ／R・F・ベールズ（橋爪貞雄ほか訳）2001年『家族——核家族と子どもの社会化』黎明書房
野々山久也・清水浩昭編著（2001年）『家族社会学の分析視角——社会学的アプローチの応用と課題』ミネルヴァ書房
アンソニー・ギデンズ（松尾精文ほか訳）2009年『社会学（第5版）』而立書房
ニクラス・ルーマン（馬場靖雄ほか訳）2009年『社会の社会（1・2）』法政大学出版局
ブロニスワフ・マリノフスキ（増田義郎訳）2010年『西太平洋の遠洋航海者』講談社
マッシモ・リヴィーバッチ（速水融／斎藤修訳）2014年『人口の世界史』東洋経済新報社

第7章

教育と宗教

　教育と宗教は，人類社会の基盤的制度として，個人の社会化と価値観の形成に深く関与してきた。両者は社会の維持発展に不可欠な機能を果たすと同時に，時として緊張関係も生み出してきた。本章では，社会学的視点から教育と宗教の相互関係を多角的に分析する。特に，デュルケームの機能主義的アプローチ，ウェーバーの理解社会学的視点，そしてブルデューの文化資本理論などを援用しながら，両制度が果たす社会的役割を考察する。また，現代社会における世俗化や多元化の進展が，教育と宗教の関係にもたらす影響についても検討を行う。これらの分析を通じて，教育と宗教が社会統合と文化伝達に果たす機能，そして両者の関係性の変容について理解を深めることを目指す。

1　教育と宗教の定義と社会的役割

　教育と宗教は，人類社会の基本的かつ普遍的な制度として，個人の成長と社会の維持発展に深く関わっている。両者は，その定義と社会的役割において密接に関連しながらも，独自の特徴を持っている。

　教育は，社会が学習経験を体系的に指導する正式な制度として定義される。この定義には，学習が生涯を通じた社会的・個人的経験であり，人の知識，態度，行動を変化させるものであるという認識が含まれる。教育活動の範囲は広く，日常生活における非公式な教育から，高度に組織化された学校教育まで多岐にわたる。現代社会では，教育は複雑な公的組織を通じて行われ，専門的に訓練された教育者によって実施される。大量の資源が教育活動に投入され，ほとんどの社会で義務教育制度が確立されている。

　一方，宗教は「信仰と実践の体系」として定義される。この体系を通じて，

人々は神聖なものや超自然的なものを解釈し，それに反応する。宗教は主に超自然的な現象に関わるものとされ，科学的証拠や物質的証拠によって直接的に証明も反証もできない信念を含んでいる。

　教育と宗教の社会的役割を理解するためには，社会学の理論的視点が不可欠である。エミール・デュルケーム（Émile Durkheim, 1858-1917）の機能主義的視点によれば，教育と宗教はともに社会の統合と秩序維持に貢献する重要な制度である。デュルケームは，宗教を「神聖な事物に関する信仰と儀式の統一的体系」と定義し，それが信者を道徳的共同体として結びつけ，社会の統合を促進すると主張した。同様に，教育も社会の共通価値観や規範を次世代に伝達し，社会の一体性を維持する役割を果たす。

　マックス・ウェーバー（Max Weber, 1864-1920）の理論は，宗教が経済活動や社会構造に与える影響を分析している。ウェーバーは特に，プロテスタンティズムの倫理が資本主義の発展に寄与したと主張した。この視点は，宗教が単なる精神的な領域を超えて，社会の経済的・物質的側面にも影響を及ぼすことを示している。教育もまた，個人の経済的成功や社会移動の手段として機能し，社会の経済構造に深く関わっている。

　タルコット・パーソンズ（Talcott Parsons, 1902-1979）の構造機能主義の視点からは，教育と宗教はともに社会システムの維持と発展に不可欠な機能を果たしていることが指摘される。教育は，社会の価値観や規範を内面化させ，個人を社会に適応させる役割を担う。宗教は，究極的な価値や意味の体系を提供し，社会の道徳的基盤を強化する。

　しかし，教育と宗教の社会的役割は常に調和的であるわけではない。批判理論の視点からは，これらの制度が既存の社会秩序や権力構造を維持・再生産する手段としても機能し得ることが指摘されている。ピエール・ブルデュー（Pierre Bourdieu, 1930-2002）の文化資本理論は，教育システムが社会的不平等を再生産する過程を分析している。同様に，宗教も特定の社会集団の利益を正当化し，社会的不平等を維持する役割を果たす可能性がある。

　現代社会における教育と宗教の役割は，世俗化や多元化の進展によってさらに複雑化している。ピーター・バーガー（Peter L. Berger, 1929-2017）の世俗化論は，近代化が進むにつれて，社会全体が宗教的な影響力から次第に解放され，

宗教は公共生活ではなく，個人のプライベートな領域に押し込められるというものである。これは，産業化，都市化，教育水準の向上，科学技術の発展といった要因が，社会全体において宗教の重要性を低下させるとされる典型的な世俗化理論の一つである。一方で，教育の役割はますます重要性を増し，知識基盤社会において個人の社会的成功の鍵となっている。

　しかし，世俗化理論に対する批判も存在する。ホセ・カサノヴァ（José Casanova, 1951-）は，近代化が進むにつれて宗教が衰退し，公共領域から消失するという一般的な世俗化の考えに異議を唱えた。代わりに，カサノヴァは，宗教がむしろ公共の領域で再び重要な役割を果たしていると指摘する。彼はこの現象を「公共宗教（public religion）」と呼び，特定の歴史的・文化的状況下で宗教が公的生活に影響を与える形で再活性化する過程を説明している。教育の文脈でも，多文化主義や宗教的多元主義の観点から，宗教教育の意義が再評価されている。

　教育と宗教は，個人のアイデンティティ形成においても重要な役割を果たしている。ジョージ・ハーバート・ミード（George Herbert Mead, 1863-1931）のシンボリック相互作用論は，教育と宗教はともに，個人が自己と社会との関係を理解し，意味ある他者との相互作用を通じて自己を形成していく過程に深く関与していると強調した。

　さらに，アンソニー・ギデンズ（Anthony Giddens, 1938-）の構造化理論の観点からは，教育と宗教は社会構造を再生産すると同時に，個人のエージェンシーを通じて社会変革の可能性も内包していると指摘される。教育は批判的思考力を育成し，宗教は既存の価値観に挑戦する新たな解釈を生み出す可能性を持っていると主張した。

　このように，教育と宗教は，その定義と社会的役割において多面的かつ複雑な性質を持っている。これらの制度は，社会の統合と秩序維持，文化伝達，個人のアイデンティティ形成，社会変革の可能性など，多様な機能を果たしている。現代社会においては，教育と宗教の関係をより柔軟に捉え直し，両者のバランスを取りながら，個人の自由と社会の調和を実現することが求められている。

関が知識を伝達する必要がある。

　知識の伝達は，教育という氷山の一角に過ぎない。学校での活動の大部分，教科書を読むこと，レポートを作成すること，試験を受けること，成績表を受け取ることなどは，知識の伝達と考えられている。学校で「うまくやる」ということは，多くの場合，授業で教えられたことを学んだことを意味する。しかし，生徒や学生は学校でそれ以上のことを学んでいる。彼らは文化的価値観や規範も学んでおり，このプロセスは時に「隠れたカリキュラム」と呼ばれる。

　学校は，民主主義や法律，さらには家族の重要性などの価値観を生徒に教えることが期待されている。規範を個人に内面化させる機能は，子供たちが読む教材や許可される行動にも暗黙のうちに含まれている。

　例えば，日本の高校の国語の授業で生徒が夏目漱石の『こころ』を読むとき，明治から大正にかけての日本社会の変遷を学ぶとともに，「先生」と「私」の物語を通じて，日本人の道徳観や人間関係のあり方も学んでいる。教師はこれらの観点の一部を生徒に議論させるかもしれないし，他の観点は生徒に推論させるかもしれない。どちらの方法でも，結果として生徒たちは日本の重要な価値観，例えば義理や人情，個人と社会の関係性などにますます精通することになる。この過程で，生徒たちは日本社会の伝統的な価値観と近代化に伴う価値観の変化について，深い洞察を得ることができる。

　一方，宗教も同様に知識と価値観の伝達において重要な役割を果たしている。宗教は，聖典や儀式を通じて，人生の意味，倫理的行動の基準，善悪の概念などを信者に教える。例えば，キリスト教の「十戒」は，道徳的行動の基本的な指針を提供している。仏教の「四諦」や「八正道」は，苦しみの原因とその解決策を示している。

　宗教の教えは，しばしば物語や寓話の形で伝えられ，これらは複雑な道徳的概念を理解しやすい形で伝達する役割を果たしている。例えば，仏教の「鹿野苑の説法」の物語は，慈悲と中道の重要性を教えている。この物語では，釈迦が最初の説法を行い，苦しみの原因とその解決策を説くとともに，極端な苦行や快楽への耽溺を避け，中道を歩むことの大切さを説いている。このような物語は，単なる道徳的教訓以上の役割を果たし，信者の世界観や価値観を形成する上で重要な影響を与える。

的中立性の維持が求められている。現代の日本の教育機関では，多様な宗教的背景を持つ学生が共存しており，宗教教育のあり方についても多様なアプローチが試みられている。

ユルゲン・ハーバーマス（Jürgen Habermas, 1929-）の公共圏理論は，現代社会における教育と宗教の関係を考える上で重要な視点を提供する。ハーバーマスは，世俗化した社会においても宗教が公共の議論に参加する権利と責任を持つと主張している。教育の場もまた，異なる価値観や世界観が対話を通じて相互理解を深める公共圏として機能する可能性を持っている。

このように，教育と宗教の歴史的背景と発展を理解することは，現代社会における両者の関係を考察する上で不可欠である。古代から現代に至る変遷を通じて，教育と宗教は常に相互に影響を与え合いながら，社会の変化に応じてその形態と役割を変化させてきた。今後も，グローバル化や技術革新などの社会変化に伴い，教育と宗教の関係は新たな局面を迎えることが予想される。

3　社会化機能

教育と宗教は，社会化の主要な担い手として，知識と価値観の伝達において重要な役割を果たしている。この社会化機能は，個人が社会の一員として適応し，機能するために必要不可欠なプロセスである。

教育の社会化機能は，最も狭義には職業訓練として理解される。例えば，日本の伝統的な職人社会では，親方が弟子に木材の選び方，道具の使い方，精緻な細工の技法などを教える。日本の工業高校では，生徒に自動車エンジンの修理方法や工作機械の操作方法を教える。伝統工芸の弟子は職人になる方法を学び，工業高校の生徒は技術者になる方法を学ぶ。どちらも社会に有用な技能を学んでいる。

高等教育を受けた専門家に依存する現代の産業社会では，新世代に大量の知識と技能を学ばせることが非常に重要である。その多くは特定の職業に直接関係するものではないが，この知識は非常に広範囲にわたるため，これらの社会では正式な教育を受けるのに多くの年月を要する。また，知識の内容が頻繁に更新されるため，親が子供にこれらの知識を教えるのは困難である。そのため，中学校の理科教師のような専門の人員や，大学の工学部のような専門の教育機

的思考が重視されるようになり，宗教的教義に基づく教育から，より実証的・実用的な教育へと重点が移行していった。

19世紀には，教育の普及とともに，国家が教育を管理する動きが強まった。日本においても，明治政府は国家主導の教育制度を確立し，宗教と教育の関係は新たな局面を迎えた。教育勅語が発布され，教育が国家の理念や道徳観を浸透させる手段として利用された一方で，特定の宗教教育は禁止された。この時期，福沢諭吉（Yukichi Fukuzawa, 1835-1901）などの教育改革者は，教育の普遍性と宗教的中立性を主張し，近代的な教育制度の重要性を説いた。

この変化は，アントニオ・グラムシ（Antonio Gramsci, 1891-1937）の「文化的ヘゲモニー」の概念を用いて理解することができる。国家が教育を管理することで，支配階級の価値観や世界観を社会全体に浸透させ，その支配を正当化しようとした側面がある。一方で，教育の普及は，より多くの人々に知識と批判的思考力を与え，社会変革の可能性も内包していた。

20世紀に入ると，教育と宗教の関係はさらに複雑化した。世俗化の進展により，多くの国で公教育から宗教教育が排除される傾向が見られた。しかし同時に，宗教的多様性の増大や多文化主義の台頭により，宗教に関する客観的知識を教育に取り入れる必要性も認識されるようになった。

バーガーの「聖なる天蓋（the sacred canopy）」における理論的枠組みは，近代社会における宗教的意味体系の構造的変容を分析する上で本質的な洞察を提供する。バーガーは，社会の近代化過程において宗教が制度的中核から周縁的領域へと構造的に再配置され，私的生活世界へと帰属の場を移行させていく動態的過程を理論的に定位した。しかしながら，この過程は単線的な世俗化として把握されるべきではなく，むしろ宗教的意味体系の社会的再編成として理解される必要がある。すなわち，この理論的視座は，宗教的意味体系が社会的秩序の構築および個人の生活世界の編成においていかなる機能的役割を遂行するかを体系的に解明するものである。バーガーの理論的貢献は，宗教を社会的現実の正当化機能および安定化機能を担う「天蓋（プロテクティブ・キャノピー）」として概念化することで，その構造的重要性を明らかにした点にある。

現代社会において，教育と宗教の関係はさらに多様化している。宗教教育が信仰の継承や倫理教育の一環として重要視される一方で，教育の世俗化と宗教

2 教育と宗教の歴史的背景と発展

教育と宗教は，古代から現代に至るまで，深く結びついて発展してきた。これら二つの領域がどのように発展し，互いに影響を与えてきたかを理解するためには，歴史的な背景を詳細に考察する必要がある。

古代社会では，教育と宗教は不可分の関係にあった。教育は主に宗教的な指導者や聖職者によって行われ，宗教的な教義や儀式の伝授がその中心であった。日本の古代社会では，神道が教育の中心的役割を果たしていた。神社は，地域の子供たちに対して神話や儀式の知識を伝え，祭りや儀式を通じて共同体の一員としての自覚を育てる場であった。

中世においても，教育と宗教は密接に結びついていた。日本の中世では，教育は主に貴族や武士，僧侶などの限られた階層に行われていた。寺院や神社は学問の中心であり，僧侶たちは仏教の教えを通じて倫理観や道徳観を育む教育を行っていた。江戸時代の寺子屋では，仏教の教えを通じて倫理観や道徳観を育む教育が行われた。また，禅宗の寺院では，座禅や修行を通じて精神修養を行い，知識とともに心の鍛錬も重視された。

デュルケームの理論に基づくと，この時期の教育と宗教の結びつきは，社会の統合と秩序維持に重要な役割を果たしていたと考えられる。彼は，宗教が社会の共有された価値観や規範を強化し，個人を社会に結びつける役割を果たすと述べている。教育もまた，これらの価値観や規範を次世代に伝達する役割を担っていた。

ヨーロッパにおいて，ルネサンス期から啓蒙時代にかけて，教育と宗教は徐々に分離し始めた。この時期，人文主義の台頭により，宗教的教義に縛られない自由な思考と学問が奨励されるようになった。日本でも，江戸時代後期から明治時代にかけて，西洋の学問や思想が流入し，教育の世俗化が進んだ。幕末から明治にかけて設立された蘭学塾や英学塾では，西洋の科学や技術，哲学が教えられ，従来の宗教的な教育内容から大きく転換した。これにより，教育機関も寺院から独立した形で設立されるようになった。

ウェーバーの理論は，この時期の変化を理解する上で重要な視点を提供する。ウェーバーは，合理化の過程が近代社会の特徴であると指摘した。教育の世俗化は，この合理化の過程の一部として捉えることができる。科学的知識や合理

宗教儀式も，価値観の伝達において重要な役割を果たしている。例えば，キリスト教の洗礼式は，信仰共同体への加入と精神的な再生を象徴している。イスラム教のラマダン（断食月）は，自制心と共感の価値を教えている。これらの儀式は，単に形式的なものではなく，参加者に深い精神的経験を提供し，宗教的価値観を内面化させる機会となっている。

　さらに，宗教は日常生活の中での行動指針も提供している。多くの宗教は，食事の規制，服装の規範，対人関係のあり方などについて具体的な指示を与えている。これらが信者の日々の生活の中で実践されることで，宗教的価値観が継続的に強化され，世代を超えて伝承されていく。

　教育と宗教の社会化機能は，時として重複し，時として対立する。例えば，科学教育と宗教的信念が衝突する場合がある。進化論と創造論の論争は，この対立の典型的な例である。しかし，多くの場合，教育と宗教は互いに補完し合い，個人の全人的な発達に貢献している。

　このように，教育と宗教の社会化機能は，知識と価値観の伝達を通じて，個人が社会の中で適切に機能し，文化的アイデンティティを形成するのに重要な役割を果たしている。両者は，形式的な教育や宗教的教義の伝達だけでなく，「隠れたカリキュラム」や日常的な実践を通じて，社会の基本的な価値観や行動規範を次世代に伝えている。この過程は，社会の継続性を保証すると同時に，個人が自己のアイデンティティを形成し，人生の意味を見出すのを助けている。

4　社会統制と道徳教育

　教育と宗教は，社会統制と道徳教育において重要な役割を果たしている。これらの制度は，社会の秩序維持と個人の倫理的成長を促進する機能を持っており，その影響は個人の行動から社会全体の規範形成にまで及んでいる。

　教育の社会化機能は，知識や技能の伝達にとどまらず，生徒に必要な規範に従って行動することを教える役割も担っている。実際，生徒の評価は，学業成績だけでなく，協調性や規律の遵守，さらには衛生面での態度などでも行われることがある。これも「隠れたカリキュラム」の一部である。学校の初期段階では，これらの要素がしばしば評価の主要な基準となる。

　デュルケームの社会学的視点から見ると，この「隠れたカリキュラム」は社

会の統合と秩序維持に重要な役割を果たしている。彼は，教育が単なる知識や技能の伝達ではなく，社会の共有された価値観や規範を次世代に伝える機能を持つと主張した。

学校はそうした価値観を生徒に教えることが期待されている。例えば，日本の学校教育では，道徳の授業を通じて，思いやりや責任感，公共の精神といった価値観が教えられる。これらの価値観は，単に教室内での学習にとどまらず，学校生活全体を通じて実践されることが期待される。

一方，宗教も社会統制と道徳教育において重要な役割を果たしている。宗教は，その教えや戒律を通じて，信者の行動を導き，社会的に受け入れられる方向に導く機能を持っている。多くの宗教は，善悪の概念，道徳的行動の基準，そして人生の意味についての教えを提供している。

ウェーバーがプロテスタンティズムの倫理と資本主義の発展の関係について指摘したように，宗教は単なる精神的な領域を超えて，社会の経済的・物質的側面にも影響を及ぼす。

宗教の社会統制機能は，超自然的な力への信仰によってさらに強化される。世俗社会が人為的な報酬と罰によって法律遵守を奨励するのに対し，宗教は超自然的な力という別の次元を加えている。例えば，多くの宗教では，善行には天国や来世での幸福が約束され，悪行には地獄や苦しみが警告される。

さらに，宗教は社会統制のプロセスに超自然的な「監視」力を付与している。神や超自然的な力が常に人間の行動を見守っているという信仰は，人々の行動を規制する強力な力となる。これは，ミシェル・フーコー（Michel Foucault, 1926-1984）の「パノプティコン（panopticon）」の概念と類似しており，常に監視されているという意識が自己規制をもたらすという考え方と重なる。このパノプティコンという概念は，イギリスの哲学者ジェレミー・ベンサム（Jeremy Bentham, 1748-1832）が18世紀末に考案した理想的な監獄の建築モデルに基づいている。フーコーはこれを社会的な権力構造や監視のメカニズムを象徴するものとして解釈した。

宗教はまた，逸脱者に贖罪と社会復帰の方法を提供している。多くの宗教には，罪を清める儀式や実践があり，これらを通じて信者は社会に再統合される機会を得る。例えば，キリスト教の告解や仏教の懺悔は，個人の罪や過ちを認

め，それを克服するための手段を提供している。

　教育と宗教の社会統制機能は，時として重複し，時として対立する。例えば，科学教育と宗教的信念の衝突は，スティーブン・ジェイ・グールド (Stephen Jay Gould, 1941-2002) が提唱した「重複しない教導権 (NOMA)」の概念と関連しており，科学は「事実の領域」，つまり自然界の働きや物理的現象を説明する役割を担い，宗教は「価値や倫理の領域」，すなわち人間の道徳的価値観や存在の意味に関わる問題を扱うと考えた。科学と宗教がそれぞれ異なる領域を扱うべきだとする考えを示している。

　一方で，教育と宗教は互いに補完し合う面もある。例えば，多くの宗教系学校では，宗教的価値観に基づいた道徳教育が行われており，これは生徒の全人的な発達に寄与している。また，公立学校でも，宗教に関する客観的な知識を提供することで，生徒の文化的理解を深める試みがなされている。

　このように，教育と宗教は社会統制と道徳教育において重要な役割を果たしている。両者は，個人の行動を社会的に望ましい方向に導き，社会の秩序を維持することに貢献している。しかし，これらの機能は時として個人の自由や批判的思考の発達と緊張関係にあり，その適切なバランスを見出すことが現代社会の課題の一つとなっている。特に多元的な現代社会においては，多様な価値観や信念を尊重しつつ，社会の一体性を維持するという難しい課題に直面している。

5　選別・配分と社会階層

　教育と宗教は，社会における選別・配分のプロセスと社会階層の形成に深く関わっている。この機能は，個人の社会的地位や職業選択に大きな影響を与え，結果として社会構造の維持や変動に寄与している。

　教育システムにおいて，人々を特定の職業や社会的地位に選別し配分する機能は学校に課せられている。これは現代社会において特に重要な機能となっている。現代社会には高度に専門化された多様な職業的役割が存在しており，それらの職に適格な人材が不足すれば社会システムは機能不全に陥り，逆に適格な人材が過剰になれば失業率が上昇し，人々の才能が十分に活用されない事態を招くことになる。

日本では，選別・配分のメカニズムは比較的公式なものとなっている。例えば，高等学校や大学は，社会の需要と供給の関係を考慮しつつも，文部科学省の指針に基づいて開設する課程を選択している。特定の専門分野への社会的需要が変化すれば，それに応じて教育課程も調整される。

　日本の教育システムにおける選別・配分の特徴的な例として，高校入試や大学入試が挙げられる。これらの試験結果は，生徒の進学先を大きく左右し，ひいては将来の職業選択や社会的地位にも影響を与える。特に，いわゆる「偏差値」に基づく学校のランク付けは，日本社会における教育を通じた選別・配分の象徴的な存在となっている。

　一方で，教育システムの選別・配分機能には批判的な見方も存在する。批判理論家たちは，教育を支配階級が自らの地位を維持するための主要な手段の一つと見なしている。彼らは，教育が入学資格の管理や従順で規律正しい労働者の育成を通じて，社会の不平等を永続させていると主張する。これらの目的を達成する二つの重要な方法が，トラッキング（能力別クラス分け）と資格主義である。

　トラッキングは，学業成績に基づいて学生を異なるグループやクラスに分ける主要な手段の一つである。実際，この選別プロセスは子供が学校に入学した瞬間から始まる。日本では，中学校から高校への進学時に，進学校，普通校，職業高校などへの振り分けが行われ，これが将来の進路に大きな影響を与える。

　批判理論者にとって，トラッキングの本当の問題は，社会経済的に不利な立場にある家庭の子供たちが，人口構成に比べて不釣り合いに多く低ランクの学校や職業コースに配置されているという点である。したがって，トラッキングシステムは，既存の不平等を保護し，社会的流動性を阻害する傾向がある。

　資格主義とは，ある職位の応募者に高学歴を要求することを指す。日本社会では，学歴主義として知られるこの現象が顕著に見られる。機能主義者は，資格主義を最も能力のある人が重要なポストに雇用されることを保証する一つの方法と考えている。一方，批判理論者は逆の見方をしており，学歴が重視されればされるほど，実際の仕事をする能力が無視されると考えている。

　資格主義は，より高い学歴が必ずしも高い能力を示すわけではなく，単により高いレベルの教育を受けた事実を示しているに過ぎないという，教育に関す

る誤った認識を永続化させているとして批判されている。また，批判者たちは，必要とされる学位を持っていないという理由のみで，能力があり独創的な人材が特定の職務から排除されることがあると指摘している。これは現代社会における資格への過度な依存がもたらす弊害であると考えられている。

　宗教も社会階層の形成に影響を与える。宗教は特定の価値観や行動規範を提供し，これらが個人の社会的地位や職業選択に影響を与える可能性がある。また，宗教コミュニティ内での地位や役割が，社会全体での地位や役割に反映されることもある。

　ウェーバーは，宗教が単に個人の信仰の問題ではなく，社会全体の構造や動態に影響を与える重要な要因であることを示していた。この理論は，社会階層の形成過程を理解する上で，経済的要因だけでなく文化的・精神的要因も考慮に入れる必要性を示唆しており，社会学や経済学の領域を超えた学際的な研究の基礎となっている。

　デュルケームの視点からは，宗教は社会の統合と秩序維持に寄与する一方で，社会階層の正当化にも関与していると考えられる。宗教は，現存の社会構造を神聖化し，不平等を自然なものとして受け入れさせる機能を持つ可能性がある。

　一方，ブルデューの文化資本理論は，教育と宗教の両方が社会階層の再生産に寄与する過程を説明している。ブルデューによれば，上流階級の子供たちは，家庭環境を通じて特定の文化資本（言語能力，教養，行動様式など）を獲得し，これが教育システムにおいて有利に働く。同様に，特定の宗教的背景も一種の文化資本として機能し，社会的地位の獲得に影響を与える可能性がある。

　さらに，ロバート・マートン（Robert K. Merton, 1910-2003）の機能分析の視点からは，教育と宗教の選別・配分機能は，社会の安定と効率的な運営に寄与する顕在的機能を持つ一方で，社会的不平等の固定化という潜在的機能も持っていると考えられる。

　このように，教育と宗教における選別・配分と社会階層の問題は，社会の公平性と機会の平等に関する重要な問題を提起している。日本の文脈では，受験競争の激化や学歴社会の弊害，宗教的背景による社会的差別などが，これらの問題の具体的な現れとして議論されている。

6　同化と文化的アイデンティティ

　教育と宗教は，同化と文化的アイデンティティの形成において重要な役割を果たしている。これらの制度は，社会の新しいメンバーを主流社会に統合する一方で，個人や集団の固有の文化的特徴を維持する機能も持っている。この二つの側面のバランスは，多文化社会において特に重要な課題となっている。

　教育の同化機能は，文化的多様性を有する社会において特に顕著であり，日本の教育システムにおいてもその傾向が顕著に見られる。日本の教育システムは，伝統的に同化を重視してきた。これは，新たな構成員を日本社会の主流文化へと統合することを意味する。日本語，日本の歴史，日本の伝統文化の教授はその代表的な手段の一つである。より間接的な同化の方法として，愛国心の涵養が挙げられる。入学式や卒業式における国旗掲揚と国歌斉唱，かつての教室での御真影の奉置などの儀式や慣行を通じて，国家への帰属意識が醸成されてきた。

　教育は，在日外国人や帰国子女が日本社会に適応するための主要な手段の一つとなっている。今日，学校の同化機能は，新しい移民だけでなく，日本社会における社会経済的に不利な立場にある人々や障害者などにも向けられている。

　しかし，日本の教育においては同化目標が過度に強調されているという批判もある。これらの批評家は，文化的少数派のメンバーを「問題」として見るのではなく，日本はより積極的に多様性を尊重し，異なる文化的背景を持つ人々の独自性を維持すべきだと主張している。近年，一部の学校で導入されている「国際理解教育」や「多文化共生教育」の取り組みは，この立場を反映している。また，外国にルーツを持つ子供たちのための日本語指導や母語・母文化教育の重要性も認識されつつある。

　日本の文脈では，同化と文化的アイデンティティの問題は，特に在日コリアンや中国帰国者，さらには近年増加している外国人労働者とその子供たちに関して顕著である。これらのグループは，日本社会への適応を求められる一方で，自らの文化的アイデンティティを維持したいという願望も持っている。

　ミルトン・ゴードン（Milton M. Gordon, 1918-）の同化理論は，同化のプロセスを構造的同化，文化的同化，結婚による同化など複数の段階に分けて捉えている。この理論は，教育が文化的同化と構造的同化を促進する主要な手段とな

ることを示唆している。一方，宗教は時として同化に抵抗し，独自の文化的アイデンティティを維持する役割を果たす。つまり，同化を単純な一方向のプロセスではなく，複雑で多面的なプロセスとして捉えた点で革新的であった。移民研究や多文化社会の理解に大きな影響を与え，現代の統合政策や多文化主義政策の基礎となる考え方の形成に寄与した。

宗教も同化と文化的アイデンティティの形成に重要な役割を果たしている。宗教は，特定の文化的伝統や価値観を維持し，世代間で伝承する機能を持っている。同時に，宗教は新しい信者を受け入れ，彼らを宗教共同体に同化させる役割も果たしている。

宗教の同化機能は，特に移民社会において顕著に見られる。日本においても，キリスト教会や仏教寺院が，外国人信者を日本社会に適応させる上で重要な役割を果たしている例が見られる。これらの宗教機関は，信者たちに精神的な支えを提供するだけでなく，言語や文化の学習，就職の支援など，実際的な面でも同化を促進する機能を果たしている。

しかし，宗教は同時に文化的アイデンティティの維持にも寄与している。多くの宗教は，特定の文化的伝統や価値観と密接に結びついており，これらを維持し，次世代に伝えることを重視している。スチュアート・ホール（Stuart Hall, 1932-2014）のアイデンティティ理論は，文化的アイデンティティを固定的なものではなく，常に変化し再構築されるプロセスとして捉えている。この観点からは，教育と宗教は個人や集団のアイデンティティ形成に継続的に影響を与える重要な場となる。

この文化的アイデンティティの維持機能は，時として同化の過程と緊張関係にある。特に，主流社会の価値観や規範が，特定の宗教集団の信念や実践と衝突する場合，この緊張は顕著になる。例えば，日本の公立学校における宗教教育のあり方や，学校行事と宗教的実践の関係などが議論の的となっている。

教育と宗教の同化機能と文化的アイデンティティ維持機能のバランスは，多文化社会における重要な課題である。一方では，社会の結束と統合を促進するために一定の共通の価値観や規範が必要とされる。他方では，文化的多様性を尊重し，少数派の権利を保護することも重要である。

この課題に対応するため，日本でも多文化共生の理念に基づいた教育アプ

ローチが徐々に導入されつつある。これは，異なる文化的背景を持つ人々が，自らの文化的アイデンティティを維持しながら，より大きな社会に統合されることを目指すものである。教育の文脈では，これは多文化教育やインクルーシブ教育の実践として現れている。

　宗教の文脈では，宗教間対話や宗教的多元主義の促進が，この課題への対応策として注目されている。これらのアプローチは，異なる宗教的背景を持つ人々の相互理解と尊重を促進し，同時に各宗教の固有の価値観や実践を維持することを目指している。

　しかし，これらのアプローチにも課題がある。例えば，多文化主義が文化的相対主義に陥り，社会の基本的な価値観や規範の共有を困難にする可能性がある。また，宗教的多元主義が，特定の宗教の教義や実践の独自性を弱める可能性もある。

　さらに，グローバル化の進展により，この課題はより複雑になっている。情報技術の発達や人口移動の増加により，異なる文化や宗教の接触が増加し，同化と文化的アイデンティティの問題はより重要性を増している。

　このように，教育と宗教は，同化と文化的アイデンティティの形成において中心的な役割を果たしている。これらの制度は，社会の統合と多様性の尊重という，時として相反する要求のバランスを取ることを求められている。

7　革新と保守の緊張関係

　教育と宗教は，社会の革新と保守の間の緊張関係を体現する重要な制度である。両者は，社会の変革を促進する可能性を持つ一方で，伝統的価値観を維持する傾向も併せ持っている。この緊張関係は，社会の発展と安定の両立において重要な役割を果たしている。

　教育の革新機能は，新しい知識，価値観，信念を創造し，伝播することによって社会変革を促進する。この機能の最も顕著な例は，日本の大学教員が行う研究である。教員は教育に加えて，自身の関心分野で新しい知識を増やすための研究を主導している。この研究は通常，文部科学省や日本学術振興会の支援を受けるか，民間企業や財団の委託を受けている。

　しかし，高等教育に対して批判的な立場をとる人々は，日本の大学が研究を

重視し過ぎていると考えている。彼らは，この強調が大学を教育という本来の機能から遠ざけていると感じている。例えば，教員は時として研究業績だけで評価され，学部の講義はしばしば非常勤講師によって行われている。日本の国立大学のほとんどにこの状況が存在している。

一方で，大学が研究を重視することを擁護する理由もいくつかある。高度に産業化され，知識主導型の社会である日本では，革新的な研究が重要である。ほとんどの学生が直接研究活動に参加していなくても，革新的な研究は絶えず知識の増大を刺激し，学生は間接的にその恩恵を受けている。同様に，実用的な観点から見ると，研究プロジェクトは大学に資金をもたらし，その資金によって大学はより多くのより優秀な研究者を雇用し，カリキュラムの範囲を広げ，教育設備を改善することができる。企業や財団からの大型の寄付や共同研究は通常，最も影響力のある研究プログラムを持つ大学に与えられる。

トーマス・クーン（Thomas Kuhn, 1922-1996）のパラダイム転換理論は，科学の進歩が根本的な認識の変化を伴うことを示している。この理論は，新たな科学的知見が既存の宗教的世界観と対立することで，教育と宗教の間に緊張関係が生じる可能性を示唆している。

新しい知識に加えて，教育機関は新しい価値観や信念を創造し，広めており，これらは社会変革の潜在的な原動力となる可能性がある。例えば，科学は信念体系であり，社会における信念の広範な普及は，主に学校システムという媒体に依存している。

教育が社会変革を促進するもう一つの方法は，既存の社会制度を批判したり，それに挑戦したりする批判的な雰囲気を奨励することである。このような環境は日本の一部の大学にも存在する。例えば，1960年代の学生運動は，当時の大学や社会制度に対する批判的な姿勢から生まれたものであった。また，近年では，ジェンダー平等や環境問題などの社会課題に対する意識を高める教育プログラムが多くの大学で展開されている。

一方，宗教は日本においても一般的に保守的な社会力として機能する傾向があると指摘されている。宗教は，社会の基本的な規範や価値観を強化し，神聖化することで，社会の安定性を促進する役割を果たしている。例えば，神道や仏教は伝統的な価値観や習慣を維持する役割を果たしている。宗教は，社会統

制の役割を果たし，逸脱行動を抑制する機能を持っている。また，宗教は政府の権威を正当化し，社会における不平等を受け入れやすくする機能も果たしている。

　しかし，宗教が常に保守的な力として機能するわけではない。日本の新宗教運動の中には，既存の社会秩序に挑戦し，新しい価値観を提示するものもある。歴史的に見ると，宗教は時として急進的な社会変革の触媒となることもあった。例えば，16世紀の新教改革は，社会変革の重要な要因となった。新教は，社会にさまざまな不満を持つ人々を結集させ，共通の利益を与え，組織化された力を提供した。また，これらの反逆者に神聖なイデオロギーを与え，社会変革の要求を正当化した。

　前述のように，グラムシのヘゲモニー論によれば，支配階級は教育や宗教などの文化的制度を通じて，自らの価値観や世界観を社会全体に浸透させ，その支配を正当化する。しかし，同時にこれらの制度は，対抗ヘゲモニーの形成の場ともなり得る。

　教育と宗教の革新と保守の機能の間の緊張関係は，特に科学と宗教の関係において顕著に現れる。例えば，中世のカトリック教会がガリレオの天文学的発見を拒絶したことは，宗教が思想の変革を遅らせた顕著な例である。日本においても，明治時代の近代化過程で，伝統的な宗教観と西洋科学の導入との間に緊張関係が生じた。

　教育と宗教は社会の革新と保守の間の緊張関係を体現している。両者は，社会変革を促進する可能性と伝統的価値観を維持する傾向を併せ持っており，この緊張関係は社会の発展と安定のバランスを保つ上で重要な役割を果たしている。日本社会においても，急速な技術革新と伝統文化の保持の間でバランスを取ることが課題となっている。今後も，この緊張関係をいかに建設的に扱うか，社会の進歩と安定を両立させていくかが，重要な課題となるだろう。

8　教育と宗教の未来の展望

　教育と宗教は歴史的に密接な関係を有し，社会の統合と分断の両面において重要な役割を果たしてきた。現代社会においても，教育と宗教は多様な課題に直面している。本節ではこれらの課題を検討した上で，教育と宗教の将来的展

望について考察を行う。

　教育と宗教の未来を展望する際には，学歴社会と教育過剰，そして低位代替雇用の問題は避けて通ることができない。近代のメリトクラシー社会においては，学歴が階層移動の重要な手段となり得る。そのため，過激な競争社会や受験戦争が生じることとなる。学歴は本来，業績主義に基づくものであるが，一度獲得すると属性化・身分化する傾向にあり，典型的な学歴主義を生み出す。学歴主義は過剰な教育熱を引き起こし，その結果，多くの人々が大学教育を受けるようになり，労働者の教育水準が職業の資格要件を上回る教育過剰の問題が発生する。この現象は，大卒者が本来は必要とされない低位の職業に就く低位代替雇用を引き起こす。

　さらに，過剰な教育が個人の生きる力を奪うという問題もある。近代社会は価値の制度化を進めすぎた結果，人々は自ら学び，自らを癒し，問題解決する能力を失いつつある。メキシコの社会学者イバン・イリイチ（Ivan Illich, 1926-2002）はこのような状況を「学校化社会」と呼び，人々が制度化された学校に依存する社会を批判した。イリイチは，人々が自ら育つ能力を奪われることで，本来の自律的な学びや生活の力が失われてしまうと警告している。

　文部科学省の中央教育審議会は，これから求められる資質や能力として「生きる力」を提言している。この「生きる力」とは，変化の激しい社会を生き抜くための能力であり，自分で問題を見つけ，自ら学び，考え，主体的に判断し，行動する能力を含む。また，他人と協調し，思いやる心や豊かな人間性を育み，健康や体力を向上させることも含まれている。この提言は，非行・犯罪，いじめ，不登校などの教育問題に対する処方箋であり，技術的知識を優先するメリトクラシー社会や学校化社会の行き詰まりに対する教育制度側の対応の一環である。

　犯罪・非行，いじめなどの教育問題は，行き過ぎた受験競争にその原因を求めることができるだろう。しかし，よりマクロな視点から見ると，これは近代教育のジレンマの表れである。近代化に伴い，個人は集団から自立し，個性を発達させる一方で，学校制度は子供を学校という制度・集団に縛り付ける。ここには，近代化に伴う個人化の進行と共同体の凝集性の確保というジレンマが存在する。

不登校問題もこのジレンマの一つの表れである。日本の公式統計では，不登校とは年度間に30日以上登校しなかった児童生徒を指す。これは文部科学省の定義に基づいており，「児童・生徒指導要録」の「欠席日数」欄および「出席停止・忌引き等の日数」欄の合計日数によって判断される。この定義は，長期欠席の実態をより正確に把握し，早期の支援や対策を可能にするために設定されている。

　しかし，この公式統計に表れない不登校予備軍の存在も無視できない。30日未満の欠席であっても，登校に困難を感じている生徒は多く存在し，これらの生徒に対する支援も重要な課題となっている。

　不登校は，集団の凝集性が弱まる中で学校から離脱しようとする子供と，学校制度につなぎ止めようとする親や教師の綱引きの結果として生じることがある。この問題に対して，文部科学省はフリースクールの存在を認め，そこへの通学日数を正規の出席日数として計算する対応を取るなど，より柔軟な教育環境の提供を目指している。

　文部科学省はまた，不登校や犯罪・非行，いじめの増加に鑑みて「ゆとりのある教育」を目指し，公立学校の中高一貫制や学校週5日制の導入を実施している。さらに，心の教育の必要性から，1995年より臨床心理士等（スクールカウンセラー）を小・中・高校へ派遣している。これらの施策は，教育問題に対する具体的な対策であり，行き過ぎた受験競争や教育過剰に対する解決策として期待されている。

　日本における教育社会学の研究は，さらなる発展が期待される分野である。教育社会学を専門とする研究者や研究機関は存在するものの，他の社会学分野と比較して研究基盤の脆弱さが指摘されている。また，教育社会学の知見が教育政策に反映される機会は限定的であり，教育政策は依然として行政主導で展開されることが多い。さらに，日本の教育研究は個人の学力向上や教授法の改善に焦点が集中する傾向があり，教育の社会的役割や機能に関する研究は相対的に手薄となっている。また，質的研究が主流を占める一方で，量的データに基づく実証的分析は十分な蓄積があるとは言えない。国際比較研究などの視野の広い研究も不足していることから，教育研究と社会的現実との乖離が指摘されている。

このような課題を克服するためには，教育社会学の研究基盤の強化と，研究手法の多様化が必要である。また，教育と社会の関係をより密接に結びつけるための取り組みも求められている。教育と宗教が必要に応じて協力して，より公正で持続可能な社会を築くための枠組みを構築することが，未来の展望において重要である。

本章のポイント

教育と宗教の定義と社会的役割　教育は社会が学習経験を指導する正式な制度であり，宗教は信仰と実践の体系である。両者は社会化，社会統制，価値観の形成に重要な役割を果たしている。

教育と宗教の歴史的背景と発展　古代から現代まで，教育と宗教は密接に関連してきた。近代化に伴い分離が進んだが，現代では新たな関係性が模索されている。

社会化機能　教育と宗教は，知識だけでなく文化的価値観や規範も伝達する。「隠れたカリキュラム」を通じて，社会の基本的な価値観が伝えられる。

社会統制と道徳教育　教育と宗教は，社会の秩序維持と個人の倫理的成長を促進する。両者は時に協調し，時に対立しながら，社会の規範形成に寄与している。

選別・配分と社会階層　教育システムは社会的地位や職業選択に影響を与え，社会階層の形成に関与している。宗教も価値観や行動規範を通じて社会階層に影響を及ぼす。

同化と文化的アイデンティティ　教育と宗教は，社会への統合と文化的アイデンティティの維持という二つの機能を持つ。多文化社会においては，これらのバランスが重要な課題となる。

革新と保守の緊張関係　教育は社会変革の可能性を持つ一方，宗教は伝統的価値観の維持に寄与する傾向がある。この緊張関係は社会の発展と安定のバランスに影響を与える。

教育と宗教の未来の展望　学歴社会や教育過剰の問題，不登校やいじめなどの教育問題に対応するため，「生きる力」の育成や柔軟な教育環境の提供が求められている。教育社会学の発展と，教育と宗教の協力による持続可能な社会の構築が今後の課題である。

世俗化と宗教教育の変容　現代社会の世俗化傾向により，教育と宗教の関係は変化している。公教育における宗教教育のあり方が問われ，多様な宗教的背景を持つ学生に対応するため，宗教的中立性と宗教理解教育のバランスが求められている。一方で，宗教は新たな形で公共圏に登場し，倫理教育や文化理解の観点から再評価されている。

グローバル化と多文化教育　グローバル化の進展に伴い，教育と宗教は新たな課題に直面している。異なる文化的・宗教的背景を持つ人々の共生が求められる中，多文化教育や宗教間対話の重要性が増している。教育機関は，文化的多様性を尊重しつつ，共通の価値観を育む場としての役割が期待されている。同時に，宗教は文化的アイデンティティの維持と相互理解

の促進という二つの役割を担っている。

参考文献

マックス・ウェーバー（世良晃志郎訳）1960年『支配の社会学（Ⅰ）』創文社
タルコット・パーソンズ（矢沢修次郎訳）1971年『社会類型——進化と比較』至誠堂
トーマス・クーン（中山茂訳）1971年『科学革命の構造』みすず書房
ユルゲン・ハーバーマス（細谷貞雄／山田正行訳）1973年『公共性の構造転換』未來社
タルコット・パーソンズ（佐藤勉訳）1974年『社会体系論』青木書店
エミール・デュルケーム（古野清人訳）1975年『宗教生活の原初形態（上・下）』岩波書店
イバン・イリイチ（東洋／小澤周三訳）1977年『脱学校の社会』東京創元社
ユルゲン・ハーバーマス（河上倫逸／平井俊彦訳）1985年『コミュニケイション的行為の理論（上）』未來社
マックス・ウェーバー（大塚久雄訳）1989年『プロテスタンティズムの倫理と資本主義の精神』岩波書店
ピエール・ブルデュー（石井洋二郎訳）1990年『ディスタンクシオン——社会的判断力批判（Ⅰ）』藤原書店
アンソニー・ギデンズ（松尾精文／小幡正敏訳）1993年『近代とはいかなる時代か？——モダニティの帰結』而立書房
ピエール・ブルデュー（原山哲訳）1993年『資本主義のハビトゥス——アルジェリアの矛盾』藤原書店
ロバート・マートン（森東吾ほか訳）1961年『社会理論と社会構造』みすず書房
スティーブン・ジェイ・グールド（桜町翠軒訳）1996年『パンダの親指——進化論再考（上・下）』早川書房
スティーブン・ジェイ・グールド（渡辺政隆訳）2000年『ワンダフル・ライフ——バージェス頁岩と生物進化の物語』早川書房
アントニオ・グラムシ（片桐薫訳編）2001年『グラムシ・セレクション』平凡社
スチュアート・ホールほか編（柿沼敏江ほか訳）2001年『カルチュラル・アイデンティティの諸問題』大村書店
アンソニー・ギデンズ（松尾精文ほか訳）2009年『社会学（第5版）』而立書房
ピエール・ブルデュー（今村仁司ほか訳）2018年『実践感覚（新装版）（1・2）』みすず書房
ピーター・バーガー（薗田稔訳）2018年『聖なる天蓋』筑摩書房
エドワード・タイラー（奥山倫明ほか訳）2019年『原始文化（上・下）』国書刊行会
総務省統計局（2021年）『令和2年国勢調査 人口等基本集計結果』
ジョージ・ハーバート・ミード（山本雄二訳）2021年『精神・自我・社会』みすず書房
ホセ・カサノヴァ（津城寛文訳）2021年『近代世界の公共宗教』筑摩書房

第8章

メディアと集合行動

　メディアと集合行動のダイナミズムは，現代社会における重要な分析課題である。マス・メディアの発達とデジタル技術の進展は，社会的コミュニケーションの形態を根本的に変容させ，新たな集合行動の形式を生起している。本章では，まず集合行動の定義と特徴を理論的に整理し，その発生条件を多角的に分析する。また，マス・メディアの顕在的・潜在的機能を検討し，強力効果論から新強力効果論に至る理論的系譜を跡づける。さらに，政治的社会化と政治的無関心の問題を踏まえ，政治文化と社会関係資本の視点から，メディアと集合行動の相互作用を構造的に考察する。これにより，マス・メディアと集合行動が織りなす複雑なメカニズムを理論的に解明し，現代社会における意味と課題を探究する。

1　集合行動の定義と特徴

　集合行動は，社会学において特定の意味を持つ概念である。一般的に，集団や社会的形式の中で生じる人間の行動を指す言葉として使用されることもあるが，社会学者たちはより狭い意味でこの用語を使用する。集合行動は，予測不可能であり，組織的な制御がない状況下で，多数の人々が共通の刺激に反応する行動を意味する。これらの行動はしばしば，既存の社会規範や構造を欠いているが，それゆえに流動的で変化に富んだ特性を持つ。例えば，パニックや群衆行動などが代表的な例であり，それらの行動は自発的でありながら，完全な無秩序ではない。

　この定義を理解するためには，集合行動を組織的行動や制度的な行動と区別することが重要である。組織的行動とは，確立された規則や手続きによって統

制される集団内の行動を指し，例えばクラブや企業の行動がこれに該当する。一方，制度的な行動とは，制度化された規範によって統制される行動を指し，教育や宗教に関連する行動などがこれにあたる。これらに対して，集合行動は事前に決まった組織的手続きや制度的規範を欠いており，動的で絶えず変化する特徴を持つ。

　社会行動の連続的スペクトルの中で，集合行動は最も組織化された行動から最も無組織な行動までの間に位置すると考えられる。集合行動は，群衆，暴動，ファッションや流行，パニックなど，多様な形態で発生する。これらの現象に共通するのは，状況が曖昧で，社会的な統制機構が弱いことである。

　集合行動の性質を理解するためには，高度に組織された行動との対比が有効である。例えば，高校での消防訓練を考えてみよう。この場合，目標は事前に明確に設定されており，各教室の人々は特定の出口を通って建物を離れるべきことを理解し，その手順も熟知している。この状況は明確に定義され，学生たちは以前にこれらの手順を経験しているため，混乱は少ない。また，社会的統制も効果的であり，指示に従わない生徒は教師から罰を受ける可能性がある。

　しかし，実際の火災がナイトクラブで発生した場合，状況は劇的に変わる。人々は火災の兆候を感じた瞬間から混乱し，目標や手段が不明瞭となる。ゲストたちは以前に火災を経験したことがなく，状況の重大さや火の広がりの速度を理解していないため，混乱する。一部の人々は自己保身に走り，他の人々は他者を助けようとするかもしれない。管理者は状況が制御下にあるように見せかけようとするが，規範も社会的統制もほとんど存在しない。この結果，パニックに陥った群衆は互いに押し合い，踏みつけ合う可能性がある。

　集合行動は自発的であるが，完全に無秩序というわけではない。実際，集合行動には一定の社会的構造が見られ，これが社会学者の関心の対象となる。例えば，交通事故の際には特定の社会的役割が急速に現れる。ある人々は傍観者として状況を観察し，他の人々は交通整理を手助けし，さらに他の人々は負傷者への応急処置を行う。

　集合行動や社会運動には内在的な魅力がある一方で，社会科学者たちはこれらが社会変動の重要な源泉となり得ることも認識している。多くの社会的制度は社会運動から生まれており，今日のファッションは明日の慣習となる可能性

がある。現在の群衆から将来高度に構造化された社会集団が発展することもある。このため，集合行動の研究は，重大な社会変動のプロセスを探究し実現するための研究でもある。

このように，集合行動は多様な形態を持つが，特に群衆（crowd）は日常生活で最も目にする機会が多い形式である。集合は，共通の関心事を持って一時的に集まった人々を指す。すべての形式の中で，集合が最も普遍的で，人々が最も意識しやすい形式である。また，集合は，他の一般的な社会集団とは，不確定感と緊迫感によって区別される。集合の中のすべての人が同じ期待を持っているわけではなく，その状況は相対的に曖昧で，構造的な特徴がなく，目標も明確ではない。しかし，集合のメンバーは皆，何かが起こりそうだと感じている。

集合の参加者は，行動においてしばしば通常の社会的制約を無視することがある。この意味で，集合は「無約束的」であると言える。集合の参加者は，集合の感情によって伝えられる暗示を受け入れやすい。

以上のように，集合行動は社会学的に重要な概念であり，その定義と特徴を理解することは，社会現象を分析する上で不可欠である。集合行動は，自発性と無秩序性，構造の不明確さと目標の曖昧さを含む複雑な現象である。しかし，この複雑性ゆえに，集合行動がどのような条件下で発生するのかを理解することも同様に重要となる。集合行動の発生条件を詳細に分析することで，社会の動態をより深く理解し，潜在的な社会変動の可能性を予測することができる。そこで次節では，集合行動を引き起こすさまざまな要因と条件について詳しく検討していく。

2　集合行動の発生条件

集合行動の発生条件は多様であり，その要因を一概にまとめるのは難しい。しかし，いくつかの重要な条件が集合行動を引き起こす要因として考えられている。これらの条件は必ずしもすべてが同時に存在する必要はなく，また，すべての形式の集合行動に必須というわけでもない。

まず，環境要因が集合行動の発生に大きな影響を与える。特定の環境要因は，人々が共通の刺激に対して自発的に反応する機会を増加させる。例えば，迅速

かつ便利に情報が伝達できる環境は自発行動の可能性を高める。公共の場，広場，スタジアム，礼拝堂などに集まった人々はそのような環境を形成する。これらの場所では，情報が素早く伝播し，人々が互いに影響を与え合うことが容易になる。

時間もまた重要な環境要因である。1960年代のアメリカにおける都市暴動の原因や背景を調査するために設置された専門家の集団である「クーナー調査団」の報告によると，1960年代の都市暴動は大半が週末や夜間に始まった。これは多くの人々が仕事から解放される時間帯である。1992年の春，夜間に発生したロサンゼルス暴動もこのパターンと一致している。このように，人々が集まりやすい時間帯や，社会的な監視が緩和される時間帯に集合行動が発生しやすい傾向がある。

次に，無規範状態も集合行動の発生条件として重要である。新奇で希少な状況では，行動を指導する規範が存在しないことがある。例えば，船舶事故の際，「婦女子優先」の考え方以外にはほとんど規範が存在しない。また，休暇先，ロックフェスティバル，集会など，個人と社会構造の通常の結びつきが緩む状況も無規範の一例である。家庭や職場の役割から一時的に解放されることは，集合行動を誘発する可能性がある。

しかし，最も混乱した状況でも，規範的な行動パターンが次第に現れることがある。第二次世界大戦中のロンドン爆撃では，初めは大量の集合行動が見られたが，次第に防空壕内での規範が形成された。最初は無秩序であった行動も，繰り返し経験するうちに秩序と常態を求めるようになり，社会構造が発展していった。

価値観と規範の対立も集合行動を引き起こす条件となる。急速な社会変動や文化内での対立が原因となることが多い。例えば，1979年のイラン革命は，異なる利益集団の広範な連携によって実現された。この革命は，イラン王の政策や全体的な近代化計画に反対する勢力が連携した結果である。しかし，この革命は異なる価値観間の闘争の始まりに過ぎなかった。新しい政府はイスラム文化の伝統的なモデルを復活させようとしたが，これに反対する勢力も存在した。特に女性の権利に関する価値観の対立が顕著であった。

相対的剥奪も，集合行動の潜在的な要因として重要である。相対的剥奪とは，

人々が自分たちの得るべきだと感じているものを得られていない状況を指す。例えば，経済的保障，政治的権利，自我実現，社会的帰属感などの追求において，社会が教える努力の結果が得られないとき，相対的剥奪が生じる。このような状況が集合行動を引き起こす可能性がある。

相対的剥奪には，期待型相対的剥奪やJカーブ型相対的剥奪などがある。期待型相対的剥奪は，人々の期待が高まる一方で状況が改善されない場合に発生する。Jカーブ型相対的剥奪は，期待が高まっている中で急に状況が悪化した場合に発生する。これらの状況下では，人々の不満が高まり，集合行動に発展する可能性が高くなる。

社会統制機構の崩壊も集合行動の発生条件として重要である。社会統制は，社会システムが持続的に機能するために不可欠である。これが弱まると，人々は現行の制度に対する信頼を失い，集合行動を通じて改革や再建を試みる。例えば，警察や裁判所が効果的に機能しない場合，社会統制が崩壊し，集合行動が発生する可能性が高まる。

それに，アメリカの社会学者ニール・J・スメルサー（Neil J. Smelser, 1930-2017）の価値付加理論も集合行動の発生条件を理解する上で重要である。スメルサーの価値付加理論によると，集合行動は特定の条件が蓄積されることによって発生する。特に構造的緊張や促発要因が強調されるが，これを具体化した例として，再び1960年代のアメリカ都市暴動を挙げることができる。ここでは，社会的緊張が高まり，マス・メディアの報道が促発要因として働いたことで，集合行動が爆発的に広がった。これらの要因が順次蓄積されることで，集合行動が発生するとスメルサーは考えた。

集合行動の発生条件は複雑で多岐にわたる。環境要因，無規範状態，価値観と規範の対立，相対的剥奪，社会統制機構の崩壊など，さまざまな要因が相互に作用して集合行動を引き起こす。これらの条件を理解することは，社会の動態を把握し，潜在的な集合行動の可能性を予測する上で重要である。しかし，集合行動の発生条件を知るだけでは，実際に起こる集合行動の具体的な形態や特徴を十分に理解することはできない。そこで次節では，集合行動の中でも特に重要な形態である集合について，その種類や特徴を詳しく見ていくことにする。これにより，集合行動の具体的な現れ方や社会に与える影響についてより

深く理解することができるだろう。

3 大衆行動と集合行動

大衆行動（mass behavior）は，物理的には離れた場所にいる多数の人々が，共通の情報や刺激に反応して同様の行動を取る社会現象である。この現象の特徴は，地理的な近接性を必要としない点にある。具体例としては，SNS上での情報拡散，大規模な商品購買ブーム，オンラインペティションへの署名，株式市場での一斉売買などが挙げられる。これらの事例では，多くの人々が同時に同じ行動を取る様子が観察される。

大衆行動の影響力は，マス・メディアやインターネットの発達により増大している。これらのメディアは，情報を瞬時に広範囲に伝達することが可能であり，その結果，地理的な制約を超えて多くの人々に同時に影響を与えることができる。一方，集合行動（collective behavior）は，物理的に同じ場所に集まった人々による共同行動を指し，例えばデモ行進やコンサートでの観客の一体感などが該当する。

大衆行動と集合行動を比較することで，現代社会におけるメディアの役割と人々の行動様式の変化を理解することができる。大衆行動は物理的な距離を超えて発生するが，集合行動は特定の場所に集まる必要がある。また，大衆行動はマス・メディアやソーシャルメディアの影響を強く受けるが，集合行動は直接的な相互作用も重要な要素となる。さらに，大衆行動は情報伝達の即時性により急速に広がる可能性があるが，集合行動は物理的な移動を伴うため相対的に時間がかかる。加えて，大衆行動は個人が特定されにくい環境で行動できるが，集合行動は物理的な存在を伴うため匿名性が低いという特徴がある。

集合にはさまざまなタイプがあり，集合行動のすべての形式の中で，集合が最も普遍的で，人々が最も意識しやすい形式である。それぞれ異なる特徴を持っている。最も構造が緩い集合のタイプは，ハーバート・ブルーマー（Herbert Blumer, 1900-1987）が1939年に著書で述べた偶発的群衆（casual crowd）である。これは，参加者が最小限の感情と相互作用しか投入しない相対的に消極的な集合である。このような集合では，人々は進入退出が自由であり，交通事故や商店の特売などの一時的な関心事に対して関心を持つことがあ

る。彼らは互いに話をすることもあれば，完全に無視することもある。

　次に，規範的群衆（conventional crowd）がある。これはより構造的であり，その行動は予測可能である。規範的群衆には，コンサートの観客や飛行機の乗客など，事前に計画された状況が含まれる。これらの状況では，人々は通常のルールを守り，集合メンバー間の相互作用は最小限にとどまる。

　社会学者たちは，より広範な集合行動を生み出す可能性のある集合のタイプに興味を持っている。表出的行動（expressive behavior）は，感情表現や感情の解放の機会を提供する集合行動である。多くの文化には，豊作や重要な軍事勝利を祝う周期的な祭りや宗教的な日が存在する。この時，できるだけ多くの人々が集まるように招待される。集合の参加者は，踊り，飲酒，宴会，歌唱，叫び，さまざまなゲームや技能競技に参加する。日常生活では，このような行動は混乱を引き起こすと考えられ，法的に禁止されているため，集合活動は日常生活では得られない感情の解放を提供する場となる。

　日本の伝統的な祭りや行事も，表出的行動の機能を持つ例として挙げることができる。例えば，日本の多くの地域で行われる夏祭りや盆踊りは，日常生活での抑制された態度から解放され，感情を自由に表現する機会を提供している。特に，青森県の「ねぶた祭り」や徳島県の「阿波おどり」などの大規模な祭りでは，参加者が熱狂的に踊り，掛け声を上げることで，普段の生活では表現しきれない感情を発散することができる。これらの祭りは，地域社会の結束を強め，参加者に強い一体感をもたらす重要な役割を果たしている。

　多くの表出的行動は，感情表現以上の社会的機能を持っている。社会連帯感（solidaristic）という言葉は，メンバーに強い社会的団結感と一体感を提供する集合を説明するために使われる。例えば，1997年に山梨県の天神山スキー場で開催された「FUJI ROCK FESTIVAL（フジロックフェスティバル）」の初回に参加した人々は，帰り道に「フジロックの絆」を口にした。台風の接近による悪天候にもかかわらず，約3万人の参加者が集まったこのフェスティバルは，日本の音楽フェスティバル文化の先駆けとなった。参加者たちは，単に音楽を楽しむだけでなく，自然との共生や環境保護の意識を共有し，新しい音楽文化とライフスタイルを追求する仲間意識を育んだ。

　多くの福音派宗教集会も，規範的行動として分析することができる。この種

の集合では,「リバイバル」の参加者の感情は自発的に見えるが,実際には組織者によって計画されている。しかし,時にはこれらの集会やリバイバルが「燃え上がり」,通常の範囲を超えて高度な集合エネルギーと興奮を生み出すことがある。このようなイベントは,強い表出的および社会連帯的要素を含み,参加者にとって巨大な意義と心の震撼をもたらす体験と見なされることがある。

　政府もまた,多くの人々が参加する集会や群衆大会をきめ細かく計画し,社会的団結感を築こうとすることがある。アドルフ・ヒトラーはこの分野で特に巧みであり,1930年代に彼の権力を強化するために政治集会を利用した。日本では1960年の安保闘争時に国会周辺に集まった大規模なデモ隊や,1970年代の成田空港建設反対闘争に参加した農民と支援者の集会などがその一例である。これらの集合は当初平和的なデモや集会として始まったが,一部が暴徒化し,警察との衝突に発展することもあった。このような集合行動は,政府の政策に対する支持と反対の両面を持ち,時として予期せぬ方向に展開する可能性がある。そのため,政府や地方自治体がこのような大規模な集会やデモを許可する際には,社会の政治的な雰囲気や参加者の感情を慎重に見極める必要がある。

　それから,行動的群衆（acting crowd）がある。これは通常,怒りや敵意を持つ。最も劇的な暴徒的群衆のタイプの一つは暴民と騒乱である。暴民（mob）は,群衆のメンバーが怒りを特定の目標に集中させるタイプの集合であり,通常,その目標を達成すると解散する。ほとんどの暴民にはリーダーがおり,暴民行動はある程度の組織的構造を持つ。しかし,短命で不安定であるため,暴民は集合行動の一種と見なされる。私刑や爆発,放火,過激な思想団体によるテロ行為などが暴民行動の例である。

4　マス・メディアの機能と役割

　マス・メディアの機能と役割は,集合行動の形成と展開に深く関わっている。アメリカの政治学者ハロルド・ラズウェル（Harold Lasswell, 1902-1978）が提唱したマス・メディアの顕在的機能は,集合行動の発生条件や形態に大きな影響を与えている。

　「環境の監視」機能は,集合行動の潜在的な発生要因となる社会問題や出来事を人々に知らせる。例えば,社会的不公正に関するニュース報道は,抗議行

動や集会といった集合行動の引き金となることがある。「環境に反応する際の社会的諸部分の相互の関連づけ」機能は，集合行動の組織化や拡大に寄与する。メディアは，集合行動の情報伝達の媒介として機能するだけでなく，集合行動を誘発する触媒としての役割を果たす。前に取り上げた1960年の安保闘争や1997年のフジロックフェスティバルなどの例でも，メディア報道は集団の形成とその行動拡大において中心的な役割を担った。このように，メディアは集合行動の実態に影響を与える重要な要素として機能している。

「社会的遺産の伝達」機能は，集合行動の文化的背景や価値観の形成に影響を与える。メディアを通じて伝えられる社会規範や歴史的な集合行動の事例は，現代の集合行動の形態や目的に影響を与える可能性がある。

チャールズ・ライト・ミルズ（Charles Wright Mills, 1916-1962）が指摘した「娯楽提供機能」も，間接的に集合行動に関わっている。娯楽番組を通じて形成される共通の文化的経験は，人々の連帯感を強め，集合行動の基盤となる集団意識の形成に寄与することがある。マス・メディアの娯楽提供機能が単なる楽しみの提供にとどまらず，社会構造や権力関係と密接に関連していることを示唆している。この視点は，現代のメディア研究や社会学においても重要な洞察を提供し続けている。

一方，パウル・ラザースフェルド（Paul Lazarsfeld, 1901-1976）とロバート・マートン（Robert K. Merton, 1910-2003）が指摘したメディアの潜在的機能も，集合行動と密接に関連している。「地位付与」機能は，集合行動のリーダーや象徴的人物の出現と影響力の拡大に関わっている。メディアに頻繁に取り上げられる人物は，集合行動を主導したり，その行動の正当性を付与したりする力を持つことがある。

「社会規範の強制」機能は，集合行動の方向性や規模に影響を与える。メディアが特定の問題を批判的に取り上げることで，人々はその問題に対する態度を明確にすることを迫られ，これが集合行動への参加や不参加の判断に影響を与える。

「麻酔的逆機能」は，集合行動の抑制要因となる可能性がある。過剰な情報提供が人々の問題意識を希薄化させ，社会変革への意欲を減退させることで，集合行動の発生や持続を妨げる場合がある。

これらのマス・メディアの機能は，集合行動の発生条件とも密接に関連している。メディアによる情報伝達は，集合行動の環境要因として機能し，社会的緊張や価値観の対立を顕在化させる役割を果たす。また，メディアの報道が相対的剥奪感を強めたり，社会統制機構の崩壊を示唆したりすることで，集合行動の発生を促進することもある。

　さらに，さまざまな集合のタイプとも関連している。例えば，表出的集合や連帯的集合は，メディアによって増幅され，より大規模な社会現象となることがある。再び1997年の初回フジロックフェスティバルの例を見れば，メディアの報道がイベントの社会的意義を強調し，参加者の連帯感を高める役割を果たした。

　同様に，政治的な集会や抗議行動においても，メディアの報道が集合の規模や影響力を左右する。また，1960年の安保闘争や1970年代の成田空港建設反対闘争などの事例では，メディアの報道が社会的関心を喚起し，より多くの人々の参加を促した一方で，暴徒化のリスクを高める要因ともなった。

　このように，マス・メディアの機能と役割は，集合行動の発生，展開，そして社会への影響の全過程において重要な要素となっている。メディアは集合行動の触媒であると同時に，その行動を記録し，解釈し，時には増幅する役割も果たしている。したがって，集合行動を理解し分析する上で，マス・メディアの機能と影響力を考慮することは不可欠である。

5　マス・メディアの効果論の歴史

　マス・メディアの効果について論じた研究は，概ね三つの時期に区分することができる。この分類は，アメリカの政治学者ウェルナー・セブリン（Werner J. Severin, 1928-2019）とジェームズ・タンカード（James W. Tankard Jr. 1940-2005）によるものである。これらの時期は，それぞれ異なる社会的背景と技術的発展を反映しており，メディアの影響力に対する理解の変遷を示している。メディアがどのように現実を構築し，人々の認識に影響を与えるかについての理解を深めるのに大きく貢献した。現代のデジタルメディア環境下でも依然として重要な分析ツールとなっている。

　第一の時期は，1920〜30年代の「強力効果論」または「即効薬理論」の時代

である。この時期，メディアの効果は非常に強力であり，受け手に直接的・画一的な影響をもたらすとイメージされていた。この理論は，皮下注射理論や魔法の弾丸理論とも呼ばれる。この時代の背景には，19世紀末から20世紀初頭にかけての大衆新聞や大雑誌の普及，映画の国民的娯楽としての主流化，ラジオの本格的な普及がある。これらの新たなメディアは，ナチズムのプロパガンダや戦争中の宣伝戦略，国際的な共産主義運動などで広く活用され，マス・メディアの効果は絶大だとするイメージが広がった。

　この時期を代表する理論家としてウォルター・リップマン（Walter Lippmann, 1889-1974）が挙げられる。リップマンは『世論』（1922）において，現実世界は人間の能力を超えてはるかに複雑であり，時間的，物理的制約もあることから，人間は客観的な現実を直視することはできないとした。そこで，人間は世間で通用している色眼鏡や固定観念を通じて，複雑な現実を理解したつもりになり，「擬似環境」（頭の中に思い描かれた単純化された現実のイメージ）に基づいて行動すると述べた。リップマンはこの色眼鏡や固定観念をステレオタイプと呼び，例えば「個人主義のアメリカ人」というのは，現実には多様なアメリカ人の価値観がある中である部分だけを強調・省略したものであり，現実のアメリカ人とは異なるものであると指摘した。

　第二の時期は，1940〜60年代前半の「限定効果論」の時代である。この時期には，世論調査法が発達し，メディアに関する実証的な研究が進むと，マス・メディアの効果はかつて強調されたほど強いものではなく，マス・メディアの影響力は意外に小さいことが指摘された。この時期を代表する研究者としてラザースフェルドやジョセフ・クラッパー（Joseph Klapper, 1917-1984）が挙げられる。

　ラザースフェルドらは，1940年のアメリカ大統領選挙で投票への意思決定が何によって行われたかを調査し（エリー調査），『ピープルズ・チョイス』（1944）を著した。この調査によれば，選挙期間中にメディアの影響で意見を変えたものは8％（変化なし49％）に過ぎないとされ，マス・メディアが人々の意見を変える「改変効果」は弱いと結論づけられた。政治コミュニケーションとメディア効果研究の分野で画期的な研究として評価されている。その知見は，デジタル時代においても投票行動や政治的意見形成を理解する上で重要な視点を

提供し続けている。

　日本では戦後，言論の自由が回復し，多様なメディアが発達した。この時期，世論調査法が導入され，メディアの影響力に関する実証的な研究が進んだ。例えば，1955年の保守合同による自由民主党の結成や，1960年の安保闘争などの政治的出来事を通じて，メディアの影響力が検証された。その結果，メディアの効果は従来考えられていたほど強力ではなく，むしろ限定的であることが指摘されるようになった。

　さらに，ラザースフェルドらは『パーソナル・インフルエンス』(1955) において，マス・メディアの情報は有権者に直接伝わるよりも，「身近な少々詳しい人」(オピニオン・リーダー) によって日常会話などのパーソナル・コミュニケーションを通じて伝播することを発見し，「コミュニケーションの2段階説」を提起した。

　第三の時期は，1960年代後半以降の「新強力効果論」または「中効果論」の時代である。この時期には，マス・メディアの効果はかつて強力効果論が主張したほど無条件に絶大だとは言えないが，時と場合に応じて大きな影響力を及ぼすことが論じられるようになった。この時期を代表する研究者としてエリザベス・ノエル=ノイマン (Elisabeth Noelle-Neumann, 1916-2010) やジョージ・ガーブナー (George Gerbner, 1919-2005) などが挙げられる。

　この時期の背景には，アメリカでの1950年代以降のテレビの急速な普及がある。従来のメディア以上に強い訴求力を持つテレビの影響力に注目が集まり，マス・メディアの影響力が再評価されることになった。例えば，1960年のアメリカ大統領選挙では初めて候補者同士のテレビ討論が行われ，劣勢であったジョン・フィッツジェラルド・ケネディがテレビ演説で若さと雄弁さを有権者に売り込むことに成功し，大統領に当選したことも注目された。

　日本では1953年にテレビ放送が開始され，1960年代に急速に普及した。特に1964年の東京オリンピックは，テレビの影響力を顕著に示す出来事となった。この大会の模様は，テレビを通じて全国に生中継され，国民の一体感を醸成するとともに，日本の経済成長と近代化を象徴するものとなった。

　テレビの影響力が注目される中，1969年に行われた東大安田講堂事件の報道は，メディアが社会に与える影響の複雑さを示す例となった。テレビによる生

中継は，事件の展開をリアルタイムで伝えると同時に，視聴者の意識形成にも大きな影響を与えた。

この時期，日本のメディア研究者たちも，メディアの効果がコンテキストや受け手の特性によって異なることを認識するようになった。例えば，1970年代の公害問題や消費者運動に関する報道では，メディアが問題意識を喚起し，社会運動を促進する役割を果たしたことが指摘された。一方で，1972年の浅間山荘事件の際には，テレビ報道が事件の展開に影響を与えたとして批判を受け，メディアの影響力と社会的責任に関する議論が活発化した。

これらの時期を通じて，日本におけるマス・メディアの効果に関する理解は，単純な強力効果から，より複雑で文脈依存的な効果へと変化してきた。この歴史的変遷は，メディアと社会の関係性の複雑さを反映しており，現代の日本のメディア研究においても重要な基盤となっている。特に，高度経済成長期以降のテレビの普及と，インターネットの登場による情報環境の変化は，メディアの効果に関する新たな研究課題を提起し続けている。

6　マス・メディアの新しい効果理論

マス・メディアの効果に関する理解は，時代とともに変化してきた。初期の「強力効果論」から「限定効果論」へと移行する中で，メディアの影響力に対する認識は大きく変わった。しかし，1960年代後半以降，テレビの普及とその影響力の顕在化に伴い，メディア効果に関する新たな視点が求められるようになった。この流れの中で登場したのが「新強力効果論」または「中効果論」である。これらの新しい理論は，メディアの効果がより複雑で文脈依存的であることを認識し，特定の状況下でメディアが及ぼす影響力を詳細に分析している。以下では，この新たな理論的枠組みの中で発展した具体的な効果理論について見ていく。

議題設定効果（agenda setting effect）は，マス・メディアがある争点やトピックを強調するほど，受け手側もその争点・トピックをより重要なものと認知するようになるという効果である。この理論は，アメリカの政治学者マクスウェル・マコームズ（Maxwell McCombs, 1938-2024）とドナルド・ショー（Donald Shaw, 1936-2021）によって提唱された。彼らは1968年の大統領選挙に

おいてマス・メディアの選挙報道の内容分析と有権者への意識調査を実施し，メディアが選挙報道で強調した争点と，有権者が重要と考える争点が一致する傾向にあることを発見した。この効果は，メディアが社会の関心事を形成する力を持つことを示している。

フレーミング効果（framing effect）は，マス・メディアで取り上げる際のフレーム（切り口）の違いが，受け手の解釈の差をもたらすという効果である。代表的な研究として，シャント・アイエンガー（Shanto Iyengar, 1950-）の貧困報道実験がある。この実験では，貧困報道に関して，経済状況や政府の雇用政策などを中心とする報道を見た人は「社会の責任」と見る傾向にあり，困窮する個人のエピソードを中心とする報道を多く見た人は，貧困を「個人の責任」と見る傾向にあることが指摘された。この効果は，メディアが同じ事象であっても，その提示の仕方によって受け手の理解や態度を変化させる力を持つことを示している。

プライミング効果（誘発効果：priming effect）は，特定の争点がメディアで強調されることで，その争点が他の事象（例えば，政治指導者の政策評価など）に影響を与えるというものである。この効果は議題設定効果に後続するものとして理解される。アイエンガーらの研究によると，ジョージ・ハーバート・ウォーカー・ブッシュ大統領についての評価は，クウェート侵攻前では経済政策のウエイトが高く，評価は低かったが，クウェート侵攻後は，戦争報道の膨大さによって，戦争という争点が大統領評価の中でプラス方向に誘発されたことが指摘されている。この効果は，メディアが特定の問題を強調することで，人々の判断基準を変化させる力を持つことを示している。

第三者効果（third person effect）は，人々が「自分はマス・メディアに影響されにくいが，他者（第三者）は影響を受けやすく，社会に対して望ましくない結果を生み出す」と考えているという仮説である。例えば，「テレビドラマの暴力描写は暴力を助長する」「フェイクニュースによる選挙への影響が懸念される」というしばしば見られる意見は，自分は大丈夫であるが，第三者はそうでないという前提がある点で第三者効果の一種である。この効果は，メディアの影響力に関する人々の認識と実際の影響力との間に乖離がある可能性を示唆している。

涵養効果（培養効果・教化効果：cultivation effect）は，特にテレビというメディアに特化し，テレビが視聴者の間に現実に対する共通の見方や共通の価値観を涵養する働きがあるというものである。この効果は，ガーブナーらの「文化指標」研究で提唱された。彼らは，テレビドラマの影響力について分析し，ドラマにおける暴力・犯罪・殺人についての多くの描写に慣れた人は，ドラマを見慣れない人と比べると，現実世界で暴力や犯罪に出会う確率を過大視する傾向にあることを指摘した。この効果は，長期的なメディア接触が人々の世界観や価値観を形成する力を持つことを示している。

　これらの新しい効果理論は，メディアが個人の認知や態度形成に与える影響を多面的に示している。特に，政治的な情報や価値観の伝達において，メディアの役割は重要である。そこで次では，メディアが個人の政治意識や行動にどのような影響を与えるのか，政治的社会化と政治的無関心の観点から考察する。

7　政治的社会化と政治的無関心

　マス・メディアの効果理論の発展は，個人の政治意識形成や政治行動にも重要な示唆を与えている。この文脈において，政治的社会化と政治的無関心という二つの概念が重要な意味を持つ。これらの概念は，メディアが個人の政治意識や行動にどのような影響を与えるかを理解する上で欠かせない視点を提供している。

　政治意識とは，政治に関する感情や関心，その結果としての意見や態度などに関する総称である。政治的態度，政治的価値観などとも呼ばれる。右翼・左翼，自民党支持・自民党不支持などといった政治的態度や政党支持はどのように形成されるのだろうか。これまでの研究では，さまざまな要因が影響を与えることが確認されており，子供が大人へ成長する過程で家庭，学校，職場の影響を受けて，政治的態度を形成する過程を政治的社会化という。

　アメリカの政治学者フレッド・グリーンスタイン（Fred I. Greenstein, 1930-2018）らによると，子供は8歳くらいから政治的事項を理解し，親，学校，遊び仲間などの周囲の環境から政治的方向性を無意識のうちに獲得するという。特に政党支持態度などの基本的な政治的態度は，15歳くらいまでにある程度の方向性が形成され，24歳くらいまでに固まることが示唆されている。この過程

において，マス・メディアも重要な役割を果たしている。例えば，ニュース報道や政治番組は，若者の政治的知識や関心を形成する上で重要な情報源となっている。

また，アメリカの政治学者ケント・ジェニングス（M. Kent Jennings, 1934-2020）とリチャード・ニィーミィ（Richard G. Niemi, 1941-）は，思春期・青年期という「政治的態度の形成期」において経験したことが，その個人の政治的態度形成に長期的影響を与えることを指摘した。このことは，前節で述べた涵養効果とも関連している。例えば，特定の政治的出来事や社会問題に関するメディア報道に接することで，その世代特有の政治的価値観が形成される可能性がある。

一方で，成長過程で政治的関心を高める者もいれば，政治を自分とは縁遠い世界と考え関心を失う者もいる。政治に積極的に参加する意欲を欠いた冷淡な態度や意識のことを一般に政治的無関心という。政治的無関心については，デイヴィッド・リースマン（David Riesman, 1909-2002）とハロルド・ラズウェルらによる分類が有名である。

リースマンは，政治的無関心を二つに分類している。一つは伝統型無関心であり，これは政治に関する知識・情報がそもそもないタイプである。政治は特定の一部の人々の仕事であり，政治参加は特定の身分の利益であるとされ，少数の統治者に従う。もう一つは現代型無関心であり，政治に関する知識はあるが，私生活に埋没したタイプである。政治というものをよく知りながらも，それを拒否するという無関心であり，また自分たちの政治的責任を知っていながら果たさない。

一方，ラズウェルとダニエル・カッツ（Daniel Katz, 1903-1998）は政治的無関心を三つに分類している。無政治的態度は，芸術や科学など非政治的領域に熱中し，政治の存在を意識していないか，政治は自分と無関係と考えるタイプである。脱政治的態度は，政治参加したものの，自分の要求や期待が満たされないため，政治に幻滅し引退したタイプである。反政治的態度は，アナーキスト（無政府主義者）や宗教原理主義者に見られるように，自分の信じる価値が政治と衝突すると考え，政治を否定するタイプである。

これらの政治的無関心の類型は，マス・メディアの効果と密接に関連してい

る。例えば，メディアの麻酔的逆機能は，現代型無関心や脱政治的態度の形成に寄与する可能性がある。また，フレーミング効果やプライミング効果は，特定の政治的態度や無関心を促進する可能性もある。

　政治的社会化と政治的無関心の概念は，マス・メディアと集合行動の関係を理解する上でも重要である。メディアが政治的社会化に与える影響や，政治的無関心を生み出す過程は，集合行動の発生や展開にも大きく関わっている。例えば，メディアを通じて形成された政治的態度が，特定の集合行動への参加や不参加を決定づける要因となることがある。また，政治的無関心の広がりは，社会運動や抗議行動といった集合行動の規模や影響力を左右する可能性がある。

　以上のように，政治的社会化と政治的無関心の概念は，メディアの効果と集合行動の関係を理解する上で重要な視点を提供している。これらの概念を通じて，メディアが個人の政治意識や行動に与える影響，そしてそれが社会全体の政治的動向にどのように反映されるかを包括的に理解することができる。

8　政治文化と社会関係資本

　マス・メディアの効果や政治的社会化の過程を理解する中で，より広い視点から政治と社会の関係を捉える必要性が浮かび上がってくる。ここで重要となるのが，政治文化と社会関係資本という二つの概念である。これらの概念は，個人の政治意識や行動を形作る社会的文脈を理解する上で不可欠な視点を提供している。

　政治文化論は，政治を取り巻く社会や文化に注目し，政治社会の構成員の日々の政治活動を規定している価値や信条について分析しようとするものである。この分野の先駆的な研究が，アメリカの政治学者ガブリエル・アーモンド（Gabriel Almond, 1911-2002）とシドニー・ヴァーバ（Sidney Verba, 1932-2019）による『現代市民の政治文化』(1963) である。彼らは，アメリカ，イギリス，旧西ドイツ，イタリア，メキシコの5か国を対象として比較世論調査を実施し，それぞれの国でどのような政治文化が存在するかを分析した。

　アーモンドとヴァーバは，政治システム論を前提として，この政治システムがそれぞれの国でどのように認識されているかを検討した。具体的には，政治システム，入力機構，出力機構，自己の四つの政治的対象についての国民の心

理的態度を測定し，政治文化を三つのタイプに分類した。

未分化型政治文化は，すべての政治的対象について明確な政治的態度を有していないタイプである。臣民型政治文化は，政治システムと出力機構のみに関心があり，入力機構と自己には関心がないタイプである。参加型政治文化は，すべての政治的対象について関心があり，肯定的な態度を有するタイプである。

アーモンドらは，これらの政治文化は現実には混合して存在しており，民主政治は参加型政治文化と臣民型政治文化及び未分化型政治文化の三つが併存し，ちょうどよい均衡が保たれている社会において最もよく維持されると論じた。この適度な均衡が保たれた混合型の政治文化を特に「市民文化」と呼んだ。

この政治文化論は，マス・メディアの効果や政治的社会化の過程を考える上で重要な視点を提供する。例えば，各国のメディアの影響力の違いや，政治的社会化の過程の差異を，その国の政治文化の特徴から説明することが可能となる。

一方，1990年代になると，「社会関係資本」という新たな概念から民主政治の基盤が検討されるようになった。この概念を用いた研究で最も著名なのはアメリカの政治学者ロバート・パットナム（Robert D. Putnam, 1941-）である。パットナムによれば，社会関係資本とは，「調整された諸活動を活発にすることによって社会の効率を達成できる，信頼，規範，ネットワークといった社会組織の特徴」のことを言う。

パットナムは，イタリアの各地方政府の業績，社会経済的特性，住民意識などを調査し，南北イタリアでは大きな差異があることを明らかにした。北部及び中部イタリアは社会関係資本が充実しているため，政治システムの運営及び経済が良好であるが，南部イタリアは社会関係資本が不十分であるため，政治システム及び経済の運営がうまくいっていないという。

さらに，パットナムはアメリカの事例研究である『孤独なボウリング』（2000）も著し，社会関係資本の視点からアメリカのコミュニティが抱える問題を指摘した。彼は，PTA，スポーツなどの団体，ボランティア組織，趣味のサークル，宗教団体などの各種団体では，参加者の減少のために活動の停滞や休止が見られるという。パットナムは，このような団体の活動に参加する人が減少することによって，アメリカの社会関係資本が衰退し，その結果，アメ

リカ人の政治に参加する意欲が弱まっていると主張した。

社会関係資本の概念は，マス・メディアの効果や集合行動の理解にも新たな視点を提供する。例えば，メディアの利用が対面的なコミュニケーションを減少させ，社会関係資本を低下させる可能性がある一方で，インターネットを通じた新たな形の社会関係資本の形成も指摘されている。また，社会関係資本の豊かさが集合行動の発生や展開にどのような影響を与えるかという点も，重要な研究テーマとなっている。

政治文化と社会関係資本の概念は，マス・メディア，政治的社会化，集合行動といった現象を，より広い社会的文脈の中で理解することを可能にする。これらの概念を通じて，個人の政治意識や行動，メディアの影響力，そして集合行動の展開を，社会全体の構造や特性と関連づけて分析することができる。このような包括的な視点は，現代社会の政治現象を理解する上で不可欠なものとなっている。

本章のポイント

集合行動の定義 集合行動は，比較的自発的，予測不可能，無組織で不安定な状況において，共通の影響や刺激に対して反応する行動である。これは組織的な行動や制度的な行動とは区別され，事前に決まった組織的手続きや制度的規範を欠いている。群衆，暴動，ファッションや流行，パニックなどの形態で発生する。

集合行動の発生条件 環境要因（情報伝達の容易さ，公共の場の存在），無規範状態（新奇で未経験の状況での規範の欠如），価値観と規範の対立（急速な社会変動や文化内での対立），相対的剥奪（期待と現実のギャップ），社会統制機構の崩壊（制度への信頼喪失）などが主な条件である。これらの要因が複合的に作用して集合行動を引き起こす。

集合のタイプ 偶発的群衆（一時的な関心事に対する消極的な集合），規範的集合（予測可能な行動を示す構造的な集合），表出的集合（感情表現や解放の機会を提供する集合行動），連帯的集合（強い団結感と一体感を提供する集合），暴徒的集合（暴動や騒乱など，怒りや敵意を持つ集合）などがある。各タイプは異なる特徴と社会的影響を持つ。

マス・メディアの顕在的機能 環境の監視（社会の内外の出来事の報道），社会的諸部分の相互関連づけ（公的討論の促進），社会的遺産の伝達（文化や規範の世代間伝達），娯楽提供（ストレス緩和）がある。これらの機能は社会の安定と発展に寄与している。

マス・メディアの潜在的機能 地位付与（メディアで取り上げられることで社会的地位を得る），社会規範の強制（メディアの批判により社会規範が強化される），麻酔的逆機能（過剰

な情報提供による問題意識の希薄化）がある。これらの機能は意図されず，また認知されていないが，社会に大きな影響を与えている。
- **マス・メディアの効果論の変遷**　強力効果論（1920～30年代，メディアの影響力を絶大とする），限定効果論（1940～60年代前半，メディアの影響力を限定的とする），新強力効果論（1960年代後半以降，状況に応じた影響力を認める）と変化してきた。この変遷は，メディア研究の発展と社会の変化を反映している。
- **マス・メディアの新しい効果理論**　議題設定効果（メディアが重要と考える問題を受け手も重要と認識する），フレーミング効果（メディアの切り口が受け手の解釈に影響を与える），プライミング効果（メディアで強調された争点が他の事象の評価に影響を与える），第三者効果（自分よりも他者がメディアの影響を受けやすいと考える傾向），涵養効果（長期的なメディア接触が現実認識に影響を与える）などがある。これらの理論は，メディアの複雑な影響を説明している。
- **政治的社会化**　子供が大人へ成長する過程で家庭，学校，職場の影響を受けて，政治的態度を形成する過程である。特に，思春期・青年期の経験が長期的な政治的態度形成に影響を与える。この過程でマス・メディアも重要な役割を果たしている。
- **政治的無関心**　政治に積極的に参加する意欲を欠いた冷淡な態度や意識を指す。伝統型（政治知識の欠如），現代型（知識はあるが私生活重視），無政治的（政治を意識しない），脱政治的（政治参加後の幻滅），反政治的（政治否定）態度などがある。これらの態度は社会の政治参加の度合いに影響を与える。
- **政治文化**　政治社会の構成員の政治活動を規定する価値や信条のことで，未分化型（政治的態度が不明確），臣民型（権威に従順），参加型（積極的に政治参加）などがある。これらの政治文化は各国の政治システムの特徴を形成する。
- **社会関係資本**　社会関係資本とは，信頼，規範，ネットワークといった社会組織の特徴のことであり，これらは調整された諸活動を活発にすることで社会の効率を高める。この概念は，社会の結束力や民主主義の機能を理解する上で重要である。

参考文献

ハロルド・ラズウェル（久保田きぬ子訳）1959年『政治――動態分析』岩波書店
ロバート・マートン（森東吾ほか訳）1961年『社会理論と社会構造』みすず書房
デイビッド・リースマン（加藤秀俊訳）1964年『孤独な群衆』みすず書房
パウル・ラザースフェルド（竹内郁郎訳）1965年『パーソナル・インフルエンス――オピニオン・リーダーと人びとの意思決定』培風館
J・T・クラッパー（NHK放送学研究室訳）1966年『マス・コミュニケーションの効果』日本放送出版協会
G・アーモンド／S・ヴァーバ（石川一雄ほか訳）1974年『現代市民の政治文化――五ヵ国における政治的態度と民主主義』勁草書房

マーシャル・マクルーハン（森常治訳）1986年『グーテンベルクの銀河系』みすず書房
マーシャル・マクルーハン（栗原裕／河本仲聖訳）1987年『メディア論――人間の拡張の諸相』みすず書房
パウル・ラザースフェルドほか（時野谷浩ほか訳）1987年『ピープルズ・チョイス――アメリカ人と大統領選挙』芦書房
ウォルター・リップマン（掛川トミ子訳）1987年『世論（上・下）』岩波書店
佐々木輝美（1996年）『メディアと暴力』勁草書房
エリザベス・ノエル＝ノイマン（池田謙一／安野智子訳）1997年『沈黙の螺旋理論（改訂版）』ブレーン出版
グレゴリー・ベイトソン（佐藤良明訳）2000年『精神の生態学（改訂第2版）』新思索社
ロバート・パットナム（河田潤一訳）2001年『哲学する民主主義』NTT出版
ロバート・パットナム（柴内康文訳）2006年『孤独なボウリング』柏書房
ウォルター・リップマン（河崎吉紀訳）2007年『幻の公衆』柏書房
マクスウェル・マコームズ（竹下俊郎訳）2018年『アジェンダセッティング――マスメディアの議題設定力と世論』学文社

第9章

経済と政治

　現代社会における経済と政治は，相互に密接に関連する統合的なシステムとして機能している。グローバル化の進展と技術革新の加速化は，従来の権力構造と経済メカニズムを根本的に変容させ，新たな社会的課題を生起している。本章では，まずウェーバーやマルクスの古典的理論に依拠しつつ，権力と政治の基本概念を体系的に整理する。その上で，国家と政府の形態，経済体制の歴史的変遷を踏まえ，資本主義と社会主義の対比的考察を進める。特に，儒家倫理に基づく東アジア的商業精神の特徴を分析し，グローバル経済下における政治的意思決定の複雑な動態を理論的に解明する。これらの多角的な分析を通じて，現代社会が直面する経済・政治的諸課題の構造的本質を探究し，その克服に向けた理論的視座を提示する。

1　権力と政治の基本概念

　権力は社会を動かす根本的な力であり，他者の行動や考えを左右する能力を指す。この概念は日本語にもともとなかったもので，西洋の思想が入ってきた際に導入された。権力は多くの場合，ある個人や集団が他者を自分の意思に従わせる能力として理解される。この力に逆らえば，何らかの不利益を被る可能性がある。

　マックス・ウェーバー（Max Weber, 1864-1920）は，権力を「ある社会関係の中で自己の意思を，たとえ抵抗があっても貫徹する可能性」と定義した。権力の行使には主に三つの方法がある。一つ目は報酬の提供，二つ目は制裁による強制，三つ目は説得・情報操作である。これらの方法を駆使して，権力者は社会の中で影響力を行使する。

例えば、政府が政策を実施する際、税制優遇などの報酬を提供したり、法的制裁を示して従わせたり、メディアを通じて世論を形成したりする。これらはすべて権力の行使の一形態と言える。また、企業の経営者が従業員を管理する際にも、昇進や昇給などの報酬、懲戒処分などの制裁、社内情報の管理などを通じて権力を行使している。

政治は、このような権力の行使が公の場で行われる過程と言える。社会の秩序を保ち、人々の生活を調整する機能を持つ。政治の定義は古くから議論の的となっており、現在でも明確な合意は得られていない。しかし、広い意味では「権力をめぐる人間の活動」と捉えることができる。人類の歴史を振り返ると、権力をめぐる争いの連続だったと言っても過言ではない。

政治学者の間でも、政治の本質についてさまざまな見解がある。カール・シュミット（Carl Schmitt, 1888-1985）は政治を「味方と敵の区別」と捉え、カール・マルクス（Karl Marx, 1818-1883）は「階級闘争」として理解した。しかし、政治を単なる対立や闘争としてのみ見ることは、その複雑な性質を見落とすことにつながる。現代の政治には、富の再分配や社会福祉の実現といった重要な役割もある。

例えば、税金の徴収と再分配は、現代政治の重要な機能の一つである。富裕層から徴収した税金を、社会保障や公共サービスの形で広く国民に還元することで、社会の安定と公平性を保つ役割を果たしている。また、環境保護や教育の普及など、市場原理だけでは達成困難な社会的課題に取り組むのも政治の重要な役割である。

権力と密接に関連する概念に権威がある。権威は社会的に認められた正当な力を指す。ハーバート・サイモン（Herbert Simon, 1916-2001）は権威を「対象が指示を無条件に受け入れる状態」と定義した。権力が強制力を含むのに対し、権威は自発的な服従を伴う点で異なる。特に組織における権威の機能と効率性、そして個人の意思決定プロセスを理解する上で重要な視点を提供している。ただし、現代の組織マネジメントでは、この「無条件の受容」と批判的思考や創造性のバランスをどう取るかが重要な課題となっている。

ウェーバーは権威を三つのタイプに分類した。伝統的権威は長年の慣習に基づくもので、王室などがこれに当たる。合法的権威は成文化された規則に基づ

くもので，現代の民主主義国家の多くがこの形を取る。カリスマ的権威は個人の魅力や能力に基づくもので，歴史上の偉人や宗教指導者に見られる。

これらの権威のタイプは，それぞれ異なる正当性の源泉を持つ。伝統的権威は「昔からそうだった」という理由で正当化され，法的権威は「法律で決まっている」という理由で正当化される。カリスマ的権威は「その人物が特別な能力を持っている」という信念によって正当化される。

現実の社会では，これらの権威のタイプが混在していることが多い。例えば，民主的に選ばれた指導者が個人的な魅力も兼ね備えている場合などである。この複雑な権威の構造が，現代の政治システムの特徴となっている。

国家は正当な物理的暴力の行使を主に独占しているが，国際法や国内法の枠組み内で例外も存在する。例えば，国連の平和維持活動や個人の正当防衛権などであるが，こちらはそれぞれの主体がいつ，どこで，どの程度の力を使うかを決定する権限を持つ。

警察や軍隊による暴力の行使は，国家によってのみ正当化される。この点で，国家の権力は他のどの社会的権力とも異なる特別な性質を持っている。個人や企業が同様の暴力を行使すれば犯罪となるが，国家が行えば法の執行や国防となる。この暴力の独占は，近代国家の重要な特徴の一つである。

権力と政治の基本概念を理解することは，現代社会の仕組みを分析する上で不可欠である。これらの概念は，国家の機能，政治体制の特徴，社会の秩序維持の仕組みを理解する基礎となる。また，政治的な意思決定がどのように行われるか，権力がどのように正当化されるかといった問題を考える上でも重要な視点を提供する。

これらの概念を理解することで，私たちは日々のニュースや政治の動きをより深く理解し，批判的に分析することができるようになる。また，自分たちが社会の中でどのような立場にあり，どのような権力関係の中に置かれているかを認識することもできる。これは民主主義社会において，市民として責任ある行動を取るための基礎となる知識である。

2　国家と政府の形態

権力と政治の基本概念を踏まえ，国家と政府の形態について理論的に考えて

みよう。国家は最高の権力を保持し，合法的暴力を独占する機関である。この権力は政府を通じて行使され，社会を統制する。

国家の本質を理解するには，ウェーバーの国家定義が有用である。ウェーバーは国家を「一定の領域内で正当な物理的暴力行使の独占を（有効に）要求する人間共同体」と定義した。この定義は，国家の三つの本質的要素を示している。すなわち，領域性，暴力の独占，正当性である。

領域性は，国家が特定の地理的範囲内で権力を行使することを意味する。暴力の独占は，国家のみが合法的に物理的強制力を用いる権利を持つことを指す。正当性は，国家の権力行使が社会的に受容されることを意味する。これらの要素は，国家を他の社会組織から区別する重要な特徴である。

国家の形成過程は，チャールズ・ティリー（Charles Tilly, 1929-2008）の研究に基づけば，戦争と徴税の相互作用の結果として理解できる。戦争遂行のために効率的な徴税システムが必要となり，それが中央集権的な国家機構の発展につながったという見方である。この過程で，封建的な分権的権力構造から，より統合された国民国家への移行が起こった。

政府の形態については，アリストテレス（Aristotle, 紀元前384-322）の古典的分類が出発点となる。アリストテレスは政体を統治者の数と質に基づいて分類した。しかし，現代の政治学では，より複雑な分類が必要とされる。

デイヴィッド・イーストン（David Easton, 1917-2014）の政治システム論は，政治過程を理解する上で有用な分析枠組みを提供する。イーストンは政治システムを，社会からの要求（demands）と支持（support）をインプットとして受け取り，権威的な諸決定（authoritative decisions）と行動をアウトプットとして生み出す過程として概念化した。この視点から見れば，政治システムの諸形態は，インプットを処理しアウトプットを生成する異なるメカニズムとして理解できる。

民主政体は，市民の要求と支持を広く取り入れ，それを政策決定に反映させる仕組みを持つ。ロバート・ダール（Robert Dahl, 1915-2014）の多元主義理論によれば，民主主義社会では複数の利益集団が競争し協調することで，政策決定が行われる。一方，全体主義体制では，一党独裁のもと，イデオロギーに基づいて社会のあらゆる側面が統制される。ハンナ・アーレント（Hannah

Arendt, 1906-1975) は，全体主義を近代特有の現象として分析し，大衆社会の出現をその政治的帰結として理解した。

独裁政体については，フアン・リンス（Juan Linz, 1926-2013）の権威主義体制論が重要な視点を提供する。リンスは権威主義体制を，限定的な多元主義，イデオロギーの欠如，政治参加の抑制などの特徴を持つものとして定義した。

これらの政府形態は，サミュエル・ハンチントン（Samuel Huntington, 1927-2008）の政治秩序論の観点からも分析できる。ハンチントンは，政治的近代化の過程で生じる社会的動員と政治制度の発展のギャップが，政治的不安定をもたらすと論じた。この視点は，特に発展途上国における政府形態の変遷を理解する上で有用である。

さらに，グローバル化時代の国家と政府の形態を考える上では，デイヴィッド・ヘルド（David Held, 1951-2019）のグローバル・デモクラシー論も重要である。ヘルドは，国民国家の枠組みを超えた民主主義の可能性と課題について論じている。

これらの理論的視点は，国家と政府の形態を単なる制度的特徴の列挙ではなく，権力の構造，正当性の源泉，政治的安定性の条件など，より深い次元から理解することを可能にする。同時に，これらの理論は現代の政治現象を分析する上での重要な道具となり，よりよい統治のあり方を模索する際の指針ともなる。

3　経済体制の変遷

以上の国家と政府の形態に関する考察を踏まえ，次に経済体制の変遷について検討する。経済体制は，社会の生産と分配のシステムを規定し，政治体制と密接に関連している。その変遷を理解することは，現代社会の構造と動態を把握する上で不可欠である。

人類社会の最も単純な経済形態は，家族の範囲を超えることのない自給自足経済であった。この段階では，家族内での労働分担が行われ，余剰生産物はごくわずかであった。貿易，市場，税金といった概念は存在せず，社会的役割は年齢や性別に基づいて決定されていた。

しかし，農業革命を経て，人々は余剰生産物を生み出す能力を獲得した。こ

れにより、特定の作物に特化した生産が可能となり、交換経済の萌芽が見られるようになった。この段階で、初期の市場経済が形成され始めた。定期的な市場が開かれ、余剰生産物の交換が行われるようになった。

この変化は、カール・ポランニー（Karl Polanyi, 1886-1964）の「大転換」理論で説明できる。ポランニーは、市場経済の発展が社会関係を根本的に変容させたと論じた。従来の互酬性や再分配に基づく経済システムから、自己調整的な市場システムへの移行が、社会構造を大きく変えた。

産業革命の到来は、経済体制のさらなる変革をもたらした。機械化された生産システムの導入により、大規模な工業生産が可能となった。この変化は、マルクスが指摘したように、社会階級の再編成をもたらした。資本家階級と労働者階級の分化が明確になり、新たな社会的緊張が生まれた。

産業革命後の経済体制は、主に資本主義と社会主義という二つの対立する形態に分かれた。資本主義は私有財産制、市場競争、利益追求を特徴とし、社会主義は生産手段の公有、中央計画、利益を追求しない物品の分配を特徴とする。この二つの体制の対立は、20世紀の世界秩序を規定する重要な要因となった。

資本主義経済の発展は、ヨゼフ・シュンペーター（Joseph Schumpeter, 1883-1950）が「創造的破壊」の概念で説明している。新しい技術や生産方法の導入が、既存の経済構造を破壊しつつ新たな成長をもたらすというこの考えは、資本主義の動態的な性質を捉えている。

一方、社会主義経済は、フリードリヒ・ハイエク（Friedrich Hayek, 1899-1992）が指摘したように、中央計画の非効率性という問題に直面した。複雑な経済システムを中央で管理することの困難さが、社会主義経済の停滞をもたらした。

20世紀後半になると、情報技術革命が新たな経済体制の変化をもたらした。ダニエル・ベル（Daniel Bell, 1919-2011）が「ポスト工業社会」と呼んだこの段階では、サービス産業が経済の中心となり、知識や情報が最も重要な資源となった。この変化は、マニュエル・カステル（Manuel Castells, 1942-）の「ネットワーク社会」論で説明されるように、社会構造の根本的な変容をもたらした。

グローバル化の進展は、国民経済の枠組みを超えた経済体制の形成をもたら

した。イマニュエル・ウォーラーステイン（Immanuel Wallerstein, 1930-2019）の世界システム論は，この変化を中心・周辺・半周辺という構造で説明している。グローバル経済の中で，各国・地域の経済的役割が再編成されていった。

　現代の経済体制は，これらの歴史的変遷を経て形成されたものである。多くの国で採用されている混合経済体制は，資本主義と社会主義の要素を組み合わせたものであり，市場メカニズムと政府の介入のバランスを模索している。

　また，持続可能性への関心の高まりは，新たな経済体制の模索をもたらしている。環境経済学者のハーマン・デイリー（Herman Daly, 1938-2022）が提唱した「定常状態経済」の概念は，無限の経済成長を前提としない新たな経済体制の可能性を示唆している。

　さらに，デジタル技術の発展は，シェアリングエコノミーやプラットフォーム経済といった新たな経済形態を生み出している。これらは，所有と使用の関係を再定義し，従来の経済体制の枠組みを超えた可能性を示している。

　経済体制の変遷は，政治体制の変化と密接に関連している。例えば，資本主義の発展は民主主義の拡大と結びつき，社会主義体制は全体主義的な政治体制と結びつく傾向があった。逆に，社会主義的な経済政策を取りつつ民主主義体制を維持する国もあるなど，経済体制と政治体制の関係は複雑化している。例えば，シンガポールや中国，北欧諸国などの国は，資本主義と政治体制の関係が一様でない。

　このように，経済体制の変遷は，技術革新，社会構造の変容，イデオロギー間の相克，グローバリゼーションなど，多様な要因が複合的に作用しながら進行してきた。現代社会を分析し，将来像を構想するためには，これらの変遷過程とその背景にある理論的知見を体系的に理解することが不可欠である。そして，新たな諸課題に直面する現代において，歴史的経験と理論的蓄積を基盤としつつ，持続可能性と公正性を備えた経済体制の構築に向けた創造的な思考が要請されている。

4　資本主義と社会主義

　本節では経済体制の変遷を踏まえ，20世紀の世界秩序を形作った二大経済システムである資本主義と社会主義について考察する。これらの体制は生産手段

の所有形態，資源配分メカニズム，分配方式において根本的に異なる特徴を持つが，同時に両者とも西洋的思考の産物であることに注意を払う必要がある。

資本主義は私有財産制，市場競争，利益追求を基本原理とする経済体制である。アダム・スミス（Adam Smith, 1723-1790）の「見えざる手」の概念に象徴されるように，個々の経済主体の自己利益追求が社会全体の利益最大化につながるという考えが根底にある。一方，マルクスは資本主義を労働者搾取の体制として批判的に分析し，その内部矛盾による崩壊を予測した。

しかし，西洋経済学，特に新古典派経済学の基礎となる「経済人」仮説には大きな問題がある。この仮説は人間を利己的で，利益最大化を追求し，完全に合理的な存在と想定するが，現実の人間行動はこれほど単純ではない。感情や文化的要因，さらには利他的行動など，「経済人」仮説では説明できない要素が人間の経済行動には多分に含まれている。同時に，近年では行動経済学や制度派経済学など，人間の非合理性や社会的・文化的要因を考慮する理論も発展しており，経済学の多様性が増している。例えば，行動経済学者のダニエル・カーネマン（Daniel Kahneman, 1934-）やリチャード・セイラー（Richard Thaler, 1945-）の研究は，従来の経済学が前提としていた「合理的経済人」モデルに挑戦し，実際の人間行動をより正確に反映した経済モデルの構築に貢献した。行動経済学は，政策立案や企業戦略にも大きな影響を与え，より効果的な意思決定や制度設計を可能にしている。

他方，「経済人」仮説は経済学のモデル構築において便利な仮定として用いられてきたが，現実には，金融危機，環境問題，格差拡大など，市場メカニズムだけでは解決できない問題が頻発している。数学的モデルを多用する西洋経済学の手法は，こうした複雑な経済現象を十分に捉えきれていない。これに対応して，社会学のアプローチは，経済行動をより広い社会的文脈の中で理解することを可能にし，「経済人」仮説が捉えきれない人間行動の複雑さを説明するのに役立つ。

さらに，無限の経済成長を前提とする考え方は，有限な地球資源との矛盾を抱えている。持続可能性や社会的公正といった側面を軽視してきた西洋経済学の限界が，今日では明らかになりつつある。

一方，社会主義は生産手段の社会的所有，計画経済，非市場的な財の分配を

特徴とする経済体制である。マルクスとフリードリヒ・エンゲルス（Friedrich Engels, 1820-1895）の理論を基礎とし，資本主義の矛盾を克服することを企図して構想された。オスカー・ランゲ（Oskar Lange, 1904-1965）らは計画経済の理論的可能性を擁護したが，ハイエクは経済システムにおける知識の分散性を指摘し，中央計画経済の非効率性を論証した。

　実際，ソビエト連邦や東欧諸国の経験は，中央計画経済の非効率性や官僚主義の弊害を明らかにした。情報の複雑性と分散性を考慮すると，中央機関が効率的に経済を管理することは極めて困難である。

　こうした資本主義と社会主義の限界を踏まえ，両者の単純な二項対立を超えた新たな経済システムの構築が必要となっている。例えば，中国の「社会主義市場経済」は，市場メカニズムと政府の計画経済を組み合わせた独自のモデルを提示している。

　また，連帯経済やソーシャルビジネスなど，利益追求と社会貢献を両立させる新たな経済活動形態も登場している。これらは従来の資本主義でも社会主義でもない，第三の道を模索する試みと言える。

　環境問題や格差拡大など，現代社会が直面する課題に対応するため，従来の資本主義や社会主義の枠組みを超えた新たな経済システムの模索が続いている。エリノア・オストロム（Elinor Ostrom, 1933-2012）のコモンズ論は，市場でも国家でもない，共有資源の持続可能な管理の可能性を示唆している。トマ・ピケティ（Thomas Piketty, 1971-）の資本主義批判は，富の集中と格差拡大のメカニズムを明らかにし，新たな再分配システムの必要性を提起している。

　このように，資本主義と社会主義は現代の経済システムを理解し，新たな社会経済モデルを構想する上で依然として重要な参照点である。しかし，西洋経済学の限界を認識しつつ，各地域の知恵や伝統を活かした新たな経済理論と実践が求められている。経済的効率性と社会的公正のバランス，個人の自由と社会的連帯の調和，環境との共生など，複雑な要素を総合的に考慮した21世紀型の経済システム構築に向けた創造的思考が必要とされている。

5　儒家倫理と東アジア的商業精神

　本節では資本主義と社会主義の考察を踏まえ，東アジアにおける独自の経済

思想である儒家倫理と東アジア的商業精神について検討する。この視点は，西洋中心的な経済理論の限界を超え，文化的背景が経済活動に与える影響を理解する上で重要である。

　儒家倫理は，人間関係の友愛，調和，礼譲などの「仁」と「礼」を中心とした思想体系である。この倫理観は，東アジアの商業活動に深い影響を与え，西洋のプロテスタンティズムの倫理が資本主義精神の形成に寄与したのと同様に，東アジアに独特の商業精神を育んだ。

　儒家思想の東アジアへの伝播は古く，四世紀には朝鮮半島に渡り，六世紀頃には日本にも伝えられた。各地域で独自の発展を遂げながら，共通して政治や経済の基盤となる思想として定着していった。特に朝鮮半島では，儒学が社会の主導的思想として深く根づき，日本では武士階級の行動規範として機能した。

　儒家倫理に基づく商業精神の特徴は，単なる利益追求にとどまらず，社会全体の調和を重視する点にある。これは「義」と「利」の両立を図り，商業活動を通じて社会に貢献することを目指す姿勢として表れている。例えば，日本の近江商人の「三方良し」の思想は，売り手，買い手，社会の三者が共に利益を得ることを理想としており，この考え方は儒家倫理の影響を強く受けている。

　また，石田梅岩（Baigan Ishida, 1685-1744）の「商人の道」の思想も，儒家倫理と商業活動の融合を示す好例である。梅岩は商業の本質を交換の仲介業と捉え，その社会的重要性を説いた。さらに，倹約の奨励や富の蓄積を天命の実現として位置づけ，商人の社会的責任を強調した。

　中国においても，明清時代の徽州商人や晋州商人は，儒家倫理を基盤とした商業活動を展開した。彼らは「誠」と「信」を重んじ，長期的な信頼関係の構築を重視した。この姿勢は，単なる利益追求を超えた持続可能な商業モデルの確立につながった。

　東アジア的商業精神の特徴として，個人の利益と社会全体の利益の調和を図る点が挙げられる。「己立たんと欲して人を立て，己達せんと欲して人を達す」という考えは，自己実現と他者への貢献を同時に追求する姿勢を表している。これは，西洋の個人主義的な資本主義精神とは異なる，共同体意識に基づいた経済観を示している。

　また，東アジア的商業精神は長期的視点を重視する傾向がある。短期的な利

益よりも，持続的な関係性や社会的評価を重んじる姿勢は，儒家倫理の影響によるものと考えられる。この長期的視点は，企業の持続可能性や社会的責任の観点から，現代のビジネス倫理にも通じるものがある。

さらに，儒家倫理に基づく商業精神は，階層間の調和も重視する。「士農工商」の身分制度の中で商人は低い地位に置かれていたが，儒家思想を学ぶことで社会的地位の向上を図った。これは，経済活動と道徳的価値観の融合を目指す姿勢として捉えることができる。

東アジア的商業精神の現代的意義として，グローバル化時代における企業の社会的責任（CSR）の概念との親和性が挙げられる。社会全体の利益を考慮に入れた経営姿勢は，現代のステークホルダー理論にも通じるものがある。

また，儒家倫理に基づく商業精神は，持続可能な開発目標（SDGs）の理念とも整合性が高い。社会と環境への配慮を経済活動に組み込む考え方は，儒家思想の「天人合一」（人間と自然の調和）の概念にも通じるものがある。

一方で，儒家倫理に基づく商業精神にも課題がある。例えば，過度な関係性重視が非効率な取引や閉鎖的な商慣行を生む可能性がある。また，階層秩序の尊重が，イノベーションや社会変革の障害となる可能性も指摘されている。

しかし，これらの課題を認識しつつも，儒家倫理と東アジア的商業精神の本質的な価値を再評価することは，現代の経済システムに新たな視座を提供する可能性がある。グローバル化が進む中で，文化的多様性を尊重しつつ普遍的な経済倫理を模索する上で，東アジアの伝統的な商業精神は重要な示唆を与えるものと考えられる。

儒家倫理と東アジア的商業精神は，西洋の経済理論では十分に説明できない経済行動の基盤を提供している。これらの思想を現代的に解釈し，グローバルな経済システムに統合していくことは，より包括的で持続可能な経済モデルの構築につながる可能性がある。東西の知恵を融合させ，新たな経済倫理を創造していくことが，今後の経済学の重要な課題の一つとなるだろう。

儒家倫理と東アジア的商業精神を理解する上で，ウェーバーが提唱したプロテスタンティズムの倫理との比較も重要である。ウェーバーは，プロテスタンティズム，特にカルヴィニズムの倫理が西洋の資本主義精神の形成に寄与したと論じた。一方，東アジアでは儒家倫理が独自の商業精神を育んだ。

ウェーバーはプロテスタンティズムの倫理が近代資本主義精神の形成に寄与したと論じたが，その内実には勤勉，合理的行動，職業労働への献身などが含まれる。儒教倫理とプロテスタンティズムの倫理には共通点と相違点が存在し，それらを体系的に比較考察する必要がある。両者の共通点としては，勤勉や道徳的行為の重視が挙げられ，相違点としては，個人の救済と社会的秩序の調和のいずれを重視するかという志向性の違いが指摘できる。また，プロテスタンティズムが禁欲的生活態度（世俗内禁欲）を説くのに対し，儒教倫理は現世における実践的徳性の涵養を重視する。経済活動の位置づけにも本質的な差異が存在し，プロテスタンティズムの倫理では経済的成功が予定説に基づく救済の確証とされるのに対し，儒教倫理では経済活動は社会全体の安定と調和を実現するための方途として理解される。

　東アジア的商業精神の特徴として，個人の利益と社会全体の利益の調和を図る点，長期的視点を重視する点，階層間の調和を重視する点が挙げられる。これらは，西洋の個人主義的な資本主義精神とは異なる，共同体意識に基づいた経済観を示している。

　プロテスタンティズムの倫理と儒家倫理の比較は，文化的背景が経済活動に与える影響を理解する上で重要な視座を提供する。これらの異なる倫理観を融合し，普遍的かつ持続可能な経済倫理を構築することが求められている。東西の知恵を結集し，新たな経済パラダイムを創造していくことが，今後の経済学の重要な課題の一つとなるだろう。

6　グローバル経済と国際関係

　儒家倫理と東アジア的商業精神の考察を踏まえ，より広範な視点からグローバル経済と国際関係について検討する。20世紀後半から21世紀にかけて，世界経済は急速にグローバル化し，国家間の経済的相互依存が深まった。この現象は，従来の国民国家を基礎とした経済理論や国際関係論に大きな変革をもたらしている。

　グローバル経済の特徴として，まず多国籍企業の台頭が挙げられる。これらの企業は国境を越えて事業を展開し，時には一国の経済規模を上回る売上高を記録する。多国籍企業の存在は，国家主権と企業活動の関係に新たな課題を投

げかけている。例えば、企業が税制の有利な国に本社を移転する「税源浸食と利益移転（BEPS）」の問題は、国家の課税権と企業の経済活動の自由のバランスをどう取るかという難題を提起している。

　国際金融市場の発展も、グローバル経済の重要な側面である。金融のグローバル化により、一国の金融政策が他国に即座に影響を及ぼすようになった。この現象は、ロバート・マンデル（Robert Mundell, 1932-2021）の「不可能な三位一体」理論で説明される。すなわち、自由な資本移動、為替レートの安定、金融政策の自律性という三つの政策目標を同時に達成することは不可能であり、各国は何かを犠牲にせざるを得ない。グローバル化された世界経済において各国が直面するジレンマとして、例えば、ユーロ圏の国々は共通通貨を採用することで固定為替レートと自由な資本移動を選択したが、その結果として独立した金融政策を失った。

　自由貿易協定の締結や経済統合の進展も、グローバル経済の特徴である。欧州連合（EU）や東南アジア諸国連合（ASEAN）などの地域経済統合は、参加国間の経済的結びつきを強化する一方で、非加盟国との経済関係に新たな課題をもたらしている。これは、ジェイコブ・ヴァイナー（Jacob Viner, 1892-1970）の関税同盟理論が指摘する貿易創出効果と貿易転換効果の問題とも関連している。

　グローバル経済の進展は、国際関係にも大きな影響を与えている。経済的相互依存の深化は、一方で国家間の協調を促進する要因となるが、他方で新たな対立や競争の源泉ともなっている。例えば、米中の経済摩擦は、単なる貿易問題にとどまらず、技術覇権や国際秩序をめぐる競争という側面を持っている。

　このような状況下で、国家の役割も変容している。スーザン・ストレンジ（Susan Strange, 1923-1998）が指摘したように、グローバル化は国家の権力を相対的に低下させる一方で、国際経済秩序の維持者としての国家の役割を重要なものにしている。例えば、2008年の世界金融危機後の各国協調による経済対策は、国家の役割が依然として重要であることを示している。

　グローバル経済の進展は、発展途上国に新たな成長機会をもたらす一方で、格差の拡大という問題も引き起こしている。ウォーラーステインの世界システム論は、このような不平等な経済関係を中心・周辺・半周辺という構造で説明

している。グローバル経済の中で,各国・地域の経済的役割が再編成されていく過程で,新たな不平等が生じる可能性がある。

環境問題や感染症の世界的流行など,国境を越えた課題の増加も,グローバル経済と国際関係の重要な側面である。これらの問題は,一国では解決できず,国際協調が不可欠である。しかし,各国の利害対立が解決を困難にしているケースも多い。この状況は,マンサー・オルソン（Mancur Olson, 1932-1998）の「集合行動のジレンマ（collective action problem）」として理解することができる。

デジタル技術の発展は,グローバル経済と国際関係にさらなる変革をもたらしている。インターネットを介した取引の増加,暗号資産の登場,プラットフォーム企業の台頭などは,従来の国家主権や経済政策の枠組みに挑戦している。これらの現象は,カステルの「ネットワーク社会」論で説明されるような,新たな社会経済構造の出現を示唆している。

グローバル経済の進展は,文化的な側面でも重要な影響を及ぼしている。経済のグローバル化に伴い,消費文化の均質化が進む一方で,ローカルな文化の再評価も起きている。この現象は「グローカリゼーション」と呼ばれ,グローバルとローカルの相互作用を表している。

グローバル経済と国際関係は複雑に絡み合い,従来の国民国家を基礎とした経済・政治理論の枠組みでは十分に説明できない現象を生み出している。今後は,グローバルな視点とローカルな視点を統合し,多様な文化的背景を考慮に入れた新たな理論的枠組みの構築が必要となるだろう。それと同時に,グローバル化がもたらす恩恵を最大化し,その負の側面を最小化するための国際協調の仕組みづくりが求められている。グローバル経済時代における持続可能で公正な国際秩序の構築は,21世紀の人類社会が直面する最も重要な課題の一つと言える。

7　経済政策と政治的意思決定

経済政策と政治的意思決定の関係は,国家の経済運営の核心を成す。この過程は,単なる経済的合理性の追求ではなく,複雑な権力構造と利害関係が絡み合う政治的アリーナでもある。

経済政策の主軸である財政政策，金融政策，産業政策は，表面上は経済学的論理に基づいているように見える。しかし，その実態は多様な政治的力学によって形作られている。例えば，景気対策として打ち出される大規模公共事業は，しばしば特定の業界や地域への利益誘導という側面を持つ。これは，政策決定者が純粋な経済効果だけでなく，支持基盤の維持拡大という政治的計算も同時に行っていることを示している。

　一部の新自由主義的な経済学者は市場の自由化を強く主張しているが，多くの経済学者は政府の役割や市場の失敗に対する政策介入の重要性も認めている。例えば，ジョセフ・スティグリッツ（Joseph Stiglitz, 1943-）やポール・クルーグマン（Paul Krugman, 1953-）は，政府の介入を支持している。彼らは所得不平等の是正，金融規制，需要管理政策，公共財の提供における政府の役割を重視する。また，グローバル化や経済危機に対処するための政策介入を支持し，完全な自由市場は理想に過ぎないと考える。両者とも，適切な政府介入が経済の効率性と公平性を向上させると主張している。しかし，現実の経済政策は，こうした政治的妥協の産物として生まれるのが常である。むしろ，政治的プロセスを経ることで，多様な利害を調整し，社会の安定を維持する機能を果たしているとも言える。

　一方で，政策決定における「専門家」の役割も注目に値する。中央銀行の独立性強化や，各種審議会の設置などは，経済政策の「脱政治化」「専門化」の流れを示している。しかし，これは民主的コントロールの及ばない領域を生み出すという新たな問題を提起する。2008年の金融危機は，専門家の過信や金融市場の複雑化など複数の要因が絡み合って発生した。専門家の役割には限界があるものの，その重要性は依然として高い。

　グローバル化の進展は，国内の経済政策決定にも大きな影響を与えている。国際資本移動の自由化は，各国の政策自由度を制限する。例えば，法人税率の引き下げ競争は，企業誘致を狙う各国政府の行動が，結果として財政基盤を弱体化させるという皮肉な結果をもたらしている。これは，一国の経済政策が他国との相互作用の中でしか成立し得なくなっている現状を示している。

　また，IMF（国際通貨基金），世界銀行，WTO（世界貿易機関）などの国際機関の影響力拡大は，国内の政策形成過程に新たな位相をもたらしている。これ

らの国際機関が提示する政策的枠組みは，国内の政治的意思決定過程を迂回して実施される場合があり，このことは主権国家体系を前提とした伝統的な政治システムの再検討を要請するものである。

環境問題や格差是正など，長期的視点を要する課題に対する経済政策の立案も重要な論点である。民主主義システムは短期的な利益を優先しがちであり，これらの課題に効果的に対処できないという批判がある。この問題に対し，「将来世代の権利」を制度的に保障する仕組みなど，さまざまな提案がなされているが，いまだ有効な解決策は見出されていない。

さらに，デジタル技術の発展は，経済政策と政治的意思決定の新たな局面を開いている。ビッグデータの活用による精緻な政策立案の可能性が広がる一方で，プライバシーの問題や，データ解釈の恣意性といった新たな課題も浮上している。

経済政策と政治的意思決定の関係は，民主主義社会における中心的な課題であり続けている。グローバル化やデジタル化が進む中で，従来の国民国家を基盤とした意思決定システムはさまざまな挑戦を迫られている。今後は，専門性と民主的正統性のバランス，国内政治と国際協調の調和，短期的利益と長期的課題への対応など，多面的な要素を考慮した新たな政策決定の枠組みが求められる。それは同時に，経済と政治の関係，さらには民主主義のあり方そのものを問い直す作業でもあるだろう。この課題に対する解答は，単一の理論や制度に求めるのではなく，各社会の歴史的・文化的文脈を踏まえた，多様な実践の中から生み出されていくものと考えられる。

8　現代の経済・政治的課題

これまでの議論を踏まえ，現代の経済・政治的課題について考察を深めていく。本章では，権力と政治の基本概念から出発し，国家と政府の形態，経済体制の変遷を概観した。さらに，資本主義と社会主義の対比，儒家倫理と東アジア的商業精神の特徴，グローバル経済と国際関係の動向，そして経済政策と政治的意思決定のメカニズムを検討してきた。これらの考察は，現代社会が直面する複雑な課題の背景を理解する上で不可欠な視座を提供している。

これらの課題は，グローバル化，技術革新，人口動態の変化など，複数の要

因が絡み合って生じており，従来の経済学や政治学の枠組みでは十分に対応できない側面を持っている。

最も喫緊の課題の一つは，雇用問題である。技術革新，特に人工知能やロボット技術の発展により，多くの職種が自動化の脅威にさらされている。西洋経済学の主流派理論は，技術進歩が新たな雇用を創出すると主張するが，現実には雇用の質の低下や格差の拡大が進行している。過酷な労働条件が一部で常態化する一方で，不安定な非正規雇用も増加している。この状況は，労働市場の二極化を示唆しており，社会の安定性を脅かす要因となっている。

この問題に対し，多くの西洋経済学者は市場の自由化をさらに進めることで解決できると主張している。しかし，その主張には疑問が呈されている。過度な市場信奉は産業基盤の空洞化をもたらした。むしろ，戦略的な産業政策や公共投資の重要性が再認識されつつある。

格差の拡大も深刻な課題である。ピケティが示したように，資本収益率が経済成長率を上回る傾向が続くと，富の集中が加速する。これは社会の分断を深め，政治的不安定性をもたらす要因となる。従来の再分配政策の限界が明らかになる中，新たな富の分配メカニズムの構築が求められている。

環境問題，特に気候変動への対応も喫緊の課題である。経済成長と環境保護の両立は，「持続可能な開発」という概念で追求されてきたが，その実現は容易ではない。市場メカニズムを活用した排出権取引などの手法が導入されているが，根本的な解決には至っていない。ここでも，短期的な経済的利益と長期的な環境保全のバランスをどう取るかが問われている。

人口動態の変化も大きな課題をもたらしている。先進国における少子高齢化は，社会保障制度の持続可能性に疑問を投げかけている。一方，発展途上国では急速な人口増加が続いており，雇用創出や資源配分の問題が深刻化している。これらの問題は，単一の国家では解決困難であり，国際的な協調が不可欠である。

デジタル技術の発展がもたらす課題も看過できない。プラットフォーム企業の台頭は，独占的な市場支配力を生み出し，従来の競争政策の枠組みでは対応が難しくなっている。また，デジタル通貨の普及は，国家の金融政策に新たな課題と機会をもたらしている。例えば，ビットコインのような暗号資産は金融

政策のコントロールを難しくする一方で，各国の中央銀行は CBDC（中央銀行デジタル通貨）の導入を検討し，金融政策の有効性を高めようとしている。

　これらの課題に対し，西洋経済学の主流派理論は十分な解答を提供できていない。むしろ，その限界が露呈しつつある。例えば，無限の経済成長を前提とする経済モデルは，有限な地球環境との矛盾を抱えている。また，「経済人」を前提とした理論は，人間行動の複雑性を捉えきれていない。

　こうした状況下で，新たな経済・政治理論の構築が求められている。例えば，行動経済学は人間の非合理性を組み込んだモデルを提示し，より現実に即した政策立案を可能にしつつある。また，制度派経済学は，経済活動を社会的・文化的文脈の中で捉え直すことで，より包括的な分析を提供している。

　政治学の分野でも，従来の国民国家を前提とした理論の限界が指摘されている。グローバルガバナンスの概念は，国家を超えた問題解決の枠組みを提示しているが，その実効性には疑問が残る。

　これらの課題に対応するためには，経済と政治を統合的に捉える視点が不可欠である。単なる経済的効率性や政治的妥協だけでなく，社会の持続可能性や公正性を含めた多元的な価値基準に基づく政策立案が求められる。

　また，西洋的な価値観に基づく理論だけでなく，多様な文化的背景を持つ思想や実践からも学ぶ必要がある。例えば，東アジアの儒教的価値観に基づく経済発展モデルは，個人と社会の調和を重視する点で示唆に富んでいる。

　現代の経済・政治的課題は，従来の学問分野や国家の枠組みを超えた統合的なアプローチを要求している。そこでは，経済的効率性と社会的公正，短期的利益と長期的持続可能性，国家主権とグローバルな協調など，さまざまな要素のバランスを取ることが求められる。これは同時に，私たちの社会や経済のあり方，さらには人間の幸福とは何かを根本から問い直す作業でもある。この困難な課題に対する解答は，単一の理論や制度に求めるのではなく，多様な実践と対話を通じて徐々に形作られていくものと考えられる。

本章のポイント

権力と政治の基本概念 権力は他者の行動や考えを左右する能力であり，政治は，この権力が公的に行使される過程である。

国家と政府の形態 国家は最高の権力を持ち，正当な暴力を独占する機関である。政府の形態には民主政体，全体主義体制，独裁政体などがある。

経済体制の変遷 経済体制は自給自足経済から市場経済へと移行し，その後，資本主義や社会主義といった体制が発展してきた。現代では混合経済体制が多く採用されている。

資本主義と社会主義 資本主義は私有財産制と市場競争を特徴とし，社会主義は生産手段の公有と中央計画経済を特徴とする。両者の限界を踏まえ，新たな経済システムの構築が求められている。

儒家倫理と東アジア的商業精神 儒家倫理に基づく東アジア的商業精神は，社会全体の調和を重視し，長期的視点を持つ特徴がある。

グローバル経済と国際関係 経済のグローバル化により国家間の相互依存が深まり，多国籍企業の台頭や国際金融市場の発展が進んでいる。

経済政策と政治的意思決定 経済政策は純粋な経済的合理性だけでなく，政治的な力学によっても形作られる。グローバル化やデジタル化により，政策決定の枠組みも変化している。

現代の経済・政治的課題 雇用問題，格差拡大，環境問題，人口動態の変化，デジタル技術の発展などが現代の主要な課題である。これらの課題に対応するには，経済と政治を統合的に捉える視点が不可欠である。

西洋経済学の限界と新たな経済理論の必要性 従来の西洋経済学，特に新古典派経済学は，「経済人」仮説や無限の経済成長を前提としているが，これらの前提は現実の複雑な経済現象を十分に説明できていない。行動経済学や制度派経済学など，より現実に即した新たな経済理論の構築が求められている。

グローバルガバナンスと国家主権の再考 グローバル化の進展により，環境問題や感染症対策など一国では解決できない課題が増加している。これらの問題に対処するためのグローバルガバナンスの構築が求められる一方で，国家主権との調和をどう図るかが重要な課題となっている。

参考文献

石田梅岩（1935年）『都鄙問答』岩波書店
ベンジャミン・フランクリン（松本慎一／西川正身訳）1957年『フランクリン自伝』岩波書店
カール・マルクス（向坂逸郎訳）1967-1970年『資本論』（全3巻）岩波書店
カール・シュミット（田中浩／原田武雄訳）1970年『政治的なものの概念』未來社
ロバート・マンデル（渡辺太郎ほか訳）1971年『国際経済学』ダイヤモンド社
ダニエル・ベル（内田忠夫ほか訳）1975年『脱工業社会の到来（上・下）』ダイヤモンド社
ヨゼフ・シュンペーター（塩野谷祐一ほか訳）1977年『経済発展の理論（上・下）』岩波書店

アンソニー・ダウンズ（吉田精司監訳）1980年『民主主義の経済理論』成文堂

マックス・ウェーバー（大塚久雄訳）1989年『プロテスタンティズムの倫理と資本主義の精神』岩波書店

ハーバート・A・サイモン（松田武彦ほか訳）1989年『経営行動』ダイヤモンド社

フリードリヒ・ハイエク（一谷藤一郎／一谷映理子訳）1992年『隷属への道——全体主義と自由』東京創元社

マンサー・オルソン（依田博／森脇俊雅訳）1996年『集合行為論』ミネルヴァ書房

スーザン・ストレンジ（櫻井公人訳）1998年『国家の退場』岩波書店

アダム・スミス（水田洋監訳）2000-2001年『国富論』（全4巻）岩波書店

バーナード・クリック（添谷育志／金田耕一訳）2004年『デモクラシー』岩波書店

マニュエル・カステル（矢澤修次郎／小山花子訳）2009年『インターネットの銀河系——ネット時代のビジネスと社会』東信堂

ジェイコブ・ヴァイナー（中澤進一訳）2010年『国際貿易の理論』勁草書房

ダニ・ロドリック（柴山桂太／大川良文訳）2013年『グローバリゼーション・パラドクス』白水社

イマニュエル・ウォーラーステイン（川北稔訳）2013年『近代世界システム』（全4巻）名古屋大学出版会

トマ・ピケティ（山形浩生ほか訳）2014年『21世紀の資本』みすず書房

エリノア・オストロム（原田禎夫ほか訳）2022年『コモンズのガバナンス——人びとの協働と制度の進化』晃洋書房

第10章

社会階層と不平等

　社会階層と不平等の問題は，現代社会の構造的特質を理解する上で不可欠な分析課題である。本章では，階層構造の形成と再生産のメカニズムを，マルクスおよびウェーバーの古典的理論から，ブルデューの文化資本論に至る理論的系譜に基づいて体系的に考察する。特に，経済的資源の偏在，教育機会の格差，文化資本の不均等な分配により，世代を超えて社会的不平等が維持・強化される構造的メカニズムに焦点を当てる。さらに，20対80社会の出現とグローバル化の進展が示唆する新たな不平等の形態，そしてその克服に向けた理論的・実践的課題を多角的に分析し，持続可能な社会の実現に向けた展望を提示する。アカデミックな探究と政策的含意の両面から，現代社会における社会階層と不平等のダイナミズムを解明する。

1　社会階層の概念と歴史的背景

　社会階層の概念は，社会学において中核的な位置を占め，社会の構造や変動を理解する上で不可欠な要素である。この概念は，社会において個々の成員が持つ経済的，社会的，政治的な資源の分配によって生じる地位の差異を指す。社会階層は，人々の経済的資源，権力，名声などの要素に基づいて分類され，これにより社会は異なる層に分けられ，各層ごとに特定の特権や制約が存在する。

　歴史的に見ると，社会階層はさまざまな形態を取ってきた。古代社会における奴隷制度，中世の身分制度，カースト制度，そして現代の階級制度など，それぞれの時代や文化において特有の階層システムが存在した。例えば，中世ヨーロッパの封建制度では，土地所有を基盤とし，領主と農民という明確な階

層が存在していた。領主は土地を所有し，農民はその土地で働くことによって生活を維持していた。このような階層構造は，経済的な要因だけでなく，宗教的，法的な要因によっても支えられていた。

　近代以前の社会では，経済的資源の所有に基づく「階級」は存在せず，出生や身分によって人生が決まる「身分制度」が主であった。しかし，近代化と共に，経済的資源の所有に基づく「階級」が出現した。この変化は，産業革命や市民革命といった社会変動と密接に関連している。

　社会階層の研究は19世紀後半から20世紀初頭にかけて体系的な研究が始まり，約170年の歴史を持つ。この長い歴史の中で，オーギュスト・コント，ハーバート・スペンサー，カール・マルクス，マックス・ウェーバー，エミール・デュルケーム，ロバート・パーク，タルコット・パーソンズ，チャールズ・ライト・ミルズ，アンソニー・ギデンズ，ピエール・ブルデュー，ミシェル・フーコーなど，多くの重要な社会学者が社会階層現象をさまざまな観点から説明してきた。

　特に，カール・マルクス（Karl Marx, 1818-1883）とマックス・ウェーバー（Max Weber, 1864-1920）の理論は，社会階層の理解に大きな影響を与えた。マルクスは，生産手段の所有関係に基づいて社会階級を定義し，資本家階級と労働者階級の対立を中心に据えた。彼は，資本主義社会を資本家階級（ブルジョワジー）と労働者階級（プロレタリアート）の二つの主要な階級に分け，資本家階級が労働者階級から剰余価値を搾取することによって利益を得ると主張した。

　一方，ウェーバーは，経済的次元に加えて，権力および威信という複数の分析次元を導入することにより，多元的社会階層論の理論的基盤を構築した。後段で詳述するように，ウェーバーは社会的不平等の構造を，経済的階級（klasse），社会的身分集団（stand），および政治的党派（partei）という三つの分析位相において理論的に定位した。この理論的枠組みの導入により，社会階層の分析は，単なる経済決定論を超克し，より重層的かつ立体的な考察を可能とするものとなった。

　現代社会において，社会階層は引き続き重要なテーマであり，特に経済的資源の分配において顕著に現れている。収入や富の不平等，教育機会の格差，職

業選択の制限など，さまざまな形で社会階層の影響が見られる。また，グローバル化や情報化の進展により，新たな形態の社会階層も生まれつつある。

社会階層の概念を理解することは，現代社会における不平等の実態を明らかにし，その解消に向けた方策を考える上で重要である。単なる経済的な差異だけでなく，文化資本や社会関係資本といった側面も含めて，社会階層を多面的に捉えることが求められている。

社会階層の研究は，社会の構造的不平等を理解し，分析するための重要な道具である。この概念は，社会学の歴史とともに発展し，現代社会の複雑性を反映してより多元的で動的なものとなっている。今後も社会の変化とともに，社会階層の概念はさらに発展し，新たな洞察をもたらすことが期待される。

2　現代社会における階層構造

現代社会における階層構造は，前節で述べた社会階層の概念が具体的にどのように現れているかを示すものである。現代社会の階層構造は，特に経済的資源の集中，社会的威信，そして政治的影響力が複雑に絡み合うことで形成され，複雑かつ多層的な様相を呈している。

まず，経済的資源の配分における格差が，現代社会の階層構造を規定している。所得および資産の分布は顕著な不均衡性を示しており，この不均衡が社会階層間の分断を形成している。例えば，アメリカ合衆国においては，OECD（経済協力開発機構）の統計によれば，上位20％の所得階層が総所得の約50％を占有する一方で，下位20％の所得階層は総所得の数％を占めるに過ぎない。現代社会における資本の集積・集中は，マルクスが分析した資本主義の本質的特徴を想起させるが，ウェーバーが析出した経済的次元に加え，社会的威信と政治的権力の不均等な分布もまた，階層構造を規定する要因となっている。

富の集中はさらに顕著である。最も裕福な1％の人々が全富の約三分の一を所有するという事実は，ウェーバーが提唱した多元的な階層概念の中でも，経済的次元の重要性を如実に示している。このような富の集中は，単に経済的な問題にとどまらず，社会的影響力や政治的権力の偏在にもつながっている。

次に，社会的地位の評価も現代の階層構造を形成する重要な要素である。職業は特に重要な要素であり，高い報酬や高い教育を必要とする職業は，高い社

会的地位を持つとされる。例えば，医師，弁護士，エンジニアなどの専門職は，高度な教育と訓練を必要とし，その結果として高い報酬と社会的地位を享受する。これに対して，低賃金の職業に従事する人々は，経済的にも社会的にも不安定な立場に置かれやすい。

このような職業による社会的地位の差異は，ピエール・ブルデュー（Pierre Bourdieu, 1930-2002）の文化資本理論と密接に関連しており，文化資本を持たない層が大衆文化に依存することで，社会階層の固定化が進む仕組みを説明している。高い社会的地位を持つ職業に就くためには，特定の知識や技能，文化的素養が必要とされる。これらは家庭環境や教育を通じて獲得される文化資本であり，階層の再生産に寄与している。

さらに，現代社会の階層構造において，エリート層の存在も注目に値する。エリート層は，高い教育を受け，専門的な職業に従事し，経済的資源を多く持ち，政治的影響力も強い。チャールズ・ライト・ミルズ（Charles Wright Mills, 1916-1962）が「パワー・エリート」として分析したように，彼らは社会の重要な意思決定に大きな影響力を持っている。

一方で，中間層や労働者階層は，経済的な不安定さや社会的な制約に直面しやすい。グローバル化や技術革新の進展により，従来の中間層の仕事が減少し，非正規雇用が増加するなど，階層構造の変動が起きている。この変動は，アンソニー・ギデンズ（Anthony Giddens, 1938-）が指摘したように，個人の生活にも大きな影響を与え，新たなリスクや不確実性をもたらしている。

日本社会の階層構造も，前述の経済的資源の集中や雇用形態の二極化といった全体的な傾向と軌を一にしている。男性の正規雇用が減少し非正規雇用が増加している一方で，女性は正規・非正規ともに増加している。この傾向は，日本社会における階層構造の変動と，ジェンダーによる雇用格差の複雑な関係を示している。

現代社会の階層構造は，単純な二分法では捉えきれない複雑さを持っている。経済的資源，社会的地位，文化資本，そして権力の分配が複雑に絡み合い，多層的な階層構造を形成している。この構造は固定的なものではなく，グローバル化，技術革新，人口動態の変化などの要因によって常に変動している。

しかし，この変動性にもかかわらず，階層間の格差は拡大傾向にある。この

状況は，社会の安定性や持続可能性に対する重大な課題を提起している。階層間の格差が固定化し，社会移動の機会が失われれば，社会全体の活力が失われ，さらなる不平等や対立を生み出す可能性がある。

したがって，現代社会における階層構造の理解は，単なる学術的興味の対象ではなく，社会政策の立案や社会正義の実現にとって不可欠な基盤となる。階層構造の実態を正確に把握し，その動態を分析することで，より公正で包摂的な社会の実現に向けた具体的な方策を見出すことができる。

3　20対80社会の到来と不平等の拡大

前節で述べた現代社会における階層構造の複雑化と不平等の拡大は，より極端な形で顕在化しつつある。その象徴的な概念が「20対80社会」である。この概念は，1995年9月27日から10月1日にかけて，アメリカのサンフランシスコで開催された世界フォーラム会議において提起された。この会議には，旧ソ連大統領ミハイル・ゴルバチョフ，元アメリカ大統領ジョージ・W・ブッシュ，元英国首相マーガレット・サッチャー，メディアの大物テド・ターナーなど，世界の政治・経済のエリート500人以上が集まり，グローバル化の影響とそれに伴う貧富の差の拡大について議論した。

20対80社会とは，上位20％の富裕層と，下位80％の大衆との間に大きな経済的格差が生まれ，エリート層が富と権力を独占する構造を指す。この概念は，マルクスの資本論で述べられる資本主義社会の階級闘争を想起させるものであり，資本の集中と労働者の疎外が極端な形で再現される可能性を示唆している。

この会議で特に注目を集めたのは，元アメリカ合衆国大統領国家安全保障問題担当補佐官のズビグニェフ・ブレジンスキーが提起した「ティティテインメント」論である。ティティテインメント（tittytainment）とは，最小のコストで社会的周縁層に廉価な満足を供与し，彼らの社会的排除という現実を受容させることを企図する概念である。具体的には，テレビドラマ，リアリティ番組，デジタルゲーム，インターネット・コンテンツ，娯楽番組などの大衆文化産業を通じて，人々の生活意識を充足させ，その批判的関心や社会的不満を解消することが意図され，結果として人々の批判的思考や社会参画への意欲を減退させる機能を持つとされる。

第10章　社会階層と不平等

　ここで述べている低所得で最低限の福祉に依存する下位80％の大衆層という意味は，ジェレミー・リフキン（Jeremy Rifkin, 1945-）が1995年に出版した *The End of Work: The Decline of the Global Labor Force and the Dawn of the Post-Market Era*（労働の終焉）で提唱した「20対80の社会」の概念と若干異なる。彼はテクノロジーの進展により，80％の労働者が失業または不完全雇用になる可能性を指摘している。

　このティティテインメント論は，社会階層の固定化と不平等の維持を目的としたものであり，ブルデューの文化資本の概念と関連している。ブルデューは，文化資本が社会階層の再生産に重要な役割を果たすと主張しており，ティティテインメントは文化資本を持たない層を対象に，その再生産をもたらす手段として機能している。具体的には，大衆文化が提供する娯楽が，人々の独立した思考力や抗争の意欲を奪い，彼らを現状に満足させることで社会の不平等を維持しようとする。

　この状況に対して，ギデンズの構造化理論を用いることで，問題の分析が可能となる。ギデンズは，社会構造と人々の行動が相互に影響し合うと説いており，ティティテインメントはまさにこの相互作用の一例である。貧困層が安価な娯楽に依存することで，彼らの行動はその構造に適応し，結果的に社会構造の再生産が進む。一方で，エリート層はこの構造を利用して自らの地位を維持し続ける。

　20対80社会の出現は，グローバル化がもたらす新たな社会階層構造を示唆している。この構造は，従来の社会階層理論では十分に説明できない複雑さを持っている。例えば，国境を越えた資本の移動や多国籍企業の台頭により，国内の階層構造だけでなく，グローバルな階層構造が形成されつつある。この中で，高度な技術や専門知識を持つグローバルエリートと，国内の労働市場に縛られた大多数の労働者との間の格差が拡大している。

　さらに，情報技術の発展とデジタル化の進展は，この格差をより複雑なものにしている。デジタルスキルの有無が新たな階層分化の要因となり，いわゆる「デジタルデバイド」が生じている。高度なデジタルスキルを持つ者は，グローバルな労働市場で高い報酬を得る機会を持つ一方で，そうでない者は低賃金労働や不安定雇用に甘んじることを余儀なくされる。

20対80社会の概念は，単なる経済的格差以上の問題を提起している。それは，社会の分断と民主主義の危機をも示唆している。上位20％のエリート層が政治的影響力を独占し，残りの80％の声が政策決定に反映されにくくなる事態が懸念される。これは，民主主義の根幹を揺るがす問題であり，社会の安定性と持続可能性に深刻な影響を与える可能性がある。

　このような状況に対して，社会学者や政策立案者は新たな解決策を模索している。例えば，教育機会の平等化，再分配政策の強化，デジタルリテラシー教育の普及などが提案されている。しかし，これらの対策が20対80社会の進行を食い止めるのに十分であるかは不透明である。

　20対80社会の到来と不平等の拡大は，現代社会が直面する最も重要な課題の一つである。この問題に対処するためには，従来の社会政策の枠を超えた，より包括的かつ革新的なアプローチが必要となるだろう。それは，グローバルな視点と地域に根ざした実践の両方を含む，多層的な戦略でなければならない。社会階層研究は，この複雑な問題に対する理解を深め，実効性のある解決策を見出すための重要な基盤を提供し続ける。

4　教育と社会階層

　前節で論じた20対80社会の出現と不平等の拡大は，さまざまな社会的メカニズムによって維持され，再生産されている。その中でも教育は，社会階層の形成と維持に特に重要な役割を果たしている。本節では，教育と社会階層の関係性，特に教育が不平等を再生産するメカニズムについて詳細に検討する。

　教育は，一般的に社会的流動性を促進し，個人の社会的地位を向上させる手段として認識されている。しかし，現実には教育システムそのものが社会的不平等を再生産する機能を持っている。この矛盾的な状況は，教育機会の不平等，教育の質の格差，そして文化資本の影響という三つの主要な要因によって生み出されている。

　まず，教育機会の不平等が挙げられる。家庭の経済的状況や親の学歴が，子供の教育機会に大きな影響を与えることは広く知られている。例えば，裕福な家庭の子供は，質の高い教育を受ける機会が多く，進学塾や家庭教師などのサポートを受けることができる。また，名門予備校に通うことで難関大学への進

学率が高まる傾向が見られる。これに対して，経済的に困窮している家庭の子供は，十分な教育を受けることが難しく，高等教育への進学率も低くなる。この教育機会の不平等は，社会階層の固定化を助長する要因となっている。

　次に，教育の質と内容の格差も重要な問題である。高所得者層が多く住む地域の学校は，設備や教師の質が高く，豊かな教育環境を提供している。これに対して，低所得者層が多く住む地域の学校は，設備が不十分であり，教師の質も低い場合が多い。結果として，同じ学年でも学力に大きな差が生じ，将来的な進学や就職においても格差が広がる。このように，教育の質と内容が社会階層の形成に大きな影響を与えている。

　教育を通じた不平等の再生産を説明するために，ブルデューの文化資本理論が重要な視点を提供している。文化資本には，知識や態度を通じて伝達される側面があり，教育の場で優位性をもたらす。高学歴の家庭は，豊富な文化資本を子供に伝え，子供が学校で成功するための基盤を提供する。例えば，幼少期から芸術や文学に親しむ機会が多い家庭の子供は，学校教育においてもそれらの題材に接しやすく，高い評価を得やすい。一方，低学歴の家庭では，文化資本が不足しているため，子供が学校で成功するための支援が十分に行われないことが多い。

　教育制度そのものも，社会的不平等を再生産するメカニズムとして機能している。例えば，進学校への入学試験や大学入試制度は，一見公平に見えるが，実際には準備に多くの資源を必要とするため，経済的に裕福な家庭の子供が有利になる。また，学歴主義社会においては，特定の学校や大学の卒業生が社会的に高い評価を受け，良い就職機会を得やすい傾向がある。例えば，東京大学や慶應義塾大学などの名門大学の卒業生は，トップ企業への就職が有利であるとされている。これにより，教育制度が社会階層の固定化を助長する役割を果たしている。

　教育と職業選択の関係も，不平等の再生産に大きく寄与している。高等教育を受けた人々は，高い収入を得られる職業に就く機会が多く，これにより社会的地位が向上する。逆に，教育を受ける機会が限られている人々は，低賃金の仕事に就くことが多く，社会的地位も低くなる。このように，教育が職業選択に与える影響は大きく，社会階層の形成に直接的に関与している。

これらの要因が複合的に作用することで，教育は社会階層の再生産と固定化を促進している。この状況は，社会の流動性を低下させ，機会の平等を阻害する要因となっている。特に，20対80社会の文脈において，この教育を通じた不平等の再生産は，社会の分断をさらに深刻化させる可能性がある。

　しかし，教育が持つ不平等再生産の機能を認識することは，同時にその解決への糸口を見出すことでもある。例えば，教育機会の平等化を図るための奨学金制度の拡充や，低所得家庭の子供たちへの教育支援プログラムの導入などが考えられる。また，学校教育のカリキュラムや評価方法を見直し，多様な能力や背景を持つ子供たちが公平に評価される仕組みを構築することも重要である。

　さらに，生涯学習の機会を拡大し，社会人が新たなスキルを習得したり，キャリアチェンジを行ったりする機会を提供することも，教育を通じた社会階層の固定化を緩和する一助となるだろう。

　教育と社会階層の関係は複雑であり，その解決には多角的なアプローチが必要である。しかし，教育が持つ可能性を最大限に引き出し，真の意味での機会の平等を実現することができれば，それは社会全体の発展と公正性の向上につながるはずである。教育を通じた不平等の再生産という課題に取り組むことは，20対80社会の進行を食い止め，より包摂的で公正な社会を築くための重要な一歩となる。

5　職業と階層

　前節で論じた教育を通じた不平等の再生産は，職業の世界においてさらに具体化され，強化される。本節では，職業と社会階層の関係性，特に職業がいかに不平等の構造を形成し，維持しているかについて考えてみよう。

　現代社会において，職業は個人の社会的地位を決定する最も重要な要素の一つである。職業の選択，その報酬，社会的評価は，社会階層の形成や維持に決定的な影響を与える。ウェーバーが指摘したように，職業は単なる経済的な報酬だけでなく，社会的な威信や権力をもたらすものでもある。

　高収入の職業に従事する人々は，経済的に安定し，社会的な尊敬を受けることが多い。例えば，医師，弁護士，エンジニアなどの専門職は，ブルデューの言う文化資本を多く必要とし，文化資本は同時にそれをさらに蓄積する機会を

提供する。一方，低賃金の職業に従事する人々は，経済的にも社会的にも不安定な立場に置かれやすい。

日本の雇用構造は，職業による階層分化をより重層的なものとしている。総務省統計局の2024年2月発表によれば，2023年の雇用状況に注目すべき変化が見られる。正規の職員・従業員数は3606万人となり，前年比18万人の増加を記録した一方，非正規の職員・従業員数も2124万人と，前年比23万人の増加となった。

特筆すべきは，男女別の雇用状況の変化である。男性の場合，正規の職員・従業員数が2338万人と1万人減少した一方，非正規の職員・従業員数は683万人と14万人増加した。女性については，正規の職員・従業員数が1267万人と18万人増加し，非正規の職員・従業員数も1441万人と9万人増加した。

これらのデータは，日本社会における職業を通じた階層化の複雑な様相を示している。正規雇用と非正規雇用の二極化が進む一方で，その内訳は性別によって大きく異なっている。男性の非正規雇用の増加は，従来の「男性稼ぎ主」モデルの崩壊を示唆し，女性の正規雇用の増加は，ジェンダー平等に向けた前進を示している。しかし，女性の非正規雇用者数が依然として多いことは，ジェンダーに基づく職業上の差別が根強く残っていることを示している。

さらに，年齢階級別の非正規職員・従業員の割合にも注目すべき点がある。65歳以上の層では，非正規雇用の割合が2023年平均で76.8％と，前年比0.4ポイントの上昇となった。また，15〜24歳の若年層でも50.9％と0.5ポイント上昇している。これは，高齢者と若年層が特に不安定な雇用状況に置かれていることを示している。

これらの傾向は，日本の労働市場が直面している課題を浮き彫りにしている。高齢化社会における雇用のあり方，若年層の安定雇用の確保，そして男女間の雇用形態の差異など，複合的な問題に対処する必要がある。

職業による階層化は，単に経済的な格差を生み出すだけでなく，社会的なネットワークや文化資本の蓄積にも大きな影響を与える。高収入の専門職に就く人々は，同様の社会的地位を持つ人々とのネットワークを形成しやすく，それがさらなるキャリアの発展や社会的機会の獲得につながる。一方，非正規雇用者や低賃金労働者は，そのような機会から排除されがちである。

また，職業は個人のアイデンティティ形成にも深く関わっている。エリク・エリクソン（Erik Erikson, 1902-1994）の指摘するように，職業は単なる生計を維持する手段ではなく，個人の自己実現や社会的役割の重要な側面を形成する。しかし，不安定な雇用状況や社会的評価の低い職業に就くことは，個人のアイデンティティ形成に負の影響を与え，それがさらなる社会的不利益につながる可能性がある。

　高学歴化が進む中で，教育と雇用のミスマッチも懸念される。大学・大学院卒業者の中にも非正規雇用者が一定数存在することから，高等教育の内容と労働市場のニーズの整合性を再検討する必要がある。このミスマッチは，個人の生活や将来設計に大きな影響を及ぼすだけでなく，社会全体の人的資源の効率的な活用を妨げる要因ともなっている。

　職業の格差も，20対80社会が示すように拡大傾向にある。エリート層に属する職業と，大衆層に属する職業との間の経済的，社会的差異がますます顕著になり，これは社会の分断をさらに深刻化させる可能性がある。

　この状況に対処するためには，労働市場の改革，職業訓練の充実，ワーク・ライフ・バランスの推進など，多角的なアプローチが必要である。同時に，職業の社会的評価のあり方自体を再考し，多様な職業の価値を認める社会的風土を醸成することも重要である。

　職業を通じた不平等の構造は，現代社会が直面する最も重要な課題の一つである。この問題に取り組むことは，社会の公正性と持続可能性を高め，すべての個人がその能力を最大限に発揮できる社会の実現につながる。

6　文化資本と社会的不平等

　前節で論じた職業を通じた階層化は，より深層的な社会的メカニズムによって支えられている。その中核を成すのが，ブルデューによって提唱された「文化資本」の概念である。本節では，文化資本が社会的不平等の形成と維持にどのように寄与しているかを詳細に検討する。

　文化資本とは，家族や教育機関を通じて習得される知識，技能，文化的な嗜好などを指し，個人の社会的成功に大きく寄与する要素である。ブルデューは，経済資本や社会関係資本と並んで，文化資本が社会階層の再生産において重要

な役割を果たすと主張した。この概念は，単純な経済決定論を超えて，社会的不平等がいかに複雑かつ多層的に維持されているかを理解する上で極めて重要である。

　文化資本は，主に三つの形態に分類される。第一に，「体現された状態の文化資本」がある。これは，個人の身体や精神に長期的に刻み込まれた知識や技能，振る舞い方などを指す。例えば，特定のアクセントや話し方，芸術作品の鑑賞能力などがこれに該当する。体現された状態の文化資本は，幼少期からの家庭環境や教育を通じて獲得され，個人の「ハビトゥス（habitus）」（習慣化された行動様式）を形成する。ハビトゥスとは，個人が幼少期から身につける行動や思考のパターンであり，社会的な地位や文化資本に基づいて形成される。

　第二に，「客体化された状態の文化資本」がある。これは，書籍，絵画，楽器などの物理的な形で所有される文化的財を指す。これらの所有は，単なる経済的な豊かさを超えて，所有者の文化的な素養を示すシンボルとなる。例えば，クラシック音楽のレコードコレクションや美術品の所有は，その人物の文化的な洗練を示す指標となる。

　第三に，「制度化された状態の文化資本」がある。これは，学校の卒業証書や学位などの形で制度的に認証された文化資本を指す。これらは，個人の能力や知識を社会的に保証するものとして機能し，労働市場における価値を決定する重要な要素となる。

　これら三形態の文化資本は，相互に関連しながら，個人の社会的成功や地位の獲得に影響を与える。例えば，高度な客体化された文化資本を持つ個人は，教育機関でより高い評価を得やすく，結果として高い制度化された文化資本（学位など）を獲得しやすい。さらに，これらの文化資本は，高収入の職業への就職や社会的ネットワークの形成を容易にし，経済資本の蓄積にもつながる。

　文化資本の影響は，教育の場で特に顕著に現れる。高学歴の家庭は，豊富な文化資本を子供に伝え，子供が学校で成功するための基盤を提供する。例えば，親が高い学歴を持ち，文化的な活動に積極的な家庭の子供は，学校での成績が良く，将来的に高い社会的地位を得る可能性が高い。これは，学校教育が要求する知識や能力が，実は特定の社会階層の文化と密接に結びついているためである。

一方，低学歴の家庭では，文化資本が不足しているため，子供が学校で成功するための支援が十分に行われないことが多い。これにより，教育を通じた社会移動の可能性が制限され，社会階層の固定化が進む。このメカニズムは，20対80社会の文脈において，上位20％と下位80％の分断をさらに深める要因となっている。

　文化資本は職業選択にも大きな影響を与える。特定の文化資本を持つ者は，その文化資本を活かせる職業に就くことで成功する可能性が高い。例えば，文学や芸術に関する豊富な知識を持つ者は，出版業や芸術関連の職業に就くことが多い。これらの職業は，単に高収入をもたらすだけでなく，さらなる文化資本の蓄積の機会を提供する。

　さらに，文化資本は社会的なネットワークの形成にも寄与する。同様の文化資本を持つ者同士が集まりやすく，そこで形成されるネットワークが新たな機会や情報へのアクセスを提供する。このような「同類婚」や「同類交際」は，社会階層の固定化をさらに強化する要因となる。例えば，高学歴の家庭出身者同士が結婚する傾向が強くなることで，文化資本の集中がさらに進む。

　文化資本の概念は，社会的不平等が単純な経済的要因だけでなく，より複雑で根深い文化的要因によっても維持されていることを示している。この認識は，不平等解消に向けた取り組みにおいて重要な示唆を与える。例えば，単に経済的支援を行うだけでなく，文化的機会の平等化や多様な文化の価値認識を促進することが必要となることが理解されるだろう。

　また，教育システムのあり方自体を再考する必要性も示唆される。現在の教育システムが特定の文化資本を過度に重視し，他の形態の知識や能力を軽視していないかを検討し，より包括的で多様性を尊重する教育の実現を目指すべきである。

　文化資本と社会的不平等の関係は，現代社会が直面する最も根深い課題の一つである。この問題に取り組むことは，単に経済的な格差を是正するだけでなく，社会の文化的多様性を尊重し，すべての個人がその潜在能力を最大限に発揮できる社会の実現につながる。

7 社会移動とその影響

確かに文化資本の概念は,社会階層の固定化を説明する重要な要素であるが,一方で社会には階層間の移動,すなわち社会移動も存在する。本節では,社会移動の概念とその影響について詳細に検討し,これまでの議論との関連性を探る。

社会移動とは,個人や集団がある社会階層から別の社会階層に移動する現象を指す。この概念は,ピティリム・ソローキン (Pitirim Sorokin, 1889-1968) によって体系的に研究され,社会の開放性や流動性を測る重要な指標として確立された。社会移動には,世代間移動と世代内移動,水平移動と垂直移動の二つの側面がある。

世代間移動とは,親と子の世代間での社会階層の変動を指す。例えば,労働者階級の親を持つ子供が,高等教育を受けて専門職に就き,中産階級に上昇するケースがこれに該当する。一方,世代内移動は個人が一生の中で経験する社会階層の変動を指す。キャリアアップや転職による社会的地位の変化がこれにあたる。

垂直移動は,社会階層の上下方向への移動を指し,上昇移動と下降移動がある。水平移動は,同じ階層内での移動を指す。例えば,同じ職業階層内での転職などが水平移動に該当する。

社会移動は,社会の開放性に大きく依存している。開放的な社会では,個人の努力や能力によって社会的地位を向上させる機会が多く,閉鎖的な社会では,社会的地位が出生によって決定され,変動の余地が少ない。20世紀の産業社会は,比較的高い社会移動性を示してきたが,近年の研究では,特に先進国において社会移動の停滞や逆転現象が指摘されている。

社会移動を促進する要因として,教育の役割が特に重要である。前節で論じた文化資本の概念と関連して,高等教育は個人が高い社会的地位を得るための重要な手段となる。しかし,教育機会の不平等が存在する現状では,教育を通じた社会移動にも制約が生じている。

経済発展や技術革新も社会移動を促進する要因となる。例えば,産業革命や情報技術の発展は,新しい職業や産業の創出を通じて社会移動の機会を増大させた。一方で,これらの変化は既存の職業や技能の陳腐化をもたらし,下降移

動のリスクも高めている。

　社会政策も社会移動に大きな影響を与える。再分配政策や福祉政策は，低所得層の上昇移動を支援する役割を果たす。しかし，過度の福祉依存は逆に社会移動を阻害する可能性もあり，政策設計には慎重な配慮が必要である。

　社会移動の影響は多岐にわたる。個人レベルでは，上昇移動によって経済的安定や生活の質の向上がもたらされる一方，下降移動は経済的困難や心理的ストレスを引き起こす可能性がある。また，社会移動は個人のアイデンティティにも影響を与え，出身階層と現在の階層の間で葛藤を生じさせることがある。

　社会全体のレベルでは，活発な社会移動は社会の活力を高め，イノベーションや経済成長を促進する可能性がある。また，「アメリカンドリーム」に代表されるように，上昇移動の可能性は社会の安定性や人々の希望を支える重要な要素となる。一方で，大規模な下降移動は社会不安や政治的不安定をもたらす可能性がある。

　20対80社会の文脈において，社会移動の問題は特に重要性を増している。上位20％と下位80％の間の移動が制限されれば，社会の分断はより固定化し，不平等はさらに深刻化する。この状況は，社会の持続可能性と民主主義の基盤を脅かす可能性がある。

　社会移動の研究において，近年注目されているのが「相対的リスク回避」理論である。相対的リスク回避理論とは，個人が上昇移動よりも下降移動のリスクを回避することを優先する傾向を指し，特に中間層において現状維持を志向する心理的メカニズムを説明する理論である。現状維持への志向が強まる結果，社会全体の流動性が低下する可能性がある。

　また，グローバル化の進展は社会移動の様相を複雑化させている。国際的な労働移動や留学などを通じて，個人の社会的地位が国際的なスケールで変動する可能性が高まっている。これにより，国内の社会階層構造だけでなく，国際的な視点からも社会移動を捉える必要が生じている。

　デジタル技術の発展も，社会移動に新たな側面をもたらしている。オンラインプラットフォームを通じた起業や，フリーランスとしての活動など，従来の職業階層の枠組みに収まらない形での社会的地位の変動が見られるようになっている。

社会移動の促進は，不平等の解消に向けた重要な戦略の一つである。しかし，単に移動の機会を増やすだけでなく，移動に伴うリスクや心理的負担を軽減する支援も必要である。また，上昇移動だけでなく，異なる職業や生活様式への水平移動の価値を認める社会的風土の醸成も重要である。

　このように，社会移動は社会の開放性と公正性を測る重要な指標であり，その促進は不平等の解消と社会の持続可能性の向上のための鍵となる。しかし，現代社会の複雑性を踏まえると，社会移動の概念自体も再考が必要かもしれない。経済的地位だけでなく，生活の質や個人の満足度など，多元的な価値観に基づいた新たな社会移動の概念を構築することが，今後の課題となるだろう。

8　不平等の解消

　これまでの節で論じてきた社会階層，教育，職業，文化資本，そして社会移動の問題は，現代社会における不平等の複雑性と根深さを示している。本節では，これらの問題を踏まえつつ，不平等解消に向けた具体的な方策と，持続可能な社会の実現への道筋について考察する。

　不平等解消への取り組みにおいては，単に経済的格差を縮小するだけでなく，社会の構造的問題に包括的に対処する必要がある。まず，経済的不平等の解消に向けた取り組みとして，税制改革が重要な役割を果たす。累進課税制度の強化により，高所得者の税負担を増やし，所得再分配を図ることで，社会全体の所得格差を縮小できる。同時に，企業に対する適切な法人税の設定や，富の集中を防ぐための相続税・贈与税の適用範囲の拡大も効果的である。

　教育の平等の促進も，持続可能な社会の実現に不可欠な要素である。無償教育の拡充や奨学金制度の充実を図り，特に低所得層の子供たちが高等教育を受けやすくするための経済的支援を強化する必要がある。しかし，単に教育機会の平等化を図るだけでなく，教育内容や方法の見直しも重要である。多様な文化資本を評価し，異なる背景を持つ学生が等しく成功できるようなカリキュラムの開発が求められる。

　労働市場の改革も，社会的不平等の解消に重要な役割を果たす。最低賃金の引き上げや非正規雇用労働者の待遇改善を進め，労働市場における賃金格差を是正することが求められる。同時に，働き方改革を推進し，ワーク・ライフ・

バランスの実現や，多様な働き方の選択肢を提供することで，個人の生活の質を向上させることも重要である。

社会保障制度の充実も，不平等の解消への重要なアプローチである。低所得者層や社会的に弱い立場にある人々が安心して生活できるよう，医療や介護，住宅支援などの社会保障を拡充する必要がある。特に，高齢者や障害者，シングルペアレントなどの支援を強化することで，社会全体の福祉の向上を図ることができる。

これらの従来的なアプローチに加えて，新たな技術や社会システムを活用した革新的な解決策も検討する必要がある。例えば，AI支援型キャリアマッチングシステムの導入が提案されている。個人のスキル，経験，適性を詳細に分析し，最適な職業や職場とのマッチングを行う。特に，障害者や長期失業者，シングルペアレントなど，従来の就職活動で不利な立場にあった人々に焦点を当てることで，社会的弱者の経済的自立を促進することができる。

また，地域コミュニティの再生を通じた不平等の解消策として，マルチジェネレーション・コミュニティハブの創設も提案されている。例えば，東京都北区（旧豊島北中学校）では，廃校を活用したコミュニティハブが設立され，異世代間の交流プログラムが成功を収めている（文部科学省ウェブサイト）。これは，空き家や廃校を活用し，異なる世代が共に生活し，学び，働ける複合施設である。世代間で相互にスキルと知識を交換する仕組みを構築することで，社会的孤立を防ぎ，多様な形態の文化資本の交流を促進することができる。

さらに，新たな経済モデルとして循環型地域経済システムの導入も検討に値する。これは，地域内で生産と消費のサイクルを完結させ，富の流出を防ぐ仕組みである。地域通貨の発行と，それを活用したポイント還元システムを構築することで，地域経済の活性化と同時に，大都市への富の一極集中を防ぎ，地域間格差の解消を図ることができる。

これらの多角的なアプローチを総合的に推進することで，持続可能な社会の実現に向けた道筋が開かれる。しかし，これらの施策を実行に移す際には，社会全体の合意形成と協力が不可欠である。そのためには，不平等の問題に対する社会的な意識改革も重要である。

多様性と包摂の重要性を教育やメディアを通じて啓発し，社会全体が平等な

機会を提供し合う文化を育むことが求められる。同時に，成功の定義自体を再考し，経済的地位だけでなく，生活の質や個人の満足度など，多元的な価値観に基づいた新たな社会的成功の概念を構築することも必要である。

グローバル化が進展する現代において，不平等解消への取り組みは一国の政策だけでは不十分であり，国際的な協力が不可欠である。国際機関や他国との協力を通じて，貧困削減や経済発展のための取り組みを進めることが求められる。また，多国籍企業の責任ある行動を促し，グローバルな不平等を是正するための国際的な規制や合意の形成も重要である。

不平等の解消への道筋は，単に経済的格差を縮小するだけでなく，社会全体の構造を変革し，すべての個人がその潜在能力を最大限に発揮できる環境を創出することを目指すものである。それは，20対80社会の進行を食い止め，より包摂的で公正な社会を築くための重要な一歩となる。

この取り組みは長期的かつ継続的な努力を必要とするが，それは単に理想的な目標ではなく，社会の持続可能性と繁栄のために不可欠なプロセスである。不平等を解消することは，社会の安定性と結束力を高め，イノベーションと創造性に富んだ社会の実現につながる。それは，すべての個人が尊厳を持って生活し，その潜在能力を最大限に発揮できる社会，すなわち真の意味で持続可能な社会の姿なのである。

本章のポイント

社会階層の概念と歴史的背景 社会階層は個人の経済的，社会的，政治的資源の分配によって生じる地位の差異を指す。この概念は19世紀後半から20世紀初頭にかけて，多くの社会学者によって発展してきた。

マルクスとウェーバーの理論 マルクスは生産手段の所有関係に基づいて社会階級を定義し，ウェーバーは経済，権力，威信の三次元で社会階層を分析した。これらの理論は現代の社会階層研究の基礎となっている。

現代社会における階層構造 現代社会の階層構造は，経済的資源の分配，社会的地位の評価，権力の配分によって形成される。収入と富の分布の不均衡が顕著であり，職業による社会的地位の差異も重要な要素である。

20対80社会の概念 1995年の世界フォーラム会議で提起された概念で，経済を実質的に動かす上位20％のエリート層と，低所得で最低限の福祉に依存する下位80％の大衆層に分かれる社

会構造を指す。ジェレミー・リフキン（Jeremy Rifkin, 1945-）が1995年に出版した *The End of Work: The Decline of the Global Labor Force and the Dawn of the Post-Market Era*（労働の終焉）で提唱した「20対80の社会」の概念は，ここで述べている「低所得で最低限の福祉に依存する下位80％の大衆層」という表現と若干異なる。リフキンの主張はテクノロジーの進展により，80％の労働者が失業または不完全雇用になる可能性を指摘している。

教育と社会階層の関係　教育は社会的流動性を促進する手段とされるが，同時に不平等を再生産する機能も持つ。家庭の経済状況や親の学歴が子供の教育機会に大きな影響を与え，社会階層の固定化を助長する。

文化資本の概念　ピエール・ブルデューが提唱した概念で，家族や教育機関を通じて習得される知識，技能，文化的嗜好を指す。文化資本は社会階層の再生産において重要な役割を果たす。

社会移動とその影響　社会移動は個人や集団が社会階層間を移動する現象を指す。世代間移動と世代内移動，水平移動と垂直移動がある。社会の開放性を示す指標であり，不平等解消に向けた重要な要素である。

不平等解消への取り組み　不平等解消には，税制改革，教育の平等促進，労働市場の改革，社会保障制度の充実など多角的なアプローチが必要である。新技術や社会システムを活用した革新的な解決策も検討されている。

グローバル化と技術革新の影響　グローバル化と技術革新は社会階層構造に大きな影響を与えている。国境を越えた資本移動や多国籍企業の台頭により，グローバルな階層構造が形成されつつある。また，デジタルスキルの有無が新たな階層分化の要因となり，「デジタルデバイド」が生じている。これらの変化は，従来の社会階層理論では十分に説明できない複雑さをもたらしている。

不平等解消と持続可能な社会の実現　不平等解消への取り組みは，単に経済的格差を縮小するだけでなく，社会全体の構造を変革し，すべての個人がその潜在能力を最大限に発揮できる環境を創出することを目指すものである。これは20対80社会の進行を食い止め，より包摂的で公正な社会を築くための重要な一歩となる。持続可能な社会の実現には，経済的施策だけでなく，教育改革，文化的多様性の尊重，社会的意識の改革など，多面的なアプローチが必要である。

参考文献

オーギュスト・コント（田辺寿利訳）1938年『実証的精神論』岩波書店

ピティリム・アレクサンドロヴィッチ・ソローキン（鷲山丈司訳）1961-1962年『社会学の基礎理論——社会・文化・パーソナリティ（上・下）』内田老鶴圃

カール・マルクス（向坂逸郎訳）1967-1970年『資本論』（全3巻）岩波書店

チャールズ・ライト・ミルズ（鵜飼信成／綿貫譲治訳）1969年『パワー・エリート（上・下）』東京大学出版会

ハーバート・スペンサー（清水幾太郎責任編集）1970年『世界の名著36』中央公論社
タルコット・パーソンズ（佐藤勉訳）1974年『社会体系論』青木書店
エリック・ホマバーガー・エリクソン（仁科弥生訳）1977-1980年『幼児期と社会』（全2巻）みすず書房
ダヴィッド・エミール・デュルケーム（宮島喬訳）1978年『社会学的方法の規準』岩波書店
マックス・ウェーバー（大塚久雄訳）1989年『プロテスタンティズムの倫理と資本主義の精神』岩波書店
アンソニー・ギデンズ（松尾精文／小幡正敏訳）1993年『近代とはいかなる時代か？──モダニティの帰結』而立書房
ポール＝ミシェル・フーコー（田村俶訳）2020年『監獄の誕生──監視と処罰（新装版）』新潮社
ピエール・ブルデュー（石井洋二郎訳）2020年『ディスタンクシオン──社会的判断力批判（普及版）』（全2巻）藤原書店

第11章

ジェンダーと社会的性別役割

　ジェンダーと社会的性別役割は，現代社会における重要な分析課題である。人間の性差は生物学的な基盤を持つが，それは単なる生理的差異にとどまらず，社会的・文化的に構築される複雑な現象として理解される必要がある。本章では，生物学的性差の基盤を確認した上で，社会的性別役割の形成過程とその変容を詳細に検討する。特に，フェミニズム運動の歴史的展開を通じて，ジェンダーをめぐる社会的認識の変遷を辿り，マルクス主義フェミニズムによる構造的分析，第三波フェミニズムにおけるインターセクショナリティの視点など，多角的なアプローチから考察を進める。これらの理論的探究を踏まえ，職場におけるジェンダー格差の実態分析から，ジェンダー役割の未来像を展望する。

1　生理的性差の生物学的基盤

　生理的性差の生物学的基盤を理解することは，ジェンダーの概念を深く考察する上で不可欠である。人間の性別は，まず染色体によって決定される。具体的には，男性はXY，女性はXXという染色体の組み合わせを持つ。この基本的な生物学的事実が，性別の生理的基盤を形成している。妊娠6週目には，性染色体の影響によって性器官の発達が始まり，胎児の性分化が進行する。男性胎児の場合，Y染色体に存在するSRY遺伝子が睾丸の発達を促進し，女性胎児の場合，SRY遺伝子がないために卵巣の発達が進む。

　この性器官の発達は，性ホルモンの生成を開始させる。男性ホルモンとして知られるテストステロンは，男性の体内で主要な役割を果たし，男性の生理的特徴と第二次性徴の発現に寄与する。具体的には，テストステロンは精巣で生成され，体毛の増加，筋肉の発達などを引き起こす。また，男性の性的行動や

攻撃性にも影響を与えるとされている。一方，女性ホルモンであるエストロゲンとプロゲステロンは，卵巣で生成される。エストロゲンは，月経周期の調節，骨密度の維持などに重要な役割を果たし，女性の身体的特徴を形成する。プロゲステロンは，妊娠維持に必要なホルモンであり，妊娠中の子宮内膜の準備を助ける。

これらのホルモンは，思春期において特に重要である。思春期は，子供が性的に成熟し，生殖能力を獲得する過程である。この時期には，ホルモンの分泌が急激に増加し，男性ではテストステロン，女性ではエストロゲンの影響で，第二次性徴が顕著に現れる。これには，男性の声変わりやひげの成長，女性の乳房発達や月経の開始が含まれる。

しかし，これらの生理的な性差は，単に身体的特徴だけでなく，心理的および行動的な変化にも影響を与える。例えば，テストステロンは，競争心や攻撃性の増加に関連しているとされ，一方でエストロゲンは，共感性や社会的なつながりを強化する役割を果たすと考えられている。これらのホルモンの影響は，生物学的な性差とともに，性別に関連した行動や心理的特性の一部を形成する要因となっている。

近年の研究では，生理的な性差が行動に与える影響についても多くの議論がなされている。例えば，男性と女性の脳の構造や機能に違いがあるとする研究もあり，これが性別特有の行動パターンに寄与している可能性が指摘されている。一部の研究では，男性と女性の脳に機能的な違いが見られるとされるが，これらは個人差が大きく，一概に性別で区別できるものではないと指摘されている。

しかし，これらの生理的な違いが性別役割の形成にどの程度影響を与えるかについては，慎重な解釈が必要である。生理的な要因だけでなく，社会的および文化的な要因も，性別役割の形成に大きな影響を及ぼすからである。例えば，幼少期からの教育や家庭環境，社会的な期待や規範が，個人の性別認識や行動パターンに大きく影響することが多くの研究で示されている。

ここで，生物学的性別（セックス）とジェンダーの違いについて言及する必要がある。生物学的性別が染色体や生殖器官によって決定される生理的な特徴を指すのに対し，ジェンダーは社会的・文化的に構築された性別役割や期待を

指す。ジェンダーは,服装や行動,職業選択など,日常生活の多くの側面に及んでいる。この区別は,性別に関する固定観念や偏見を批判的に検討する上で重要な視点を提供する。

さらに,ホルモンの影響は一生を通じて変動することが知られている。思春期における急激なホルモン分泌の増加だけでなく,妊娠や閉経などのライフイベントも,ホルモンレベルに大きな影響を与える。これにより,女性は妊娠中や閉経後にさまざまな身体的および心理的変化を経験することになる。

総じて,生理的な性差は,性別の生物学的基盤を形成する重要な要素である。しかし,これらの生理的な違いが直接的に性別役割を決定するわけではなく,社会的および文化的な要因と相互に作用しながら,性別に特有の行動や役割が形成される。このように,生理的性差と社会的性別役割の交錯を理解することは,性別に関する複雑な現象を解明するために不可欠である。ジェンダーの概念を深く理解するためには,生物学的な基盤を踏まえつつ,社会的・文化的な文脈を考慮に入れた多角的なアプローチが必要である。

2　社会的性別役割の形成

社会的性別役割は,生物学的な性差を基盤としつつも,社会的および文化的な影響によって大きく形作られる。この過程は,個人の誕生から始まり,生涯を通じて続く複雑な社会化のプロセスである。家族,教育機関,メディア,職場環境など,さまざまな社会的要因が個人のジェンダー意識と行動パターンの形成に影響を与える。

まず,家族は社会的性別役割の形成において最も早期かつ重要な影響を与える環境である。子供が生まれると,両親や家族は無意識のうちに性別に基づいた期待を持ち,その期待に沿った扱いをすることが多い。例えば,男の子には青い服を,女の子にはピンクの服を着せるといった行動は,性別に関する最初の社会的メッセージとなる。また,男の子には活動的で冒険的な遊びを奨励し,女の子には穏やかで協調的な遊びを期待することも一般的である。これらの幼少期の経験が,子供の性別役割の認識と行動パターンの形成に大きな影響を与える。

次に,教育システムも社会的性別役割の形成に大きな影響を及ぼす。学校で

は、教師や同級生からの期待や扱いが、子供たちの性別に基づいた行動や選択に影響を与えることがある。例えば、数学や科学といった「男性的」と見なされる科目で男の子が優遇され、文学や芸術など「女性的」とされる科目で女の子が活躍する場面が見られる。この影響の結果、子供たちは社会的に期待された性別に沿った活動や興味を選択する傾向が強まる。このような教育現場での経験が、将来的な職業選択やキャリア形成に影響を及ぼすことは言うまでもない。

メディアもまた、社会的性別役割の形成において重要な役割を果たしている。テレビ番組、映画、広告などは、性別に基づいたステレオタイプを強化し、それを視聴者に植え付ける力を持っている。例えば、男性がリーダーシップを発揮し、女性が家事や育児に専念するというイメージは、メディアを通じて広く普及している。これにより、視聴者は無意識のうちにこれらの役割を内面化し、自身の行動や期待に反映させるようになる。

さらに、職場環境も社会的性別役割の維持に寄与している。多くの企業や組織では、男性が管理職やリーダーのポジションに就くことが多く、女性はサポート的な役割にとどまることが一般的である。これにより、職場内の性別役割が強化され、男女間の不平等が再生産される。加えて、育児や介護といった家庭内の責任が主に女性に押し付けられることで、女性のキャリア進展が妨げられることも少なくない。

文化的背景や宗教も性別役割の形成に大きな影響を与える。多くの伝統的な文化では、男性が家族の主導権を握り、女性が家事や育児に専念することが期待される。このような文化的な期待は、個人の行動や価値観に深く根づいており、性別役割の固定化を促進する。宗教的教義も、性別に基づいた役割を明確に規定し、それに従うことを信者に求めることがある。これにより、性別役割の多様化が阻害される場合も多い。

ここで、ジェンダー・アイデンティティの形成についても触れる必要がある。ジェンダー・アイデンティティとは、個人が自身の性別をどのように認識し、表現するかという意識を指す。この概念は、出生時に割り当てられた性別とは異なる性自認を持つトランスジェンダーの人々や、既存の性別の枠組みにとらわれないノンバイナリーの人々など、多様な性のあり方を生きる人々にとって

特に重要である。ジェンダー・アイデンティティの形成は，社会的な影響を受けながらも，個人の内的な探求過程でもあり，生物学的性別と必ずしも一致するものではない。

社会的性別役割の形成において，これらの要因が相互に作用し合い，複雑な影響を及ぼしていることは明白である。個人の生物学的な性差が社会的な期待や文化的な規範と交錯することで，性別に基づいた行動や価値観が形成される。この過程で，性別役割の固定観念が強化され，男女間の不平等が生まれることになる。

しかし，近年ではジェンダー平等を推進する取り組みが進展し，従来の社会的性別役割の見直しが積極的に行われている。教育現場では，性別にとらわれない多様な進路選択を支援する体制が整備され，メディアでも多様なジェンダー表現や生き方が取り上げられるようになってきている。職場においても，女性のリーダーシップ登用を促進し，すべての従業員を対象とした育児・介護休暇制度の充実や，多様な働き方の導入が進められている。これらの変化により，固定的な性別役割にとらわれない新たな価値観が社会に浸透しつつあり，個人の主体的な選択を尊重し，誰もが自分らしく生きることのできる社会の実現に向けた歩みが進んでいる。

3　第一波フェミニズム（市民革命期～20世紀初頭）

第一波フェミニズムは，18世紀末から20世紀初頭にかけて展開された女性解放運動である。この時期のフェミニズム運動は，近代人権思想と深く結びついており，特に市民革命の影響を強く受けている。市民革命期には「人間は自由で平等である」と宣言されたが，その「人間」はあくまで男性を指し，女性は人権主体として認められていなかった。この不平等に対して，女性も普遍的な人権享有主体として認められるべきだという主張が初期フェミニズムの中心的テーマとなった。

第一波フェミニズムの背景には，啓蒙思想や市民革命の思想がある。フランス革命では「自由，平等，博愛」が掲げられ，フランス人権宣言では人間の権利が強調された。しかし，女性はこの権利から排除されていた。この矛盾に対する批判と改革の動きが，第一波フェミニズムとして展開されることになる。

オランプ・ドゥ・グージュ（Olympe de Gouges, 1748-1793）は，この不平等に対して異議を唱え，1791年に『女性及び女性市民の権利宣言』を著した。彼女は，フランス人権宣言で用いられている「人（homme）」という主語が男性名詞であることを批判し，「女性（femme）」を含む権利宣言を主張した。この文書は，女性も男性と同等の権利を有するべきだという当時としては革新的な主張を含んでいた。グージュの主張は，女性も男性と同様に市民としての権利を持つべきだと訴える革新的なものであった。

イギリスでは，メアリ・ウルストンクラフト（Mary Wollstonecraft, 1759-1797）が1792年に『女性の権利の擁護』を著し，ジャン＝ジャック・ルソー（Jean-Jacques Rousseau, 1712-1778）などの男性思想家たちの議論に潜む女性差別を問題視した。彼女は，理性は万人によって等しく保有されているとする啓蒙主義の立場から，女性が政治的・経済的な領域において男性と同等の権利を有することを説いた。ウルストンクラフトの主張は，女性教育の重要性を強調し，女性が社会で果たすべき役割を再評価するものであった。彼女は，女性も理性を持つ存在として教育を受ける権利があると説き，後のフェミニズム運動に大きな影響を与えた。

さらに，ジョン・スチュアート・ミル（John Stuart Mill, 1806-1873）とその妻ハリエット・テイラー・ミル（Harriet Taylor Mill, 1807-1858）も，女性解放運動の指導者として著名である。彼らは共著で『女性の解放』（1869）を執筆し，女性の権利拡張と平等の重要性を論じた。スチュアートとテイラーは，女性が男性と同等の法的権利を持つことが，社会全体の発展にとって不可欠であると主張した。特に，テイラーは家庭内の平等とパートナーシップの重要性を強調し，結婚制度の改革を訴えた。彼らの思想は，第一波フェミニズムの思想を代表するものであり，女性の経済的自立と公的生活への参加の権利を主張した。

第一波フェミニズムの主要な目標は，女性の参政権，財産権，教育の機会均等の獲得であり，これはリベラル・フェミニズムの思想的基盤となった。とりわけ女性参政権運動は中心的なテーマであり，19世紀後半から20世紀初頭にかけて，欧米諸国を中心に女性参政権獲得への闘いが展開された。その象徴的存在の一人として，イギリスのエミリー・ウィルディング・デイヴィソン（Emily

Wilding Davison, 1872-1913) が知られている。彼女は1913年6月4日，エプソム競馬場で行われたイギリス王室主催のエプソムダービーにおいて，国王所有の競走馬の前に身を投じて重傷を負い，4日後に死亡した。この出来事は，女性参政権運動における決定的な転換点となり，その後の運動の象徴として広く記憶されることとなった。

　アメリカでは，エリザベス・キャディ・スタントン（Elizabeth Cady Stanton, 1815-1902）とスーザン・B・アンソニー（Susan B. Anthony, 1820-1906）を中心とする活動家たちが，女性参政権獲得に向けた組織的な運動を展開した。1848年のセネカフォールズ大会を起点とするこの運動は，複数の世代にわたる粘り強い闘いとして継続された。スタントンとアンソニーは確かに運動の礎を築いた先駆者であったが，彼女たちの死後，アリス・ポール（Alice Paul, 1885-1977）やキャリー・チャップマン・キャット（Carrie Chapman Catt, 1859-1947）らの新たな世代の活動家たちが運動を継承し，さらなる発展を遂げた。その結果，1920年8月18日，アメリカ合衆国憲法修正第19条が批准され，ついに女性参政権が実現した。セネカフォールズ大会から72年，数世代にわたる女性たちの不屈の闘いと献身的な努力が，ようやく実を結んだ。

　第一波フェミニズムの特徴は，男女の法的平等を求めるものであり，公的世界と私的世界の二元論（公私の区分）を前提としていた。形式的な平等が主に唱えられたが，性別役割分業が当然とされ，男女の肉体的な違いを強調する男女不平等論が根強く受け入れられていた。このため，形式的な平等が達成されても，実質的な不平等が解消されないまま残ることが多かった。

　第一波フェミニズムの成果は，女性参政権の獲得や教育の機会拡大，財産権の認知など，法的な枠組みの中での平等を実現するための重要なステップとなった。しかし，これらの成果は，女性が社会で直面する多くの不平等を完全に解消するものではなく，むしろその不平等を浮き彫りにする結果となった。女性が法的に平等な地位を得ても，社会的，経済的，文化的な障壁が依然として存在し，それが女性の自己実現を妨げる要因となっていた。

　第一波フェミニズムの運動は，これらの問題に対処するための重要な基盤を築いた。しかし，実質的な平等を達成するためには，さらなる社会変革と意識改革が必要であった。この課題に取り組むために，後に第二波フェミニズムが

登場し,性別役割の見直しや家父長制(パトリアルキー)の批判,ジェンダーの社会的構築という新たな視点を導入することになる。

　第一波フェミニズムは,近代人権思想と結びついた女性解放運動として,女性の法的権利を求める闘いを展開し,多くの成果を上げた。しかし,その限界も明らかとなり,次の波への布石を打つ重要な歴史的役割を果たした。この時期の運動は,現代のフェミニズム運動の基盤となり,その後の社会変革に大きな影響を与え続けている。

4　第二波フェミニズム(1960年代〜1980年代)

　第二波フェミニズムは,1960年代から1980年代にかけて展開された女性解放運動の一環であり,第一波フェミニズムが達成した法的平等の限界を超え,社会構造に潜む性差別の問題に取り組むことを目指した。この運動は,主にアメリカで始まり,世界中に広がった。

　第二波フェミニズムの契機となったのは,ベティ・フリーダン(Betty Friedan, 1921-2006)の *The Feminine Mystique*(女らしさの神話)(邦題『新しい女性の創造』)である。フリーダンはこの著作で,家庭内に閉じ込められた中産階級の専業主婦たちのフラストレーションと抑圧感を描き出し,広く女性たちの共感を呼んだ。彼女は,女性が「女らしさ」という社会的期待に縛られ,自己実現を阻まれていると指摘し,これを「名前のない問題(The Problem That Has No Name)」と呼んだ。フリーダンの批判は,女性が家庭外でのキャリアを追求し,自己実現を図るべきだと訴えるものであり,第二波フェミニズムの基盤を形成した。

　この運動の中で,「個人的なことは政治的なことである(The personal is political)」という理念が提唱された。これは,キャロル・ハニッシュ(Carol Hanisch, 1942-)が1969年に発表したエッセイのタイトルとして知られ,私的領域とされてきた家庭生活や性,身体に関する諸問題を,社会的・政治的な議論の対象として位置づけることを意味していた。それまで,家庭内の諸問題は純粋に個人的な事柄とされ,政治的な議論や公的な対応の範囲外とされてきた。しかし,第二波フェミニズムは,家庭内における性別役割分業や,ドメスティック・バイオレンス,リプロダクティブ・ライツなどの問題が,社会全体

に根ざす権力構造や制度的な不平等と不可分に結びついていることを明らかにした。この理念の提起により，女性たちは自身の日常的な経験を社会構造的な文脈で捉え直し，個人的な問題を集団的な課題として認識することで，より広範な社会変革を求める理論的基盤を獲得した。

ラディカル・フェミニズムは，第二波フェミニズムの中でも特に重要な潮流である。ラディカル・フェミニストたちは，女性解放を達成するためには，社会の根底にある家父長制を解体する必要があると主張した。家父長制とは，男性が優位に立つ社会構造を指し，ラディカル・フェミニズムにおいては，この構造があらゆる社会領域において女性の権利と自由を制限しているとされる。ケイト・ミレット（Kate Millett, 1934-2017）の *Sexual Politics*（1970）は，家父長制の批判とジェンダーの社会的構築に関する理論を体系化し，ラディカル・フェミニズムの重要な理論的支柱となった。

セクシュアリティに関する議論も，第二波フェミニズムの重要なテーマであった。シュラミス・ファイアストーン（Shulamith Firestone, 1945-2012）の *The Dialectic of Sex: The Case for Feminist Revolution*（『性の弁証法』）（1970）は，性と権力の関係を分析し，女性の性的解放が社会的解放と密接に関連していることを示した。ファイアストーンは，家族制度や異性愛規範が女性抑圧の根源にあるとし，これらを解体することが女性解放に不可欠だと主張した。また，生殖技術の進歩が女性解放に寄与する可能性を示し，リプロダクティブ・テクノロジーの活用を提唱した。ジュリエット・ミッチェル（Juliet Mitchell, 1940-）は，精神分析とフェミニズムを統合する視点から，性とジェンダーの複雑な関係を分析した。ミッチェルもまた，女性抑圧の複雑な構造を理解する上で重要な貢献をしており，現代のフェミニズム思想の発展に大きな影響を与えている。

第二波フェミニズムは，女性の労働問題にも大きな関心を寄せた。女性の経済的自立を実現するためには，職場における性差別の解消が不可欠であるとされた。これには，男女同一賃金の実現や，均等な雇用機会の確保が含まれる。アメリカでは，1964年の公民権法第Ⅶ編が，雇用における性差別を禁止し，これを実現するための法的枠組みが整備された。また，女性の職場復帰を支援するための育児休暇制度や，職場でのセクシュアルハラスメント防止策も重要な

課題となった。

　第二波フェミニズムの成果は多岐にわたるが，その中でも特筆すべきは，性別役割の再定義とジェンダーの社会的構築に関する認識の広がりである。これにより，性別に関する固定観念が見直され，男女がより平等に社会に参加するための基盤が築かれた。また，女性の権利向上と経済的自立を支援するための法的枠組みが整備され，女性の社会進出が促進された。

　しかし，第二波フェミニズムは限界も抱えていた。その一つは，運動の中心が主に白人中産階級の女性であったため，他の人種や階級の女性たちの視点が十分に反映されなかったことである。この点については，第三波フェミニズムでより包括的な視点が求められることとなる。また，性的解放に関する議論が一部の女性たちには受け入れられず，運動内部での対立が生じることもあった。

　第二波フェミニズムは，女性の法的平等から社会的平等へと議論を深化させ，ジェンダーに関する新たな視点を提供した。この運動は，現代のフェミニズムの基盤を築き，性別役割の再定義や女性の経済的自立，セクシュアリティの解放に関する重要な議論を進展させた。第二波フェミニズムの遺産は，現在の社会におけるジェンダー平等の実現に向けた取り組みにおいても重要な意義を持ち続けている。

5　マルクス主義フェミニズム

　マルクス主義フェミニズムは，第二波フェミニズムの中でも独自の視点と理論を提供し，女性解放運動において重要な役割を果たした。この理論は，資本主義と家父長制の関係を分析し，女性の抑圧を経済的および社会的な構造の中で捉えることを目指した。マルクス主義フェミニズムは，ラディカル・フェミニズムが提起した家父長制の概念を拡張し，女性の労働と再生産の役割を中心に据えた分析を行った。

　マルクス主義フェミニズムの基本的な前提は，資本主義社会における性別役割分業が女性の抑圧を構造化しているというものである。ここで重要なのは，生産労働と再生産労働の分離である。生産労働は市場で商品として交換される労働であり，通常は男性が担うことが期待されていた。一方，再生産労働は家庭内で行われる労働であり，家事や育児，看護といった無償労働が含まれる。

この再生産労働は,資本主義経済の存続に不可欠であるにもかかわらず,経済的価値が認められず,女性がその担い手とされることが多い。

マリアローザ・ダッラ・コスタ (Mariarosa Dalla Costa, 1943-) やセリ・デイリー (Selma James, 1930-) らは,再生産労働の重要性を強調し,女性の労働がいかに資本主義の利益を支えているかを示した。彼女たちは,家事労働が労働者の再生産,すなわち次世代の労働力の育成と維持に不可欠であると論じた。この視点は,家事労働が単なる家庭内の役割ではなく,経済的な構造の一部として捉えられるべきだという認識を広めた。

クリスティーヌ・デルフィ (Christine Delphy, 1941-) は,家父長制と資本主義の「共犯関係」を指摘した。彼女は,家父長制が資本主義と結びつくことで,女性の従属的地位が強化されると論じた。具体的には,家父長制が女性を無償労働に従事させることで,資本主義は労働力の再生産コストを削減し,利益を最大化することができる。この共犯関係により,女性は二重の抑圧を受けることになる。すなわち,家庭内では家父長制によって,職場では資本主義によって抑圧される。

マルクス主義フェミニズムはまた,賃金労働の性差別にも焦点を当てた。女性労働者はしばしば低賃金の職業に就かされ,職場での昇進機会や職務内容において不利な扱いを受けることが多い。この問題は,資本主義の労働市場が性別による差別を再生産する構造に起因しているとされる。マルクス主義フェミニズムは,これらの不平等を解消するためには,労働市場の構造改革が必要であると主張する。

さらに,マルクス主義フェミニズムは,女性の経済的自立を達成するための政策提言も行った。その一つが,家事労働の社会化である。これは,家事や育児を社会全体で分担し,公共サービスとして提供することで,女性が無償労働から解放されることを目指すものである。例えば,保育所の整備や高齢者ケアの公共サービス化などが具体的な施策として挙げられる。これにより,女性はより多くの時間とエネルギーを賃金労働に充てることができ,経済的自立が促進されるとされる。

また,マルクス主義フェミニズムは,労働条件の改善と賃金格差の是正を求める運動も展開した。女性労働者が同一労働同一賃金を享受できるようにする

ための法的枠組みの整備や，職場での性差別やセクシュアルハラスメントに対する厳格な対策を訴えた。これにより，女性労働者が安心して働ける環境を作り出し，経済的平等を実現することが目指された。

さらに，マルクス主義フェミニズムは，女性の政治参加の重要性も強調した。女性が政策決定の場に進出することで，女性の視点を取り入れた政策が実現しやすくなると考えられた。これには，女性の議会進出を促進するためのクオータ制の導入や，女性が政治活動に参加しやすい環境づくりが含まれる。

マルクス主義フェミニズムの理論は，フェミニズム運動における重要な一翼を担い，資本主義と家父長制の複合的な抑圧構造を解明するための枠組みを提供した。しかし，この理論も限界を抱えていた。その一つは，階級闘争と性別闘争の関係をどのように位置づけるかという問題である。マルクス主義フェミニズムは，しばしば階級闘争を優先し，性別闘争が軽視されることがあった。この点については，後のフェミニズム理論においてさらに議論が進められることになる。

マルクス主義フェミニズムは，女性の抑圧を経済的および社会的な構造の中で捉え，資本主義と家父長制の関係を解明する重要な視点を提供した。この理論は，再生産労働の価値を認識し，女性の経済的自立を支援するための具体的な政策提言を行うなど，フェミニズム運動に多大な貢献を果たした。その遺産は，現代のジェンダー平等の実現に向けた取り組みにおいても，重要な意義を持ち続けている。

6　第三波フェミニズム（1990年代以降）

1990年代に入り，第三波フェミニズムが新たな潮流として登場した。第三波フェミニズムは，第二波フェミニズムの限界を認識し，その成果を踏まえつつ，新しい視点や方法論を取り入れることで，より包括的かつ多様なジェンダー問題に取り組むことを目指している。この波の特徴として，インターセクショナリティ，ポストモダン思想の影響，メディアや大衆文化におけるジェンダー表象の再評価が挙げられる。

第二波フェミニズムが抱えていた限界への反省が，第三波フェミニズムの出発点となった。第二波フェミニズムは，主に白人中産階級の女性の視点に基づ

いており，他の人種，階級，性的指向を持つ女性たちの経験や視点が十分に反映されていなかった。これに対して，第三波フェミニズムは，多様なアイデンティティと経験を持つ女性たちの声を取り入れることを目指した。

この運動の中心的な概念の一つがインターセクショナリティ（intersectionality）である。インターセクショナリティは，キンバリー・クランショー（Kimberlé Crenshaw, 1959-）によって提唱された概念であり，人種，階級，性別，性的指向などが交差する中で生じる複合的な差別を理解するための視点を提供するものである。インターセクショナリティは，異なる抑圧が互いにどのように影響し合い，複雑な不平等を生み出すかを明らかにする。これにより，第三波フェミニズムは，単一のアイデンティティに基づくアプローチから，多様な要因を考慮した包括的なアプローチへと転換した。

第三波フェミニズムのもう一つの重要な特徴は，クィア理論（queer theory）の導入である。ジュディス・バトラー（Judith Butler, 1956-）は，『ジェンダー・トラブル』（*Gender Trouble: Feminism and the Subversion of Identity*）（1990）において，ジェンダーを固定的なアイデンティティではなく，社会的に構築され，反復される行為（パフォーマティビティ）として捉えた。バトラーの理論は，ジェンダーとセクシュアリティの流動性を強調し，従来の異性愛規範や性別二元論を批判した。クィア理論は，性的少数者やトランスジェンダーの権利を支持し，ジェンダーの多様性を認める重要な枠組みを提供した。

ポストモダン思想の影響も，第三波フェミニズムの重要な特徴の一つである。ポストモダン思想は，固定的なアイデンティティや本質主義的な性別観を批判し，ジェンダーを流動的で多様なものとして捉える視点を提供する。この視点は，従来の性別二元論を超え，より多様な性別表現を認識し，受け入れるための理論的基盤を提供している。

第三波フェミニズムは，メディアや大衆文化におけるジェンダー表象にも注目している。従来のフェミニズムが批判的に捉えていた「女らしさ」の表現を再評価し，これを積極的に取り入れて再解釈する動きが見られる。これは，メディアがジェンダー規範を再生産する一方で，ジェンダーの多様性を表現するための重要な場となり得るという認識に基づいている。メディアを通じて発信されるジェンダー表象は，社会全体のジェンダー意識に大きな影響を与えるた

め，その批判的分析と変革が目指されている。

さらに，第三波フェミニズムはグローバルな視点からのジェンダー問題にも取り組んでいる。グローバリゼーションの進展に伴い，先進国と途上国の女性の間の格差や，グローバルな経済システムにおける女性の位置づけが議論されるようになった。第三波フェミニズムは，国際的な連帯と多様性を重視し，世界中の女性たちの権利向上を目指す運動を展開している。この視点は，フェミニズムが一国の問題にとどまらず，グローバルな課題として認識されるべきであることを示している。

第三波フェミニズムの登場は，ジェンダー問題に対する新たなアプローチを提供し，より多様で包括的な運動を展開するための基盤を築いた。インターセクショナリティやポストモダン思想の影響を受けた理論的枠組みは，従来のフェミニズムが見落としていた多様な視点を統合し，ジェンダー平等の実現に向けた新たな道を開くものである。これにより，フェミニズムはより広範な社会変革運動としての役割を果たすことができるようになった。

一方で，第三波フェミニズムには統一的な運動としての求心力が弱いという批判もある。その多様性ゆえに，具体的な目標や戦略が曖昧になりがちであり，運動全体の方向性が見えにくいという課題が指摘されている。しかし，この多様性は同時に，ジェンダー問題に対する包括的な理解を深め，多様な背景を持つ人々が参加しやすい運動を形成するための強みでもある。

第三波フェミニズムの理論と実践は，現代社会におけるジェンダー問題の解決に向けた重要な視点を提供している。従来のフェミニズム運動の成果を踏まえつつ，より多様で包括的なアプローチを追求することで，ジェンダー平等の実現に向けた取り組みを深化させることが求められている。第三波フェミニズムは，その多様性と柔軟性を活かし，社会全体の構造的な変革を目指す運動として，今後も重要な役割を果たしていくであろう。

7　仕事におけるジェンダー格差

仕事におけるジェンダー格差は，現代日本社会が直面する重要な課題の一つである。この問題は単に個人の能力や選択の問題ではなく，社会構造に深く根ざした複雑な現象として捉える必要がある。まず，日本の男女間賃金格差は約

22％であり，OECD 諸国の平均である約12％を大きく上回っている。この格差の主な原因の一つは「性別職域分離」である。性別職域分離とは，男女が異なる職種や職域に就く傾向が強いことを指す。管理職や高給の専門職に就く女性は少なく，女性は相対的に賃金の低い職種に集中する傾向がある。

　この性別職域分離は，教育段階での進路選択や，企業内でのキャリアトラックの違いによって生み出される。教育段階では，理系分野への進学を勧められる男性と，文系分野への進学を勧められる女性という性別による偏りが存在する。この偏りは，家庭や学校，社会全体の期待や固定観念から生まれるものである。結果として，理工系の高収入の職種に進む男性が多く，女性は文系の比較的低収入の職種に集中する傾向が強まる。さらに，企業内でのキャリア形成においても，男性はリーダーや管理職のポジションに昇進しやすい一方，女性はサポート的な役割にとどまることが多い。

　次に，「母親ペナルティ」と呼ばれる現象により，子供を持つ女性の賃金は低下する傾向にある。一方，男性にはこのようなペナルティはほとんど見られない。この背景には，育児の責任が主に女性に期待される社会規範が存在する。出産後に女性が職場復帰する際には，育児と仕事の両立が求められ，これがキャリアの中断や遅延を引き起こす原因となる。

　また，「ガラスの天井」と呼ばれる見えない障壁も存在する。これは，女性が一定以上の地位に昇進することを妨げる目に見えない障害を指す。多くの女性が中間管理職までは昇進できても，それ以上の上級管理職や役員レベルへの昇進が難しいという現象である。この背景には，企業文化や意思決定プロセスにおけるジェンダーバイアスが存在する。

　日本の雇用慣行もジェンダー格差を助長する要因となっている。長時間労働や突発的な業務への対応を前提とした働き方は，家事・育児の負担を抱える女性にとって不利に作用する。また，一度キャリアを中断すると，それ以前の経験を活かした再就職が困難であるという労働市場の硬直性も，女性のキャリア形成を阻害している。

　さらに，評価システムにおけるジェンダーバイアスの存在も無視できない。同じスキルや成果であっても，評価者の無意識のバイアスにより，女性の評価が低くなる傾向が指摘されている。例えば，女性がリーダーシップを発揮して

も，それが男性と同じように評価されないことが多い。

　これらの問題に対処するため，企業や政府はさまざまな取り組みを行っている。ポジティブ・アクションは，女性の活躍推進のための積極的な取り組みを指し，女性管理職の登用目標設定や，女性向けのキャリア支援プログラムの実施などが含まれる。また，クオータ制は，意思決定機関における女性の割合を一定以上に保つことを義務づける制度であり，一部の国では政治や企業の役員レベルでの導入が進んでいる。

　グローバルな視点から見ると，ジェンダー格差の問題は国によって異なる様相を呈している。北欧諸国では，高い女性就業率と充実した育児支援制度により，ジェンダー格差が比較的小さい。一方，多くの発展途上国では，教育機会の不平等や文化的な制約により，女性の労働市場参加がより困難な状況にある。

　多国籍企業の影響も無視できない。グローバル化に伴い，多国籍企業は世界中で雇用を創出しているが，その影響は複雑である。一方で，先進的な企業文化や制度を導入することで，進出先の国のジェンダー平等を促進する可能性がある。他方で，低賃金労働力として女性を雇用し，搾取的な労働環境を生み出す事例も報告されている。

　仕事におけるジェンダー格差の解消は，単に女性の問題ではなく，社会全体で取り組むべき課題である。長時間労働の是正と柔軟な働き方の導入，スキルや職務経験の可視化と評価システムのバイアス排除，育児や介護の社会化など，多面的なアプローチが必要である。また，教育の現場でも，性別に関係なく多様な進路を選択できる環境を整備することが重要である。

　ジェンダー格差の解消は，より公平で生産的な社会の実現につながる。多様性を尊重し，個人の潜在能力を最大限に発揮できる社会の構築は，少子高齢化や労働力不足といった日本社会が直面する他の課題の解決にも貢献する重要な取り組みである。

8　ジェンダー役割の未来

　現代社会におけるジェンダー役割は，伝統的な性別役割から徐々に変化しつつあり，多様性と柔軟性を重視する方向へと進んでいる。この変化は，社会全体の意識改革と具体的な政策の実施によってさらに加速される可能性がある。

ジェンダー役割の未来を見据え，教育，メディア，政策の三つの側面からその変革の道筋を探ることが重要である。
　教育はジェンダー意識を形成する上で非常に重要な役割を果たしている。従来の教育システムは，性別による役割分担を強化する傾向があったが，未来のジェンダー役割を見据えるならば，このシステムにおける改革が不可欠である。例えば，性別に関係なく多様な進路を選択できる環境の整備が必要である。理工系分野への女性の進出を奨励するプログラムや，文系分野での男性の活躍を支援する取り組みが重要であり，これにより職業選択の幅が広がり，性別による職域分離の解消につながる。また，性教育においてもジェンダーの多様性を尊重するカリキュラムの導入が必要であり，性的同意や性的自己決定権についての教育を強化し，若者が自分の性について自由に考え，選択できるようにすることが重要である。
　メディアもまた，社会におけるジェンダー役割の形成に大きな影響を与える。テレビ，映画，広告，ソーシャルメディアなどの媒体は，ジェンダーに関するイメージやメッセージを発信している。メディアが果たすべき役割として，多様なジェンダー表現を積極的に取り入れることが求められる。従来のステレオタイプなジェンダー表現にとらわれず，さまざまな性別や性的指向の人々を描くことで，視聴者に多様なジェンダーの存在を認識させる。これにより，ジェンダーに関する固定観念を緩和し，社会全体の意識を変革する助けとなる。また，ジェンダーに関するポジティブなロールモデルを提供することも重要であり，リーダーシップを発揮する女性や，家庭生活に積極的に関与する男性など，多様な役割を演じるキャラクターを描くことで，視聴者に新しいジェンダー役割の可能性を示すことができる。
　政策面での取り組みもジェンダー役割の未来を形作る上で重要な要素である。育児休暇の充実と育児支援策の強化が必要であり，男女共に育児休暇を取得しやすい環境を整備し，育児と仕事の両立を支援する制度を導入することで，男女が平等に家庭と職場での役割を担うことができる。また，保育所の増設や育児支援サービスの充実も重要であり，これにより女性は安心して働き続けることができ，経済的自立が促進される。さらに，ジェンダーに関する法律や制度の見直しが求められる。ジェンダー平等を推進するための法整備を進め，性差

別やハラスメントに対する厳格な対策を講じることが必要である。

　テクノロジーの進歩もジェンダー役割の変容に大きな影響を与える可能性がある。リモートワークやフレックスタイム制の導入により，従来の「男性は外で働き，女性は家庭を守る」という固定的な役割分担が崩れつつある。また，人工知能や自動化技術の発展により，従来は性別によって偏りがあった職種においても，その偏りが解消される可能性がある。一方で，テクノロジーの発展がジェンダー格差を拡大させる懸念もあり，デジタルリテラシーの向上や技術教育へのアクセス確保が重要となる。

　グローバル化の進展に伴うジェンダー役割の変容も注目すべき点である。国際的な人材の移動や文化交流の増加により，異なる文化圏のジェンダー観が交錯し，新たなジェンダー役割の概念が生まれる可能性がある。また，グローバル企業の台頭により，国際的な基準でのジェンダー平等施策が導入される一方で，ローカルな文化との軋轢も生じ得る。このような状況下で，普遍的な人権としてのジェンダー平等と文化的多様性の尊重のバランスを取ることが課題となる。

　多様性と包摂性を重視する社会を実現するためには，ジェンダーの二元論を超えた理解が必要である。トランスジェンダーやノンバイナリーなど，従来の性別カテゴリーに収まらない人々の存在を認識し，尊重する社会システムの構築が求められる。これには，法制度の整備だけでなく，社会全体の意識改革が不可欠である。

　ジェンダー平等実現のための課題は多岐にわたる。無意識のバイアスの克服，経済的格差の解消，政治的代表性の向上など，さまざまな側面での取り組みが必要である。また，男性の巻き込みも重要な課題であり，男性自身もジェンダー規範から解放され，多様な生き方を選択できるようになることが，真のジェンダー平等につながる。

　未来のジェンダー役割は，固定的なものではなく，個人の自由な選択と社会の支援によって形作られるべきものである。多様性を尊重し，個々人の潜在能力を最大限に引き出すことができる社会の実現が，ジェンダー平等の究極的な目標である。そのためには，継続的な意識改革と制度の整備，そして社会全体での対話と協力が不可欠である。

本章のポイント

生理的性差の生物学的基盤　生物学的な性差は染色体とホルモンによって決定されるが，それが直接的に社会的な性別役割を決定するわけではない。

社会的性別役割の形成　家族，教育，メディア，職場環境などの社会的要因が性別役割の形成に大きな影響を与える。これらの要因が相互に作用し，個人のジェンダー認識や行動パターンを形成する。

フェミニズム運動の展開　第一波から第三波までのフェミニズム運動が，女性の権利と平等を求めて発展してきた。各波は異なる特徴と焦点を持ち，時代とともに変化してきた。

マルクス主義フェミニズム　資本主義と家父長制の関係を分析し，女性の抑圧を経済的・社会的構造の中で捉える視点を提供した。再生産労働の価値を認識し，女性の経済的自立を支援するための政策提言を行った。

仕事におけるジェンダー格差　賃金格差，性別職域分離，母親ペナルティなど，職場でのジェンダー不平等が依然として存在する。これらの問題は社会構造に深く根ざしており，複合的な要因によって生み出されている。

ジェンダー役割の未来　教育，メディア，政策の改革を通じて，多様性と柔軟性を重視するジェンダー役割の実現が期待される。これには社会全体の意識改革が不可欠である。

インターセクショナリティ　第三波フェミニズムで重視された概念で，人種，階級，性別，性的指向などが交差する中で生じる複合的な差別を理解するための視点を提供する。これにより，より包括的で多様な視点からのフェミニズムの実践が可能になった。

クィア理論の影響　ジュディス・バトラーらによって提唱された理論で，ジェンダーを固定的なアイデンティティではなく，社会的に構築され反復される行為として捉える。性的少数者やトランスジェンダーの権利を支持する枠組みを提供し，ジェンダーの多様性に対する理解を深めた。

性教育と性の自己決定権　包括的な性教育の重要性が認識され，避妊や性感染症の予防だけでなく，性的同意や性的多様性，性的自己決定権についても教えることが求められるようになった。これにより，若者がより自由で責任ある性的選択を行えるようになることが期待される。

男性のジェンダー規範批判　第三波フェミニズムでは，男性もジェンダー規範によって抑圧される存在であると認識された。男女共にジェンダー規範から解放され，より自由で平等な社会を実現することが目指されている。これにより，ジェンダー平等がすべての人々にとっての課題であることが明確になった。

参考文献

ジョン・スチュアート・ミル（大内兵衛／大内節子訳）1957年『女性の解放』岩波書店
シュラミス・ファイアストーン（林弘子訳）1972年『性の弁証法』評論社
ミッチェル・ジュリエット（上田昊訳）1977年『精神分析と女の解放』合同出版

ウルストンクラフト・メアリ（白井堯子訳）1980年『女性の権利の擁護』未來社
ケイト・ミレット（藤枝澪子ほか訳）1985年『性の政治学』ドメス出版
ダッラ・コスタ・マリアローザ（伊田久美子／伊藤公雄訳）1986年『家事労働に賃金を――フェミニズムの新たな展望』インパクト出版会
クリスティーヌ・デルフィ（井上たか子ほか訳）1996年『なにが女性の主要な敵なのか――ラディカル・唯物論的分析』勁草書房
ベティ・フリータン（三浦富美子訳）2004年『新しい女性の創造（改訂版）』大和書房
江原由美子・山田昌弘（2008年）『ジェンダーの社会学入門』岩波書店
天野正子ほか編（2009年）『セクシュアリティ』岩波書店
木本喜美子ほか編著（2010年）『社会政策のなかのジェンダー』明石書店
千田有紀・中西祐子・青山薫（2013年）『ジェンダー論をつかむ』有斐閣
加藤秀一（2017年）『はじめてのジェンダー論』有斐閣
バトラー・ジュディス（竹村和子訳）2018年『ジェンダー・トラブル（新装版）』青土社

第12章

ネイション，エスニシティ，ナショナリズム

　グローバル化の進展により，ネイション，エスニシティ，ナショナリズムの概念は新たな理論的検討を必要としている。現代社会において，これらの概念は単なる政治的・文化的アイデンティティの問題を超え，社会構造の根幹に関わる分析課題となっている。本章では，まずネイションと国家機構の理論的区分を確認した上で，エスニック・グループとエスニシティの概念的枠組みを詳細に検討する。さらに，ナショナリズムの多面的な理論展開を辿り，現代日本における移民政策と社会統合の諸問題を批判的に分析する。これらの考察を通じて，サイードのオリエンタリズム論から，メディアと国民意識の変容，そして未来のエスニシティとナショナリズムの展望に至るまで，理論と実証の両面から包括的な理解を目指す。

1　ネイションと国家機構の区別

　現代社会の国家を理解するためには，ネイション（国民社会）と国家機構（state）の二つの側面を区別することが重要である。これは近代政治理論において重要な概念的枠組みであり，この区別によって国家の機能と国民の帰属意識を別個に考察することが可能となる。

　ネイションとは，共通の文化，歴史，言語などを共有する人々の集団を指す概念である。例えば，日本における「日本人」というネイションは，長い歴史を共有し，共通の文化的基盤を持ち，同じ言語を話す人々から成り立っている。一方で，国家機構は統治機構や法制度などの政治的組織体を指し，国の行政，立法，司法機能を担う実体である。つまり，ネイションは文化的・社会的な共同体であり，国家機構は政治的・行政的な組織体であると言える。

第12章　ネイション，エスニシティ，ナショナリズム

　この二つの側面は理論上区別されるが，現実の政治においては密接に結びついている。例えば，ネイションの一体感や帰属意識は，国家機構の安定と機能に大きく影響を与える。逆に，国家機構の政策や統治のあり方は，ネイションの帰属意識やアイデンティティの形成に影響を及ぼす。こうした相互作用を理解することは，国民国家の複雑な性質を理解するための基盤となる。

　ナショナリズムは，ネイションを中心に据えた政治思想や運動であり，近代以降の世界政治に大きな影響を与えてきた。ナショナリズムは，国民としての一体感や帰属意識を強化し，国家機構の正当性を支える役割を果たしている。例えば，19世紀のヨーロッパでは，ナショナリズムが各国の統一運動や独立運動の原動力となり，多くの新たな国民国家が形成された。

　ネイションの概念は，その歴史的な形成過程においても重要な意味を持つ。ベネディクト・アンダーソン（Benedict Anderson, 1936-2015）の「想像の共同体」理論によれば，国民としての一体感は実際の面識や直接的な交流ではなく，共通の言語や文化，歴史的経験を通じて形成される想像上の結びつきに基づいている。アンダーソンは，出版資本主義が果たした役割を重視しており，印刷技術の発達と識字率の向上が「国民」としての共同性の感覚を醸成したと指摘している。この理論は，近代国家における国民意識の形成過程を理解する上で画期的な視点を提供している。

　国家機構は，統治機構や法制度などの政治的組織体であり，その機能は多岐にわたる。国家機構は，国民の安全と福祉を守るための行政機能，法律を制定し社会秩序を維持するための立法機能，そして法の支配を確立するための司法機能を持つ。これらの機能を通じて，国家機構は国民生活の安定と発展を支える役割を果たしている。

　国家機構の役割を理解するためには，その歴史的な進化を考察することも重要である。例えば，近代国家の成立以前，国家機構は王権や封建制度に基づく統治形態が主流であった。近代に入り，民主主義や法治主義の発展に伴い，国家機構はより複雑で多層的な構造を持つようになった。現代においては，グローバル化の進展とともに，国家機構の機能はますます多様化しており，国際的な協力や経済的な相互依存の中でその役割を果たしている。

　ネイションと国家機構の区別は，多文化社会や多民族国家において特に重要

な意味を持つ。多文化社会では，複数のエスニック・グループが共存し，それぞれが独自の文化的背景を持つ。このような社会において，ネイションの概念は，共通の文化的基盤を超えた新たな帰属意識の形成を促す役割を果たす。一方で，国家機構は，法と秩序を維持し，すべての国民に対して公正なサービスを提供することが求められる。

このように，ネイションと国家機構の区別は，国民国家の複雑な性質を理解するための基盤となる。ネイションは文化的・社会的な共同体としての側面を持ち，国家機構は政治的・行政的な組織体としての側面を持つ。これらの概念を区別して考察することは，現代社会における人間関係や社会構造を深く理解するための重要な手がかりとなる。

加えて，ネイションと国家機構の区別は，政策の策定や社会統合の戦略を考える上でも重要である。例えば，多文化主義政策は，ネイションの多様性を尊重しつつ，国家機構がその多様性を包摂するための枠組みを提供することを目指している。これは，社会の安定と発展を図るための重要な視座である。

また，国家機構の機能は，国民の福祉を直接的に支えるだけでなく，国際的な場面においても重要な役割を果たす。国際連合や世界貿易機関などの国際機関は，国家機構の一部として機能し，グローバルな課題に対する協力と調整を行っている。これにより，国家機構は国内外の問題解決に寄与し，国際的な平和と安定を維持するための重要な役割を担っている。

このように，ネイションと国家機構の区別は，現代社会の複雑な構造と動態を理解するための基本的な枠組みである。この理解を基に，社会の多様性を尊重しつつ，すべての人々が安心して暮らせる社会を構築するための政策や戦略を考えることが求められている。

2　エスニック・グループとエスニシティの概念

エスニック・グループとエスニシティの概念は，社会学において重要な位置を占める。これらの概念を理解することは，多民族国家や多文化社会における人間関係や社会構造を考察する上で不可欠である。エスニック・グループ（ethnic group）とは，共通の文化的特徴を共有する人々の集団を指し，エスニシティ（ethnicity）は，その集団の文化的アイデンティティや帰属意識を指す。

第12章　ネイション，エスニシティ，ナショナリズム

　エスニック・グループは，共通の言語，宗教，服装，風習などの文化的要素によって認識される。例えば，アメリカに移住したイタリア人は，イタリア語を話し，カトリックを信仰し，伝統的なイタリア料理を作ることで，アメリカの大多数の文化から区別される。このような文化的特徴は，エスニック・グループの内部における強い結束とアイデンティティを形成する。

　一方，エスニシティは，エスニック・グループに属する人々の文化的アイデンティティを意味する。このアイデンティティは，しばしば歴史的背景や共同の経験によって強化される。例えば，アフリカ系アメリカ人のエスニシティは，奴隷制度や公民権運動などの歴史的経験を通じて形成され，その文化的アイデンティティは，音楽，宗教，食文化などの要素を通じて表現される。

　エスニシティはまた，社会的認識や他者との関係性の中で構築される。エスニック・グループが他のグループからどのように認識され，扱われるかは，そのエスニシティの形成に大きな影響を与える。例えば，アメリカにおけるヒスパニック系アメリカ人は，しばしば言語や外見によって識別され，その結果，社会的な偏見や差別に直面することがある。このような社会的経験は，エスニック・アイデンティティを強化し，グループ内の連帯感を高める役割を果たす。

　エスニック・グループとエスニシティの概念は，多文化社会における文化的多様性や民族間の関係を理解する上で重要である。多文化社会では，異なる文化的背景を持つ複数のエスニック・グループが共存しており，それぞれが独自の文化と社会的経験を持つ。このような社会において，エスニック・グループ間の関係は，社会の安定と緊張のバランスに大きく影響を与える。

　エスニック・グループとエスニシティの研究は，社会学者にとって重要な課題である。これらの研究は，エスニック・グループの形成過程やその社会的役割，さらにはエスニシティの変容といったテーマを探究する。例えば，アメリカにおける移民研究は，移民グループのエスニシティがどのように形成され，世代を超えてどのように変化するかを明らかにする。このような研究は，移民政策や社会統合の戦略を考える上で重要な示唆を提供する。

　エスニック・グループとエスニシティの概念は，また歴史的にも重要な意味を持つ。歴史の中で，異なる文化や身体的特徴を持つ少数民族が現れ，それに

伴って彼らをどのように扱うべきかという問題が生じた。例えば，古代文明の記録には，少数民族に対する言及が見られ，その対処方法が議論されていた。こうした歴史的背景は，現代におけるエスニック・グループの地位や役割を理解するための重要な手がかりとなる。

現代社会において，エスニック・グループはしばしば偏見や差別の対象となる。偏見とは，ある特定の集団に対して根拠のない先入観を持つことであり，差別はその先入観に基づいて行動することである。例えば，アフリカ系アメリカ人がスポーツに優れているというステレオタイプは肯定的な偏見のように見えるが，それは事実を歪めるものである。否定的な偏見は，しばしば少数民族の社会的地位を低下させ，その結果，差別的な行動を正当化することがある。

少数民族に対する差別は，個人的なレベルから制度的なレベルまで多岐にわたる。個人的な差別は，日常生活の中で見られるものであり，例えば，雇用の際に少数民族を意図的に排除することなどが挙げられる。一方，制度的な差別は，法律や政策によって少数民族の権利や機会が制限されることである。例えば，かつてのアメリカ南部におけるジム・クロウ法は，黒人に対する制度的な差別の一例である。

少数民族の存在とその扱いは，社会の価値観や構造によって大きく左右される。少数民族の受容と排除のパターンは，社会の安定と緊張のバランスを反映している。少数民族がどのように社会に適応し，主流文化とどのように共存するかは，その社会の多様性と包摂性を示す重要な指標である。例えば，アメリカにおける少数民族の同化と文化多元論の課題は，移民社会のダイナミクスを理解する上で重要な視点である。

少数民族が主流社会とどのように関わるかについても，多様な対応戦略が存在する。自分たちの文化やアイデンティティを守りながら主流社会に適応する方法，あるいは完全に同化する方法など，少数民族の選択肢は多岐にわたる。これらの対応戦略は，少数民族がどのように自己認識し，どのように社会的地位を向上させるかに大きな影響を与える。例えば，日本における在日韓国・朝鮮人は，教育や経済活動を通じて社会的地位を向上させつつも，独自の文化を維持し続けている。

エスニック・グループとエスニシティの概念は，グローバル化の進展に伴い，

ますます重要性を増している。国際的な経済・文化の相互依存が進む中で，異なる文化や種族間の理解と協力が求められる。このような状況では，多様性の受容と包摂が社会の安定と発展に不可欠である。多文化社会におけるエスニック・グループの研究は，こうした課題に対処するための重要な手がかりを提供する。

例えば，ヨーロッパでは移民や難民の増加に伴い，エスニック・グループ間の緊張が高まることがある。これに対して，多文化主義政策は，異なる文化を尊重しつつ，社会の統合を図ることを目指している。このような政策は，エスニシティの理解と受容を促進し，社会的包摂を実現するための重要な手段である。

エスニック・グループとエスニシティの研究は，異文化間の対話と理解を深めるためにも重要である。異なる文化的背景を持つ人々が互いに理解し合い，協力し合うことで，社会の多様性と包摂性を高めることができる。このような対話と理解は，平和で公正な社会を実現するための基盤となる。

エスニック・グループとエスニシティの概念は，現代社会における人間関係や社会構造を深く理解するための重要な視座を提供する。これらの概念を理解することで，多文化社会や多民族国家における社会的課題に対処し，より平和で公正な社会を築くための具体的な方策を考えることができる。

3　ナショナリズムの理論とその多面的な視点

ナショナリズムは，近代国家の成立とその維持において中心的な役割を果たす現象である。ナショナリズムを理解するためには，その多様な理論と視点を考慮する必要がある。ナショナリズムに関わる代表的な理論や概念としては，アンダーソンの「想像の共同体」理論，アントニー・D・スミス（Anthony D. Smith, 1939-2016）のエトニ（ethnie）の概念，アーネスト・ゲルナー（Ernest Gellner, 1925-1995）の産業社会とナショナリズムの理論，そしてエリック・ホブズボーム（Eric Hobsbawm, 1917-2012）の「創られた伝統（invented tradition）」がある。これらについて考察することが，ナショナリズムの多面的な理解につながる。

アンダーソンの「想像の共同体」理論は，ナショナリズム研究に画期的な視

点をもたらした。アンダーソンは，国民としての一体感が直接の面識や交流ではなく，共通の言語や文化，歴史的経験を通じて形成される「想像上の共同体」に基づいていると主張する。彼は特に出版資本主義の役割に注目し，印刷技術の発展と識字率の向上が，同じ言語を話し同じ文章を読むことを可能にすることで，広範な地域にわたる人々の間に共通の文化的基盤を形成する過程を説明した。印刷技術の発達により，新聞や書籍が広く普及し，これにより人々は地理的に離れていても共通の情報や物語にアクセスできるようになった。この共有された情報基盤が，「国民」としての一体感を醸成し，国民国家の成立を支える重要な要素となった。アンダーソンの理論は，国民意識がいかにして形成されるかということと，その維持にメディアが果たす役割がいかなるものかを示している。

　一方，スミスは，ネイションの起源を理解するために「エトニ」という概念を提唱した。エトニは，共通の名前，祖先についての伝説，共有された歴史的記憶，独自の文化や習慣，特定の土地への愛着を持つ人々の集まりである。スミスは，これらの要素が人々の集団的アイデンティティを形成し，ネイションの基盤となると主張する。スミスの理論によれば，エトニは近代以前から存在し，ネイションの原型となるものである。エトニは，共通の文化的・歴史的背景を持つことで，強固な連帯感を醸成し，現代の国民国家の基礎を築いている。この視点は，ナショナリズムが単なる近代の産物ではなく，歴史的に根ざした現象であることを示している。

　さらに，ゲルナーは，ナショナリズムの形成を産業社会の発展と結びつけて説明した。彼は，人類の歴史を前農耕社会，農耕社会，産業社会の三つの段階に分け，ナショナリズムの出現を産業社会の特徴と関連づけた。産業社会では，持続的な経済成長と技術革新が求められ，これに伴い，社会全体の教育水準の向上と標準化された言語の普及が不可欠となる。ゲルナーは，産業社会では「文脈を超えたコミュニケーション」が重要であり，これが全国民的な教育システムと標準化された言語の普及を促進すると主張する。この過程で，共通の言語を話し，同じ文化的背景を持つ人々の間に強い連帯感が生まれ，ナショナリズムの基盤となった。ゲルナーの視点から見ると，ナショナリズムは産業社会の要請に応じて生まれた近代の産物であり，前近代の社会構造や文化的結び

つきとは質的に異なるものである。

　加えて、ホブズボームは、「創られた伝統」という概念を通じて、ナショナリズムと結びついた文化的シンボルが多くの場合、比較的新しい時期に意図的に作り出されたものであることを指摘した。彼の理論によれば、これらの伝統は過去との連続性を演出し、新しい国民国家に歴史的正当性を与える役割を果たす。ホブズボームは、スコットランドのバグパイプやタータンチェックのキルトを例に挙げ、これらが18世紀から19世紀にかけて、イングランドやアイルランドとの差別化を図るために創造され、普及されたことを示した。これらの「創られた伝統」は、国民の間に共通の文化的基盤を提供し、国家への帰属意識を強化する機能を持っている。

　これらの理論を比較すると、ナショナリズムが多様な要因によって形成される複雑な現象であることが浮かび上がる。アンダーソンの理論は文化的・言語的要素を強調し、スミスは歴史的・文化的連続性を強調し、ゲルナーは経済的・社会的変革を強調する。ホブズボームの「創られた伝統」は、文化的シンボルの創造と普及がナショナリズムの形成に果たす役割を明らかにしている。これらの理論は相互に補完し合い、ナショナリズムの多面的な性質を理解するための包括的な枠組みを提供している。例えば、アンダーソンの想像の共同体理論とゲルナーの産業社会の理論は、印刷技術や教育の普及が国民意識の形成に果たす役割を共通して強調している。また、スミスのエトニの概念とホブズボームの「創られた伝統」は、文化的・歴史的要素がナショナリズムの形成に与える影響を示している。

　現代社会において、ナショナリズムは依然として強力な力を持っているが、その形態は変化し続けている。グローバル化の進展に伴い、国境を越えた情報や文化の交流が増加し、伝統的なナショナリズムの枠組みが問い直されている。一方で、地域的なアイデンティティやエスニシティの重要性が再評価され、新たなナショナリズムの形態が出現している。例えば、欧州連合（EU）のような超国家的な組織は、国家間の協力と連帯を促進する一方で、各国のナショナリズムや地域的アイデンティティとの間に緊張を生じさせている。また、インターネットやソーシャルメディアの普及は、国民意識の形成と変容に新たな影響を与えている。これらのメディアは、伝統的な国境を超えた「想像の共同

体」の形成を可能にし，ナショナリズムのダイナミクスを変化させている。

　ナショナリズムの理論は，その多様な側面を考慮することで，現代社会における役割と影響をより深く理解することができる。アンダーソン，スミス，ゲルナー，ホブズボームの理論は，それぞれ異なる視点からナショナリズムの形成と維持に関する洞察を提供している。これらの理論を統合的に理解することで，ナショナリズムがどのようにして人々の集団的アイデンティティを形成し，社会の安定と変革に寄与するかをより明確にすることができる。現代のグローバル化した社会において，ナショナリズムの研究は依然として重要であり，その多面的な理解が求められている。このように，ナショナリズムの多面的な理論と視点を踏まえた研究は，現代社会におけるナショナリズムの本質を解明し，未来の社会構築に貴重な示唆を与えるものである。

4　移民政策と社会統合の課題

　日本における移民政策と社会統合の課題は，社会学的な視点から深く分析する必要がある。グローバル化の進展と少子高齢化による労働力不足に対応するため，近年は外国人労働者の受け入れが拡大しているが，その結果として生じる社会的な問題に対する批判的な検討が求められる。本節では，日本の移民政策の現状と社会統合における課題を，特に技能実習制度を中心に具体的な事例を交えて批判的に分析する。

　例えば，技能実習制度は，開発途上国の人材育成を目的として1980年代に導入されたが，実際には低賃金労働力として利用されることが多い。この制度は，日本の産業界に必要な労働力を供給する一方で，多くの問題を抱えている。特に過労問題や低賃金問題は深刻であり，これらの問題がメディアで報じられるたびに社会的な関心が高まっている。

　具体的な事例として，技能実習生が過労死した事件がある。2017年に報道されたベトナム人技能実習生の過労死事件では，彼が建設現場で長時間労働を強いられ，過労が原因で亡くなったことが明らかになった。この事件は，技能実習制度の過酷な労働環境を象徴するものであり，多くのメディアが取り上げた。報道によれば，このベトナム人技能実習生は，月に200時間以上の残業を強いられていたという。こうした過労死事例は，技能実習制度下で労働者が過酷な

第12章 ネイション，エスニシティ，ナショナリズム

条件で働かされている実態を明らかにしている。

　低賃金問題についても，多くの具体的な事例が存在する。例えば，2020年に報じられた中国人技能実習生のケースでは，彼らが最低賃金以下の給与で働かされている実態が明らかになった。この報道によると，技能実習生たちは月給が数万円程度であり，生活費を差し引くとほとんど手元に残らない状態だった。また，賃金の不払い問題も頻発しており，労働基準法違反が常態化していることが指摘されている。このような低賃金問題は，技能実習制度が外国人労働者を経済的に搾取する構造的な問題を抱えていることを示している。

　メディアの報道は，これらの問題を広く社会に伝える役割を果たしている。例えば，NHKのドキュメンタリー番組では，技能実習生の過酷な労働環境や低賃金の実態が詳しく報じられ，社会的な反響を呼んだ。このような報道は，技能実習制度の問題点を浮き彫りにし，制度改革を求める声を高める重要な役割を果たしている。

　しかし，メディアの報道には限界もある。技能実習生の問題が一時的に注目されることはあっても，恒常的な制度改革にはつながりにくいという現実がある。報道が一過性のものに終わることなく，メディアが継続的な関心を持ち，監視を行うことが求められる。また，メディアが取り上げる事例がセンセーショナルなものに偏ることがあり，問題の本質や構造的な要因が十分に伝えられないこともある。

　社会学的視点からは，これらの問題が単に個別の事例ではなく，構造的な問題として理解されるべきである。技能実習制度は，日本社会の労働力不足を補うための一時的な対策として導入されたが，その運用が外国人労働者の人権を侵害する形で行われている。この制度は，日本の経済的利益を優先し，外国人労働者を「使い捨て」の労働力として扱うことを助長している。

　さらに，外国人労働者の社会統合の問題も重要である。技能実習生は労働契約が限定されているため，長期的な社会統合が難しい。彼らは日本社会に深く根を下ろすことができず，一時的な労働力として扱われる傾向が強い。この点において，技能実習制度は労働力の使い捨てを助長し，外国人労働者の権利を著しく制限する制度であると言える。

　外国人労働者の社会統合を進めるためには，言語の壁や文化的な違いを克服

するための支援が必要である。日本語教育の充実や多文化共生を推進するための政策が求められる。地域コミュニティやNPOが提供する日本語教室や文化交流イベントは，外国人労働者が日本社会に適応するために重要なもので，政府のさらなる支援が必要である。

　また，外国人労働者の子供たちの教育も重要な課題である。外国人労働者の子供たちは，日本語能力の不足や文化的な違いから，学校生活に適応するのが難しい場合がある。多文化教育を推進し，外国人の子供たちが日本の教育システムに適応できるよう支援することが必要である。例えば，バイリンガル教育の導入や異文化理解教育の充実が考えられるが，これらの施策も十分には実現されておらず，外国人の子供たちが教育の場で直面する困難は依然として大きい。

　さらに，外国人労働者の社会保障や労働条件の改善も不可欠である。多くの外国人労働者は，低賃金，長時間労働，劣悪な労働環境に苦しんでいる。社会学的には，これは労働の不平等や社会的排除の問題として捉えられる。労働基準法の適用や労働組合による支援を強化し，外国人労働者の権利を保障することが求められている。特に労働条件の改善は，外国人労働者の日本社会への定着を促進し，社会統合を進めるための重要な要素となっている。

　日本社会における移民政策と社会統合の課題は，多文化共生を実現するために避けて通れない問題である。外国人労働者の受け入れを拡大する一方で，彼らが日本社会に適応し，共に生活していくための支援が必要である。政府，地域社会，企業，教育機関などが連携し，多様な文化背景を持つ人々が共生できる社会を構築することが求められている。具体的な政策としては，日本語教育の充実，多文化共生推進のための制度整備，外国人労働者の労働条件改善，外国人の子供たちの教育支援などが挙げられる。これらの取り組みを通じて，外国人労働者が日本社会に適応し，地域社会の一員として活躍できる環境を整えることが重要である。

　移民政策と社会統合の課題に対処することで，日本社会はより多様で包摂的な社会へと進化することができる。これにより，外国人労働者も日本人も共に安心して生活し，互いに理解し合う社会が実現されるであろう。未来の日本社会において，多文化共生が進展し，すべての人々が平等に機会を享受できる社

会を築くためには，継続的な努力と政策の見直しが不可欠である。社会学的な視点からは，このプロセスがいかにして進行し，その中で生じる課題をいかにして解決していくかが，今後の重要な研究テーマとなる。

5　サイードのオリエンタリズムと異文化表象

　エドワード・サイード（Edward Said, 1935-2003）の「オリエンタリズム」は，文化研究や国際関係論における重要な概念であり，西洋が東洋をどのように表象し，支配してきたかを解明するものである。サイードは，オリエンタリズムを単なる学問的な東洋研究と捉えるのではなく，西洋による東洋の表象システムであり，東洋を「他者」として構築し，支配するための知識の体系であると考えた。この視点は，文化的アイデンティティが他者との関係性の中で構築されることを示唆し，植民地主義の遺産やその現代社会への影響を考察するための重要な枠組みを提供している。

　サイードのオリエンタリズム論の核心には，ミシェル・フーコー（Michel Foucault, 1926-1984）の知識と権力に関する理論がある。サイードはフーコーの理論を援用し，オリエンタリズムが単なる文化的表象にとどまらず，知識と権力の複合体であることを明らかにした。西洋はオリエンタリズムを通じて東洋に関する知識を独占し，その知識によって東洋を支配する正当性を主張してきた。このプロセスは，知識生産と権力構造の密接な関係を浮き彫りにし，文化的表象がいかにして政治的支配を正当化する手段として機能するかを示している。

　オリエンタリズムはまた，東洋に関する固定観念やステレオタイプを生み出し，強化する役割を果たしている。例えば，東洋が「神秘的」「非理性的」「後進的」といったイメージで描かれる。またこれにより，西洋の「合理性」「進歩性」が際立たせられる。このような二項対立的な表象は，西洋が東洋を支配するためのイデオロギー的基盤を提供する。サイードは，このようなステレオタイプがいかにして文化的アイデンティティを構築し，異文化間の関係を規定するかを詳細に分析した。

　さらに，サイードの理論はメディアや芸術における異文化表象を批判的に分析する手法としても応用されている。映画，文学，ニュース報道などにおける

「東洋」の描写が，どのようなステレオタイプや権力関係を反映しているかを検証する際に，オリエンタリズムの概念は有効である。例えば，ハリウッド映画における中東やアジアの描写が，しばしばテロリズムやエキゾチシズムと結びつけられていることは，サイードの理論を通じて批判的に捉えることができる。このような分析は，現代のグローバル化した世界において，異文化理解と対話の重要性を強調するものである。

オリエンタリズムはまた，現代の国際関係や政治経済においても重要な示唆を与える。例えば，西洋諸国が中東やアジアに対して行う外交政策や経済援助は，しばしばオリエンタリズム的な視点に基づいている。これらの政策は，東洋を「他者」として捉え，その発展や安定を西洋のモデルに従わせることを目指している。サイードの理論は，こうした国際関係の構造を批判的に検証し，より対等で相互理解に基づく関係の構築を促す視点を提供している。

サイードのオリエンタリズム論は，文化的多様性を尊重し，固定観念を超えた相互理解を深めることの重要性を訴えるものである。異文化間の真の理解と対話は，単なる表面的な交流にとどまらず，歴史的な文脈や権力関係を踏まえた深い理解に基づくべきである。この視点は，多文化社会における共生や国際的な平和の構築に向けた重要な基盤を提供する。

さらに，サイードの理論はポストコロニアル研究の基礎となり，植民地時代の遺産やその現代社会への影響を考察する上で重要な視座を提供している。ポストコロニアル研究は，植民地主義の歴史的な影響が現代の文化，経済，政治にどのように残存しているかを分析し，脱植民地化の過程を支援するための理論的基盤を提供する。サイードのオリエンタリズム論は，この分野における重要な理論的支柱として機能している。

また，オリエンタリズムの概念は，現代のメディア環境においても適用可能である。インターネットやソーシャルメディアの普及により，異文化表象の形態はますます多様化している。これらの新しいメディアは，伝統的なメディアに比べてより広範な影響力を持ち，異文化に関する情報の流通と受容のあり方を大きく変えている。サイードの理論を用いることで，インターネット上の異文化表象がどのように形成され，拡散されるかを批判的に分析することができる。

例えば，ソーシャルメディア上での異文化表象は，しばしば簡略化されたステレオタイプに依存することがある。これにより，異文化に対する誤解や偏見が強化される可能性がある。サイードの理論を通じて，これらの表象がどのように権力関係を反映し，強化するかを理解することができる。この視点は，異文化間の理解と対話を深めるための重要な手がかりとなる。

加えて，サイードのオリエンタリズム論は，教育の分野においても重要な示唆を与える。異文化理解教育は，単なる文化的知識の伝達にとどまらず，歴史的な文脈や権力関係を踏まえた批判的思考を育成することが求められる。サイードの理論は，異文化理解教育のカリキュラムや教材の設計において，どのようにして固定観念を超えた深い理解を促進するかを考える上で重要な視点を提供する。

以上のように，エドワード・サイードのオリエンタリズムは，文化研究，国際関係，メディア分析，教育など多岐にわたる分野において重要な理論的枠組みを提供している。この理論は，異文化間の真の理解と対話を促進し，固定観念やステレオタイプを超えた深い理解を追求するための基盤となる。サイードのオリエンタリズム論は，現代社会における異文化関係の複雑性とその背景にある権力構造を批判的に考察するための重要な視座を提供し続けている。

6　日本におけるエスニック・グループの現状と歴史

日本社会におけるエスニック・グループの現状と歴史を考察することは，日本の多文化性とその社会的構造を理解する上で重要である。日本には，在日韓国・朝鮮人，在日中国人，アイヌ民族，そして近年増加している外国人労働者など，さまざまなエスニック・グループが存在する。これらのグループはそれぞれ異なる歴史的背景と社会的経験を持ち，日本社会において独自の地位と役割を果たしている。

在日韓国・朝鮮人の歴史は，20世紀初頭の日本による朝鮮半島の植民地支配に伴い形成された。1910年の日韓併合により多くの韓国・朝鮮人が日本に移住し，1920年代には本格的な渡航が始まった。1930年には在日朝鮮人の数は約30万人に達し，その多くは生活手段を求めて日本に移り住んだ人々であった。日本の産業界が低廉な労働力を求めたことも，この移住を促進する一因であった。

植民地支配下での在日朝鮮人に対する施策は「協和会」を通じて行われた。協和会は在日朝鮮人の思想状況を把握し、「皇民化」を進めるための組織であり、日本語の強制、神棚の奉斎、神社参拝、和服の着用指導、国防献金などを強制し、戦争協力を求めた。また、「創氏改名」により日本人名の使用が押し付けられるなど、同化政策が推し進められた。

　戦後、在日韓国・朝鮮人は日本国籍を持たないまま日本社会に適応しなければならなかった。多くは差別や偏見に直面しながらも、教育や経済活動を通じて社会的地位を向上させる努力を続けてきた。今日では、在日韓国・朝鮮人の中には教育やビジネスの分野で成功を収める者も多く、その存在感を増している。しかし、依然として社会的な偏見や差別は根強く残っており、在日韓国・朝鮮人のアイデンティティやコミュニティの維持に影響を与えている。

　次に、在日中国人の現状と歴史について考察する。在日中国人は、明治時代以降、日本との経済的交流や留学などを通じて日本に定住するようになった。特に1980年代以降、中国の経済発展とともに、多くの中国人がビジネスや教育を求めて日本に移住してきた。現在、在日中国人は日本における最大の外国人コミュニティの一つであり、その数は増加し続けている。

　在日中国人は、多様なバックグラウンドと文化を持ちながらも、日本社会において独自の地位を築いている。彼らは中国語学校や文化団体を通じて自らの文化を保持しつつ、日本社会に適応している。しかし、在日中国人もまた、社会的な偏見や差別に直面することがある。例えば、職場や住居の選択において、外国人であることが理由で不利な扱いを受けることがある。このような課題に対処するために、在日中国人コミュニティは互助ネットワークを強化し、差別に対する意識を高める活動を行っている。

　アイヌ民族の歴史と現状も重要なテーマである。アイヌ民族は、日本列島の先住民族であり、北海道を中心に独自の文化と生活様式を維持してきた。しかし、明治時代以降、日本政府の同化政策により、アイヌ文化は抑圧され、多くのアイヌ人が土地や伝統的な生活手段を失った。特に、1871年の北海道旧土人保護法は、アイヌ人の土地を奪い、農耕を強制するものであった。このような政策の影響で、アイヌ文化は大きく衰退した。

　近年、アイヌ民族の権利回復と文化復興の動きが進んでいる。2008年には日

本政府がアイヌ民族を「先住民族」と認定し、アイヌ文化の振興とアイヌ人の社会的地位向上を目指す施策が実行されている。また、2019年には「アイヌ新法」が施行され、アイヌ文化の保護と振興、地域振興のための支援が強化された。アイヌ民族の歴史と文化は、日本社会の多様性を象徴するものであり、その保護と振興は国際的にも重要な課題である。

さらに、日本における外国人労働者の増加も注目すべき現象である。特に1990年代以降、経済のグローバル化と少子高齢化の進展に伴い、日本は外国人労働者を受け入れるようになった。これにより、フィリピン、ブラジル、ベトナムなどからの労働者が増加し、多文化共生の課題が浮上している。外国人労働者は、製造業、サービス業、介護業など多様な分野で活躍しており、日本経済にとって重要な役割を果たしている。

しかし、外国人労働者はしばしば過酷な労働条件や低賃金、労働環境の問題に直面している。彼らの労働環境を改善し、社会的包摂を進めるためには、政策的な支援と社会の意識改革が必要である。外国人労働者の権利保護と労働条件の改善は、日本社会の多様性を尊重し、持続可能な発展を実現するための重要な課題である。

このように、日本におけるエスニック・グループの歴史と現状は、多文化共生の視点から重要な意味を持つ。彼らの存在と経験は、日本社会の多様性と共生の可能性を示している。エスニック・グループが直面する課題に対処し、彼らの権利と文化を尊重することは、より公正で包摂的な社会を築くために不可欠である。

また、エスニック・グループの現状を理解するためには、歴史的背景とともに現代の社会経済的な文脈も考慮する必要がある。グローバル化が進む現代において、移民や外国人労働者の増加は不可避であり、これに伴う社会的な課題も複雑化している。異なる文化的背景を持つ人々が共存する社会において、文化的多様性を尊重し、相互理解を深めることが求められる。

エスニック・グループの現状と歴史を通じて、多文化共生の意義と課題を再考することは、日本社会における重要なテーマである。これにより、エスニック・グループが直面する課題に対する理解を深め、より包括的な社会を目指すための具体的な方策を見出すことができる。日本社会が多文化共生を実現し、

すべての人々が安心して暮らせる社会を築くためには、エスニック・グループの歴史と現状に対する理解を深化させることが不可欠である。

7 現代のメディアと国民意識の変容

現代において、メディアは国民意識の形成と変容において極めて重要な役割を果たしている。インターネットやソーシャルメディアの普及により、情報の伝達手段と速度は劇的に変化し、新たな「想像の共同体」が形成されつつある。しかし、この変化には批判的な視点からも多くの課題が存在する。本節では、現代のメディアが国民意識に与える影響と、その変容について批判的に考察する。

まず、インターネットの普及は情報の即時性をもたらし、グローバルなアクセスを可能にした一方で、情報の質や信頼性に対する懸念が高まっている。インターネット上には膨大な情報が存在し、その中には誤情報やフェイクニュースも含まれている。これらの誤情報が迅速に拡散されることで、社会的混乱や分断が生じるリスクが高まっている。例えば、新型コロナウイルス感染症のパンデミック時には、誤った医療情報が広まり、多くの人々の健康に影響を与えた。このような事例は、情報の信頼性を確保するためのメディアリテラシーの重要性を示しているが、同時にインターネットの即時性が持つ危険性をも浮き彫りにしている。

ソーシャルメディアの影響力もまた、批判的に捉えるべき点が多い。ソーシャルメディアは個人が情報を発信し、他者と交流する場を提供しているが、これにより情報の偏向やバイアスが生じやすくなっている。アルゴリズムによるフィルターバブルやエコーチェンバー現象により、ユーザーは自分の意見や信念を強化する情報ばかりに接触する状況が生まれている。これにより、異なる意見や視点に触れる機会が減少し、社会的な対話が阻害され、分極化が進む可能性がある。例えば、政治的な議論において、特定のイデオロギーに偏った情報が強調され、異なる立場の人々との対話が困難になるケースが増えている。

さらに、ソーシャルメディアはプライバシーの問題も抱えている。ユーザーの個人情報が収集され、商業的な目的で利用されることが一般的となっている。その結果、ユーザーの行動が監視され、データが不正利用されるリスクが高

まっている。例えば，2018年 Facebook のデータ漏洩事件は，数千万人のユーザーデータが不正に収集され，政治的な広告キャンペーンに利用されたことが明らかになった。このような事例は，ソーシャルメディアのプラットフォームが持つ権力と，その運営に対するガバナンスの必要性を示している。

　メディアのグローバル化も，国民意識に対する影響を複雑化している。国際ニュースや異文化に関する情報が容易にアクセス可能となり，国民は自国の視点だけでなく，グローバルな視点から物事を捉えることができるようになった。しかし，このグローバルな視点の普及は，同時にナショナルアイデンティティの希薄化を招く可能性もある。特に，グローバル企業がメディアを支配することで，ローカルな文化や視点が軽視されるリスクがある。例えば，ハリウッド映画や西洋のメディアコンテンツが世界中で消費される一方で，地域固有の文化や物語が埋もれてしまうことが懸念されている。

　メディアが国民意識に与える影響を理解するためには，教育の役割も批判的に考察する必要がある。メディアリテラシー教育は，情報の真偽を判断し，批判的に受け止める能力を育成するために不可欠であるが，現実にはその普及と実践は限られている。多くの教育機関では，メディアリテラシー教育が体系的に行われておらず，学生たちは情報を取捨選択する力や批判的思考を十分に養う機会がない。このため，情報の消費者が誤情報やバイアスに影響されやすい状況が続いている。

　また，メディアの多様性と独立性も重要な課題である。大手メディア企業の集中化が進む中で，メディアの独立性と多様性を確保することは，健全な民主主義にとって不可欠である。しかし，商業的な圧力や政治的な干渉により，メディアの報道が偏向するリスクが存在する。例えば，特定のスポンサーや政府からの圧力により，報道内容が歪められるケースは少なくない。これに対して，独立系のメディアや市民ジャーナリズムが果たす役割は重要であるが，これらのメディアは資金やリソースの不足に苦しんでいる。

　メディアの集中化は，情報の多様性を損ない，国民の知る権利を脅かす要因となっている。例えば，アメリカにおける大手メディア企業の合併や買収は，報道の多様性を縮小し，特定の視点や利益が強調される傾向を強めている。このような状況では，国民は偏った情報に基づいた意思決定を行うリスクが高ま

るため，メディアの独立性と多様性を保つための対策が求められている。

　以上のように，現代のメディアは国民意識の形成と変容において重要な役割を果たしているが，その影響には批判的に捉えるべき点が多い。インターネットやソーシャルメディアの普及は情報の即時性をもたらし，グローバルなアクセスを可能にする一方で，情報の信頼性や偏向，プライバシーの問題を引き起こしている。また，メディアリテラシー教育の不足やメディアの集中化による情報の多様性の喪失も重大な課題である。これらの問題に対処するためには，メディアリテラシーの向上や独立系メディアの支援，そして情報の多様性を確保するための政策的取り組みが必要である。健全な社会的対話と国民意識の形成を促進し，より公正で包摂的な社会を実現するためには，メディアの影響を批判的に検証し，その課題に取り組むことが不可欠である。

8　未来のエスニシティとナショナリズム

　未来のエスニシティとナショナリズムの展望を考察することは，現代社会が直面する複雑な課題に対応するための重要な鍵となる。グローバル化の進展や国際的な移民の増加，多文化共生の必要性などが背景にある現代において，エスニシティとナショナリズムはどのように変容し，また新たな形態を取るのかを検討することは極めて重要である。

　まず，グローバル化の進展は，エスニシティとナショナリズムの両方に大きな影響を与えている。グローバル化は，国境を越えた人，物，情報の移動を加速させ，異なる文化やエスニック・グループがますます近接して共存する状況を生み出している。この過程で，多文化共生の必要性が強調される一方で，エスニック・アイデンティティの強化や再構築が進んでいる。例えば，移民コミュニティは自らの文化や伝統を維持しつつ，ホスト社会に適応するために独自の戦略を取ることが求められている。このような動態は，エスニシティが固定的なものではなく，流動的で交渉可能なものであることを示している。

　また，エスニシティの未来を考える上で，テクノロジーの進展も見逃せない要素である。インターネットやソーシャルメディアの普及は，エスニック・コミュニティが地理的な制約を超えて連携し，情報を共有するための新たなプラットフォームを提供している。これにより，ディアスポラ（離散した民族）

コミュニティが自己認識を強化し，アイデンティティを維持することが可能となっている。例えば，SNS 上でのコミュニティ形成や，オンラインでの文化活動の共有は，エスニシティの維持と変容において重要な役割を果たしている。

　一方で，ナショナリズムの未来についても考察が必要である。近年，グローバル化の反動としてナショナリズムの再燃が見られる。特に，経済的不安定や移民問題が顕在化する中で，自国優先の政策や排外主義的な動きが強まっている。このようなナショナリズムは，しばしばエスニック・アイデンティティと結びつき，他者排除の論理を強化することがある。例えば，ヨーロッパにおける右派ポピュリズムの台頭は，移民排斥と国民アイデンティティの強調を特徴としている。これに対して，多文化共生や包括的なナショナリズムをどのように実現するかが問われている。

　さらに，ナショナリズムの未来を考える上で，地域主義の台頭も重要な視点である。グローバル化に伴う中央集権化の反動として，地域固有の文化やアイデンティティを強調する動きが見られる。カタルーニャやスコットランドなど，独自の言語や文化を持つ地域では，自治や独立を求める声が強まっている。このような動きは，ナショナリズムが一様ではなく，多様な形態を取ることを示している。地域主義とナショナリズムの関係をどのように調整し，共存させるかが，未来の課題となるであろう。

　さらに，未来のエスニシティとナショナリズムに関する議論には，環境問題や資源の争奪も影響を与える。気候変動や自然災害の影響により，環境難民が増加し，新たな移民問題が生じる可能性がある。これにより，受け入れ国のナショナリズムが刺激される一方で，環境難民のエスニシティやアイデンティティも新たな形で問われることとなる。国際社会がこれにどのように対応し，持続可能な共存を実現するかが重要な課題となる。

　また，未来のエスニシティとナショナリズムを考える際には，教育の役割も不可欠である。教育は，異文化理解と共生のための基盤を築く手段であり，多文化共生を推進するための重要な要素である。例えば，多文化教育やエスニック・スタディーズのカリキュラムを通じて，異なる文化や歴史に対する理解を深めることができる。これにより，偏見や差別を減少させ，より包摂的な社会を実現することが可能となる。教育は，若い世代がグローバルな視点を持ち，

多様性を尊重する態度を育むための重要な手段である。

　政府の政策も未来のエスニシティとナショナリズムに大きな影響を与える。包括的な移民政策や多文化共生を推進する政策は，エスニック・コミュニティの統合と社会的包摂を促進するために重要である。例えば，カナダの多文化主義政策は，多様なエスニック・グループが共存し，互いに尊重し合う社会を目指している。このような政策は，エスニック・アイデンティティを尊重しつつ，国民としての一体感を醸成するためのモデルとして参考にされるべきである。

　未来のエスニシティとナショナリズムを考える際には，個人の役割も見逃せない。個人が異なる文化やエスニシティに対してどのような態度を持ち，どのように行動するかが，社会全体の雰囲気や動向に影響を与える。多様性を尊重し，異なる文化との対話を積極的に行うことは，個人レベルでも社会の包摂性を高めるために重要である。

　未来のエスニシティとナショナリズムは，グローバル化やテクノロジーの進展，地域主義，環境問題，教育，政策，個人の態度など，多くの要因が影響する複雑な現象である。これらの要因を総合的に考慮しながら，多文化共生と包摂的な社会の実現を目指すことが求められている。未来のエスニシティとナショナリズムのあり方を見極めることで，より持続可能で公正な社会の構築に向けた具体的な方策を見出すことができるだろう。

本章のポイント

ネイションと国家機構の区別　ネイションは文化的・社会的な共同体，国家機構は政治的・行政的な組織体である。この区別は，国家の機能と国民の帰属意識を別個に考察する上で重要である。

エスニック・グループとエスニシティの概念　エスニック・グループは共通の文化的特徴を持つ人々の集団，エスニシティはその文化的アイデンティティや帰属意識を表す。これらの概念は多文化社会の理解に不可欠である。

ナショナリズムの理論　アンダーソンの「想像の共同体」，アントニー・D・スミスの「エトニ（ethnie）」，ゲルナーの産業社会理論，ホブズボームの「創られた伝統」など，多様な視点からナショナリズムを理解することが重要である。

移民政策と社会統合の課題　日本の技能実習制度のように，外国人労働者の受け入れと社会統合には問題点も指摘される。

サイードのオリエンタリズム 西洋による東洋の表象システムを批判的に分析し,文化的アイデンティティと権力関係の構築を明らかにする理論である。

日本におけるエスニック・グループ 在日韓国・朝鮮人,在日中国人,アイヌ民族,外国人労働者など,日本社会には多様なエスニック・グループがあり,それぞれに歴史をもつ。

現代のメディアと国民意識の変容 インターネットやソーシャルメディアの普及は国民意識の形成に影響を与える。

未来のエスニシティとナショナリズム グローバル化,テクノロジーの進展,環境問題などの要因が,将来のエスニシティとナショナリズムの形態に影響を与える。

メディアリテラシーと教育の重要性 現代のメディア環境において,情報の真偽を判断し,批判的に受け止める能力が不可欠である。メディアリテラシー教育の普及と実践は,誤情報やバイアスの影響を軽減し,健全な国民意識の形成に寄与する。しかし,多くの教育機関でこの教育が十分に行われていないことが課題となっている。さらに,多文化教育やエスニック・スタディーズのカリキュラムを通じて,異文化理解と共生のための基盤を築くことも重要である。

参考文献

ポール=フーコー・ミシェル(田村俶訳)1977年『監獄の誕生――監視と処罰』新潮社
エドワード・W・サイード(今沢紀子訳)1993年『オリエンタリズム(上・下)』平凡社
ベネディクト・アンダーソン(白石隆/白石さや訳)2007年『想像の共同体――ナショナリズムの起源と流行』書籍工房早山
E・ホブズボーム/T・レンジャー編(前川啓治ほか訳)1992年『創られた伝統』紀伊國屋書店
吉野耕作(1997年)『文化ナショナリズムの社会学――現代日本のアイデンティティの行方』名古屋大学出版会
A・D・スミス(巣山靖司ほか訳)1999年『ネイションとエスニシティ――歴史社会学的考察』名古屋大学出版会
アーネスト・ゲルナー(加藤節監訳)2000年『民族とナショナリズム』岩波書店
アントニー・D・スミス(庄司信訳)2018年『ナショナリズムとは何か』筑摩書房
岩渕功(2001年)『トランスナショナル ジャパン アジアをつなぐポピュラー文化』岩波書店
川上郁雄(2001年)『越境する家族――在日ベトナム系住民の生活世界』明石書店

第13章

人口,健康,環境

　人口,健康,環境は,現代社会が直面する最も重要な課題群である。これらの課題は個別の現象として存在するのではなく,相互に密接に関連し合い,複合的な社会問題を形成している。本章では,人口学の基礎的理解から出発し,人口動態と健康の相互作用,人口転換と公衆衛生の発展過程を系統的に分析する。特に,社会的決定要因の視点から健康格差の形成メカニズムを検討し,環境変化が人口移動に及ぼす影響を考察する。さらに,都市化による健康や環境問題,人口高齢化がもたらす医療システムの持続可能性の課題など,現代社会が抱える構造的問題に迫り,理論と実証の両面から包括的な理解を目指す。これらの分析を通じて,持続可能な未来に向けた具体的な展望を提示する。

1　人口学の基礎とその重要性

　人口学は,社会学の基本的な研究領域の一つであり,社会の構造や動向を把握するために不可欠な学問といえる。正確な人口データの収集と分析を通じて,社会全体の現状を理解し,将来の予測を行うためのものである。

　まず,人口学の歴史的背景について述べる。人口調査は古代から行われてきたが,現代的な人口統計学は19世紀に発展した。例えば,古代ローマでは税収や軍事目的のために人口調査が行われていたが,現代ではより科学的な方法が用いられ,社会のさまざまな側面を詳細に分析することが可能となっている。産業革命以降,都市化と人口増加が進む中で,人口統計の重要性が増し,多くの国で定期的な人口調査が実施されるようになった。

　国勢調査は,単に人口の数を把握するだけでなく,年齢構成,性別比率,出生率,死亡率,移民の動向など,多岐にわたるデータを提供する。これらの

データは，政策決定や社会資源の分配において重要な役割を果たす。例えば，高齢化社会においては，高齢者の割合やその増加傾向を把握することが，医療や福祉サービスの計画において重要である。また，若年人口の多い地域では，教育施設や雇用機会の整備が求められる。

人口学のもう一つの重要な側面は，人口分布の分析である。つまり，都市と農村の人口比率や，地域ごとの人口密度などは，地域開発やインフラ整備において重要な指標となる。例えば，都市部の過密化が進む場合，交通渋滞や住宅問題が深刻化するため，その対策が求められる。一方，農村部での人口減少が続く場合，地域経済の衰退や高齢化問題が顕在化する。このように，人口分布の分析は，地域ごとの特性や課題を把握し，適切な政策を立案するための基礎データとなる。

さらに，人口動態の変化は，経済活動や労働市場にも大きな影響を与える。例えば，労働力の供給や需要，消費者市場の規模や構造など，経済の基本的な要素を理解するためには，正確な人口データが不可欠である。労働人口の減少が予測される場合，労働力の確保や生産性の向上が求められる。また，消費者市場の変動を予測することで，企業の戦略や政府の経済政策にも反映される。

人口学の研究においては，データの正確性が極めて重要である。国勢調査の結果は，社会全体の動向を示すものであり，その精度が低いと誤った政策決定につながる恐れがある。特に，発展途上国においては，正確なデータの収集が難しく，統計の信頼性が問題となることがある。このため，国際的な協力や技術支援が必要である。

次に，人口統計を通じて得られる情報が，社会政策や公共サービスの計画にどのように活用されるかについて考察する。例えば，高齢化社会に対応するためには，高齢者の人口比率やその増加傾向を把握することが不可欠である。これにより，医療施設や介護サービスの具体的な需要を正確に予測し，必要な人員や資金などのリソースを効果的に確保することが可能となる。同様に，出生率や若年人口の動向を把握することで，教育施設の整備や子育て支援策の計画を立てることができる。

また，人口統計は環境問題の解決にも重要な役割を果たす。都市化の進展に伴う環境負荷の増大や，人口密度の高い地域での公害問題を予測し，適切な対

策を講じるためには，正確な人口データが不可欠である。例えば，交通渋滞や大気汚染，水質汚染などの環境問題は，人口密度や都市の構造に密接に関連しているため，これらを分析することで効果的な環境政策を立案することができる。

さらに，人口学は国際的な視点からも重要である。グローバル化の進展に伴い，各国の人口動態が相互に影響を及ぼし合うようになっている。例えば，移民の増加は，送り出し国と受け入れ国の双方において経済的・社会的な影響をもたらす。また，国際的な人口問題として，少子高齢化や人口爆発，環境問題などが挙げられる。これらの課題に対処するためには，国際的な協力が不可欠であり，人口統計データの共有や分析が重要となる。

人口学には，人口動態の変化を予測し，適切な対策を講じることで，持続可能な社会の実現に寄与することが求められる。例えば，少子高齢化が進む社会では，若年層の教育や就労支援，高齢者の福祉サービスの充実が不可欠である。また，急速な都市化に対応するためには，インフラの整備や環境保護が重要な課題となる。このように，人口学は社会の持続可能な発展を支える基盤となる学問であり，その重要性は今後ますます増していくと考えられる。

このように，人口学は社会の持続可能な発展を支える基盤であり，正確な人口データの収集と分析を通じて，適切な政策立案や社会問題の解決に寄与する。その重要性は今後ますます増していくと考えられる。

2　人口動態と健康の相互作用

人口動態と健康の相互作用を理解する上で，構造機能主義理論の視点が重要な役割を果たす。タルコット・パーソンズ（Talcott Parsons, 1902-1979）の社会システム理論に基づくこのアプローチは，社会を相互に関連する部分から成る全体として捉える。人口動態や健康状態をそれぞれ社会システムの一部として分析し，これらの要素が社会の安定と存続にどのように貢献しているかを考察する。例えば，公衆衛生システムが社会の健康維持にどのように機能しているか，または人口構造の変化が社会システム全体にどのような影響を与えるかを分析することができる。この理論は，社会の各要素の相互依存性と全体的な機能を理解するのに役立つ。

これらの要素がどのように相互に影響を及ぼすかを理解することは，政策立案や社会資源の配分において極めて重要である。近年，日本における健康格差の問題は，特に注目すべき課題となっている。

　日本はかつて，社会格差が少ない国とされていたが，近年では所得の伸び悩みと貧困率の増加により，格差の拡大が実感されるようになっている。特に経済的な格差だけでなく，健康における格差も顕在化してきている。この現象は，社会の構造的問題を反映していると言える。

　日本は1980年代から長らく世界一の平均寿命と健康寿命を誇っていたが，近年その優位性が揺らぎつつある。WHOの2019年の報告によると，日本の健康寿命は74.1歳で世界第2位となり，74.2歳のシンガポールに首位の座を譲った。日本の健康寿命は1990年の70.4歳から着実に伸びてきたものの，2010年以降その伸び率は鈍化傾向にある。

　さらに，都道府県間の健康格差も拡大しており，同じくWHOの2019年のデータでは，健康寿命が最も高い都道府県と最も低い都道府県との格差が，男性で2.5年，女性で2.9年に達している。社会階層を示す所得や学歴による健康格差も依然として存在し，特に新型コロナウイルス感染症のパンデミック以降，その問題がより顕在化している。非正規雇用労働者や低所得者層での健康リスクの増大が指摘されており，社会経済状況が不利な人ほど健康状態が悪化する傾向が明らかになっている。

　日本政府（厚生労働省）は「健康日本21（第二次）」の計画を2022年度まで延長し，健康寿命のさらなる延伸と健康格差の縮小を目指しているが，高齢化の進展に伴う認知症や筋骨格系疾患の増加など，新たな課題も浮上している。OECDの2021年の報告では，日本は依然として平均寿命で加盟国中トップクラスを維持しているものの，健康寿命では他の先進国に追い上げられつつあることが示されており，今後の動向が注目される。

　健康寿命の伸び率の鈍化や都道府県間の格差拡大は，単なる個人の生活習慣の違いだけでは説明できない。むしろ，社会経済的要因が大きく影響していると考えられる。所得や学歴といった社会階層と健康状態の関連性は，社会的決定要因の重要性を示唆している。

　健康格差の原因は，従来考えられていた健康リスクの差だけでなく，より複

雑で多岐にわたる要因によって形成されていることが近年の研究で明らかになっている。2019年の国立社会保障・人口問題研究所の研究によると，都道府県別の健康寿命の差は，一人当たりの県民所得や高等教育機関への進学率といった社会経済的要因との関連が強いことが示されている。

さらに，2020年の国民健康・栄養調査では，従来の喫煙，食事，高血圧などのリスク要因に加え，運動習慣の有無や食生活の質が健康状態に大きな影響を与えており，特に社会経済的地位の低い層でこれらの健康的な生活習慣の実践率が低い傾向が確認された。

また，2022年の日本老年学的評価研究（JAGES）のデータ分析結果は，高齢者の健康格差には個人の健康行動だけでなく，地域の社会参加の機会や公共交通機関へのアクセスなどの社会環境要因が大きく関与していることを明らかにした。これらの新しい知見は，健康格差が単純な健康リスクの分布だけでなく，社会経済的要因，環境要因，そして予期せぬ社会的変化（例：新型コロナウイルス感染症のパンデミック）など，より広範な要素によって生じていることを示唆している。

健康格差の形成には，個人の認識や行動も重要な役割を果たす。シンボリック相互作用論の視点から，健康に対する個人の認識や行動が他者との相互作用を通じてどのように形成されるかを分析することができる。ジョージ・ハーバート・ミード（George Herbert Mead, 1863-1931）やアーヴィング・ゴッフマン（Erving Goffman, 1922-1982）の理論に基づくこのアプローチは，健康的なライフスタイルの選択が社会的規範や他者からの期待によってどのように影響を受けるかを考察する。この視点は，個人レベルでの健康行動の形成過程を理解し，効果的な健康促進策を設計する上で，より包括的な把握を可能とする。

次に，医療資源の差も健康格差の一因として考えられる。地域ごとの医療費や医療従事者数の違いが健康状態に影響を与える可能性がある。しかし，各都道府県における医療資源と健康指標との相関は必ずしも強くないため，医療の質や効率的な利用が重要であると考えられる。医療技術の評価・標準化やヘルスICT（情報通信技術）の活用によって，医療資源の効率的な活用が期待される。

さらに，社会経済的な影響も大きな要因である。個人を取り巻く環境や社会

経済状況と健康との関係は，近代の公衆衛生の発展の歴史そのものである。例えば，英国の医学歴史家トーマス・マッキューンは，18世紀から20世紀初頭までの英国における死因データを分析し，死亡率の大幅な低下の要因は主に生活環境と栄養の改善によるものであり，医学の役割は限定的であったと結論づけた。

健康格差の形成において，文化資本の役割も重要である。ピエール・ブルデュー（Pierre Bourdieu, 1930-2002）の文化資本理論は，文化的知識や技能が社会的地位や機会の獲得にどのように影響するかを分析する。健康リテラシーや健康に関する知識へのアクセスが社会階層によってどのように異なるか，またそれが健康状態にどのように影響するかを考察することができる。例えば，高学歴層が健康情報をより効果的に活用し，予防的健康行動を取る傾向があることが示されている。この理論は，健康の問題における社会的不平等の根源を理解し，より効果的な健康教育や健康促進策を設計する上で，新たな問題解決の糸口が見えてくる。

日本においても，所得や学歴といった社会階層の違いが健康格差を生じさせている。低所得者層や低学歴者層は，健康的な生活習慣を維持するためのリソースが不足していることが多く，栄養不良や生活習慣病のリスクが高い。また，地域によっては医療サービスへのアクセスが限られているため，適切な医療を受ける機会が少なく，健康状態が悪化する可能性がある。これらの健康格差を解消するためには，社会全体での取り組みが必要であり，政策的な支援や教育の充実が重要である。

具体的な取り組みとしては，医療サービスの普及と質の向上が挙げられる。地域ごとの医療アクセスの不均衡を是正し，すべての人々が適切な医療を受けられるようにするためのインフラ整備が必要である。また，健康教育の推進も重要であり，特に低所得者層や教育機会に恵まれない人々に対する健康教育プログラムを強化することが求められる。

さらに，生活環境の改善も健康格差の解消に寄与する。健康的な生活環境を提供することで，住民の健康状態を向上させることができる。例えば，都市部の過密状態を緩和し，緑地や公共スペースを増やすことは，精神的な健康にも良い影響を与える。また，住居の質の改善や，安全な飲料水の供給，適切な衛

生施設の整備なども重要な施策である。

　また，社会的支援ネットワークの強化も健康格差の解消に有効である。地域コミュニティの結束を強め，住民同士の支え合いを促進することで，社会的孤立を防ぎ，精神的な健康を維持することができる。特に高齢者や障害者など，支援を必要とする人々に対して，地域全体でサポートする体制を整えることが重要である。

　政策レベルでの健康格差の解消に向けた取り組みも欠かせない。政府や自治体は，健康格差の実態を把握し，それに基づいた対策を講じる責任がある。例えば，健康診断や予防接種の普及，医療費の助成，健康教育の推進など，幅広い政策を展開することで，健康格差を縮小することが可能である。また，社会経済的な要因が健康に与える影響を評価し，それに基づいた包括的な政策を立案することが求められる。

　健康格差の問題は，社会的公正の観点からも看過できない。健康格差の拡大は，機会の不平等や社会的排除の問題と密接に関連している。特に，社会経済的に不利な立場にある人々が健康面でも不利益を被るという状況は，社会の持続可能性を脅かす要因となり得る。この問題は，社会制度や政策のあり方が大きく関与しており，厚生労働省の「健康日本21（第二次）」の目標と現実の乖離は，既存の施策の限界を示している。

　健康リスクの分布だけでは説明できない健康格差の存在は，より包括的なアプローチの必要性を示唆している。社会環境や労働環境，教育機会など，多角的な視点からの対策が求められる。

　人口動態と健康の相互作用は，社会学における重要な研究テーマであり，これらの要素が相互に影響を及ぼすことを理解することは，社会全体の健康を向上させるために不可欠である。出生率，死亡率，移民，年齢構成など，さまざまな人口動態の要素が健康にどのような影響を与えるかを分析し，適切な対策を講じることで，持続可能な社会の実現に寄与することができる。

3　人口転換と公衆衛生の発展

　人口転換と公衆衛生の発展は，社会の変革において重要な要素である。人口転換とは，社会の発展に伴い出生率と死亡率が変動し，その結果として人口構

造が変化する現象を指す。このプロセスは,産業化や都市化,医療技術の進歩などと密接に関連しており,公衆衛生の向上にも大きく寄与している。

人口転換の第一段階は,高出生率と高死亡率が特徴である。農業社会においては,子供が労働力として重要であり,多くの子供を持つことが経済的に有利とされた。しかし,医療技術や衛生状態が未発達であったため,乳幼児死亡率が高く,平均寿命も短かった。この段階では,人口増加は緩やかであり,社会全体の人口構造は比較的安定していた。

次に,産業革命とともに人口転換の第二段階が始まる。産業化が進展するにつれ,医療技術や公衆衛生が大幅に改善された。ワクチンの開発や消毒法の普及,上下水道の整備などにより,感染症の予防と治療が飛躍的に進歩し,死亡率が急激に低下した。この結果,出生率が高いまま死亡率が低下し,人口が急増することとなった。特に19世紀後半から20世紀初頭にかけて,ヨーロッパや北アメリカでこの現象が顕著に見られた。

この段階での人口増加は,都市の拡大や労働力の供給に大きな影響を与えた。都市化が進む中で,多くの人々が農村から都市へと移動し,都市部の人口密度が急上昇した。これに伴い,都市部では新たな公衆衛生上の課題が浮上した。過密状態や劣悪な住宅環境,衛生施設の不足などが深刻な問題となり,結核やコレラなどの感染症が都市部で蔓延することとなった。

これに対処するための公衆衛生施策が次第に整備されていった。都市計画の導入により,住宅環境の改善が図られ,公共の衛生施設が整備された。また,感染症対策としての予防接種の普及や,公衆衛生教育の推進も重要な役割を果たした。これらの施策により,都市部の公衆衛生状態は次第に改善され,人口の健康状態も向上した。

人口転換の第三段階は,出生率の低下が特徴である。産業化と都市化の進展に伴い,経済や社会の構造が変化し,子供を多く持つ必要性が減少した。特に女性の社会進出や教育の普及が進む中で,家族計画の重要性が認識され,避妊方法の普及が進んだ。これにより,出生率が低下し,人口増加のペースが緩やかになった。この段階では,人口構造が再び安定し,社会全体の経済成長や生活水準の向上に寄与した。

さらに,人口転換の第四段階として,低出生率と低死亡率が定着した現代社

会が挙げられる。この段階では，出生率と死亡率が共に低く，人口の自然増加がほとんど見られないか，むしろ減少に転じることもある。高齢化社会の到来により，医療や福祉サービスへの需要が増大し，社会保障制度の維持が重要な課題となっている。高齢者の増加に伴い，慢性疾患や介護の必要性が高まる中で，持続可能な医療システムの構築が求められる。

公衆衛生の発展は，人口転換の各段階において重要な役割を果たしてきた。医療技術の進歩や予防接種の普及，衛生施設の整備などにより，社会全体の健康状態が向上し，平均寿命が延びた。また，公衆衛生教育の推進により，個人の健康意識が高まり，生活習慣の改善が図られた。特に，感染症対策としての公衆衛生施策は，大流行を防ぐためにこれまでも重要な役割を果たしてきた。

しかし，現代においても公衆衛生上の課題は依然として存在する。新興感染症や抗生物質耐性菌の増加，生活習慣病の蔓延など，新たな健康リスクが浮上している。また，グローバル化の進展に伴い，感染症の拡散が迅速に広がるリスクも高まっている。このような状況に対処するためには，国際的な協力と情報共有が不可欠である。

人口転換と公衆衛生の発展においては，低所得者層の健康リスクも重要な課題である。これまでは，低所得者の健康リスクを主に個人の選択や行動の結果として描く傾向があったが，これは構造的な問題を軽視している面がある。例えば，低所得者が居住する地域の食環境や運動施設の不足，長時間労働による時間的制約など，個人の意思だけでは解決困難な要因も考慮すべきである。

また，経済的格差だけでなく，「時間的余裕の格差（ゆとり格差）」「将来への展望の格差（希望格差）」「教育や情報へのアクセスの格差（リテラシー格差）」「ストレスの多寡」「社会的孤立」など，多様な要因についての考察も必要となる。親の経済格差が子供の健康格差に影響するという問題も重要であるが，この連鎖を断ち切るための具体的な方策についての議論が課題である。

このような健康づくりアプローチの限界を踏まえ，社会環境の変革の必要性が浮き彫りになっている。しかし，健康増進（ヘルス・プロモーション）に基づく社会環境の整備を具体化するためには，その実現可能性や予想される課題について詳細な検討が必要である。例えば，地域コミュニティの活性化による社会的支援ネットワークの強化や，健康教育プログラムの拡充によって個人の健

康意識を高める施策が考えられる。

この議論は主に経済的側面に焦点を当てているが，文化的要因や社会規範，ジェンダー間の差異など，他の社会学的要因についての考察も必要であろう。健康格差の問題を単に「富める者」と「貧しい者」の二項対立で捉えることは，問題の複雑性を単純化し過ぎている可能性がある。所得階層の中間層や，同じ所得層内での健康格差についても検討する必要がある。

人口転換と公衆衛生の発展に関する議論は，健康格差の問題に対する重要な洞察を提供しているが，より多角的な視点と具体的な解決策の提示が求められる。社会環境の変革を主張するならば，その実現に向けた具体的なロードマップと，予想される課題への対応策を示すことが重要である。社会全体での取り組みが，健康で持続可能な未来を築くための鍵となる。

4　世界の人口問題と健康格差

世界の人口問題と健康格差を考察する際，社会構築主義の視点が重要な洞察を提供する。ピーター・バーガー（Peter L. Berger, 1929-2017）とトーマス・ルックマン（Thomas Luckmann, 1927-2016）の理論に基づくこのアプローチは，健康や人口問題が社会的にどのように定義され，理解されるかを分析する。例えば，特定の健康リスクや人口問題がメディアや専門家によってどのように表現され，社会的に重要な問題として認識されるようになるかを考察する。この理論は，健康や人口に関する社会的認識の形成過程を理解し，その複雑な構造を解き明かし，これらの問題に対する公衆の反応や政策対応を分析するための一助となる。

世界の人口問題と健康格差は，現代社会において深刻な課題である。これらの問題は，発展途上国と先進国の間だけでなく，各国内部でも顕著に見られる。これらの課題に対処するためには，国際的な協力と包括的な政策が必要である。

まず，発展途上国における人口問題について考察する。多くの発展途上国では，高い出生率が続いており，人口の急増が見られる。これにより，教育，医療，食料供給などの基礎的な社会サービスが圧迫され，住民の生活水準が低下している。特に，子供や母親の健康状態が深刻であり，乳幼児死亡率や妊産婦死亡率が高いことが問題となっている。これらの問題に対処するためには，家

族計画や避妊具の普及，母子保健サービスの充実が求められる。

　発展途上国の人口問題と健康課題を考察する上で，世界システム論の視点が新たな洞察をもたらす。イマニュエル・ウォーラーステイン（Immanuel Wallerstein, 1930-2019）の理論に基づくこのアプローチは，グローバルな経済システムの中で国家間の関係を分析する。健康格差や人口問題を，中心国と周辺国の経済的関係の文脈で考察することができる。例えば，先進国の経済活動が発展途上国の健康状態や人口動態にどのような影響を与えるか，または国際的な人口・健康政策がどのように形成されるかを分析する。この理論により，グローバルな視点から健康と人口の問題を理解し，国際的な不平等の構造的要因を明らかにする新たな糸口が見えてくる。

　一方，先進国においては，低出生率と高齢化が進行している。これにより，労働力の減少や社会保障制度への負担が増大し，経済的な影響が懸念されている。特に，高齢者の健康問題が顕在化しており，慢性疾患や認知症の増加が社会全体に大きな影響を与えている。高齢者の健康を維持し，医療費の増大を抑制するためには，予防医療や健康促進活動が重要である。

　さらに，世界的な健康格差についても考察する必要がある。発展途上国では，栄養不良や感染症が主要な健康問題となっている。これに対して，先進国では，生活習慣病や精神疾患が主要な健康問題となっている。これらの健康問題は，経済的要因や社会的要因によって大きく左右される。例えば，低所得者層や教育水準の低い人々は，健康に対するリスクが高い。また，医療サービスへのアクセスが制限されている地域では，適切な治療を受ける機会が少なく，健康状態が悪化する可能性が高い。

　特に，HIV／AIDSや結核，マラリアなどの感染症は，発展途上国において深刻な問題である。これらの疾患は，貧困や社会的排除と密接に関連しており，効果的な予防や治療が難しい状況にある。国際的な支援や医療技術の共有が不可欠であり，持続可能な開発目標（SDGs）の達成に向けた取り組みが求められる。

　また，都市部と農村部の健康格差も重要な課題である。都市部では，医療施設やサービスが集中している一方で，農村部ではアクセスが限られていることが多い。このため，農村部の住民は，適切な医療を受けることが難しく，健康

状態が悪化する傾向がある。これに対して，移動診療や遠隔医療の導入など，農村部における医療アクセスの改善が必要である。

さらに，ジェンダーによる健康格差も無視できない問題である。多くの社会で，女性は医療サービスへのアクセスや教育の機会が制限されており，健康状態が男性よりも劣っていることが多い。特に，妊娠や出産に関連する健康リスクが高く，適切なケアが受けられない場合，深刻な結果を招くことがある。女性の健康を向上させるためには，ジェンダー平等の推進や女性のエンパワーメントが重要である。

気候変動も，世界の健康問題に大きな影響を与えている。気候変動による自然災害や環境の変化は，食料や水の供給に影響を与え，栄養不良や感染症のリスクを高める。また，熱波や洪水などの極端な気象現象は，特に高齢者や病弱者に対して大きな健康リスクをもたらす。これに対処するためには，気候変動の影響を軽減するための適応策が必要である。

健康格差の解消には，国際的な協力と知識共有が不可欠である。世界保健機関（WHO）や国連児童基金（UNICEF）などの国際機関は，グローバルヘルスの推進に重要な役割を果たしている。これらの機関は，発展途上国への技術支援や資金援助を行い，健康状態の改善を図っている。また，国際的なパートナーシップや協力を通じて，各国が共通の目標に向かって取り組むことが重要である。

健康格差の問題は，単に経済的要因だけでなく，文化的要因や社会規範，ジェンダー間の差異など，他の社会学的要因も考慮する必要がある。例えば，伝統的な価値観や慣習が，特定の健康行動や医療サービスへのアクセスに影響を与えることがある。また，ジェンダー間の健康格差に対処するためには，女性の権利向上や教育の推進が重要である。

健康格差を解消するためには，包括的なアプローチが求められる。例えば，貧困層に対する医療サービスの提供や，教育機会の拡充，ジェンダー平等の推進など，多角的な視点からの対策が必要である。また，気候変動への適応策や，都市部と農村部の医療アクセスの改善など，地域ごとの特性に応じたアプローチも重要である。

世界の人口問題と健康格差は，複雑で多岐にわたる課題である。これらの問

題に対処するためには,国際的な協力と包括的な政策が必要であり,持続可能な開発の一環として健康の改善を図ることが求められる。経済的,社会的な要因を考慮したアプローチにより,すべての人々が適切な医療サービスを受け,健康で質の高い生活を送ることができる社会を目指すことが重要である。

5　環境変化と人口移動

　環境変化と人口移動の関係を理解する上で,ウルリッヒ・ベック(Ulrich Beck, 1944-2015)のリスク社会論が重要な視点を提供する。この理論は,現代社会におけるリスクの性質と管理を分析し,環境リスクの認識,評価,管理を社会的文脈の中で考察する。例えば,気候変動や環境汚染といった新たな環境リスクに対する社会的反応や政策対応を分析することができる。リスク社会論は,環境変化が引き起こす不確実性と,それに伴う人口移動の複雑性を理解するのに有用である。また,この理論は,環境リスクに対する社会の適応能力や,リスク管理における科学技術の役割についても洞察を提供する。

　環境変化と人口移動は,現代社会において重要な課題である。気候変動や自然災害,環境汚染などの環境変化は,地域社会や国全体に深刻な影響を与え,その結果として人口の移動が引き起こされる。これらの移動は,受け入れ地域や送り出し地域の経済,社会,文化に多大な影響を与えるため,包括的な対策が求められる。

　環境問題の歴史は長く,その形態は時代とともに変化してきた。明治期の産業革命以降,環境問題は「公害」という形で顕在化し,社会の注目を集めるようになった。しかし,1970年代以降,環境問題の構造は大きく変化し,これまでにない新たな形態が出現した。

　まず,産業公害は環境問題の代表的な形態である。足尾銅山の公害事件は日本の公害史上最も古い事例の一つであり,近年では水俣病や四日市ぜんそくなどが広く知られている。これらの産業公害は,企業活動による環境破壊と健康被害という明確な構図を持っていた。

　1970年代になると,産業公害とは性質の異なる「迷惑公害」が社会問題として浮上した。日照権侵害,騒音,悪臭などがこれに該当する。人間が社会生活を営む上で,ある程度の迷惑の発生は避けられないが,この時期に迷惑公害へ

の意識と実際の被害が急増した。迷惑公害は産業公害と異なり,加害者と被害者の境界が曖昧で,日常生活に密着した複雑な構造を持っている。

さらに1980年代に入ると,被害者と加害者が同一であるという新たなタイプの環境問題が顕在化した。例えば,合成洗剤の使用がある。合成洗剤が生態系や人体に悪影響を及ぼすことは広く認識されているにもかかわらず,その使用を止められないのは,使用者自身が便利さを求めているからである。同様の問題は日常生活のあらゆる場面で見られ,その深刻さは増している。

このような環境問題のメカニズムは,社会的ジレンマ論で説明することができる。社会的ジレンマ論は,単一の研究者によって提示されたものではなく,複数の研究者の貢献によって発展してきた理論的枠組みである。その起源は,1968年にガレット・ハーディン(Garrett Hardin, 1915-2003)が発表した「共有地の悲劇」の概念に遡ることができる。その後,マンサー・オルソン(Mancur Olson, 1932-1998)の集合行為論,アナトール・ラポポート(Anatol Rapoport, 1911-2007)とアルバート・チャムア(Albert Chammah, 1925-2017)のゲーム理論的アプローチ,ロバート・アクセルロッド(Robert Axelrod, 1943-)の協力の進化に関する研究,エリノア・オストロム(Elinor Ostrom, 1933-2012)の共有資源管理の制度設計など,多様な分野からの貢献により理論が深化した。また,ロビン・ダウズ(Robyn Dawes, 1936-2010)とジョン・オーバー(John Orbell, 1936-)による実験研究,デイヴィッド・メッシック(David Messick, 1940-2021)とマリリン・ブルーワー(Marilyn Brewer, 1942-)による社会的アイデンティティの観点からの分析など,実証的・心理学的アプローチも加わり,社会的ジレンマ論は学際的な理論として確立された。現在では環境問題,公共政策,組織管理など幅広い領域で応用されており,継続的に新たな研究者によって理論の拡張と実証が行われている。

このように,社会的ジレンマ論は,個人の合理的な選択が集団全体にとって非合理的な結果をもたらす状況を指す。個人にとっては合理的な選択が,社会全体では非合理的な結果をもたらすという構造である。これに対処するためには,個人の意識改革と社会システムの変革の両面からのアプローチが必要である。個々人が自らの行動が環境に与える影響を認識し,持続可能な選択をすると同時に,法規制や経済的インセンティブなどの社会的仕組みを整備すること

が求められる。

　環境変化に伴う人口移動は，特に気候変動によって引き起こされる。例えば，海面上昇や異常気象により，沿岸地域や農村部から別の地域への移住が増加している。このような移動は，受け入れ地域における経済的負担や社会的緊張を引き起こす可能性がある。また，移住者自身も新しい環境に適応する過程で，言語や文化の違い，社会的孤立，医療サービスへのアクセスの制限など，さまざまなストレス要因に直面することが多い。

　具体的な事例として，バングラデシュの気候難民が挙げられる。バングラデシュは低地が多く，海面上昇や洪水の影響を強く受けている。これにより，多くの人々が住居を失い，都市部への移住を余儀なくされている。しかし，受け入れ側の都市部でもインフラや社会サービスが整っておらず，移住者の生活環境は必ずしも改善されないことが多い。

　さらに，シリア内戦による大量の難民も，環境変化と人口移動の一例である。内戦の背景には気候変動による干ばつがあり，これが農業生産の減少と農村部から都市部への人口流入を引き起こした。この人口移動は社会的・経済的な緊張を高め，最終的に内戦の一因となった。結果として，数百万人が国外へ避難し，受け入れ国も多大な負担を抱えることとなった。

　環境変化と人口移動に対応するためには，包括的な政策と国際的な協力が不可欠である。例えば，環境難民の受け入れ体制を整備し，適切な支援を提供することが求められる。また，気候変動の緩和と適応策を推進し，被害を最小限に抑える努力も必要である。さらに，移住者が新しい環境に適応できるよう，教育や職業訓練，医療サービスの提供を強化することが重要である。

　環境変化と人口移動は相互に関連し合い，複雑で多岐にわたる課題を引き起こしている。これらの問題に対処するためには，個人の意識改革と社会システムの変革，そして国際的な協力体制の構築が必要となる。持続可能な社会を実現するためには，環境問題への包括的なアプローチが求められており，その実現には政治的意思と国際協力の強化が不可欠である。

6　都市化と健康・環境問題

　都市化は現代社会の進展に伴う不可避の現象であり，その影響は多岐にわた

る。都市部の人口密度が増加することにより，さまざまな健康問題や環境問題が生じる。しかし，これらの課題に対する対応策は必ずしも十分に機能しているとは言えない。以下に，都市化が引き起こす問題点と，それに対する現行の対策の限界について批判的に論じる。

　まず，都市化がもたらす健康問題についてである。都市部の過密状態は感染症の拡大を助長し，特に呼吸器系の疾患が増加する傾向がある。例えば，結核やインフルエンザは人々が密集して生活する環境で容易に広がる。また，都市部のストレス要因，例えば騒音や交通渋滞，長時間労働などは精神疾患のリスクを高める要因となっている。しかし，これらの問題に対する政策対応は一貫性を欠いており，例えば，都市計画や公衆衛生施策が適切に実施されないケースが多い。具体的には，大都市圏での待機児童問題や過密な住宅環境が挙げられる。特に，低所得者層や移民など社会的に脆弱な集団に対する支援が不十分であり，これが健康格差をさらに広げている。一方で，自治体による「コンパクトシティ」の推進や，持続可能な都市開発を目指す取り組みも見られる。これらの成功事例を参考にし，さらなる改善を進めることが求められる。

　次に，都市化が引き起こす環境問題である。都市部の拡大に伴い，緑地や森林が減少し，生態系が破壊される。さらに，交通量の増加や工業活動の活発化は大気汚染や水質汚染を引き起こす。特に，車両から排出される排気ガスや工場からの有害物質が都市部の空気を汚染し，住民の健康に悪影響を及ぼす。しかし，これらの環境問題に対する対応策も限定的である。公共交通の整備や自転車道の整備は進められているものの，都市部の交通量を大幅に減少させるには至っていない。さらに，環境規制が緩和され，企業活動が優先されるケースも見られる。

　日本の都市部における水質汚染問題も深刻である。2024年6月25日に発表された食品安全委員会の評価報告によれば，有機フッ素化合物（PFAS）は新生児の体重減少やワクチン接種後の免疫力低下に関連していることが「否定できない」とされている。このような健康リスクが明らかになる一方で，汚染源とされる米軍基地や自衛隊基地に対する具体的な対策は進んでいない。大阪府摂津市の地下水汚染の事例に見られるように，地方自治体の対応も遅れており，住民の健康が脅かされている。これらの問題に対する政府の対応は不十分であ

り，住民の不安を解消するには至っていない。

　都市化と健康・環境問題に対処するためには，持続可能な都市開発が求められるとされている。しかし，実際には都市計画やインフラ整備が追いついておらず，都市部の環境問題は悪化の一途をたどっている。緑地や公共空間の確保，公共交通の整備，上下水道の整備や廃棄物処理の改善など，基本的なインフラ整備が遅れていることが多い。特に，スラムや低所得者層の居住地では，これらの問題が顕著であり，住民の生活環境が著しく悪化している。

　さらに，住民参加型の都市開発が重要とされているが，実際には住民の意見が反映されることは少ない。都市開発の決定は多くの場合，行政や企業によって主導され，住民の意見やニーズが軽視されることが多い。この結果，都市計画が住民の実情に即していないことが多く，住民の生活環境の改善にはつながっていない。

　教育や医療サービスの充実も課題である。特に，低所得者層や移民に対しては，教育機会の提供や医療アクセスの改善が重要であるとされているが，実際にはこれらの層への支援が不十分であり，社会的な不平等が解消されていない。地域ごとに異なるニーズに対応したサービスの提供が求められるが，現行のシステムではそれが実現できていない。

　環境保護の観点からも，都市の持続可能性を高めるための取り組みが必要であるが，再生可能エネルギーの導入や省エネルギー技術の普及は進んでいない。都市部の環境負荷を軽減するための具体的な施策が欠如しており，環境保護と経済発展のバランスが取れていない。また，エコロジカル・フットプリントの削減に向けた取り組みも遅れており，資源の効率的な利用やリサイクルの推進が不十分である。

　国際的な視点からの協力と知識共有も不可欠であるが，実際の協力は限定的であり，各国が共通の目標に向かって取り組むことができていない。国際機関やNGO，政府間の協力は重要であるが，その実効性には疑問が残る。成功事例や効果的な政策の共有が進まない限り，都市化による健康・環境問題に対する包括的な解決策を模索することは難しい。

　都市化と健康・環境問題に対する現行の対応策には多くの限界が存在する。持続可能な都市開発と総合的なアプローチが求められているが，実際の政策対

応や実践が追いついていないことが多い。これらの課題に対処するためには，より包括的で実効性のある政策が必要であり，社会全体での協力と取り組みが不可欠である。

7 人口高齢化と持続可能な医療システム

　人口高齢化は現代社会において避けられない現象であり，その影響は多岐にわたる。特に，医療システムと社会保障制度に対する負担が増大していることは深刻な課題である。厚生労働省の「令和4年度国民医療費の動向」によれば，日本の概算医療費は前年度比4.0%増の46.0兆円となり，過去最高を更新した。この増加は，新型コロナウイルス感染症の影響による受診控えの反動や，新型コロナウイルスワクチン接種等の影響によるものと考えられる。65歳以上の高齢者の医療費は全体の約58.7%を占めており，依然として高い水準にある。さらに，受診延日数は2.0%の増加，1日当たりの医療費は2.0%の増加となっている。内閣府の予測では2040年には医療・介護費用が対GDP比で現在の9.5%から11.7%に上昇するとされており，国立社会保障・人口問題研究所の推計によれば，2040年には高齢化率が35.3%に達すると予測されている。これらの状況を踏まえると，今後も医療費の増加傾向が続く可能性が高く，健康寿命の延伸や医療システムの効率化など，持続可能な医療・社会保障制度の構築に向けた取り組みの重要性が一層高まっている。本節では，日本を含む先進国における人口高齢化の現状と，それに伴う医療および社会保障の問題点を批判的に考察し，持続可能な医療システムを構築するための方策を検討する。

　まず，日本の人口高齢化の現状について述べる。日本は世界で最も高齢化が進んでいる国の一つであり，2023年9月時点で総人口に占める65歳以上の割合は約29.1%に達している。これは，平均寿命の延びと出生率の低下が主要な要因である。高齢化が進むにつれ，医療費の増加や介護サービスの需要の急速な高まりが生じている。

　医療費の増加は，国家財政に大きな負担をもたらしている。高齢者は複数の慢性疾患を抱えることが多く，医療サービスの利用頻度も高いため，医療費が急増する。この状況に対処するためには，予防医療の推進が不可欠である。健康寿命の延伸を目指し，生活習慣病の予防や早期発見・早期治療のための施策

を強化することが求められる。また，在宅医療や地域包括ケアシステムの整備も重要である。

一方，介護サービスの需要も急増している。高齢者の増加に伴い，介護施設や在宅介護の需要が高まっているが，これに対する社会資源の配分は依然として不十分である。介護労働者の不足や過酷な労働条件が問題となっており，介護の質と量の両面での改善が必要である。介護保険制度の改革や，介護労働者の待遇改善を図る政策が求められる。

また，人口高齢化は年金制度にも大きな影響を与えている。年金受給者の増加と現役世代の減少により，年金財政は逼迫している。この状況に対処するためには，年金制度の持続可能性を確保するための改革が不可欠である。例えば，年金支給開始年齢の引き上げや，年金制度の再設計が議論されている。しかし，これらの改革は高齢者の生活に直接影響を与えるため，慎重な検討と社会的合意が必要である。

さらに，人口高齢化がもたらす社会的影響も無視できない。高齢者の孤立や社会的排除の問題は深刻であり，これに対処するためには，コミュニティの強化や社会参加の促進が重要である。高齢者が地域社会で活躍できる場を提供し，社会的つながりを維持するための取り組みが求められる。また，デジタルデバイドの解消も重要であり，高齢者がインターネットや情報通信技術を利用できるよう支援することが必要である。

持続可能な医療システムを構築するためには，総合的なアプローチが必要である。まず，予防医療と健康促進を強化し，病気の発生を未然に防ぐことが重要である。特に，生活習慣病の予防には，食生活の改善や運動習慣の推奨が効果的である。また，医療技術の進歩を活用し，効率的な医療提供体制を整備することも求められる。例えば，遠隔医療や電子カルテの導入により，医療サービスの質と効率を向上させることができる。

介護サービスの充実と介護労働者の待遇改善も不可欠である。介護労働者の不足を解消するためには，労働条件の改善や職業訓練の充実が必要である。また，介護ロボットや情報通信技術（ICT）を活用した支援技術の開発・普及も重要である。これにより，介護の質を向上させるとともに，介護労働者の負担軽減を図ることができる。

社会全体で高齢者を支援する体制の構築も重要である。高齢者が地域社会で安心して生活できるよう，コミュニティの強化や社会参加の促進が求められる。具体的には，地域コミュニティの活性化やボランティア活動の推進，公共施設やサービスの整備が挙げられる。また，高齢者が持続的に社会に貢献できるよう，就労支援や生涯学習の機会を提供することも重要である。

人口高齢化への対策と持続可能な医療システムの構築は，現代社会における不可避かつ重要な課題である。この課題に対処するためには，予防医療の強化，介護サービスの充実，年金制度の改革，高齢者の社会参加の促進など，総合的で多角的なアプローチが必要である。社会全体で協力し，持続可能な未来を築くために，これらの課題に取り組むことが求められる。

8　持続可能な未来に向けて

持続可能な未来の実現には，社会全体での包括的かつ協調的なアプローチが不可欠である。人口動態，健康，環境など多岐にわたる課題を統合的に解決することが求められ，これらの問題が相互に関連していることを踏まえた上での多角的な視点と実行可能な対策が必要となる。

まず，環境保護の強化が持続可能な未来の基盤として重要である。環境汚染や気候変動は地球規模での生態系のバランスを崩すため，再生可能エネルギーの利用促進や省エネルギー技術の導入により，二酸化炭素排出量の削減と気候変動の緩和を図ることが求められる。特に太陽光や風力といったクリーンエネルギーの普及を進めることで，エネルギー資源の持続可能性を高めることができる。

次に，循環型経済の実現が重要である。廃棄物の削減と資源の再利用を促進するために，リサイクル技術の革新と廃棄物管理の改善が求められる。企業と消費者双方が持続可能な消費行動を実践し，製品のライフサイクル全体を通じた環境影響の最小化を目指すエコデザインを推進することで，資源の無駄を最小限に抑えることができる。

健康面での持続可能性を確保するためには，予防医療の強化が必要である。健康寿命の延伸を目指し，生活習慣病の予防や早期発見・早期治療を推進することが求められる。個人の健康管理能力を高めるために，健康教育や健康促進

プログラムの拡充が必要であり，特に食生活の改善や適度な運動の奨励は予防医療の基本となる。また，医療サービスへのアクセスの公平性を確保するために，テレメディスンの導入や地域医療の充実が必要である。

　社会的包摂の強化も持続可能な未来に向けた重要な要素である。すべての人々が社会の一員として活躍できる環境を整えるために，教育の普及と格差の是正が必要である。特に女性や少数民族，障害者など社会的弱者に対する支援を強化し，彼らが社会経済活動に積極的に参加できるようにすることで，社会全体の生産性と持続可能性が向上する。

　都市計画とインフラ整備の持続可能性も重要である。都市化の進展に伴い，緑地の増加や公共交通機関の整備，エネルギー効率の高い建築物の普及などが求められる。また，スマートシティの導入により，都市機能の効率化と環境負荷の軽減を図ることができる。

　社会学的視点からは，社会構造の変革が不可欠であることが言える。社会的公正を確保するための制度的枠組みの整備，所得再分配政策や社会保障制度の強化により，社会的弱者を支援し，格差を是正することが求められる。また，コミュニティの強化と社会的連帯の促進も重要であり，地域社会が協力し合いながら持続可能な開発を推進することが必要である。

　文化的な側面では，持続可能なライフスタイルや価値観を普及させることが重要である。教育やメディアを通じて，環境保護や社会的公正の重要性を広く訴え，個々の行動変容を促すことが求められる。

　国際的な協力も不可欠である。各国が協力し合い，気候変動対策や環境保護，貧困削減などのグローバルな課題に取り組む必要がある。また，技術支援や資金援助を通じて，発展途上国の持続可能な開発を支援することも重要である。

　持続可能な未来を実現するためには，環境保護，健康管理，社会的包摂，都市計画，国際協力など，各分野での総合的かつ協調的な取り組みが不可欠である。個々の分野での努力が相互に補完し合うことで，持続可能な社会を築くことができる。このためには，政府，企業，市民社会が一体となり，持続可能性を追求するための具体的な行動を起こすことが求められる。例えば，再生可能エネルギーの導入目標を設定し，法的な枠組みでその達成を義務づけることや，教育カリキュラムに持続可能性に関する内容を組み込むことなどが考えられる。

これらの総合的なアプローチにより，持続可能な未来の実現に向けた取り組みを加速できる。

■本章のポイント

人口学の基礎と重要性　人口データの収集と分析は，社会の現状理解と将来予測に不可欠である。正確な人口統計は政策決定や社会資源の分配に重要な役割を果たす。

人口動態と健康の相互作用　日本における健康格差の問題が顕在化している。社会経済的要因が健康状態に大きな影響を与えており，包括的な対策が必要である。

人口転換と公衆衛生の発展　人口転換の各段階において，公衆衛生の発展が重要な役割を果たしてきた。現代では新たな健康リスクへの対応が課題となっている。

世界の人口問題と健康格差　発展途上国と先進国で異なる人口問題と健康課題が存在する。国際的な協力と包括的な政策が必要である。

環境変化と人口移動　気候変動や環境汚染が人口移動を引き起こしている。これらの問題に対処するためには，国際的な協力と包括的な政策が不可欠である。

都市化と健康・環境問題　都市化に伴う健康問題や環境問題が深刻化している。持続可能な都市開発と総合的なアプローチが求められている。

人口高齢化と持続可能な医療システム　高齢化社会において，医療費の増加や介護サービスの需要増大が課題となっている。予防医療の推進や介護システムの改革が必要である。

持続可能な未来に向けて　環境保護，健康管理，社会的包摂，都市計画，国際協力など，多角的なアプローチが必要である。社会全体で協力し，持続可能な社会の実現を目指すことが重要である。

健康格差と社会的決定要因　健康状態は単なる個人の生活習慣だけでなく，社会経済的要因によって大きく左右される。所得，教育レベル，職業などの社会的決定要因が健康格差を生み出しており，これらに対する包括的なアプローチが必要である。

メディアリテラシーと健康情報　現代社会において，健康情報の氾濫が問題となっている。誤情報やフェイクニュースが健康に関する意思決定に影響を与える可能性があり，メディアリテラシー教育の重要性が高まっている。個人が適切な健康情報を選別し，理解する能力を身につけることが，健康増進と疾病予防に不可欠である。

■参考文献

マックス・ウェーバー（世良晃志郎訳）1964年『都市の類型学』創文社
川喜田愛郎（1977年）『近代医学の史的基盤（上・下）』岩波書店
宮島喬（1977年）『デュルケム社会理論の研究』東京大学出版会
エミール・デュルケム（井伊玄太郎訳）1989年『社会分業論（上・下）』講談社

トーマス・マキューン(酒井シヅ/田中靖夫訳)1992年『病気の起源——貧しさ病と豊かさ病』朝倉書店
ウルリッヒ・ベック(東廉/伊藤美登里訳)1998年『危険社会——新しい近代への道』法政大学出版局
マニュエル・カステル(大沢善信訳)1999年『都市・情報・グローバル経済』青木書店
スティーヴン・コールバーグ(甲南大学ヴェーバー研究会訳)1999年『マックス・ヴェーバーの比較歴史社会学』ミネルヴァ書房
高橋伸彰(2005年)『少子高齢化の死角——本当の危機とは何か』ミネルヴァ書房

第14章

都市化とコミュニティの変遷

　都市化とコミュニティの変遷は，社会学の中核的な分析課題である。産業革命以降の社会変動は，人々の生活様式と社会関係を根本的に変容させ，伝統的なコミュニティの解体と新たな都市的生活様式の台頭をもたらした。本章では，近代都市の出現から現代のポストモダン都市に至るまでの社会構造の変容を理論的に考察する。特に，シカゴ学派の都市生態学，デュルケームのアノミー理論，ボードリヤールのシミュレーション論など，都市社会学の理論的展開を詳細に検討する。また，グローバル化とデジタル化が進展する現代都市における多様性と創造性の相互作用，社会的排除の構造的メカニズム，そして持続可能な都市コミュニティの構築に向けた課題を，理論と実証の両面から分析する。

1　近代都市の出現

　近代社会の成立は，工業化と都市化という二つの大きな変化によって進展した。19世紀の産業革命は，社会のあらゆる側面に深刻な影響を与えた。工場の出現と機械化技術の発展により，生産の中心は農村から都市へと移行し，都市部への人口集中が加速した。この時期，農村から都市への大規模な人口移動が進み，新たな社会的課題が生じた。特に，都市部での急速な人口増加は，住宅不足，労働条件の悪化，そして衛生環境の劣悪さなど，数多くの問題を引き起こした。

　このような急激な社会変動に対応するため，社会学が発展した。産業革命を契機とする都市化の進展に伴い，伝統的な農村コミュニティの形態が崩壊し，新たな都市コミュニティが形成された。この都市化は社会的結びつきを弱め，個人主義の台頭をもたらした。フランスの社会学者エミール・デュルケーム

（Émile Durkheim, 1858-1917）は，この現象を「アノミー（anomie）」と呼び，社会的規範の喪失や価値観の混乱が個人のアイデンティティに与える影響を分析した。

アノミーとは，社会が提供する明確な規範や価値観が欠如する状態を指し，個人が自己の役割や意味を見失うことを意味する。デュルケームは，近代社会においては個人主義の増加が社会的統合の困難を引き起こし，これが人々の心理的安定に悪影響を及ぼすと指摘した。例えば，急激な経済変動や社会移動により，個人が従来の社会的地位や役割を喪失し，孤立感や疎外感を抱くようになる事態がアノミーの具体的な現れである。この理論は現代社会においても，グローバル化やテクノロジーの急速な進歩による社会変動を理解する上で重要な視座を提供している。

20世紀に入り，都市化の進展はさらに加速し，グローバル化の影響も顕著になった。都市は国際的な経済活動の中心地となり，グローバルなネットワークの一部として機能するようになった。このような変化が，都市コミュニティの再編を促し，地方分権やローカルアイデンティティの維持が重要な課題となった。これにより，都市計画の理念や手法も変化し，持続可能な都市の発展とコミュニティの形成が求められるようになった。

近代都市の出現と社会変動は，社会学の発展に大きな影響を与えた。20世紀初頭から中頃にかけて発展したシカゴ学派は，急速な都市化に伴う社会変動と都市問題の分析に大きく貢献した。ロバート・パーク（Robert Park, 1864-1944），アーネスト・バージェス（Ernest Burgess, 1886-1966），ルイス・ワース（Louis Wirth, 1897-1952）らが中心となって，人間生態学，同心円地帯理論，アーバニズム理論などの概念を通じて，都市の空間構造や社会関係を体系的に分析する枠組みを提供した。

人間生態学は都市を生態系になぞらえ，都市内部の競争や適応のメカニズムを説明した。シカゴ学派の理論は，都市を一種の生態系と見なし，そこに住む人々や組織が環境に適応し，相互に影響を及ぼし合いながら共存する様子を分析する。例えば，特定の民族集団が都市の特定の地域に集中して居住する現象や，商業地区の形成と変遷などを，生態学的な観点から説明しようとした。

同心円地帯理論は都市の空間構造を同心円状の地帯に分類し，都市の空間的

発展と社会階層の分布を理解する視点を提供した。バージェスが提唱したこの理論は，都市の中心から外側に向かって，中央業務地区，遷移地帯，労働者居住地区，中産階級居住地区，郊外居住地区という五つの同心円状の地帯が形成されるとした。この理論は，都市の空間構造と社会階層の関係を明確に示し，都市の発展過程を理解する上で重要な枠組みとなった。

アーバニズム理論は都市的生活様式が人々の行動や社会関係に与える影響を分析し，都市特有の社会関係や文化の形成を説明しようとした。ワースが提唱したこの理論は，都市生活が個人の行動や心理，社会関係にどのような影響を与えるかを考察した。都市の規模，密度，異質性という三つの要素が都市住民の生活様式や社会関係を形作るとされ，これによって都市特有の匿名性や表面的な人間関係，社会的孤立などの現象が説明された。

シカゴ学派は参与観察や事例研究などの質的研究方法を導入し，都市コミュニティの詳細な分析を可能にした。彼らの研究は，移民，貧困，犯罪などの都市問題に早くから注目し，これらの問題への理解を深めた。シカゴ学派の理論は，現代の都市社会学にも大きな影響を与え続けており，複雑化する現代都市の分析に向けて理論の発展が続いている。

以上のように，近代都市の出現は，産業革命を契機とする急激な社会変動と密接に結びついている。都市化の進展は新たな社会問題を生み出すと同時に，社会学という学問分野の発展を促した。デュルケームのアノミー理論や，シカゴ学派の諸理論は，都市社会の複雑な構造と動態を理解するための重要な視座を提供し，現代の都市研究にも大きな影響を与え続けている。これらの理論は，都市化がもたらす社会変動や，都市空間の構造，都市生活がもたらす心理的・社会的影響など，多様な側面から近代都市を分析する基盤を築いた。今日の都市社会学は，これらの古典的理論を基礎としつつ，グローバル化や情報化など新たな社会変動に対応するための理論的展開を続けている。

2 都市化の進展とコミュニティの変容

都市化の進展は，19世紀から20世紀にかけてさらに加速し，社会構造に大きな変化をもたらした。この過程で，従来の農村型コミュニティから都市型コミュニティへの移行が進んだ。都市への人口集中に伴い，匿名性の高い社会関

係が形成され，第一次的な人間関係（家族や近隣）の重要性が相対的に低下する一方，第二次的な人間関係（職場や趣味のグループなど）が多様化した。また，都市特有の生活様式や価値観が発達し，個人主義や合理主義が浸透していった。こうした変化は，コミュニティの形態や機能にも影響を与え，地縁的なつながりが弱まる反面，目的や関心を共有する新たな共同体が形成されるようになった。都市化の進展は，社会的流動性を高め，個人の選択肢を拡大させたが，同時にコミュニティの解体や孤立化といった課題も生み出した。

都市化は，伝統的なコミュニティの解体と新たな都市コミュニティの形成をもたらした。農村社会で見られた強固な血縁・地縁関係は都市社会では希薄化し，代わりに職場や趣味を通じた新たな社会関係が形成されるようになった。この過程で個人主義が台頭し，社会的結びつきが希薄になる傾向が見られた。

都市コミュニティの変容は，多様性と複雑性の増大を伴った。都市には異なる文化や価値観を持つ人々が集まり，相互作用を通じて新たな社会関係が形成された。この多様性は新たな文化や技術の発展を促進する一方で，社会的摩擦や対立を生む要因ともなった。都市の多様性は創造的な力を持つ反面，社会的不平等や競争を引き起こす原因ともなっている。

都市の社会構造も，多層的で複雑なものとなり，経済的な活動が中心となった。マックス・ウェーバー（Max Weber, 1864-1920）は，都市が経済活動の中心地であると同時に，社会的交流の場であることを指摘した。彼は，都市の多様性が新たな文化や技術の発展を促進する一方で，社会的不平等や競争をもたらす可能性があることを示した。

ウェーバーの都市論は，都市を単なる経済活動の場としてだけでなく，社会的・文化的な交流の場としても捉えている点が特徴的である。彼は，都市を「市場」と「要塞」の機能を併せ持つ存在として分析した。「市場」としての都市は，経済活動の中心地であり，商品の交換や生産が行われる場所である。一方，「要塞」としての都市は，外部からの脅威に対する防御機能を持ち，同時に政治的・行政的な中心としての役割も果たす。

社会学では，西洋の都市が特に重要な特徴を持っていると考えた。それは，自治権を持つ「コミューン（commune）」としての性格である。「コミューン」の概念は，単なる行政単位以上の意味を持ち，政治的・経済的・社会的に自立

した共同体としての都市のあり方を示す。西洋の都市は，封建的な支配から一定の自由を獲得し，市民による自治を実現した。この自治権は，都市の経済的発展と市民社会の形成に大きく寄与した。ウェーバーの理論で考察すれば，この西洋都市の特徴が，近代資本主義の発展と合理的な官僚制の形成に重要な役割を果たしたことがわかる。

さらに，ウェーバーは都市における社会的交流の重要性を強調した。都市は，異なる背景を持つ人々が出会い，相互作用する場所である。この社会的交流は，新しいアイデアや文化の創造，そして社会変革の源泉となる。同時に，ゲオルク・ジンメル（Georg Simmel, 1858-1918）の都市論では，都市における匿名性と個人主義の増大が，伝統的な社会規範や価値観の変容をもたらすと指摘された。また，ウェーバーは，この都市特有の社会関係が，近代社会の特徴である合理化と世俗化のプロセスを促進すると考えた。

ウェーバーの都市論は，都市の経済的側面と社会的側面を統合的に捉えることで，都市化がもたらす社会変動を包括的に理解する視座を提供している。彼の分析は，現代の都市研究においても重要な理論的基盤となっており，グローバル化や情報化が進展する現代都市を理解する上でも有効な視点を提供している。

都市化の進展は，都市と農村の関係性にも大きな変化をもたらした。都市と農村の間には，経済的な依存関係が生まれ，都市が農村の労働力や資源を吸収する形で発展した。これにより，農村は都市の経済活動に組み込まれ，農村の伝統的な生活様式やコミュニティの形態も変容していった。都市と農村の関係は，経済的な面だけでなく，文化的な面でも影響を及ぼし，農村文化が都市文化に取り込まれる一方で，都市文化が農村に浸透する現象も見られた。

この関係性の変化は，農村の社会構造にも大きな影響を与えた。農村から都市への人口流出は，農村コミュニティの弱体化をもたらした。若年層を中心とする人口流出は，農村の労働力不足や高齢化を加速させ，伝統的な農村文化の継承も困難になった。一方で，都市近郊の農村地域では，都市化の影響を受けて，農業以外の産業が発展し，都市的な生活様式が浸透するようになった。

都市と農村の境界も曖昧になりつつある。都市の拡大に伴い，かつての農村地域が都市化され，都市と農村が連続的につながる「都市圏」が形成されるよ

うになった。この過程で，都市近郊に新たな住宅地や商業施設が開発され，都市と農村の中間的な性格を持つ地域が増加した。

　さらに，交通・通信技術の発達により，都市と農村の物理的・心理的距離が縮まった。これにより，都市住民が農村地域に移住しながら都市での仕事を続ける「田園回帰」の動きや，農村地域での起業，農村観光の発展など，新たな都市-農村関係が生まれている。これらの動きは，近代化や都市化の流れに対する一種の反動として捉えることができ，ポストモダン社会における価値観の多様化や，生活の質を重視する傾向を反映している。

　このような都市化の進展とコミュニティの変容は，社会学的研究の重要なテーマとなっている。伝統的コミュニティの解体と新たな都市コミュニティの形成，ウェーバーの都市論に見られる経済活動と社会的交流の場としての都市の分析，そして都市と農村の関係性の変化は，現代社会を理解する上で欠かせない視点を提供している。これらの変化は，個人のアイデンティティ形成や社会関係の構築，文化の創造と伝播など，多岐にわたる影響を社会にもたらしており，今後も都市社会学の中心的な研究課題であり続けるだろう。

3　ポストモダン都市の特徴と社会構造の変化

　ポストモダン都市は，グローバル化や情報化の進展によって従来の近代都市とは異なる特徴を持つようになった。この変化は都市コミュニティのあり方を大きく変え，多様な社会的，経済的，文化的影響を及ぼした。ポストモダン都市の一つの特徴は，都市空間の断片化と多様化である。近代都市が一貫性のある都市計画や合理的な空間配置を重視したのに対し，ポストモダン都市は異質な要素が共存する複雑な空間構造を持つ。都市空間の断片化は，ショッピングモールやテーマパークといった消費空間の出現や，ゲーテッドコミュニティの増加によって顕著に表れている。これらの空間は，都市生活における消費の役割を強調し，都市の社会的分断を促進する要因となっている。

　都市の文化的側面においても，ポストモダン化の影響は顕著である。フランスの社会学者ジャン・ボードリヤール（Jean Baudrillard, 1929-2007）は，現代社会における「シミュレーション（simulation）」と「ハイパーリアリティ（hyperreality）」の概念を提唱した。「シミュレーション」とは，現実を模倣す

るのではなく，むしろ現実そのものを生成する過程を指す。例えば，ソーシャルメディア上の自己表現が，実際の自己よりも「より現実的」に感じられる現象がこれに当たる。

　この「シミュレーション」によって生み出された現実が「ハイパーリアリティ」である。ハイパーリアリティとは，現実を超えた虚構が現実のように感じられる状態を指し，オリジナルがなく実体のない「より現実的な現実」である。例えば，テーマパークやバーチャルリアリティ空間は，現実世界よりも「リアル」に感じられることがある。

　ボードリヤールは，メディアや広告がこれらの概念を通じて現実と虚構の境界を曖昧にする役割を果たしていると指摘した。現代都市では，記号やイメージが現実そのものを構築し，私たちの認識や経験を形作っているのである。ポストモダン都市では，メディアの影響が強く，都市空間自体が一種のシミュレーションとして機能することが多い。例えば，ラスベガスのカジノホテルやディズニーランドのようなテーマパークは，消費者に現実を超えた体験を提供することを目指して設計されている。現代社会では「本物」と「偽物」，「現実」と「虚構」の境界が崩壊しつつあり，これにより都市の文化は消費文化に大きく依存するようになっている。その結果，現実の社会問題が見えにくくなる危険性がある。

　ポストモダン都市におけるコミュニティ形成は，伝統的なコミュニティ概念とは異なる新たな形態を取ることが多い。近代都市では，コミュニティは主に地理的な近接性に基づいて形成されていたが，ポストモダン都市では，仮想空間やインターネットを通じたネットワーク型のコミュニティが重要な役割を果たしている。この結果，物理的な距離に関係なく，共通の興味や価値観を持つ人々がコミュニティを形成することが可能となった。この変化は，20世紀後半から21世紀にかけての情報技術革命と密接に関連しており，現代の社会学者たちから注目を集めている。

　このポストモダン都市におけるネットワーク型コミュニティの出現を理論化した代表的な学者の一人が，スペインの社会学者マニュエル・カステル（Manuel Castells, 1942-）である。カステルは，情報社会におけるネットワーク社会の概念を提唱し，インターネットやデジタル技術がコミュニティ形成に

与える影響を分析した。現代社会は「ネットワーク社会」として特徴づけられ，情報技術を基盤とした新たな社会構造が形成されている。このネットワーク社会では，情報の流れがグローバルに拡大し，社会的・経済的活動がネットワークを通じて組織化される。

このネットワーク社会の出現が都市の形態や機能にも大きな影響を与える。例えば，テレワークの普及により，従来の通勤パターンが変化し，都市の空間構造にも影響を与える可能性がある。また，電子商取引の発展は，従来の商業地区の役割を変容させ，都市の経済活動のあり方を変える可能性がある。

さらに，カステルは「フロー空間（space of flows）」と「場所空間（space of places）」という概念を提示した。フロー空間は，情報，資本，イメージなどが流れるグローバルなネットワーク空間を指し，場所空間は人々が日常生活を営む物理的な空間を指す。ポストモダン都市では，これら二つの空間が重層的に存在し，相互に影響を与え合っている。

ポストモダン都市における消費文化の浸透は，社会関係の変容をもたらした。消費は単なる物質的な欲求の充足ではなく，アイデンティティの形成や社会的地位の表現の手段となっている。ショッピングモールやテーマパークなどの消費空間は，単なる商品の購入の場ではなく，レジャーや社会的交流の場としても機能している。

この消費文化の浸透は，都市の景観や空間構造にも影響を与えている。例えば，都市の中心部には大規模な商業施設が建設され，歴史的な建造物や公共空間が商業化されるケースも見られる。これにより，都市の公共性が失われ，市民の社会的交流の場が減少するという問題も指摘されている。さらに，この消費文化の変容は都市の社会構造にも大きな影響を及ぼし，都市生活の流動性と不確実性を高めている。公共空間の減少と社会的交流の場の喪失は，人々の帰属意識や安定感を脅かし，都市生活者の心理的不安を増大させている。

このような都市環境の変化を背景に，ポストモダン都市の社会構造は，流動性と不確実性によって特徴づけられるようになった。この現象を理論的に分析したのが，イギリスの社会学者アンソニー・ギデンズ（Anthony Giddens, 1938-）である。ギデンズは，ポストモダン社会において人々が直面する「存在論的不安（ontological insecurity）」を指摘しており，都市における社会関係の

不確実性が人々のアイデンティティ形成に影響を与えると論じた。存在論的不安とは，現代社会において個人が経験する根本的な不確実性や不安定性の感覚を指す。これは，伝統的な社会構造や価値観が崩壊し，個人が自己のアイデンティティや人生の意味を絶えず再構築しなければならない状況から生じる。それに加えて，都市の流動性は，経済活動や労働市場の変動，ライフスタイルの多様化によって増大し，人々は絶えず変化する環境に適応する必要に迫られている。この結果，都市生活は多様な選択肢を提供する一方で，社会的な安定性の欠如を招いている。

ポストモダン都市の特徴と課題を理解するためには，前述した理論的視点が重要である。都市の空間的断片化，シミュレーションとハイパーリアリティの浸透，ネットワーク型コミュニティの形成，消費文化の影響，そして社会構造の流動性と不確実性は，現代の都市生活を特徴づける重要な要素となっている。これらの変化は，都市計画や社会政策にも大きな影響を与えており，持続可能な都市発展や社会的包摂を実現するための新たなアプローチが求められることとなっている。

4　グローバル都市とローカルコミュニティの関係

グローバル都市の出現は，20世紀後半から21世紀にかけての都市化とグローバル化の進展によってもたらされた。これらの都市は，国際的な経済活動の中心地として機能し，多国籍企業や国際金融機関が集積する場となっている。グローバル都市の経済的特徴として，高度な金融サービス業の集中，国際的な情報ネットワークの中枢機能，そしてグローバルな経済活動を支える専門サービス業の発達が挙げられる。

このようなグローバル都市の発展は，都市の空間構造にも大きな影響を与えている。特に顕著なのは，都市内部での空間的分極化である。高所得者層や国際的なビジネスエリートが集まる地域と，低所得者層や労働者階級が居住する地域との間で，経済的・社会的な格差が拡大している。この空間的分極化は，都市の中心部に高層ビルや豪華な商業施設が建ち並ぶ一方で，その周辺には低所得者向けの住宅地や移民コミュニティが形成されるという形で顕在化している。このような都市空間の再編成は，単なる自然な発展ではなく，グローバル

な資本の流れと密接に関連した計画的な都市再開発の結果でもある。

このグローバル都市における空間的分極化と都市再開発のプロセスを理論的に分析したのが、イギリスの地理学者デイヴィッド・ハーヴェイ（David Harvey, 1935-）である。ハーヴェイは、資本の流動性と都市再開発の関係を分析し、グローバル都市における経済的な不平等の拡大とその社会的影響を指摘した。ハーヴェイの理論によれば、資本主義システムには過剰資本の問題があり、これを解決するために都市空間が絶えず再構築されるプロセスが生じる。彼はこれを「資本の空間的固定（spatial fix of capital）」と呼び、都市再開発はこのプロセスの一形態であると論じた。このアプローチは、グローバル資本主義システムと都市空間の変容との密接な関係を明らかにし、空間的分極化の根本的な原因を説明するものである。

ハーヴェイは、このような都市再開発のプロセスを、経済学者シュンペーターの概念を借りて「創造的破壊」と呼び、資本主義システムに内在する矛盾の一つの現れであると指摘した。彼の理論によれば、都市再開発は資本の蓄積サイクルの一部であり、新たな投資機会を創出し経済成長を促進する一方で、社会的不平等を拡大し、都市のコミュニティ構造を変容させる。この過程で、ハーヴェイが「空間的不均等発展」と呼ぶ現象が生じ、低所得者層や移民コミュニティが周縁化され、都市中心部から排除されるジェントリフィケーション（地域の高級住宅化）の問題も生じる。

ハーヴェイの理論は、グローバル都市における空間的分極化と社会的排除のメカニズムを理解する上で重要な視点を提供している。彼の分析は、都市開発が単なる物理的な空間の変化ではなく、社会的・経済的な力学が複雑に絡み合った過程であることを示している。この視点は、都市空間の再構築を通じて資本がどのように蓄積され、同時に社会的不平等がどのように生み出されるかを明らかにしている。

さらに、ハーヴェイは、こうした都市の変容過程に対する社会運動や市民の抵抗の可能性も指摘している。彼の理論は、都市空間をめぐる政治的闘争の重要性を強調し、より公平で包摂的な都市づくりへの道筋を探る上で重要な理論的基盤を提供している。このアプローチは、都市計画や都市政策を考える上で、経済的効率性だけでなく、社会的公正や環境的持続可能性といった要素も考慮

に入れる必要性を示唆している。

　一方，このようなグローバル都市の発展に対して，ローカルコミュニティはさまざまな形で対応を試みている。ローカルコミュニティは，都市の経済発展の恩恵を受けるが，自らのアイデンティティや文化を守るための取り組みも行っている。例えば，地元の商店街や市場は，グローバルなチェーン店や大型商業施設に対抗して，独自の魅力を打ち出し，地域住民との結びつきを強化する努力をしている。このような動きは，ローカルコミュニティの持続可能性を高め，都市の多様性を維持するために重要である。

　ローカルコミュニティの取り組みは，社会的な包摂を促進する上でも重要である。多文化共生の視点から，地域住民が異なる背景を持つ人々と協力し合い，共に生活するための環境を整えることが求められている。都市計画においても，ローカルコミュニティのニーズを反映し，多様な文化や価値観が共存できる空間を創出することが重要である。これは，都市の持続可能な発展と社会的統合を実現するための鍵となる。

　多文化共生の実現には，言語や文化の違いを乗り越えるための取り組みが必要である。例えば，多言語での情報提供や通訳サービスの充実，異文化理解のための教育プログラムの実施などが挙げられる。また，移民や外国人労働者の権利保護や社会保障制度へのアクセス改善も重要な課題である。これらの取り組みを通じて，多様な背景を持つ人々が互いの違いを尊重し合い，共に地域社会を形成していくことが可能となる。

　しかし，多文化共生の実現には多くの課題が存在する。文化的な摩擦や言語の壁，差別や偏見の問題など，乗り越えるべき障害は少なくない。特に，既存のコミュニティと新たに流入してくる移民コミュニティとの間の対立や軋轢は，しばしば深刻な社会問題となる。これらの課題に対処するためには，長期的な視点に立った社会統合政策と，地域レベルでの草の根的な取り組みの両方が必要である。

　グローバル都市とローカルコミュニティの関係は，常に緊張と協調のバランスの上に成り立っている。グローバル化がもたらす経済的機会と文化的多様性は，都市の発展と創造性の源泉となる一方で，社会的格差の拡大や伝統的なコミュニティの崩壊といった問題も引き起こす。この複雑な関係性を適切に管理

し，持続可能な都市発展を実現するためには，グローバルな視点とローカルな視点を統合した包括的なアプローチが必要である。

都市計画や政策立案においては，グローバル経済の要請に応えつつ，ローカルコミュニティの権利や利益を保護するバランスの取れた施策が求められる。例えば，都市再開発プロジェクトを実施する際には，経済的利益だけでなく，既存のコミュニティへの影響や社会統合の視点からも慎重に検討する必要がある。また，多文化共生を推進するためには，教育，雇用，住宅など，さまざまな分野での包括的な取り組みが不可欠である。

グローバル都市とローカルコミュニティの関係は，現代の都市社会学において重要なテーマであり続けている。この関係性を適切に理解し，ガバナンスしていくことは，都市の持続可能な発展と社会的統合を実現する上で極めて重要である。今後も，グローバル化の進展と都市の変容に応じて，新たな研究アプローチや政策提言が必要とされるだろう。

5　都市計画とコミュニティ形成の挑戦

都市計画は，都市の経済的・社会的発展を支える基盤として重要な役割を果たしている。その目標は，持続可能な発展を実現し，住民の生活の質を向上させることにある。しかし，都市計画の実施においては，さまざまな課題が存在する。これらの課題には，環境保護，共生社会の促進，経済的繁栄のバランスを取ることが含まれる。

都市計画の基本的な目的は，都市の経済・社会発展，土地利用，空間配置，および各種建設の総合的配置を計画し，具体的な手配を行い，実施管理をすることである。このように，都市計画は単なる技術的な活動ではなく，社会調整機能や公共政策としての側面も持つ。持続可能な都市計画においては，環境負荷の低減，資源の効率的利用，生物多様性の保全などが重要な課題となる。例えば，再生可能エネルギーの導入や公共交通機関の整備，グリーンインフラの推進などが，環境保護の観点から重要である。

包括的な社会統合の推進も，持続可能な都市計画の重要な目標である。都市は多様な人々が集まる場所であり，経済的・社会的な格差が存在する。これに対処するためには，住宅政策の見直しや貧困削減プログラムの実施などが必要

である。例えば，低所得者向けの住宅供給や生活支援サービスの充実は，社会的な不平等を緩和し，すべての住民が安心して生活できる環境を提供する。

　経済的繁栄の追求も，都市計画の重要な目標である。しかし，経済成長の追求が環境破壊や社会的格差の拡大につながることがないよう，慎重なバランスが必要である。持続可能な経済発展のためには，地域資源を活用した産業の育成や，イノベーションを促進する環境の整備が重要である。また，グリーン経済やシェアリングエコノミーなど，新しい経済モデルの導入も検討される。

　都市計画の成功には，住民の参加が不可欠である。住民参加型の街づくりは，地域の住民が自らの手で街を創り上げるプロセスを通じて，地域コミュニティの絆を強化し，地域社会の持続可能性を高めることを目的としている。例えば，多世代交流の促進や地域資源を活用した経済活動の創出などがその一例である。これにより，住民は計画の各段階で意見を反映させることができ，計画の実効性と地域への適合性が高まる。

　住民参加型の街づくりには，ワークショップやタウンミーティングの開催，オンラインプラットフォームの活用など，さまざまな手法が用いられる。これらの取り組みを通じて，住民の意見や要望を直接聞き取り，それを計画に反映させることができる。また，住民参加のプロセスそのものが，地域コミュニティの強化につながる。住民同士が対話を重ね，地域の課題や将来像を共有することで，コミュニティの結束力が高まる。

　情報技術の発達は，都市計画の新たな可能性を開く。スマートシティの概念は，IoTやAIを活用して都市機能を最適化し，住民の生活の質を向上させる試みである。例えば，交通渋滞の緩和，エネルギーの効率的な管理，防犯システムの強化など，さまざまな分野での応用が期待されている。これにより，都市の運営が効率化され，環境負荷の軽減にも寄与する。

　スマートシティの実現には，センサーネットワークやビッグデータ分析，AI技術などが活用される。例えば，交通システムにおいては，リアルタイムの交通情報を収集・分析し，信号制御や公共交通機関の運行を最適化することで，渋滞の緩和や環境負荷の低減が図られる。また，エネルギー管理においては，スマートグリッドの導入により，再生可能エネルギーの効率的な利用や電力需給の最適化が可能となる。

しかし，スマートシティの推進には課題もある。プライバシーの保護や情報セキュリティの確保，デジタルデバイドの解消などが重要な課題となる。また，技術偏重に陥ることなく，人間中心の都市づくりを心がける必要がある。スマートシティ技術は，あくまでも住民の生活の質向上と都市の持続可能性を実現するための手段であり，目的ではないことを常に意識しなければならない。

　都市計画には，地域ごとの特性を考慮した柔軟な対応を求められる。例えば，アフリカの都市では急速な人口増加と経済発展が見られる一方で，インフラの整備が遅れているため，住民の生活環境は依然として厳しい状況にある。南アジアでは，都市化が進む中で経済成長が加速しているが，貧困層の生活改善には課題が残っている。一方，ラテンアメリカでは，中産階級の拡大が見られるが，一部の都市では治安の悪化が懸念されている。

　このように，都市計画はその地域の特性や住民のニーズに応じた多角的なアプローチが必要である。持続可能な都市の実現には，環境面だけでなく，社会的・経済的側面でのバランスの取れた発展が不可欠である。都市と農村が相互に補完し合いながら共存共栄するためのビジョンが求められている。

　地域特性を考慮した柔軟な都市計画アプローチには，歴史的・文化的背景の理解も重要である。例えば，歴史的な建造物や伝統的な街並みを保存しながら，現代的な機能を調和させる取り組みが求められる。また，地域の気候条件や地理的特性に適した建築様式や都市構造の採用も必要である。

　さらに，人口動態や産業構造の変化にも柔軟に対応する必要がある。例えば，人口減少が進む地域では，コンパクトシティの概念を取り入れ，都市機能の集約化を図ることで，効率的な都市運営を目指す。一方，人口増加が続く地域では，適切な都市拡大の管理と公共サービスの拡充が課題となる。

　都市計画とコミュニティ形成は，複雑かつ多面的な課題に直面している。持続可能な発展，社会的包摂，経済的繁栄のバランスを取りながら，住民参加型の街づくりを推進し，新技術を適切に活用していくことが求められる。同時に，地域の特性や課題に応じた柔軟なアプローチを採用することで，真に住民のニーズに応える都市計画が可能となる。都市計画は，すべての住民が豊かで充実した生活を享受できる社会の実現に向けて，不断の努力を続けていくことが重要である。

6　都市問題と社会的排除

　都市化の進展に伴い，多くの都市で社会的排除と格差が深刻化している。特に，過密化，貧困，住宅不足，環境問題が都市の社会構造に大きな影響を与え，社会的排除を顕在化させている。現代都市が直面するこれらの問題は，都市の持続可能な発展を阻害する要因となっており，早急な対策が求められている。

　貧困は都市問題の中でも特に深刻な課題である。都市部には商業施設や娯楽施設が集積しており，これらの施設は都市の経済活動を支えるとともに，住民や観光客に多様なサービスを提供している。しかし，このような発展は一部の富裕層に恩恵をもたらす一方で，多くの都市住民に貧困と不安定な生活を強いている。過度都市化の結果，スラム地域が拡大し，そこに住む人々は劣悪な住環境と低賃金労働に依存せざるを得ない状況にある。

　住宅不足も深刻な問題である。急速な人口増加に伴い，適切な住宅の供給が追いつかず，多くの都市住民が不適切な居住環境を強いられている。特に低所得者層にとっては，適切な住宅の確保が困難であり，これが社会的排除を助長する一因となっている。また，ジェントリフィケーションの進行により，従来の居住者が立ち退きを余儀なくされるケースも増加しており，コミュニティの分断や社会的結束の弱体化を招いている。

　環境問題も都市が直面する重要な課題である。急速な都市化により，インフラ整備が人口増加に追いつかず，水質汚染や大気汚濁，廃棄物処理の問題が深刻化している。これらの環境問題に対処するためには，計画的な都市開発と包括的な社会政策が不可欠である。多くの発展途上国では，財政的・技術的な制約からこれらの課題に十分に対応できていないのが現状である。今後，発展途上国の持続可能な発展を実現するためには，都市化の課題に効果的に取り組むことが重要となる。

　社会的排除とは，特定の社会集団が経済的，社会的，政治的活動から排除される現象を指す。都市では，低所得者層，移民，マイノリティがしばしばこの排除の対象となり，劣悪な住環境や公共サービスの不足に苦しんでいる。社会的排除のメカニズムは複雑であり，経済的要因，制度的要因，文化的要因が複合的に作用している。

　経済的要因としては，労働市場からの排除が挙げられる。グローバル化や技

術革新により，低技能労働者の雇用機会が減少し，長期失業や不安定雇用に陥りやすくなっている。これにより，安定した収入を得ることができず，貧困のサイクルに陥る人々が増加している。

　制度的要因としては，公共サービスへのアクセスの不平等が挙げられる。教育や医療，社会保障などの公共サービスが十分に提供されない地域や，サービスへのアクセスが制限される社会集団が存在し，これが社会的排除を助長している。また，法制度や行政の仕組みが特定の集団に不利に働く場合もある。

　文化的要因としては，差別や偏見が挙げられる。特定の民族や宗教，性的指向などに対する社会的な偏見や差別が，就職や住宅の確保，社会参加の機会を制限し，社会的排除につながっている。

　社会的排除の影響は，個人レベルでは貧困の固定化や健康状態の悪化，教育機会の喪失などが挙げられる。社会全体では，社会的結束の弱体化や犯罪の増加，経済的損失などの問題を引き起こす。これらの影響は相互に関連し合い，社会的排除の悪循環を形成している。

　インフォーマルセクターの拡大も，都市の二極化を促進する要因となっている。インフォーマルセクターでの労働は，不安定で低賃金であり，労働者の権利も十分に保護されていない。路上販売や日雇い労働，家内工業などがその例であり，これらの仕事に従事する人々が多くなっていることは都市の社会的・経済的格差を拡大させる要因となっている。一部の富裕層が近代的な都市生活を享受するが，多くの都市住民が貧困と不安定な生活を強いられるという二極化が進行している。

　この二極化は都市の空間構造にも反映されており，高所得者層が居住する地域と低所得者層が集中する地域が明確に分かれる傾向がある。このような空間的分離は，社会的統合を困難にし，異なる社会階層間の交流を妨げる要因となっている。

　これらの問題に対処するためには，すべての人のエンパワーメントを目指す政策と取り組みが不可欠である。共生社会の創造とは，すべての人々が社会の一員として尊重され，経済的・社会的・文化的生活に参加できるようにすることを目指す概念である。具体的な政策としては，以下のようなものが挙げられる。

まず，貧困対策としては，最低賃金の引き上げや社会保障制度の拡充，職業訓練プログラムの提供などが重要である。これにより，低所得者層の生活基盤を安定させ，貧困からの脱却を支援することができる。

　住宅政策においては，低所得者向けの公営住宅の供給や，民間賃貸住宅への補助金制度の導入などが効果的である。また，混合所得コミュニティの形成を促進することで，社会的統合を図ることも重要である。

　環境問題に対しては，持続可能な都市計画の推進が不可欠である。公共交通機関の整備や再生可能エネルギーの導入，グリーンインフラの推進などを通じて，環境負荷の低減を図る必要がある。

　すべての人々が等しく機会を得られるよう，教育や医療へのアクセスを改善することが重要である。特に，マイノリティや移民の子どもたちに対する教育支援や，多言語での医療サービスの提供などが求められる。

　また，コミュニティ形成の支援も重要な取り組みである。地域住民の交流の場を設けたり，多文化共生イベントを開催したりすることで，異なる背景を持つ人々の相互理解を促進することができる。

　これらの政策や取り組みを効果的に実施するためには，行政，市民社会，企業など，多様なアクターが協力して共生社会の構築に取り組むことが不可欠である。特に，当事者である社会的排除を受けている人々の声を政策形成の過程に反映させることが重要である。

　都市問題の解決と，すべての人々が尊重され参加できる社会の実現には，長期的な視点と持続的な取り組みが必要である。これは，背景や属性にかかわらず，すべての市民が都市の意思決定に関与し，その恩恵を等しく享受できる環境を作ることを意味する。こうした課題に真摯に取り組むことで，より公正で持続可能な都市社会が実現可能となる。

　都市は多様性と創造性の源泉であり，その潜在力を最大限に引き出すには，社会的障壁の除去と周縁化された集団の社会参加を促進することが不可欠である。アクセシブルな公共空間の創出や包括的な政策の実施を通じて，すべての人々を包み込む社会を構築することで，都市は真の持続可能な発展を遂げられる。

7 未来の都市コミュニティと持続可能な発展

　未来の都市コミュニティを構築するためには，持続可能な発展を念頭に置いた多角的なアプローチが必要である。社会的公正，環境保護，経済的活力を統合し，都市と農村の関係性を再考し，デジタル技術を活用しつつ，グローバルな視点を持つことが求められる。

　まず，多様性を尊重し公平な機会を提供する社会づくりが不可欠である。低所得者層，移民，マイノリティへの支援を通じて，すべての住民が安心して生活できる環境を提供することが重要である。これには，適切な住宅政策，教育機会の平等，医療サービスへのアクセス改善などが含まれる。同時に，地域住民の主体的参加を促進し，多文化共生を推進することで，多様性豊かで活力ある都市社会を実現できる。例えば，地域のコミュニティセンターでの多文化交流イベントの開催や，多言語での行政サービスの提供などが考えられる。

　環境保護も持続可能な都市コミュニティの構築において欠かせない要素である。再生可能エネルギーの導入，グリーンインフラの推進，都市公園や緑地帯の整備など，環境に配慮した都市設計を行うことが重要である。具体的には，太陽光パネルや風力発電所の設置，雨水浸透施設の整備，生物多様性に配慮した公園設計などが挙げられる。これらの取り組みにより，都市の環境負荷を軽減し，気候変動への適応力を高めることができる。

　経済的な側面では，持続可能な発展を支える新たな経済モデルが求められる。地元経済の活性化や地域資源を活用した経済活動の創出を推進することが重要である。例えば，地域内での生産と消費を促進するローカルエコノミーの推進や，地域の自然や文化を活かしたエコツーリズムの導入などが考えられる。これらの取り組みにより，地域経済の持続可能性が高まり，都市の経済的基盤が強化される。また，シェアリングエコノミーやサーキュラーエコノミーといった新しい経済概念の導入も，持続可能な都市経済の実現に寄与する可能性がある。

　未来の都市コミュニティを構築するためには，都市と農村の関係性も再考する必要がある。両者の強みを活かした連携を構築することが重要である。例えば，都市と農村を結ぶ短いサプライチェーンの構築により，新鮮で安全な食料の供給と農村経済の活性化を同時に実現できる。また，都市住民の農村体験活

動を促進することで，農村への理解を深め，都市と農村の交流を活性化することができる。さらに，農村の自然環境を活用した健康増進プログラムの実施など，都市住民の心身の健康維持に農村が貢献する取り組みも考えられる。これらの施策により，都市と農村が相互に補完し合い，持続可能な地域発展を実現することが可能となる。

情報技術の進化は，デジタルコミュニティの可能性を広げている。物理的な距離を超えたコミュニティ形成が可能となり，新たな形の社会参加や協働が生まれている。例えば，オンライン上での市民参加型の都市計画プラットフォームや，地域の課題解決のためのクラウドソーシングなどが挙げられる。これらの取り組みにより，より多様な市民の声を都市政策に反映させることが可能となる。ただし，デジタルデバイドの解消やプライバシー保護，情報セキュリティの確保など，デジタル技術の活用に伴う課題にも十分な注意を払う必要がある。

持続可能な都市開発を実現するためには，国際協力とグローバルな視点が不可欠である。都市化の課題は世界共通のものであり，国際的な協力と知識の共有が重要となる。特に発展途上国の都市開発においては，先進国からの技術援助や資金支援が求められる。例えば，持続可能な都市インフラの整備や，環境に配慮した都市計画の策定支援などが考えられる。同時に，各地域の特性を考慮した柔軟なアプローチを採用し，地域の文化や社会経済的状況に適した持続可能な都市開発を進める必要がある。国際機関やNGOとの連携を強化し，グローバルな視点から持続可能な都市開発を推進することも重要である。

これらの要素を統合的に推進することで，より包摂的で持続可能な都市社会の創造が可能となる。未来の都市コミュニティは，社会的公正の実現，環境保護，経済的持続可能性を基盤とし，都市と農村の新たな関係性，デジタル技術の適切な活用，そしてグローバルな協力を通じて形成される。こうした取り組みは，単に都市の問題解決にとどまらず，地球規模での持続可能な開発目標（SDGs）の達成に貢献することができる。未来の都市は，多様性と創造性を育む場として，人々の暮らしを豊かにし，持続可能な社会の実現に向けた重要な役割を果たすことが期待されるのである。

8　都市の多様性と創造性

　都市は多様な文化や専門知識を持つ人々が集まる場所であり，この多様性が都市の創造力と革新性を高める主要な要因となっている。この過程は知識の融合，文化的クロスオーバー，多様な視点によるイノベーションといったメカニズムによって説明できる。例えば，サンフランシスコのシリコンバレーでは，技術者，デザイナー，起業家の密接な交流が革新的なテクノロジー製品を生み出している。ニューヨークのブルックリンでは，さまざまな国籍の移民たちの文化融合が独自の音楽シーンや料理文化を発展させている。また，コペンハーゲンでは，市民，企業，行政の協力が持続可能な都市設計と生活の質の向上を実現している。

　現代の都市社会学者たちは，都市の多様性と創造性の関係について新たな視点を提供している。リチャード・フロリダ（Richard Florida, 1957-）は創造的階級論を提唱し，多様性に富み寛容で開放的な都市環境が創造的な人材を引きつけ，イノベーションと経済成長を促進すると主張した。一方，サスキア・サッセン（Saskia Sassen, 1947-）はグローバル都市論において，グローバル都市における多様性が国際的な経済ネットワークの中で重要な役割を果たすと論じた。

　これらの理論を補完する形で，カステルは「ネットワーク社会」の概念を提唱し，情報技術の発達により都市がグローバルなネットワークの結節点となり，その多様性と創造性が強化されると論じた。さらに，グローバル化された世界における都市間の階層的なネットワーク構造を分析し，都市の多様性がこのネットワーク内での地位に影響を与えることを示した。

　これらの理論は共通して，グローバル化により都市や地域が遠隔の場所と結びつき，多様な影響を受けていることを指摘している。そのため，地域を閉じた単位として捉える従来の地域主義では不十分だという主張がある。代わりに，都市をグローバルなフローとネットワークの中に位置づけ，その多様性と創造性を理解する新たなアプローチが求められている。

　デジタル技術の発展は，都市の多様性と創造性の関係に新たな次元を加えている。例えば，バーチャルコミュニティと創造的協働の例として，GitHubでは世界中の開発者がオープンソースソフトウェアを共同開発している。クラウ

ドソーシングと都市問題解決の取り組みとしては、メキシコシティの市民参加型プラットフォーム「Lab for the City」が挙げられる。一方で、情報技術へのアクセスの格差が創造的潜在能力の発揮を阻害する可能性もあり、ニューヨーク市では「LinkNYC」プログラムを通じてデジタルデバイドの克服に取り組んでいる。

都市の多様性と創造性に関する今後の研究の方向性としては、創造的階級の役割の再評価、イノベーション・エコシステムの形成過程の解明、多様性の質的側面の分析、都市間ネットワークと創造性の関係性の検討、そして新型コロナウイルス感染症のパンデミック後における都市の多様性と創造性の変容研究などが考えられる。これらの研究を通じて、都市の多様性と創造性の複雑な関係性をより深く理解し、持続可能で包摂的な都市発展に向けた知見を得ることが期待される。

本章のポイント

近代都市の出現(19世紀) 産業革命を契機に、生産の中心が農村から都市へ移行し、大規模な人口移動が起こった。これにより伝統的な農村コミュニティが崩壊し、新たな都市コミュニティが形成された。

都市化とコミュニティの変容(19世紀末〜20世紀初頭) 都市化の進展により、社会的結びつきが弱まり、個人主義が台頭した。デュルケームはこの現象を「アノミー」と呼び、社会的規範の喪失が個人のアイデンティティに与える影響を分析した。

シカゴ学派の貢献(20世紀初頭〜中頃) ロバート・パークらシカゴ学派の研究者たちは、人間生態学や同心円地帯理論などを通じて、都市の空間構造や社会関係を体系的に分析する枠組みを提供した。

ポストモダン都市の特徴(20世紀後半〜) グローバル化や情報化の影響を受け、都市空間の断片化や消費文化の浸透が進んだ。ボードリヤールのシミュレーションとハイパーリアリティの概念が、現代都市を理解する上で重要となった。

グローバル都市とローカルコミュニティ(21世紀) グローバル都市の発展は経済的繁栄をもたらす一方で、社会的格差の拡大や地域コミュニティの衰退といった課題も引き起こしている。ハーヴェイの理論は、都市再開発と社会的不平等の関係を分析している。

都市計画とコミュニティ形成の課題 都市計画において多様な市民のニーズと声を反映させることで、よりよい都市づくりが可能となる。住民参加型の街づくりやスマートシティの概念など、新たな都市計画のアプローチが求められている。

都市問題と社会的排除　急速な都市化は，貧困，住宅不足，環境問題などを引き起こし，社会的排除の問題を顕在化させている。これらの問題に対処するためには，持続可能な都市計画と包括的な社会政策が求められる。

未来の都市コミュニティと持続可能な発展　社会的包摂，環境保護，持続可能な経済発展を統合した包括的アプローチが必要である。具体的には，低所得者層や移民への支援，再生可能エネルギーの導入，地域資源を活用した経済活動の創出などが重要である。都市と農村の関係性も再考が必要で，短いサプライチェーンの構築や農村体験活動の促進などが考えられる。デジタル技術の活用では，オンライン上の市民参加型プラットフォームなどが新たな可能性を提供している。同時に，国際協力とグローバルな視点から持続可能な都市開発を推進することも重要である。

都市の多様性と創造性　都市の多様性は創造力と革新性を高める重要な要因である。この過程は知識の融合，文化的クロスオーバー，多様な視点によるイノベーションといったメカニズムによって説明できる。リチャード・フロリダの創造的階級論やサスキア・サッセンのグローバル都市論は，都市の多様性と創造性の関係に新たな視点を提供している。一方で，多様性は社会的摩擦や対立を生む原因ともなり得るため，これらの課題に対する建設的な解決策も必要である。

デジタル技術と都市の未来　デジタル技術の発展は，都市の多様性と創造性の関係に新たな次元を加えている。バーチャルコミュニティやクラウドソーシングなどの手法が，都市問題の解決や創造的協働に活用されている。例えば，GitHubでのオープンソース開発やメキシコシティの「Lab for the City」などが挙げられる。一方で，デジタルデバイドの問題も存在し，ニューヨーク市の「LinkNYC」プログラムのような取り組みが重要となっている。今後の研究では，新型コロナウイルス感染症のパンデミック後の都市の多様性と創造性の変化など，新たな課題に対する分析が期待される。

参考文献

マックス・ウェーバー（世良晃志郎訳）1964年『都市の類型学』創文社

ロバート・パークほか（大道安次郎ほか訳）1972年『都市——人間生態学とコミュニティ論』鹿島研究所出版会

タルコット・パーソンズほか（鈴木広訳編）1978年『都市化の社会学（増補版）』誠信書房

ロバート・パーク（町村敬志／好井裕明編訳）1986年『実験室としての都市——パーク社会学論文選』御茶の水書房

フレドリック・R・ジェイムソン（鈴木聡ほか訳）1993年『のちに生まれる者へ——ポストモダニズム批判への途 1971-1986』紀伊國屋書店

マニュエル・カステル（石川淳志監訳）1997年『都市とグラスルーツ——都市社会運動の比較文化理論』法政大学出版局

第14章　都市化とコミュニティの変遷

ゲオルク・ジンメル（北川東子／鈴木直訳）1999年『ジンメル・コレクション』筑摩書房
ジークムント・バウマン（森田典正訳）2001年『リキッド・モダニティ――液状化する社会』大月書店
中野正大・宝月誠編（2003年）『シカゴ学派の社会学』世界思想社
リチャード・フロリダ（井口典夫訳）2008年『クリエイティブ資本論――新たな経済階級の台頭』ダイヤモンド社
アッシュ・アミン（森正人訳）2008年「開かれた地域――場所の新しい政治学に向けて」『空間・社会・地理思想』第12号（59-72頁）九州大学大学院人文科学研究院地理学講座
ジャン・ボードリヤール（今村仁司ほか訳）2015年『消費社会の神話と構造（新装版）』紀伊國屋書店
エミール・デュルケーム（宮島喬訳）2018年『自殺論』中央公論新社
サスキア・サッセン（伊豫谷登士翁監訳）2018年『グローバル・シティ』筑摩書房
アンソニー・ギデンズ（秋吉美都ほか訳）2021年『モダニティと自己アイデンティティ――後期近代における自己と社会』筑摩書房
デイビッド・ハーヴェイ（吉原直樹監訳）2022年『ポストモダニティの条件』筑摩書房

第15章

社会変動の理論とグローバル経済秩序

　社会変動の理論的解明は，近代社会学の中核的課題である。資本主義世界システムの形成と産業化の諸過程は，多様な社会構造を根本的に変容させ，新たな国際分業体制と構造的権力関係を生み出した。この変容過程の分析には，歴史的文脈の理解と構造的視点の導入が不可欠である。本章では，社会変動の多元的要因を理論的に考察し，進化論や循環論，機能主義，紛争論など多様な理論的アプローチの体系的な検討を行う。特に，経済成長と社会構造の変容の相互作用，先進国と発展途上国の発展経路の差異，グローバル経済の構造的不平等の問題を中心に分析を進める。また，収斂論からの転換やポスト工業社会の多元的変容に注目し，現代社会の構造変動を理論的に解明する。これらの考察を通じて，グローバル化時代における社会変動の本質と課題を明らかにする。

1　社会変動の多元的要因

　社会変動は複雑で多面的なプロセスであり，さまざまな要因が相互に作用して引き起こされる。社会学者や人類学者は，これらの要因を主に七つの主要な原因に分類している。物質環境，人口，技術，非物質文化，文化進展，経済発展，そして変動を促進する意図的な努力である。これらの要因は，非個人的なものから極めて個人的なものまで幅広い範囲に及ぶ。

　物質環境の変化は，社会変動の顕著な原因の一つである。自然災害のような突発的な事象は，コミュニティの分断や新たな社会的つながりの構築の困難さをもたらす。例えば，洪水や地震は，被災地域の社会構造を一瞬にして変えてしまうことがある。一方，工業汚染のような漸進的な変化も，長期的にはコミュニティの生活に大きな影響を与える。水質汚染による漁業への影響は，漁

村の経済構造や生活様式を根本的に変える可能性がある。

　人口の変化も社会変動の重要な要因である。特にグローバル・サウスの国々における急激な人口増加は，都市化の加速や社会制度の変革を促す。人口増加は，住宅，教育，医療などの社会インフラに大きな負担をかけ，都市計画や公共政策の見直しを迫る。また，人口構成の変化も社会に大きな影響を与える。例えば，多くの先進国で進行する高齢化は，年金制度や医療制度に再構築を迫り，労働市場や消費構造にも変化をもたらす。さらに，一部の国で見られる性別比率の不均衡は，婚姻パターンや家族構造に影響を与え，社会規範の変化を引き起こす可能性がある。

　技術の進歩は，社会変動の強力な推進力となる。新技術の導入は，しばしばその社会的影響を十分に予測せずに行われ，予期せぬ結果をもたらすことがある。例えば，インターネットの普及は，コミュニケーションの方法，情報へのアクセス，ビジネスモデル，さらには政治参加の形態まで，社会のあらゆる側面に革命的な変化をもたらした。ウィリアム・オグバーン（William Fielding Ogburn, 1886-1959）の「文化遅滞（cultural lag）」の概念は，技術の急速な発展と非物質文化の適応の遅れの間の不均衡を説明する上で有用である。例えば，ソーシャルメディアの急速な普及に対して，プライバシー保護や情報リテラシー教育が追いついていない状況は，この概念によって説明できる。

　非物質文化の変化も社会変動の重要な要因である。マックス・ウェーバー（Max Weber, 1864-1920）の研究が示すように，文化的価値観やイデオロギーの変化は，社会制度の発展に大きな影響を与える。彼は，プロテスタントの労働，貯蓄，成功に関する価値観と思想がヨーロッパにおける資本主義制度の発展を促進したと考えた。例えば，環境保護意識の高まりは，企業の行動や政府の政策に変化をもたらし，「持続可能な発展」という新たな社会的パラダイムを生み出している。また，フェミニズムの台頭は，ジェンダー役割の再定義や法制度の改革を促し，社会構造に根本的な変化をもたらしている。

　文化進展も社会変動を引き起こす。発見や発明といった革新，そして文化伝播は，社会の変化を促進する。これらのプロセスは，新たな知識や技術，文化要素の導入を通じて社会を変容させる。グローバリゼーションの進展により，文化伝播のスピードと範囲は飛躍的に拡大し，世界中に急速な変化をもたらし

ている。例えば，西洋の消費文化や民主主義の理念が世界中に広まることで，伝統的な社会構造や政治システムが変容を迫られている。

　経済発展，特に近代化のプロセスは，社会変動の重要な要因である。工業化，都市化，官僚制化といった近代化の要素は，社会のあらゆる側面に影響を与え，伝統的な社会構造を変革する。例えば，農村社会から都市社会への移行は，家族構造，教育システム，労働環境など，社会生活のあらゆる面に変化をもたらす。

　変動を促進する意図的な努力も，現代社会における重要な変動の要因である。企業の研究開発部門や社会運動の活動は，社会の望ましい方向への変革を目指す意識的な試みの例である。例えば，市民権運動や女性解放運動は，法制度や社会規範の変革を通じて，社会の構造的な変化を引き起こした。

　これらの要因は相互に関連し合い，複雑な相互作用を通じて社会変動を引き起こす。単一の要因ではなく，複数の要因が同時に作用することで，社会は動的に変化していく。例えば，技術革新は経済発展を促し，それが人口動態に影響を与え，さらに社会制度の変革を促すといった連鎖反応が起こる。社会変動の多元的要因を理解することは，現代社会の複雑な変化のプロセスを把握し，将来の社会の姿を予測する上で不可欠である。また，この理解は，社会問題の解決や持続可能な発展の実現に向けた政策立案にも重要な示唆を与える。

2　社会変動理論の多様性

　社会変動を理解するためには，さまざまな理論的アプローチが存在する。主要な社会変動理論として，社会文化進化論，循環論，機能主義論，紛争論の四つが挙げられる。これらの理論は，社会変動の原因，過程，方向性について異なる視点を提供している。

　社会文化進化論は，社会変動理論の中で最も広く受け入れられている見解である。この理論によれば，社会と文化は時間の経過とともに徐々に発展し，より単純な形態からより複雑な形態へと移行する。現代の進化論的学者は，三つの主要な進化傾向を指摘している。それは，技術発展による環境制御能力の向上，社会の分化の進行，そして社会構成要素の機能的相互依存性の増大である。例えば，産業革命は技術革新，新たな社会階級の出現，そして社会機能の相互

依存性の強化をもたらした。現代の進化論者は，技術発展，社会的分化，社会構成要素の機能的相互依存性を重要な進化傾向として指摘している。しかし，これらの傾向が必ずしも人類の幸福を増大させるわけではなく，また不可避でもないと考えている。

循環論は，社会が方向性のない成長と衰退，挑戦と応答の循環を繰り返すと考える理論であり，20世紀前半に特に盛んであった。例えば，アーノルド・トインビー（Arnold Toynbee, 1889-1975）は，社会が挑戦と応答（Challenge and Response）の循環を繰り返すと論じた。一方，オズワルド・シュペングラー（Oswald Spengler, 1880-1936）は，社会を生物有機体のようなものと見なし，誕生，成長，成熟，衰退，そして最終的な崩壊へと向かうと考えた。

トインビーによれば，各循環は「挑戦」から始まり，それに対する「応答」が成功すれば社会は存続し，失敗すれば崩壊するというものである。ここでいう「挑戦」とは，自然環境の変化，外敵の侵入，内部対立の激化など，文明の存続を脅かす危機的状況を指す。それに対する「応答」とは，新たな技術の開発，社会制度の改革，文化的な革新など，その危機を克服するための創造的な取り組みを意味する。例えば，古代エジプト文明では，ナイル川の氾濫を利用した農業技術の発展や暦の確立が「応答」として挙げられる。また，江戸時代末期の日本における「挑戦」としては欧米列強からの圧力があり，これに対する「応答」として明治維新による近代化政策が実施された。

ピティリム・ソローキン（Pitirim Sorokin, 1889-1968）は，感覚的文化（sensate culture）と観念的文化（ideational culture）の間を社会が揺れ動くという理論を展開した。これは社会変動を直線的な進歩ではなく，循環的なプロセスとして理解することを特徴としている。ソローキンは，社会や文明が単に進歩し続けるのではなく，特定のパターンに従って変動することを強調した。

機能主義論は，社会体系の各部分が通常，社会全体の均衡状態を促進すると仮定する。タルコット・パーソンズ（Talcott Parsons, 1902-1979）は，社会を相互依存する部分からなる体系と見なし，その各部分が体系の維持に貢献していると考えた。パーソンズによれば，社会体系の自然状態は均衡であり，変動は体系の外部からの影響と体系内部の緊張から生じる。例えば，新しい教育方針の導入は，学校という社会体系の各部分（生徒，教師，管理部門など）に影響を

与え，一時的な不均衡状態を生み出す。しかし，パーソンズは体系の各部分が変化に適応し，最終的に新たな均衡状態に達すると考えた。批評家たちは，機能主義者が社会変動の外部要因を過度に強調し，内部の緊張や不調和を軽視していると指摘している。

一方，紛争論は，社会が常に変化の状態にあり，衝突が普遍的に存在すると考える理論である。ラルフ・ダーレンドルフ（Ralf Dahrendorf, 1929-2009）は，社会変動の衝突論の基礎として，社会変動と社会衝突の普遍性，社会のすべての要素が分解と変動に寄与すること，そして社会が一部のメンバーによる他のメンバーの抑圧を基盤としていることを挙げた。紛争論の主要な見解は，カール・マルクス（Karl Marx, 1818-1883）の理論に基づいている。マルクスが主に経済要因によって決定される社会階級間の衝突に焦点を当てたのに対し，現代の紛争論者は，民族，人種，政党，宗教集団間の衝突にも注目している。紛争論者によれば，社会変動は常に権力の再分配を伴う闘争を含み，その変動は突然の革命的な形で現れることもあれば，徐々に進行することもある。

これらの社会変動理論は，それぞれ異なる視点から社会の変化を説明しようとしている。進化論は社会の長期的な発展傾向に注目し，循環論は社会の周期的な変化パターンを強調する。機能主義論は社会システムの均衡と適応に焦点を当て，紛争論は社会内の対立と権力闘争を重視する。これらの理論は，社会変動の複雑な性質を理解するための補完的な視点を提供しており，現代社会の変化を分析する上で重要な理論的枠組みとなっている。社会学者は，これらの理論を総合的に活用することで，より包括的な社会変動の理解を目指している。

3　急速な変化と歴史的遺産

グローバル・サウス（いわゆる発展途上国）の経済発展は，グローバル・ノース（西洋諸国）が経験した経済発展とは，その歴史的文脈と構造的位置づけにおいて本質的に異なる様相を呈している。この違いは，歴史的背景，発展の速度，社会構造の変化，そして国際関係の影響など，さまざまな要因によるものである。

まず，発展の速度と変化の急激さが挙げられる。西洋諸国の工業化プロセスは比較的緩やかで漸進的であったのに対し，発展途上国は経済構造の急速な変

化に迅速に適応しなければならない状況に置かれている。この急激な変化は，しばしば伝統的な文化的価値観や信念と衝突し，社会的な緊張を生み出している。

また，人口過剰と経済の中央集権的コントロールも，発展途上国の工業化を19世紀の西洋の工業化プロセスとは異なるものにしている。多くの発展途上国では，急激な人口増加が経済発展のペースを上回っており，これが都市部での失業や貧困の問題を悪化させている。

さらに，発展途上国の経済発展は，国際的な文脈の中で進行している点も重要である。ウォルト・ロストウ（Walt Rostow, 1916-2003）の「テイク・オフ論」に代表される近代化論では，すべての国が経済成長を遂げるとされていた。しかし，現実には多くの発展途上国が停滞から抜け出せないでいる。これに対して，アンドレ・グンダー・フランク（Andre Gunder Frank, 1929-2005）やサミール・アミン（Samir Amin, 1931-2018）らが提唱した従属理論は，先進国（中心）の繁栄が発展途上国（周辺）の低賃金・不払い労働に依存しており，この関係性を維持する強固な仕組みがあると指摘している。

イマニュエル・ウォーラーステイン（Immanuel Wallerstein, 1930-2019）の世界システム論は，この視点をさらに発展させ，すべての国が世界経済の一部であると主張している。ウォーラーステインの世界システム論は，グローバル・ノース／サウス間の構造的非対称性が，資本主義世界システムの本質的特徴であることを示している。この理論枠組みにおいて，中核（グローバル・ノース）による周辺（グローバル・サウス）の従属化メカニズムが析出される。この理論は，発展途上国の経済発展が単に国内の要因だけでなく，グローバルな経済構造によっても大きく影響されることを示唆している。

発展途上国の経済発展と西洋諸国の経済発展の違いは，近代化のプロセスにも反映されている。アメリカの社会学者ダニエル・ベル（Daniel Bell, 1919-2011）は，技術的次元に注目して，産業社会の発展を前工業社会，工業社会，ポスト工業社会の3段階に分けたが，多くの発展途上国はこれらの段階を西洋諸国とは異なる形で，しかも同時並行的に経験している。例えば，一部の産業で最先端の技術を導入しながら，他の部分では依然として前工業社会的な生産様式が残っているという状況がしばしば見られる。

また，経済発展に伴う社会変動のパターンも，西洋諸国と発展途上国では異なる面がある。西洋諸国では，工業化とともに核家族化が進み，拡大家族が衰退したが，多くの発展途上国では，急激な都市化にもかかわらず，拡大家族の重要性が維持されている場合がある。これは，社会保障システムの未発達を家族のネットワークで補完する必要性や，文化的な価値観の違いによるものと考えられる。

　さらに，発展途上国の多くが経験した植民地支配の歴史は，その経済発展のパターンに大きな影響を与えている。植民地時代に形成された経済構造（例：一次産品の輸出に依存する経済）が，独立後も継続している事例が多く見られる。これは新植民地主義と呼ばれる現象にも関連しており，形式的な政治的独立を達成しているにもかかわらず，経済的には依然として先進国への従属状態から脱却できていない状況が続いている。

　一方で，一部の発展途上国，特にアジアの新興工業国は，急速な経済成長を遂げ，「アジアの奇跡」と呼ばれる現象を生み出した。これらの国々は，西洋諸国とは異なる発展モデル（例：輸出志向型工業化戦略）を採用し，短期間で工業化を達成した。この経験は，経済発展には単一の道筋ではなく，多様な可能性があることを示している。

　発展途上国の経済発展は，先進諸国の経験とは多くの点で異なっている。これらの違いは，歴史的遺産と急速な社会変動の相互作用によって生み出されており，各国・地域固有の文脈を踏まえた分析が必要である。急速な変化に適応しながらも，歴史的に形成された社会経済構造や文化的価値観との調和を図ることが，発展途上国の持続可能な発展における重要な課題となっている。

4　グローバル経済の構造的不平等と社会変動

　従属理論と世界システム理論は，新興国やグローバル・サウスの国々の経済発展を理解するための重要な理論的枠組みである。これらの理論は，伝統的な近代化論に対する批判として登場し，グローバルな経済構造と国際関係の視点から発展途上国の状況を分析している。

　従属理論は，1960年代から70年代にかけて，主にラテンアメリカの学者たちによって発展された。この理論の主要な提唱者の一人であるアンドレ・グン

ダー・フランクは、グローバル・サウスの経済的困難が、グローバル・ノースへの構造的従属関係に起因していると主張した。フランクは、グローバル・サウスの低開発状態は、単に近代化の遅れによるものではなく、世界資本主義システムにおける構造的な問題であると指摘した。

従属理論によれば、世界経済は「中心」（先進国）と「周辺」（発展途上国）に分かれており、中心が周辺を搾取することで繁栄を維持している。この搾取は、不平等な交易条件、多国籍企業による利益の本国送金、技術依存などの形で行われる。従属論者は、多くの発展途上国の植民地としての歴史を強調し、過去の植民地主義が現在では経済的新植民地主義に変化したと考えている。

エジプト出身の経済学者サミール・アミンも従属理論の重要な提唱者の一人である。アミンは、世界資本主義システムにおける「中心」と「周辺」の関係が、周辺国の経済発展を阻害していると主張した。彼は、周辺国が中心国の需要に応じて原材料や低付加価値製品を供給する役割を強いられており、これが周辺国の自立的な経済発展を妨げていると指摘した。

従属理論は、発展途上国の経済問題を国際的な文脈で理解する重要性を強調し、単純な近代化論に疑問を投げかけた点で大きな影響を与えた。しかし、この理論は発展途上国の内部要因を軽視しているという批判も受けている。

世界システム理論は、従属理論の考え方をさらに発展させ、より包括的な分析枠組みを提供している。この理論の主要な提唱者であるウォーラーステインは、16世紀から形成された資本主義世界経済を「近代世界システム」として捉えた。

ウォーラーステインによれば、現代のすべての国々は世界経済の一部であり、その中での役割が各国の経済発展水準を主に決定している。世界システム理論では、世界経済を「中核」「半周辺」「周辺」の三層に分類している。中核国は経済的に発達した国であり、周辺国（その多くは発展途上国を含む）を支配している。半周辺国は中間的な位置にあり、中核国と周辺国の間で緩衝的な役割を果たしている。

世界システム理論の特徴の一つは、この三層構造が固定的ではなく、時間とともに変化すると考える点である。国家や地域は、周辺から半周辺へ、あるいは半周辺から中核へと上昇することもあれば、逆に下降することもある。例え

ば，ウォーラーステインは17世紀のオランダ，19世紀の英国，20世紀の米国を核時代のヘゲモニー（覇権）国家として挙げている。

　また，世界システム理論は，経済的関係だけでなく，政治的，軍事的，文化的な側面も含めた総合的な分析を行っている。この理論は，国民国家を分析単位とする従来の社会科学の方法論に疑問を投げかけ，グローバルな視点から社会変動を理解することの重要性を強調している。

　従属理論と世界システム理論は，いくつかの重要な点で共通している。両者とも，発展途上国の経済問題を国際的な構造の中で理解しようとしており，単純な近代化論や段階的発展論を批判している。また，両理論とも，先進国と発展途上国の間の不平等な関係が，発展途上国の経済発展を阻害していると考えている。

　しかし，世界システム理論は従属理論よりも包括的であり，より長期的な歴史的視点を持っている。また，世界システム理論は国家間の関係をより動的に捉えており，半周辺という中間的カテゴリーを導入することで，より複雑な国際関係を説明しようとしている。

　これらの理論は，グローバル化が進む現代世界において，依然として重要な分析枠組みを提供している。特に，経済的不平等の拡大や多国籍企業の影響力の増大など，現代のグローバルな経済問題を理解する上で有用な視点を提供する。しかし，これらの理論も批判を受けており，例えば一部のアジア諸国の急速な経済発展を十分に説明できていないという指摘がある。

　従属理論と世界システム理論は，発展途上国の経済発展を理解する上で重要な視点を提供しているが，これらの理論だけでは説明しきれない複雑な現実も存在する。したがって，これらの理論を批判的に検討しつつ，他の理論や実証研究と組み合わせて活用することが，現代の国際経済関係を理解する上で重要である。

5　近代化の多元的影響

　近代化は，伝統的な前工業社会が工業化と都市化を経験する際に起こる内部的な社会変動を指す。この過程は，経済，社会，政治，文化など，社会のあらゆる側面に深い影響を与える。

近代化の特徴の一つは、経済活動が他の形態の社会関係から分離することである。前工業社会では、経済関係は家庭や親族関係、カーストや階級のつながり、宗教的アイデンティティに基づいていたが、工業社会では経済行動は社会ネットワークの他の部分から大いに独立している。

　工場システムの導入は、労働者と仕事との関係を根本的に変えた。マルクスが指摘したように、産業技術とそれに伴う労働の専門化は、労働者に生産過程における自らの力を失わせ、自己疎外を感じさせる。前工業時代には、製品の品質は主に労働者の技能、判断力、経験に依存していたが、工場では、品質は機械によって決定され、労働者は機械の運転に適応する必要がある。

　近代化に伴い、労働力の主要な経済活動が第一次産業（農業および自然資源の開発）から第二次産業（製造業）に、さらに第三次産業（サービス業）へと移行する。この変化は、新しい職業役割の発展をもたらし、人々は伝統的な仕事を離れ、新たに生まれた業界に入るようになる。

　職業役割の専門化は、官僚制組織の誕生を促した。この部門の労働者は、マネージャーや生産監督者から構成され、多くの専門的な仕事を調整し、統一することで、生産を効率的に行えるようにした。ニール・スメルサー（Neil Smelser, 1930-2017）が指摘したように、時間の経過とともに、これらのマネジメント活動はますます専門化され、分化、統合、再分化、再統合の絶え間ないサイクルが発生する。

　近代化は、地域的および社会的な流動性を増大させる。産業雇用制度は農村の家庭を伝統的な環境から都市へと移動させ、これが社会的な上昇移動をもたらす。この過程で、社会階層システムも変化し、財産と職業が出身と血統よりも重要視されるようになる。つまり、先天的な地位（生得地位）は後天的な地位（獲得地位）に取って代わられ、閉鎖的な社会階層システムも次第に開放的になっていく。

　家族構造も近代化の影響を受ける。核家族は工業社会により適応できるため、拡大家族は完全には消滅していないが、次第に崩壊しつつある。多くの女性が社会で働くことができるようになり、彼女たちの独立性が増し、これが結婚関係を変え、その結果、家庭生活の特徴も変わった。家族構造は家父長的から民主的に変わり、家庭は日中の生活の中心としての役割を減らし、夜間の「避難

所」となる。

　社会統制のメカニズムも変化する。家族と親族による非公式な社会統制メカニズムは，社会的および地域的な移動の圧力により弱体化し，これに代わって，公式な国家の社会統制メカニズムが登場する。

　世俗化の過程で，一部の宗教的信念は理性と科学に取って代わられる。宗教がますますその重要性を失うと，生活の他の側面，特に経済と政治からますます分離される。

　近代化は，大衆交流，大衆教育，そして最終的には大衆文化の発展をもたらす。音楽などの芸術形式は標準化され，商業化される。これらの発展は文化の形式の劣化を意味するものではなく，むしろ文化が新しい方法でより広範な聴衆と交流する機会を得たことを示している。

　政治面では，多くの近代化国家で中央集権化された官僚制度が政治権力を顕著に発展させる。西洋諸国では，ほとんどの政府が自由経済政策を採用しているが，現在のグローバル・サウスの国々では政府が経済をガバナンスすることが一般的である。政治参加活動も増加する。

　アレックス・インケレス（Alex Inkeles, 1920-2010）とデイヴィッド・スミス（David Smith, 1927-2021）が指摘したように，近代化のプロセスには人々の心理と価値観の変化も伴う。これらの変化には，新しいものや発明を受け入れる開放的な態度，民主主義的な政治思想，個人の尊厳の尊重，そして科学技術への信頼が含まれる。

　近代化の影響は広範囲に及び，社会のあらゆる側面を変容させる。しかし，この過程は必ずしも一様ではなく，それぞれの社会の歴史的，文化的背景によって異なる形で現れる。また，近代化がもたらす変化は，必ずしもすべてが肯定的なものではなく，伝統的な価値観や社会構造の崩壊，環境問題の深刻化など，新たな課題も生み出している。

　近代化理論は，これらの変化を包括的に理解しようとする試みであるが，批判も多い。特に，西洋の発展モデルを普遍的なものとして扱う傾向があることや，非西洋社会の固有の発展パターンを軽視しているという指摘がある。そのため，近代化の過程を理解する際には，それぞれの社会の固有の文脈を考慮に入れ，多様な発展の可能性を認識することが重要である。

6　収斂論の興亡

　収斂論は，近代化理論の一部として発展した考え方であり，世界中のすべての社会が最終的に類似した形態に向かって発展していくという見解を示している。この理論は，特に20世紀中頃から後半にかけて影響力を持ち，経済発展と社会変動の理解に大きな影響を与えた。

　収斂論の代表的な提唱者の一人であるウォルト・ロストウは，すべての社会が経済成長の五つの段階を経ると主張した。伝統社会，離陸の準備段階，離陸（テイク・オフ），成熟への道，大量大衆消費社会である。ロストウの理論によれば，資本主義社会であれ社会主義社会であれ，すべての社会が最終的には大量大衆消費社会に到達するという。しかし，ロストウの理論には多くの批判も寄せられている。特に，発展途上国がロストウのモデルに従って成長を遂げられない場合，文化的・歴史的な違いが無視されているという指摘がある。

　同様に，ベルも収斂論の立場をとり，豊かな高度大衆消費社会の到来とともに，資本主義か社会主義かというイデオロギー対立は意味を失うと主張した。ベルは，最終的には資本主義対社会主義という経済体制の違いは重要でなくなり，すべての社会が類似した形態に収斂していくと考えた。

　収斂論者たちは，技術の発展と産業化のプロセスが，社会構造や価値観の変化を引き起こし，それによってすべての社会が類似した方向に向かうと主張した。この見方によれば，発展途上国と先進国の違いは単に発展段階の違いに過ぎず，時間が経てば発展途上国も先進国と同様の社会形態に達するとされる。

　しかし，1970年代以降，収斂論はさまざまな批判にさらされるようになった。イギリスの社会学者ジョン・ゴールドソープ（John Goldthorpe, 1935-）は，産業化の進展の中で社会主義と資本主義が相互に類似してくるという収斂理論を批判し，産業社会のあり方が多様化しつつあると説いた。

　収斂論への主な批判点として，文化的多様性の無視，環境の違いの軽視，発展の多様性の無視，国際的な権力関係の軽視，過剰都市化の問題，政府の役割の違い，社会変動のパターンの違いなどが挙げられる。収斂論は，それぞれの社会の固有の文化や歴史的背景を軽視し，西洋的な発展モデルを普遍的なものとして扱う傾向がある。しかし，実際には多くの社会が，近代化の過程で伝統的な価値観や制度を維持しながら発展している。また，世界各地の極端な環境

の差異や，国際的な経済構造や権力関係が発展途上国の発展に与える影響を十分に考慮していない点も批判されている。

一部のグローバル・サウスの国々，特にアジアの新興工業国は，西洋諸国とは異なる発展モデルを採用し，短期間で工業化を達成した。これは，経済発展には単一の道筋のみがあるのではなく，多様な可能性があることを示している。さらに，これらの国々では，西洋諸国が経験したような段階的な都市化ではなく，急激な過剰都市化が起こっており，都市部での失業や貧困の問題が深刻化している。

政府の役割の違いも重要な批判点である。西洋諸国では主に自由経済政策が採用されているのに対し，多くのグローバル・サウスの国々では政府が経済を強くガバナンスしている。この違いは，収斂論が想定するような単純な収斂を難しくしている。また，社会変動のパターンも異なっており，例えば，西洋諸国では高等教育の普及とともに晩婚化が進んだが，多くのグローバル・サウスの国々では，教育水準の向上にもかかわらず，若年での結婚が依然として一般的な場合がある。

これらの批判を受け，現代の社会学者や経済学者は，より複雑で多様な発展モデルを提唱するようになった。例えば，「多元的近代化」の概念は，それぞれの社会が固有の文化的・歴史的背景を維持しながら近代化を進める可能性を認めている。

収斂論は社会変動と経済発展を理解する上で重要な視点を提供したものの，その単純化された見方は現実の複雑さを十分に捉えきれていない。現代のグローバル化した世界においては，社会の変化をより多角的かつ柔軟な視点から分析する必要がある。それぞれの社会の固有の文脈を考慮に入れ，多様な発展の可能性を認識することが，今日の社会変動を理解する上で重要である。

7　ポスト工業社会の多元的変容

ポスト工業社会の概念は，工業社会の次の段階として位置づけられ，経済構造や社会組織の根本的な変化を特徴とする。この概念は主にベルによって提唱され，理論を起点として，現代社会の変容プロセスを包括的に理解することができる。

脱工業社会への移行は，経済活動の中心が製造業からサービス業へと移行することから始まる。工業社会では製造業，農業，鉱工業が典型的な経済活動であったが，脱工業社会ではサービス業が主要な経済活動となる。この変化に伴い，労働力の構成も，ブルーカラー労働者が多数を占めていた状況から，ホワイトカラーや中間層の労働者が主流となる状況へと大きく変化する。

技術の面では，機械からコンピュータへの移行が見られる。自動化とコンピュータ化により，労働の性質が大きく変化し，直接の生産労働から離れ，行政管理者，コンピュータプログラマー，システムアナリストなどの需要が増加する。この過程で，情報通信技術（ICT）の急速な発展と普及が進み，社会は情報社会へと移行していく。デジタル情報の生産と消費が爆発的に増加し，インターネットを中心とするネットワーク化された社会構造が形成される。

ポスト工業社会では，知識と技術が社会の中心的な価値となる。社会問題は高度な技術的アプローチによって解決され，重要な社会的役職に就くには長期の教育が必要となる。理論的知識が中心的な役割を果たすようになり，技術革新は組織的な研究開発を通じてより体系的に生み出されるようになる。これにより，大学や研究機関の重要性が増大し，産業界との結びつきが強まる。

政治的側面では，ポスト工業社会において政府の役割が拡大する傾向がある。ベルは，工業時代の企業主導の形態から政府主導の形態への移行を予測した。中央集権的な政治傾向が強まり，国有経済の割合が増加すると考えられた。

同時に，グローバル化のプロセスも加速する。交通と通信技術の発達により，人，モノ，情報の国際的な移動が容易になり，経済，文化，政治の国際的な統合が進む。多国籍企業の影響力が増大し，労働市場にも大きな影響を与える。

これらの変化は，社会に多大な恩恵をもたらす一方で，新たな課題も生み出している。具体的には，デジタルデバイドや情報格差の拡大，プライバシーやセキュリティの問題，文化の均質化などが挙げられる。また，ポスト工業社会論への批判も存在する。批評家たちは，ポスト工業社会の多くの特性が工業社会と根本的に異なるわけではないと指摘し，階級闘争，労働者の疎外，人種隔離，生活水準の問題が依然として存在していることを強調する。

さらに，ポスト工業社会論はすでに経済的に発展した国々の未来について過度に楽観的な見方をしているという批判もある。90年代初期までに，先進国の

経済の見通しが暗いことは明らかになり，巨額の政府財政赤字，インフレ，失業，環境問題，社会的紛争が世界中の現代社会を悩ませ続けている。

　ポスト工業社会，グローバル化社会，情報社会への移行は，複雑で多面的なプロセスである。これらの変化は同時進行的に起こっており，互いに密接に関連している。現代社会を理解するためには，これらの変化を総合的に捉え，その相互作用を考慮に入れる必要がある。ポスト工業社会の概念は，現代社会の変化を理解する上で重要な視点を提供しているが，この概念を批判的に検討し，現実の社会変動と照らし合わせながら理解することが重要である。今後も技術革新や社会構造の変化が続くことが予想され，社会はさらなる変容を遂げていくと考えられる。これらの課題に対応することが，今後の社会の発展にとって重要となるだろう。

8　経済成長と社会構造の変容

　経済成長と社会構造の変容は密接に関連し，相互に影響を与え合う複雑な過程である。この関係性を理解するには，歴史的な視点から現代までの変動を追う必要がある。

　近代化の過程において，経済成長は社会構造を大きく変容させた。経済行動が他の社会関係から分離し，独立した領域として自律性を持つようになったのはその一例である。この変化は，従来の社会関係や価値観を大きく変え，新たな社会秩序をもたらした。

　20世紀後半になると，経済成長のあり方と社会構造の関係性に関する議論が活発化した。ドネラ・H・メドウズ（Donella H. Meadows, 1941-2001）らが，経済成長が環境や資源に与える影響を指摘し，従来の成長モデルに疑問を投げかけた。メドウズの研究は，複雑な問題に取り組む際に，個々の要素にとらわれるのではなく，全体の構造やダイナミクスを理解し，最も効果的な介入方法を見つけるための視点を提供する。これにより，環境問題や社会的課題の解決に向けた新しいアプローチを模索する人々に大きなインスピレーションを与えた。

　一方で，経済成長に対する楽観的な見方も存在した。ハーマン・カーン（Herman Kahn, 1922-1983）は，アメリカが大規模な経済的繁栄期を迎えると予測した。この見方は，経済成長が社会の発展と進歩をもたらすという信念に

基づいている。技術革新が人類の生活水準を向上させ，世界全体が豊かになる可能性があると論じた一方で，これに伴うリスクや社会的・政治的な課題も指摘した。未来予測においても，技術的進歩や社会的変化の影響を分析し，21世紀に向けた楽観的なビジョンを提示した。

　カーンの予測通り，経済成長は確かに続いたものの，その形態は時代とともに変化し，それに伴い社会構造も大きく変容した。この変化を説明する理論として，ベルが提唱したポスト工業社会論が挙げられる。ベルの理論は，カーンが予見した技術革新がもたらす社会変化を，より具体的に分析している。すなわち，サービス経済の優位性，知識と情報の中心性，専門職の台頭を特徴とする社会変動を説明している。この理論は，カーンが予測した経済成長が実際にどのような形で実現し，社会構造にどのような影響を与えたかを示している。つまり，カーンの楽観的な経済成長予測は，ベルの理論が示すような質的な変化を伴いながら現実のものとなったと言える。

　この経済成長と社会変化の連鎖的な関係性をさらに発展させたのが，アルビン・トフラー（Alvin Toffler, 1928-2016）である。トフラーは，カーンが予測し，ベルが分析したポスト工業社会の台頭が，単なる経済構造の変化にとどまらず，新しい個人の価値観，社会的制度，労働組織を特徴とする包括的な社会再構築プロセスを引き起こすと説明した。つまり，トフラーの視点は，カーンが描いた経済成長の未来図とベルが示した社会構造の変容を統合し，さらにその影響が社会のあらゆる側面に波及することを示唆している。これにより，経済成長，技術革新，社会変動の相互作用がより立体的に理解されるようになったのである。

　さらに，カーン，ベル，トフラーが描いた経済成長と社会変化の相互作用は，グローバル化の進展によってより複雑な様相を呈するようになった。この新たな局面を理論化したのが社会学者アンソニー・ギデンズ（Anthony Giddens, 1938-）である。ギデンズは，先行理論家たちが主に国内の文脈で論じていた経済成長と社会変化の関係を，グローバルな視点から再解釈した。彼が提唱した「時間・空間の圧縮」という概念は，トフラーが指摘した社会再構築プロセスがグローバルスケールで加速化されていることを示唆している。つまり，ギデンズの理論は，カーンが予測した経済成長，ベルが分析した社会構造の変化，

そしてトフラーが論じた包括的な社会変動が，グローバル化によってさらに増幅され，社会制度や個々のアイデンティティにまで深く浸透していく過程を説明しているのである。この視点により，経済のグローバル化が社会構造に与える影響の深さと広がりが，より鮮明に理解されるようになったと言える。カール・ポランニー（Karl Polanyi, 1886-1964）の「大転換」理論は，経済のグローバル化が国家や地域社会に対する経済的圧力を強め，社会構造が市場の要求に合わせて変容する過程を説明している。これは，経済成長の形態変化が社会構造に与える影響の一例である。

　現代社会では，経済成長のあり方そのものも問い直されている。ウルリッヒ・ベック（Ulrich Beck, 1944-2015）の「リスク社会」理論は，現代社会がリスクを組織的に管理する社会へと移行していることを指摘している。これは，経済成長がもたらす負の側面に社会が対応しようとする過程を示している。現代社会では，技術的なリスクに対して科学的知識だけでなく，社会的な対話や政治的な意思決定が必要とされるとベックは考えた。彼は，科学者や専門家だけにリスクの管理を委ねるのではなく，市民がリスクに対して参加し，意見を表明する「リスクの民主化」が重要であると主張した。

　ベックが提起した「リスク社会」の概念は，経済成長の負の側面を主に先進国の文脈で論じたが，この視点をグローバルな規模に拡大したのが経済学者ジェフリー・サックス（Jeffrey Sachs, 1954-）である。サックスは，ベックが指摘したリスクの不平等な分配という問題を，国際的な経済成長の文脈で再解釈した。彼の分析によれば，グローバルな経済成長が一部の国や地域にのみ恩恵をもたらす一方で，多くの発展途上国や弱者層がその恩恵から取り残されている現実が浮き彫りになる。これは，ベックが提唱した「リスクの民主化」の必要性が，国際的な舞台でも同様に重要であることを示唆している。すなわち，経済成長と社会的公正の関係性において，新たな課題を提示しているのである。

　サックスの視点は，ベックの理論を補完し，拡張するものと言える。ベックが主張した市民参加型のリスク管理の重要性は，サックスの分析を通じて，グローバルな経済成長の恩恵とリスクを公平に分配するための国際的な対話と協力の必要性へと発展する。つまり，経済成長と社会的公正の関係に新たな課題を投げかけると同時に，その解決には国境を越えた「リスクと恩恵の民主化」

が不可欠であることを示唆しているのである。

さらに，ベックとサックスが提起した問題の根底にある構造的要因を鋭く分析したのが，地理学者デイヴィッド・ハーヴェイ（David Harvey, 1935-）である。ハーヴェイは，ベックが論じたリスク管理の困難さや，サックスが指摘した経済成長の恩恵の不均衡な分配の背景に，資本主義のグローバルな拡張があると主張した。彼の分析によれば，この拡張過程が国家の主権を弱め，国内政策の自由度を制約している。つまり，ベックが提唱した「リスクの民主化」やサックスが示唆した国際的な対話と協力の実現が，国家レベルでも困難になっているという新たな課題を提起している。

ハーヴェイの視点は，ベックとサックスの理論を補完し，より構造的な次元で問題を捉えている。経済のグローバル化が国家の役割や機能にも大きな変化をもたらしているという彼の指摘は，リスク管理や経済成長の恩恵の公平な分配を実現するための新たな国際的枠組みの必要性を示唆している。これは，ベックの「リスクの民主化」とサックスの国際的協力の理念を，より広範な政治経済学的文脈の中で再考することを促しているのである。

このように，経済成長と社会構造の変容は複雑に絡み合っており，一方向的な関係ではない。経済成長は社会構造を変え，変化した社会構造は新たな経済成長のパターンを生み出す。現代社会における課題は，この相互作用を理解しつつ，持続可能で公正な社会経済システムを構築することである。そのためには，経済学的視点だけでなく，社会学的な洞察も含めた学際的なアプローチが必要となるだろう。

本章のポイント

社会変動の多元的要因　社会変動は物質環境，人口，技術，非物質文化，文化進展，経済発展，変動を促進する意図的な努力など多様な要因によって引き起こされる。これらの要因は相互に影響し合い，社会全体の変化をもたらす。

社会変動理論の多様性　主要な社会変動理論には社会文化進化論，循環論，機能主義論，紛争論がある。これらの理論は，それぞれ異なる視点から社会変動のメカニズムを説明しようとしている。

進化論と循環論の特徴　社会文化進化論は社会が単純な形態からより複雑な形態へ発展すると

考え，循環論は社会が無方向の，継続的な成長と衰退，挑戦と応答の変化パターンを経験すると捉える。

機能主義的社会変動論 機能主義は社会体系の各部分が通常，社会全体の均衡状態を促進すると仮定する。タルコット・パーソンズは，社会変動が体系の外部からの影響と体系内部の緊張から生じると考えた。

紛争論による社会変動の説明 紛争論は，社会が常に変動の過程にあり，衝突が普遍的であると考える。カール・マルクスの思想は衝突論の主要な理論的基礎となっている。

急速な変化と歴史的遺産 グローバル・サウスの経済発展は，西洋諸国が経験した経済発展とは多くの点で異なる。発展の速度，人口過剰，経済の中央集権的コントロールなどが特徴的である。

グローバル経済の構造的不平等 従属理論と世界システム理論は，国際経済をコア，セミペリフェリー，ペリフェリーに分類し，これらの経済的支配関係を説明する。これらの理論は，国際経済の不平等構造を解明する上で重要な視点を提供している。

収斂論の興亡 ウォルト・ロストウやダニエル・ベルの収斂論は批判を受け，単一発展モデルから多元的近代化への転換が見られる。

ポスト工業社会の多元的変容 ポスト工業社会では，サービス業の拡大，知識と技術の重要性の増大，情報革命などが見られる。同時に，グローバル化の進展により，社会構造や経済システムに大きな影響が及んでいる。

経済成長と社会構造の変容 経済成長と社会構造の変容は密接に関連し，相互に影響を与え合う。現代社会では，経済成長のあり方そのものが問い直されており，持続可能で公正な社会経済システムの構築が課題となっている。

参考文献

W・オグバーン（雨宮庸蔵／伊藤安二訳）1944年『社会變化論』育英書院
アーノルド・トインビー（松本重治編訳）1957年『歴史の教訓』岩波書店
ウォルト・ロストウ（木村健康ほか訳）1961年『経済成長の諸段階』ダイヤモンド社
ピティリム・アレクサンドロヴィッチ・ソローキン（鷲山丈司訳）1961-1962年『社会学の基礎理論——社会・文化・パーソナリティ（上・下）』内田老鶴圃
ラルフ・ダーレンドルフ（富永健一訳）1964年『産業社会における階級および階級闘争』ダイヤモンド社
イブン・ハルドゥーン（田村実造編訳）1964-1965年『歴史序説（上・下）』アジア経済研究所
カール・マルクス（向坂逸郎訳）1967-1970年『資本論』（全3巻）岩波書店
ドネラ・H・メドウズほか（大来佐武郎監訳）1972年『成長の限界』ダイヤモンド社
ダニエル・ベル（内田忠夫ほか訳）1975年『脱工業社会の到来（上・下）』ダイヤモンド社
アンドレ・グンダー・フランク（大崎正治ほか訳）1976年『世界資本主義と低開発』柘植書房
サミール・アミン（野口祐／原田金一郎訳）1979年『周辺資本主義構成体論』柘植書房

アルビン・トフラー（徳山二郎訳）1982年『未来の衝撃』中央公論社
アンソニー・ギデンズ（松尾精文／小幡正敏訳）1993年『近代とはいかなる時代か？——モダニティの帰結』而立書房
ウルリッヒ・ベック（東廉／伊藤美登里訳）1998年『危険社会——新しい近代への道』法政大学出版局
タルコット・パーソンズ（武田良三訳）2011年『社会構造とパーソナリティ』新泉社
イマニュエル・ウォーラーステイン（川北稔訳）2013年『近代世界システム』（全4巻）名古屋大学出版会
シュペングラー（村松正俊訳）2017年『西洋の没落（Ⅰ・Ⅱ）』中央公論新社

あとがき

　本書の執筆を振り返ると，まず基礎的概念と方法論から始まり，社会構造と日常生活の関係，社会制度と文化的要素の相互関係，社会的不平等と多様性の問題，そしてグローバルな視点から見た現代社会の課題と未来の展望へと進んでいった。この構成により，読者の皆様は社会学的思考の基盤を築き，ミクロからマクロまでの社会現象を包括的に理解する視点を獲得できたことと思う。

　本書の到達目標は，読者が社会学的想像力を養い，複雑な社会現象を多角的に分析する力を身につけることにある。社会学は万能の学問ではない。それでも，社会学の見方を知ることで，私たちは日常生活や社会現象に対して新しい発見と深い洞察を得ることが可能となる。社会学は，当たり前と思われていた現象に疑問を投げかけ，その背後にある社会的メカニズムを明らかにする。社会学的視点を獲得することで，読者は自身の生活や社会との関わり方を再考し，より豊かな社会生活を送るための知恵を得ることができるだろう。

　特に学生諸君にとって，本書は大学での学びをより豊かにする一助となるはずである。社会学を学ぶことで培われる観察力，思考力，批判力は，あらゆる学問分野において有用なスキルとなる。これらの能力を磨くことで，多角的な視野を獲得し，さまざまな社会現象や問題を多角的に分析する力が身につく。例えば，経済学を学ぶ際にも，社会学的視点を持つことで，単なる数字の分析を超え，経済現象の背後にある社会的要因や文化的影響も考慮できるようになるだろう。

　ここで強調しておきたいのは，学ぶことの本質的な意義である。私たちが学ぶのは，単に自己の知識を増やすためだけではない。より高い教養を身につけ，社会に有用な人材として自己を成長させることこそが，学びの真の目的である。社会学を通じて得られる洞察力と批判的思考は，社会の諸問題に対して建設的な解決策を提案し，実行する力となる。つまり，社会学を学ぶことは，自己実現と社会貢献の双方に寄与するのである。

　現代社会は急速に変化しており，新たな課題が次々と浮上している。コロナ禍後の社会では，人々の関係性や生活様式が大きく変容しつつある。例えば，

リモートワークの普及は，従来の労働観や都市構造に大きな影響を与えている。また，人工知能技術の急速な進化は，雇用のあり方や人間の役割に根本的な問いを投げかけている。自動運転技術の実用化は，交通システムの効率化だけでなく，都市計画や環境問題の解決にも影響を及ぼすだろう。さらに，5Gに代表される高速通信技術の普及は，情報の流通や人々のコミュニケーションのあり方を根本から変えつつある。

こうした変化は，社会学に新たな課題を突きつけている。他の社会科学と同様に，社会学もこれらの変化がもたらす問題をいかに発見し，深く洞察するかが問われている。例えば，人工知能と人間の共存がもたらす倫理的問題，テクノロジーの進化による労働環境の変化，オンラインコミュニケーションの普及が人間関係に与える影響など，探究すべきテーマは多岐にわたる。社会学は，これらの新しい社会現象を理解し，その影響を分析する上で重要な役割を果たすことができるだろう。

さらに，このような急速な変化の中で，社会学の古典的理論や概念の再評価も必要となってくる。例えば，エミール・デュルケームの「アノミー」概念は，デジタル社会における規範の崩壊と再構築を理解する上で新たな意味を持つかもしれない。マックス・ウェーバーの「合理化」理論は，人工知能時代における人間の役割を考察する際に重要な視座を提供するだろう。このように，社会学の伝統的な知見を現代的文脈で再解釈し，新たな理論構築につなげていくことも，社会学者の重要な使命である。

なお，社会学の方法論については，本書の内容構成上，詳細な説明を控えることとした。社会学における質的研究法や量的研究法，調査設計や分析手法などの具体的な方法論は，社会学を学ぶ上で極めて重要である。著者としては，この点について別の機会に詳しく説明する場を設けたいと考えている。

社会学の知見は，政策立案や社会問題の解決にも重要な役割を果たす。例えば，都市計画における社会的包摂の促進，教育制度の改革，環境政策の立案など，さまざまな分野で社会学的視点が活用されている。本書で学んだ理論や概念を，こうした実践的な場面で積極的に活用してほしい。

また，社会学は他の学問分野との協働によって，さらなる発展の可能性を秘めている。例えば，心理学との連携による社会心理学，生物学との融合による

あとがき

バイオソシオロジー，情報科学との協働によるデジタル社会学など，学際的なアプローチが新たな研究領域を切り開いている。読者の皆様には，社会学の枠にとらわれず，幅広い視野で学びを深めてほしい。

本書の執筆過程で，社会学研究における重要な盲点に気づいた。それは，気候変動に対する関心の欠如である。気候変動に対処するためには，社会学的な洞察力が喫緊の課題として求められているにもかかわらず，この問題が長らく見過ごされてきた事実は，社会学と人類の福祉との関連性を損なっている。これにより，気候危機を社会問題として理解し，それに対処する方法を創造する能力が制限されている。

気候変動は国家および世界的な不平等のパターンと交錯しており，社会学はこれを評価するのに特に適した学問である。世界各地の周縁化された人々は，大きな影響を受けている。社会学者は，気候変動が自身の研究分野とどのように関連しているかを考察し，学生や未来の社会学者の教育において気候変動への関心を促進するべきである。

ここで，本書の出版にあたり，ミネルヴァ書房の草野善太さんと亀山みのりさんに心からの感謝の意を表したい。草野さんには，出版プロセス全体にわたるご支援とご協力をいただき，深く感謝している。亀山さんには，丁寧なサポートと洞察に富んだアドバイスを頂戴し，本書の質を大きく向上させていただいた。特に，複雑な社会学の概念を読者にわかりやすく表現する亀山さんの編集能力は不可欠であった。また，原稿の締め切りに追われる中でも，常に励ましの言葉をかけていただき，深く感謝している。

本書が，読者の皆様にとって，社会学への興味を喚起し，さらなる学習や研究の出発点となれば幸いである。社会は常に変化し続けており，社会学もまた進化し続ける学問である。本書を踏み台として，読者の皆様がそれぞれの関心に応じてさらに深く社会学を探究し，よりよい社会の実現に向けて思考を深めていかれることを期待している。読者の皆様にとって，知的探究の旅の出発点となり，豊かな人生と社会の実現に向けた道しるべとなることを心から願っている。

甲辰年中秋　於無門斎
李　為

人名索引

あ
アーモンド, ガブリエル　165, 166
アーレント, ハンナ　173
アイエンガー, シャント　162
アクセルロッド, ロバート　265
アグニュー, ロバート　101
アパデュライ, アルジュン　31, 32, 51
アミン, サミール　303, 305
アリストテレス　173
アルダス, ジョーン　116
アンソニー, スーザン・B.　216
アンダーソン, ベネディクト　231, 235-238
イーストン, デイヴィッド　173
石田梅岩　179
イリイチ, イバン　145
インケレス, アレックス　308
ウィリアムズ, レイモンド　26
ウィルソン, ジェームズ・Q.　98
ウェーバー, アルフレート　23, 24
ウェーバー, マックス　3, 5, 72, 94, 128, 129, 131, 136, 139, 170, 171, 173, 180, 181, 190-192, 198, 278-280, 299
ウォーフ, ベンジャミン・リー　33
ウォーラーステイン, イマニュエル　176, 182, 262, 303, 305, 306
ウルストンクラフト, メアリ　215
エイカース, ロナルド　101
エクマン, ポール　29
エリクソン, エリク　45, 50, 200
エンゲルス, フリードリヒ　178
オーバー, ジョン　265
オーリン, ロイド　100
オグバーン, ウィリアム　299
オストロム, エリノア　178, 265
オルソン, マンサー　183, 265

か
ガーゲン, ケネス　49
カーター, ベティ　116
カーネマン, ダニエル　177
ガーフィンケル, ハロルド　83
ガーブナー, ジョージ　160, 163
カーン, ハーマン　312, 313
カサノヴァ, ホセ　130
カステル, マニュエル　175, 183, 281, 282, 294
カッツ, ダニエル　164
ギアーツ, クリフォード　23, 45
ギデンズ, アンソニー　46, 83, 123, 130, 191, 193, 195, 282, 313
キャット, キャリー・チャップマン　216
グージュ, オランプ・ドゥ　215
クーリー, チャールズ　46, 93
グールド, スティーブン・ジェイ　137
クーン, トーマス　143
クラッパー, ジョセフ　159
グラノヴェター, マーク　84
グラムシ, アントニオ　132, 144
クラワード, リチャード　100
クランショー, キンバリー　222
グリーンスタイン, フレッド　163
クルーグマン, ポール　184
ケリング, ジョージ・L.　98
ゲルナー, アーネスト　235-238
ゴードン, ミルトン　140
コスタ, マリアローザ・ダッラ　220
ゴッフマン, アーヴィング　49, 53, 54, 68-70, 83, 103, 256
ゴルバチョフ, ミハイル　194
コント, オーギュスト　2, 191

さ
サイード, エドワード　38, 39, 230, 241-243

人名索引

サイモン，ハーバート 171
サザーランド，エドウィン 99
サックス，ジェフリー 314, 315
サッセン，サスキア 294
サッチャー，マーガレット 194
サピア，エドワード 33
シェイクスピア 1
ジェニングス，ケント 164
シュッツ，アルフレッド 16, 17
シュペングラー，オズワルド 301
シュミット，カール 171
シュンペーター，ヨゼフ 175
ショー，ドナルド 161
ジンメル，ゲオルク 3, 279
スタントン，エリザベス・キャディ 216
スティグリッツ，ジョセフ 184
ストレンジ，スーザン 182
スペンサー，ハーバート 191
スミス，アダム 177
スミス，アントニー・D. 235-238
スミス，デイヴィッド 308
スメルサー，ニール・J. 153
セイラー，リチャード 177
セブリン，ウェルナー 158
ソローキン，ピティリム 203, 301

た

ターナー，ヴィクター 38, 39
ターナー，テド 194
ダール，ロバート 173
ダーレンドルフ，ラルフ 302
タイラー，エドワード 23
ダウズ，ロビン 265
タジフェル，ヘンリー 50
タンカード，ジェームズ 158
ダンバー，ロビン 43
チャムア，アルバート 265
デイヴィソン，エミリー・ウィルディング 215
ディケンズ 1

デイリー，セリ 220
ティリー，チャールズ 173
デイリー，ハーマン 176
デュバル，エヴリン・ミリス 115
デュルケーム，エミール 2, 3, 5, 8, 11-13, 16, 28-30, 87, 90, 93, 99, 128, 129, 131, 135, 139, 191, 275-277
デルフィ，クリスティーヌ 220
トインビー，アーノルド 301
トーマス，ウィリアム・アイザック 67
トクヴィル，アレクシ・ド 3
トフラー，アルビン 313, 314

な

中根千枝 34
ニィーミィ，リチャード 164
ノエル=ノイマン，エリザベス 160

は

バーガー，ピーター 82, 129, 132, 261
パーク，ロバート 191, 276
ハーシ，トラヴィス 93, 100
バージェス，アーネスト 276, 277
パーソンズ，タルコット 111, 116, 121, 129, 191, 254, 301, 302
ハーディン，ガレット 265
ヴァーバ，シドニー 165
ハーバーマス，ユルゲン 133
ハーヴェイ，デイヴィッド 284, 315
ハイエク，フリードリヒ 175
ヴァイナー，ジェイコブ 182
バウマン，ジグムント 59
パットナム，ロバート 166
バトラー，ジュディス 222
ハニッシュ，キャロル 217
濱口惠俊 34
バンクス，ジェームズ 56
ハンチントン，サミュエル 174
ピケティ，トマ 178, 186
ヒル，ルーベン 116

323

ファイアストーン, シュラミス 218
フーコー, ミシェル 136, 191, 241
福沢諭吉 132
ブッシュ, ジョージ・W. 194
ブッシュ, ジョージ・ハーバート・ウォーカー 162
ブラウン, ドナルド・E. 29
フランク, アンドレ・グンダー 303-305
フリーダン, ベティ 217
ブルーマー, ハーバート 66, 67, 117, 154
ブルーワー, マリリン 265
ブルデュー, ピエール 45, 82, 84, 123, 128, 129, 139, 190, 191, 193, 195, 197, 198, 200, 257
ブレジンスキー, ズビグニエフ 194
フロリダ, リチャード 294
ブロンフェンブレンナー, ユリー 116
ベッカー, ハワード 87, 89, 100, 102
ベック, ウルリッヒ 264, 314, 315
ベネディクト, ルース 36
ベル, ダニエル 175, 303, 309-311, 313
ヘルド, デイヴィッド 174
ベンサム, ジェレミー 136
ボアズ, フランツ 28-30
ボウルビー, ジョン 45, 118
ボードリヤール, ジャン 275, 280, 281
ホーマンズ, ジョージ・C. 94
ポール, アリス 216
ホール, スチュアート 27, 141
ホガート, リチャード 26
ボス, ポーリーン 116
ホブズボーム, エリック 235, 237, 238
ポランニー, カール 175, 314
ヴォルテール 1

ま
マードック, ジョージ・ピーター 113, 114
マートン, ロバート 12, 73, 74, 76, 77, 87, 97, 99-101, 139, 157
マクゴールドリック, モニカ 116
マコームズ, マクスウェル 161
マズロー, アブラハム 46
マッキューン, トーマス 257
マリノフスキー, ブロニスワフ 23, 24
マルクス, カール 2, 5, 16, 59, 170, 171, 175, 177, 178, 190-192, 194, 302, 307
マンデル, ロバート 182
ミード, ジョージ・ハーバート 16, 44, 46, 66, 67, 92, 93, 117, 130, 256
ミッチェル, ジュリエット 218
ミル, ジョン・スチュアート 215
ミル, ハリエット・テイラー 215
ミルズ, チャールズ・ライト 4, 5, 191, 193
ミレット, ケイト 218
メッシック, デイヴィッド 265
メドウズ, ドネラ・H. 312
モルガン, ルイス・ヘンリー 113

ら・わ
ラザースフェルド, パウル 157, 159, 160
ラズウェル, ハロルド 156, 164
ラスレット, ピーター 111
ラポポート, アナトール 265
ランゲ, オスカー 178
リースマン, デイヴィッド 164
リップマン, ウォルター 159
リフキン, ジェレミー 195
リンス, フアン 174
リントン, ラルフ 23, 25
ルーマン, ニクラス 98
ルソー, ジャン=ジャック 215
ルックマン, トーマス 83, 261
レヴィ=ストロース, クロード 110
レメート, エドウィン 101
ロストウ, ウォルト 303, 309
ワース, ルイス 276, 277

事項索引

あ

アーバニズム理論　276, 277
アイデンティティ　45, 48-57, 59, 61
　　——形成　130, 141
　　——の流動性　42, 49-52
　　——ワークスペース　57
アイヌ民族　243-245
アカルチュレーション　31
アタッチメント理論　118, 119
アノミー　12, 87, 97, 99, 278
　　——理論　12, 275
移住　52, 53, 55
異常現象　1, 11, 12
一次的逸脱　101, 102
逸脱行動　87-92, 94-102, 104-106
逸脱者　87-91, 94-96, 100, 102, 103
一般緊張理論　101
異文化理解　25, 30, 32, 35, 37, 38, 56, 61
意味理解　15
移民政策　230, 233, 238, 240, 250
医療資源　256
因果分析　13
インターセクショナリティ　210, 221-223
インフォーマルセクター　290
エコーチェンバー効果　51, 52
エスニシティ　230, 232-235, 237, 248-250
エスニック・グループ　230, 232-235, 243, 245, 246, 248, 250
エスニック・スタディーズ　249
エスノスケープ　31, 32
エスノセントリズム　37-39
エスノメソドロジー　83
エトニ　235-237
エリート層　193-196, 200
オピニオン・リーダー　160
オリエンタリズム　38, 230, 241-243

か

階級　191
外国人労働者　238-240, 243, 245
介護　120, 124
　　——サービス　253, 269-271
解釈的社会学　14
階層構造　190-195
外的社会統制　92, 93
科学的方法　2
核家族　108, 111-115, 117, 121, 124
格差　182, 186
拡大家族　112-114
学歴主義　138, 145
隠れたカリキュラム　134, 135
家族構造　111, 113-115, 120, 122
家族の多様化　108, 117, 125
家族のライフサイクル　115-117
学校化社会　145
家父長制　217-221
ガラスの天井　224
カリスマ的権威　172
カルチュラル・スタディーズ　26, 27
環境難民　249
環境変化　252, 264, 266
環境問題　177, 178, 183, 185, 186, 308, 312
環境リスク　264
感情的ニーズ　109, 118
間人主義　34
涵養効果　163, 164
官僚制理論　94
官僚的リーダーシップ　81
気候変動　186, 263, 264, 266, 271, 272
技術革新　170, 176, 185, 186, 300, 311-313
議題設定効果　161, 162
技能実習制度　238, 239
機能主義　298
　　——論　300-302

325

機能分析　13
機能論　1, 15-18
規範的群衆　155
教育過剰　145, 146
教育機会の格差　190, 191
教育社会学　146, 147
共同体社会　65
強力効果論　149, 158, 160, 161
近代化　300, 303, 305-310, 312
近代都市　275-277, 280, 281
金融政策　182, 184, 186, 187
クィア理論　222
偶発的群衆　154
クオータ制　221, 225
グローカリゼーション　32, 84
グローバリゼーション　20, 24, 30-33, 35, 37, 38, 299
グローバルガバナンス　187
グローバル経済　170, 176, 181-183, 185, 298
グローバル都市　283-286, 294
経済機能　118, 119
経済人　177, 187
経済政策　176, 183-185
経済成長　298, 303, 304, 309, 312-315
経済体制　170, 174-178, 185
経済的資源　190-193
権威主義体制　174
健康格差　252, 255-258, 260-263, 267
健康寿命　255, 256, 269, 271
健康リテラシー　257
言語的相対性原理　33
限定効果論　159, 161
権力　170-174, 182, 185
工業化　300, 303, 304, 306, 310
公共圏理論　133
公共宗教　130
公衆衛生　252, 257-261
構造化理論　83, 130
構造機能主義　108, 109, 116, 119, 121-123, 129
構造的緊張理論　87, 99, 101
行動経済学　177, 187
行動的群衆　156
合法的権威　171
合法的暴力　173
高齢化　108, 120
　　──社会　253, 260
国際関係　181-183, 185
国際金融市場　182
個人化理論　120, 122
子育て支援　117, 124
国家　170, 172-174, 178, 181-183, 185-187
　　──機構　230-232
　　──主権　181, 183, 187
コミュニケーションの2段階説　160
コミュニタス　38
コミュニティの変容　278, 280
雇用問題　186
混合経済体制　176

さ ──────
サーキュラーエコノミー　292
サービス経済　313
再社会化　52-55
再生産労働　219-221
財政政策　184
在日韓国・朝鮮人　234, 243, 244
在日中国人　243, 244
サピア＝ウォーフの仮説　33, 34
差別的強化　101
産業政策　184, 186
シェアリングエコノミー　287, 292
ジェンダー　210-214, 217-219, 222, 226, 227
　　──・アイデンティティ　213, 214
　　──格差　210, 223-225, 227
ジェントリフィケーション　284, 289
自我　67
資格主義　138

事項索引

シカゴ学派　275-277
自己アイデンティティ　50, 53, 54
自己形成　44, 45, 49, 59, 60
自己実現　45-47, 59, 60, 62
市場経済　175
システム理論　113, 114, 122
持続可能性　252, 258, 268, 270-272
持続可能な医療システム　260, 269-271
持続可能な開発　186, 264, 272
持続可能な社会　190, 205-207
持続可能な発展　285, 286, 288, 289, 291, 292, 299, 300, 304
資本主義　170, 175-178, 185, 192, 219-221, 309, 315
資本の空間的固定　284
シミュレーション　280, 281, 283
市民文化　166
社会移動　194, 202-205
社会化　42, 43, 46-49, 52-56, 60-62
社会階層　137, 139, 190-193, 195-198, 200-203, 205
──システム　307
社会解体　98
社会化機能　109, 118, 119, 122, 133, 135
社会学　1-18
社会格差　255
社会学習理論　101
社会学的想像力　1, 4-7, 12
社会関係資本　149, 165-167
社会規範　87-95, 97, 99, 102, 104
社会現象　1-3, 5-10, 12-18
社会構造　5, 6, 8, 10, 12, 15, 18, 64-66, 68, 72, 82-84, 298-300, 302, 308, 309, 311-315
社会参加　64, 75, 77-79
社会資本論　118, 119
社会主義　170, 175-178, 185
社会的アイデンティティ　48, 50
社会的威信　192
社会的絆理論　100

社会的決定要因　252, 255
社会的現実の構築　64, 71, 82
社会的行為　64, 67, 71-77
社会的公正　177, 178, 187
社会的構築主義　122, 124, 125
社会的自我　46
社会的性別役割　210, 212-214
社会的相互作用　89, 96, 100, 101
社会的地位　192, 193, 196-199, 201, 203, 204
社会的手抜き　81
社会的ネットワーク　70, 78, 84
社会的排除　275, 284, 289-291
社会的包摂　92, 105, 272
社会的役割　45, 47-49, 52, 53, 55, 61
社会的連帯　5, 16, 12
社会統合　230, 232, 233, 238-240
社会統制　87, 89, 92-94, 135-137
社会文化進化論　300
社会変動　3, 5, 11, 12, 15, 18, 298-302, 304, 306, 309, 310, 312-314
社会保障制度　206, 260, 262, 269, 272
宗教の多元主義　130, 142
集合行動　149-158, 165, 167
従属理論　303-306
集団凝集性　81
集団思考　81
修復的司法　105
重要な他者　45
収斂論　298, 309, 310
儒家倫理　170, 179-181, 185
循環型経済　271
循環型地域経済システム　206
循環論　298, 300-302
生涯学習　61, 62
状況の定義　67
少子化　117, 122, 124
小集団のダイナミクス　79, 80
情報社会　311, 312
職業　192, 193, 197-203, 205, 206

327

——階層　204
　人格的参加　77
　進化論　298, 302
　新強力効果論　149, 160, 161
　人口移動　252, 264, 266
　人口学　252-254
　人口高齢化　252, 269-271
　人口転換　252, 258-261
　人口動態　185, 186, 252-254, 258, 262, 271
　人口問題　261, 263
　シンボリック相互作用　64, 66-68, 79
　　——論　1, 13, 15-18, 108, 109, 115, 117, 122
　垂直移動　203
　水平移動　203, 205
　スティグマ　103, 105
　ステレオタイプ　159
　スマートシティ　287, 288
　性教育　226
　生産手段　191
　政治システム　172, 173, 185
　政治的影響力　192, 193, 196
　政治の社会化　149, 163, 165-167
　政治の無関心　149, 163-165
　政治文化　149, 165-167
　生殖技術　124, 125
　生殖機能　118, 119
　性染色体　210
　生態学的システム理論　116, 124
　性的自己決定権　226
　制度的統合　71-73
　制度派経済学　177, 187
　制度文化　23
　政府　170-174, 176, 178, 184, 185
　性別職域分離　224
　性ホルモン　210
　生理的性差　210, 212
　世界システム論　176, 182, 303
　世俗化　128-133
　世帯　120, 123-125

　世代間移動　203
　世代内移動　203
　染色体　210
　全制的施設　53
　全体主義体制　173
　全面的制御機関　53, 54
　相互行為　64, 68-71, 78, 82-84
　創造的階級　294, 295
　創造的破壊　284
　想像の共同体　231, 235, 237, 238, 246
　相対的剝奪　152, 153
　相対的リスク回避　204
　ソーシャルメディア　237, 242, 243, 246-248
　存在論的不安　282, 283

た ―――――
　第一波フェミニズム　214-217
　第三者効果　162
　第三波フェミニズム　210, 219, 221-223
　大衆行動　154
　大転換　314
　第二波フェミニズム　216-219, 221
　多元的近代化　309, 310
　多国籍企業　181
　多文化教育　142, 240, 249
　多文化共生　240, 245, 248-250, 285, 286, 291, 292
　多様性　42, 49-52, 55, 56, 61, 62, 110-114, 117, 122, 123, 125
　地域主義　249, 250
　中央計画経済　178
　中効果論　160, 161
　直系家族　112, 113
　創られた伝統　235, 237
　ディアスポラ　248
　低位代替雇用　145
　ティティテインメント　194, 195
　テクノスケープ　31, 32
　デジタル技術　176, 183, 185, 186
　デジタル通貨　186, 187

デジタルデバイド　195, 288, 293, 295
デジタル・リテラシー　61
転職　52, 53, 55
伝統的権威　171, 172
同化　140-142
同心円地帯理論　276
同調圧力　81
都市化　252-254, 259, 266-268, 272, 275-280, 283, 288, 289, 293
共働き世帯　120, 124
トラッキング　138
トランスジェンダー　213, 222, 227
トランスナショナル家族　124

な ────────────
内的社会統制　92
ナショナリズム　230, 231, 235-238, 248-250
二次的逸脱　102
20対80社会　190, 194-196, 198, 200, 202, 204, 207
人間生態学　276
ネイション　230-232, 236
ネットワーク社会　281, 282, 294
ネットワーク理論　121, 123, 124
年金制度　270, 271
ノンバイナリー　213, 227

は ────────────
ハイパーリアリティ　280, 281, 283
場所空間　282
パノプティコン　136
母親ペナルティ　224
ハビトゥス　82
パフォーマティビティ　222
パラダイム　1, 15-18
　──転換　143
東アジア的商業精神　170, 179-181, 185
非人格的参加　77, 78
批判的視点　14, 16
非物質文化　23

表出的行動　155
フィルターバブル　51, 59, 246
フェミニズム　218, 222, 223
　──運動　210, 214, 215, 217, 221, 223
　──理論　108, 122, 123
物質文化　23
不平等　190-192, 194-198, 200-207, 298, 305, 306, 314
部分的参加　77, 78
プライミング効果　162, 165
フレーミング効果　162, 165
フレーム分析　83
フロー空間　282
文化運動　23, 24
文化資本　84, 190, 192, 193, 195-203, 205, 206
　──理論　128, 129, 139
文化相対主義　20, 24, 28, 29, 35-37
文化遅滞　299
文化的アイデンティティ　30, 32, 34, 38, 39
分化的接触論　99
文化的ヘゲモニー　132
文化伝達　110, 119
　──理論　100
文化伝播　31
文化の型　36
文化普遍主義　20, 24, 29, 35-37
文化変容　20, 30-33, 39
紛争論　1, 13, 15-18, 300, 302
文明過程　23, 24
ヘルス・プロモーション　260
飽和された自己　49
ポジティブ・アクション　225
ポスト工業社会　298, 303, 310-313
ポストモダン都市　275, 280-283
ホモ・ハビリス　42

ま ────────────
麻酔的逆機能　157, 165
マス・メディア　149, 153, 154, 156-167

――の機能　156, 158
マルクス主義フェミニズム　210, 219-221
ミクロ秩序　69
身分制度　190, 191
民主政体　173
メディア　230, 236-239, 241-243, 246-248
　　――スケープ　31, 32
　　――リテラシー　246, 248
メリトクラシー　145

や

役割取得　67
養育機能　109, 118, 119, 121
予防医療　262, 269-272
弱い紐帯　84

ら

ライフコース理論　122, 124
ラベリング論　87, 100, 101, 103, 104
利益社会　65, 66
リキッド・モダニティ　59
リスク社会　314
リプロダクティブ・ライツ　217
累進課税制度　205
歴史的視点　14, 16
労働市場　299, 311

わ

ワーク・ライフ・バランス　200
割れ窓理論　98

《著者紹介》

李　為（リー・ウェー）

1964年　中国に生まれる
2000年　関西学院大学社会学研究科博士後期課程単位取得退学
現　在　京都産業大学大学院教授
主　著　『文化としての流通』（共編著）同文館出版，2007年
　　　　『日本社会の活力再構築』（共著）中央経済社，2018年
　　　　『フランスの流通・都市・文化』（共著）中央経済社，2010年
　　　　『現代中国の流通と社会』（共著・訳）ミネルヴァ書房，2005年
　　　　『現代日本の流通と社会』（共著）ミネルヴァ書房，2004年

社会学
——発見と洞察——

2025年3月20日　初版第1刷発行　　〈検印省略〉

定価はカバーに
表示しています

著　者　李　　　為
発行者　杉　田　啓　三
印刷者　坂　本　喜　杏

発行所　株式会社　ミネルヴァ書房
607-8494 京都市山科区日ノ岡堤谷町1
電話代表（075）581-5191
振替口座01020-0-8076

©李為, 2025　　冨山房インターナショナル・新生製本

ISBN978-4-623-09875-0
Printed in Japan

よくわかる社会学 [第3版]

B5判 220頁
本体 2500円

宇都宮京子／西澤晃彦 編著

よくわかる社会学史

B5判 228頁
本体 2800円

早川洋行 編著

最新・社会調査へのアプローチ
——論理と方法

A5判 344頁
本体 2500円

大谷信介／木下栄二／後藤範章／小松 洋 編著

基礎からわかる社会学研究法
——具体例で学ぶ研究の進めかた

A5判 252頁
本体 2800円

松木洋人／中西泰子／本多真隆 編著

現場で使える教育社会学
——教職のための「教育格差」入門

A5判 358頁
本体 2800円

中村高康／松岡亮二 編著

キーコンセプト 社会学

四六判 376頁
本体 4500円

ジョン・スコット 編著　白石真生／栃澤健史／内海博文 監訳

───── ミネルヴァ書房 ─────
https://www.minervashobo.co.jp/